신판례시판 I

전정2판

참고요약형

CIVIL LAW SERIES
by SONG YOUNG KON

머리말 전정2판(8판)

1

어느덧 시간이 흘러 민사법 사례형 기출문제 해설을 담은 민사법사례연습(1) 개정판을 내게 되었습니다.

2

이번 개정판의 경우 많은 변화가 있었습니다.

우선, 종전에 본서는 상세한 해설을 담은 정식본(매년 출간)과 요약해설을 담은 요약본(격년 출간)으로 구별하여 출간되었습니다. 그러나 정식본의 경우, 초판 출간 이래 수년 동안 기출문제가 기하급수적으로 불어난 관계로, 분량문제를 어떻게든 해결해야 하는 상황에 이르렀습니다. 특히 본서는 변호사시험을 목전에 두고 있는 수험생들이 실제 시험문제를 확인하고 정리하는 용도로 활용하고 있어서, 분량 축소는 반드시 달성해야 할 지상과제가 되었습니다.

INTRO

이를 위해 작년 판(제7판)의 경우 법전협 모의고사 분량을 4개년으로 축소하는 방식을 택하였으나, 그 이전 출제된 기출문제에 대한 확인 및 정리가 불가능해지는 치명적인 문제가 발생할 수밖에 없었습니다. 시기가 오래된 문제라고 하여 그 중요도가 떨어지는 것이 아니고 최근에 출제되었다고 하여 그 중요도가 더 높아지는 것도 아니어서, 위와 같은 대응방식은 임시방편일 수밖에 없었습니다. 요약본의 경우에도 2년에 한 번씩 개정판을 내는 바람에, 이 역시 수험생들에게 많은 불편을 주는 상황이었고, 동일 성격의 책이 정식본과 요약본 두 권으로 별도 출간되는 것도 문제점으로 지적되었습니다. 그리하여 전회차 문제해설을 담으면서도 분량은 최소화 하는 것만이 종국적인 해결방안임을 다시 한 번 명확히 인식하고, 이 번 개정판부터 아예 '요약서' 형식으로 출간하기로 최종 방침을 정했습니다.

그리하여 일단 본서에는 변호사시험과 최근 6개년간 법전협 모의고사 문제 해설을 담되(총 30회), 그 이전 법전협 모의고사 문제 해설도 추가로 보고자 하는 학생들을 위해 나머지 6개년 법전협 모의고사 해설은 부록으로 내기로 하였습니다(총 18회). 수험생 각자의 상황에 맞춰 부록 활용 여부를 결정하되, 시간적 여유가 있다면 같이 살펴보기를 적극 권합니다.

INTRO

다음으로, 그 동안 판례변경을 포함하여 기존 해설 내용과 다른 판례들이 적잖게 선고된 관계로, 이를 전부 반영하기 위하여, 원고를 처음부터 완전히 새롭게 검토하여 현재 선고된 판례와 내용이 다를 경우 전부 수정하였습니다. 그리고 기존 해설 내용 중 추가 설명이 필요하거나 오해의 소지가 있는 부분도 전부 손을 봤습니다. 한편 본서가 요약형으로 출간된 만큼, 해설 내용은 실제 답안분량에 매우 근접하게 작성되었고, 해설방식도 수험생들이 읽고 바로 바로 정리가 가능하도록 세심하게 신경을 썼습니다. 이러한 철저한 작업을 통해 본서는 다른 유사 해설서와 비교 자체가 불가할 만큼 압도적인 정확성과 효율성을 갖추었다고 자부합니다.

마지막으로, 종전 판처럼 정식해설을 담은 상세한 책이 필요한 학생들을 위해 종전 판 형식의 책은 '전자책'으로 별도 출간합니다. 민사법 시리즈 중 처음으로 발간하는 전자책은 본서와 상호보완하면서 나름의 기능과 역할을 충실히 수행하리라 믿습니다. 전자책에 대해서도 독자 여러분의 많은 사랑을 부탁드립니다.

3

언제나처럼 저자의 민사법시리즈를 최상의 교재로 출간해 주고 있는 헤르메스 출판사 관계자분들에게 감사의 말을 전합니다. 책임감을 갖고 본서가 최고의 책이 될 수 있도록 앞으로도 계속 노력하겠습니다.

2023. 5. 10.

변호사 송영곤

CONTENTS

법전협 모의고사 기출문제 요약정리 (2016년~2011년)

2016년 6월 모의고사	… 2
2016년 8월 모의고사	… 18
2016년 10월 모의고사	… 36
2015년 6월 모의고사	… 51
2015년 8월 모의고사	… 67
2015년 10월 모의고사	… 84
2014년 6월 모의고사	… 98
2014년 8월 모의고사	… 114
2014년 10월 모의고사	… 131
2013년 6월 모의고사	… 150
2013년 8월 모의고사	… 161
2013년 10월 모의고사	… 175
2012년 8월 모의고사	… 189
2012년 10월 모의고사	… 202
2011년 7월 모의고사	… 215
판례색인	… 230

법전협모의고사 기출문제 요약정리

2016년~2011년

2016년
6월 모의고사

본서 p.860

제1문

공통된 사실관계

甲은 乙이 운전하던 A회사의 택시를 타고 가던 중, 乙이 丙이 운전하던 자동차와 추돌하는 바람에 중상을 입고 병원에 입원하여 치료를 받고 있다. 이 사고에 대한 乙의 과실은 40%, 丙의 과실은 60%로 확정되었다. 甲은 불법행위를 이유로 치료비 1,500만 원, 일실수익 3,000만 원, 위자료 1,500만 원 합계 6,000만 원의 손해배상청구소송을 제기하였다.
(아래 각 지문은 독립적이다. 자동차손해배상보장법은 고려하지 말 것)

제1문의 1

1. 甲이 A회사를 상대로 손해배상을 청구하자, A회사에서는 ① 乙은 무효인 고용계약에 기하여 택시를 운전하고 있었으므로 자신의 피용자가 아니며, ② 甲은 乙의 택시에 호의동승한 것에 지나지 않으므로 책임이 없고, 설혹 책임이 있더라도 ③ 乙에게 과실 40%만 있으므로 사고 전액에 대하여 책임이 없다고 주장한다. 甲의 A회사에 대한 청구의 근거와 A회사의 주장이 정당한지를 검토하시오. (30점)

해설

1. 결론

甲의 A회사에 대한 손해배상청구의 법적 근거는 '사용자책임(민법 제756조)'이고, 관련요건 전부 충족. A회사 항변과 관련하여 ㉠ 무효인 고용계약에 기하더라도 실질적인 사용관계가 있으면 사용관계를 인정할 수 있으므로 乙이 피용자가 아니라고 할 수 없으며, ㉡ 甲이 호의동승했다는 사정만으로는 손해배상책임 면제를 허용할 수 없으며, ㉢ 부진정연대채무자들 내부의 과실비율로써 피해자에게 책임제한을 주장하는 것은 허용되지 않음

2. 이유

가. 甲의 A회사에 대한 손해배상 청구 근거 및 A회사와 乙 사이의 고용계약이 무효이므로 乙은 A회사의 피용자가 아니라는 주장의 타당성

- [개관] A회사에게 사용자책임(같은법 제756조)이 인정되는지 검토 → '甲이 자동차 추돌로 인해 중상을 입었다는 점', '乙에게 고의·과실·책임능력을 부정할 만한 사유가 없다는 점', '사용자의 면책주장은 사실상 받아들여지지 않는다는 점'에서 ㉠ A회사와 乙사이에 사용관계가 있는지, ㉡ 乙의 운전에 사무집행 관련성이 인정되는지만 추가검토

- [「사용관계의 유무」에 대한 판단] 피용자와 사용자간 <u>사실상(실질상)의 지휘·감독관계</u>면 족함 & 지휘·감독관계는 <u>객관적으로 지휘·감독을 하여야 할 관계가 있었는지</u>에 의하여 결정(대판 1979.7.10. 79다644 참조)

⇒ 乙이 운전사로서 A회사 택시를 운행하고 있다면 객관적으로 보아 A회사가 乙을 지휘·감독하여야 하는 관계에 있음 ∴ 乙이 무효인 고용계약에 기하여 택시를 운전하였기 때문에 피용자가 아니라는 A회사 주장 부당
- [「사무집행 관련성 유무」에 대한 판단]
  + [判 – 외형이론] 피용자의 불법행위가 외형상 객관적으로 사용자의 사업활동 내지 사무집행행위 또는 그와 관련된 것이라고 보일 때에는 행위자의 주관적 사정을 고려함이 없이 사무집행에 관하여 한 행위로 볼 것이다(대판 2000.2.11. 99다47297). 다만 "피용자의 행위가 사용자의 사무집행행위에 해당하지 않음을 피해자 자신이 알았거나 중대한 과실로 알지 못하는 경우"에는 사용자 책임을 물을 수 없다(대판 2005.3.25. 2005다558).
  ⇒ 甲이 탑승한 차량은 A회사 택시로서 乙의 운전행위는 외형상 객관적으로 A회사 영업행위 & 乙 운전이 개인적인 운전이라는 사정 및 甲이 이를 알았거나 중대한 과실로 몰랐다는 사정X ∴ 사무집행 관련성 요건 충족

나. 甲이 호의동승을 하였기 때문에 A회사는 책임이 없다는 주장의 타당성
- [판례]
  + [判] 불법행위로 인한 손해에 있어「호의동승」의 사실이 손해배상의 범위를 결정함에 있어 감경사유로서 고려되어야 하는지와 관련하여 대법원은 원칙적으로 운행자의 책임제한을 인정하지 않는다(대판 1987.4.14. 84다카2250). 예외적으로 ㉠ 무단운전임을 알면서 동승한 자에 대해서는 원칙적으로 자동차보유자의 운행자로서의 책임 부정하며(대판 1998.9.4. 98다26279), ㉡ 호의동승 사실을 이유로 신의칙상 감액을 인정하는 경우도 있음(대판 1992.5.12. 91다40993 등)
  ⇒ 甲의 호의동승 사실만으로는 A회사 책임 당연면제X

다. 乙에게 과실 40%만 있으므로 A회사는 사고 전액에 대해 책임을 지지 않는다는 주장의 타당성
- [乙·丙과 A회사 관계] 乙은 甲에게 불법행위 책임(같은법 제750조) 부담. 사용자-피용자 부진정연대채무 관계(대판 2000.3.14. 99다67376) & 乙과 丙은 공동불법행위자로서 '부진정연대채무' 관계(같은법 제760조 제1항) → 피용자와 제3자가 공동불법행위자일 경우 사용자책임은 '대체적 책임'이라는 점에서 사용자와 제3자와 사이에도 '부진정연대채무' 관계 성립(대판(全) 1992.6.23. 91다33070)
- [부진정연대채무자의 채권자에 대한 책임범위(내부 과실비율로 대항할 수 있는지 여부)]
  + [判] 공동불법행위로 인한 손해배상책임의 범위는 피해자에 대한 관계에서 '가해자들 전원의 행위를 전체적으로 함께 평가하여' 정하여야 하고, 그 손해배상액에 대하여는 가해자 각자가 그 금액의 전부에 대한 책임을 부담하는 것이다. 가해자의 1인이 다른 가해자에 비하여 불법행위에 가담한 정도가 경미하다고 하더라도 피해자에 대한 관계에서 그 가해자의 책임범위를 위와 같이 정하여진 손해배상액의 일부로 제한하여 인정할 수 없다(대판 2001.9.7. 99다70365).
- [사안검토] A회사의 책임제한 주장은 부당

2. 甲이 丙을 상대로 손해배상을 청구하자, 丙은 ① A회사에서 이미 3,000만 원을 甲에게 손해배상금으로 지급하였고, ② 乙에게 甲이 3,000만 원에 대한 손해배상책임에 대한 면제를 하였으므로 자신은 책임이 없다고 주장한다. 甲의 丙에 대한 청구의 근거와 丙의 주장이 정당한지를 검토하시오. (10점)

해설

1. 결론

甲의 丙에 대한 손해배상청구 근거는 민법 제760조 제1항. A회사 일부변제(3,000만 원)는 丙 채무도 함께 소멸시키는 효력 but 甲의 乙에 대한 일부면제(3,000만 원)는 丙에는 효력이 미치지 않음. 丙은 甲에 대해 3,000만 원 배상책임 부담

2. 이유

가. 甲의 丙에 대한 손해배상 청구 근거

乙과 丙은 甲 상해와 관련하여 각자 고의·과실, 책임능력 및 위법성 요건 구비 + 甲 상해는 乙·丙의 가해행위로 발생 & 수인의 가해자 가해행위가 객관적으로 공동하여 위법하게 피해자에게 손해를 가한 것으로 인정되면, 가해자들 사이에 공모 내지 공동의 인식이 없더라도 민법 제760조 제1항의 '관련공동성' 인정(객관적 공동설; 대판 1998.6.12. 96다55631)

⇒ 丙은 甲에 대해 '공동불법행위 책임' 부담(민법 제760조 제1항)

나. 부진정연대채무자 1인의 변제 및 그에 대한 채권자의 면제가 다른 채무자에게 미치는 영향

- [개관] 협의의 공동불법행위자는 '부진정연대채무' 관계 → 부진정연대채무자 1인에 대하여 생긴 사유 중
  ㉠ 변제(대판 1981.8.1. 81다298), 공탁, 대물변제, 상계(대판(全) 2010.9.16. 2008다97218)는 절대적 효력○,
  ㉡ 권리포기, 채무면제 등은 상대적 효력○(대판 1997.9.12. 95다42027)
- [사안검토] A회사의 일부변제(3,000만 원)는 丙의 채무도 함께 소멸시키는 효력 but 甲의 乙에 대한 일부면제(3,000만 원)는 丙에는 효력 미치지 않음

3. 甲이 상해보험을 가입한 보험회사 丁이 甲에게 6,000만 원 전액을 보험금으로 지급하였다면 丁이 丙에게 구상할 수 있는 금액은? (10점)

해설

1. 결론

丁은 丙에게 6,000만 원 구상 가능

2. 이유

가. 보험회사 丁과 丙과의 관계

'타인의 위법한 가해행위로 발생한 손해에 보험금을 지급해야 하는 피해자의 보험회사 丁의 계약상 책임'과 '공동불법행위자인 丙의 손해배상책임'은 부진정연대채무

나. 피해자에게 손해액 전액을 변제한 보험회사의 공동불법행위자들에 대한 권리

- **[보험자대위]** 상해보험과 같은 손해보험에서 손해가 제3자의 행위로 인하여 발생한 경우 보험금을 지급한 보험자(보험회사)는 그 지급한 금액의 한도에서 그 제3자에 대한 보험계약자 또는 피보험자의 권리 취득 (상법 제682조 본문)
- ⇒ 甲에게 상해보험금 전액(6,000만 원)을 지급한 보험회사 丁은, 甲이 공동불법행위자(乙, 丁)에 대한 손해배상채권 취득
- **[수인의 구상의무자의 법적 지위]**
- ✦ [判] 구상금채무를 부담하는 자가 수인인 경우 그 구상채무는 원칙적으로 '각자의 부담부분에 따른 분할채무'로 보지만(대판 2002.9.27. 2002다15917 등), 부진정연대채무자 가운데 '내부적 부담부분이 없는 자'가 채권자에게 변제하고 다른 수인의 부진정연대채무자에게 구상할 때 수인의 구상채무는 '부진정연대채무'로 본다(대판 2005.10.13. 2003다24147, 대판 2012.3.15. 2011다52727).
- ⇒ 丁은 甲의 보험자로서 계약에 따라 甲에게 상해보험금을 지급했지만 甲의 상해에 대해 귀책 없음 ∴ 乙·丙의 丁에 대한 구상금채무는 부진정연대채무로서 丙은 丁에게 6,000만 원 상환의무 부담

제1문의 2

추가된 사실관계
甲의 위 손해배상소송은 乙을 상대로 제기한 것이다.

1. 甲은 위 소송에서 乙이 앞차를 보고 제동을 하였으나 과속으로 달린 탓으로 택시가 정차하지 않고 밀리면서 앞차를 들이받았다고 주장하였고, 乙은 과속한 사실이 없다고 주장하였다. 법원은 甲과 乙 사이에 쟁점이 된 과속 여부에 대하여는 판단하지 않은 채, 乙이 전방주시의무를 태만히 하다가 뒤늦게 제동하는 바람에 사고가 발생한 것이므로 乙에게 손해배상책임이 있다고 판단하였다. 법원의 위 판단은 적법한가? (15점)

해설

1. 결론

판례의 입장인 「법규기준설」에 따르면 '과속운전'의 점에 대해서 별도로 판단하지 않고 '전방주시의무 위반'의 점을 근거로 과실을 인정하는 것은 문제되지 않음

2. 이유

가. 변론주의

'소송자료(사실과 증거) 수집·제출책임을 당사자에게 맡기고, 당사자가 수집하여 제출한 소송자료만 변론에서 다루고 재판기초로 삼아야 한다는 원칙' → 그 내용의 하나로 <u>주요사실은 당사자가 변론에서 주장하여야만 법원이 판결의 기초로 삼을 수 있음</u>(대판 2009.10.29. 2008다51359) → 불법행위책임 성립요건 중 하나인 '과실' 자체가 주요사실인지 검토

나. 불법행위 성립요건인 '과실(過失)'의 법적 성격(주요사실 해당성)

- **[법규기준설]** '권리의 발생·변경·소멸이라는 법률효과를 발생시키는 법규의 직접 요건사실'만이 주요사실(통설·판례) → 개별 법규에서 '과실', '인과관계', '정당한 사유'와 같은 추상적이고 불확정적인 개념을 요건으로 하는 경우(일반조항) <u>추상적 개념 자체가 주요사실이고, 추상적 개념을 구체화하는 사실은 간접사실</u>
⇒ **[가점]** ㉠ 추상적이고 불확정인 개념을 요건으로 하는 경우 그 요건을 구체화하는 사실을 주요사실에 준하여 취급해야 한다는 견해(준주요사실론), ㉡ '주요사실'과 '요건사실'은 엄격히 구별되는 개념임을 전제로 하여, '과실', '소유권', '채권'과 같은 것은 요건사실이기는 하지만 사실에 대한 법적 평가이므로 주요사실은 아니고, 과실에 해당하는 구체적인 사실, 가령 음주운전, 과속운전, 전방주시의무 위반 등이 주요사실에 해당한다는 견해(요건사실·주요사실 구별론)

다. 전방주시의무 위반을 이유로 손해배상 청구를 인용한 법원 조치의 적법성

「법규기준설」에 따르면 '과실' 자체가 주요사실이고 이를 뒷받침하는 구체적인 사실은 간접사실로 보기 때문에, <u>원고(甲)가 '피고에게 과실이 있다'는 변론을 한 이상, 그를 구체화하는 근거로 내세운 '과속운전'의 점에 대해서 별도로 판단하지 않고 '전방주시의무 위반'의 점을 근거로 과실을 인정하는 것은 문제가 되지 않음</u>
∵ 간접사실은 변론주의의 적용을 받지 않으므로 변론에서의 당사자 주장이 없더라도 법원이 증거에 의하여 자유로이 인정할 수 있기 때문(대판 1994.11.4. 94다37868)

> 2. 甲은 제1심에서 치료비 1,500만 원 일실수익 3,000만 원, 위자료 500만 원 합계 5,000만 원의 일부승소판결을 선고받았다. 이에 甲은 위자료 중 패소한 1,000만 원 부분에 대하여 항소한 후, 항소심에서 일실수익을 4,000만 원으로 청구취지를 확장하였다. 법원은 확장된 일실수익 부분에 대하여 어떠한 판단을 하여야 하는가? (20점)

해설

1. 결론

甲이 항소심에서 청구확장한 일실수익 부분에 대한 항소이익 인정○. 항소심법원은 본안판단 해야

2. 이유

가. 논점정리

㉠ 인신사고로 인한 손해배상청구에서의 소송물, ㉡ 1심에서 전부승소한 자의 항소 가능성

나. 인신사고로 인한 손해배상청구에서의 소송물

- [손해3분설] 적극적 재산상 손해, 소극적 재산상 손해(= 일실이익 상실), 정신적 손해는 별개의 독립된 소송물(판례)
- ✦ [判] 생명 또는 신체에 대한 불법행위로 인하여 입게 된 적극적 손해와 소극적 손해 및 정신적 손해는 서로 소송물을 달리하므로 그 손해배상의무의 존부나 범위에 관하여 항쟁함이 상당한지의 여부는 각 손해마다 따로 판단해야 한다(대판 2006.10.13. 2006다32446).

다. 전부승소한 자의 항소 가능성

- [상소이익] 하급심 종국판결에 대해 불복신청을 함으로써 그 취소 및 변경을 구할 수 있는 법적 이익
- [판단기준] 상소인은 자기에게 불이익한 재판에 대해서만 상소를 제기할 수 있고 재판이 상소인에게 불이익한 것인지의 여부는 '재판의 주문(主文)'을 표준으로 하여 결정되는 것이므로 원고들 승소의 제1심판결을 취소하여 원고들의 청구를 기각한 원심판결에 대하여 피고는 상고를 제기할 이익이 없음(형식적 불복설; 대판 2002.6.14. 99다61378)
- [재산상 손해에 대해서는 형식상 전부 승소하였으나 위자료에 대하여는 일부 패소하여 항소한 경우 재산상 손해에 관한 청구확장이 가능한지 여부] 대법원은 긍정설
- ✦ [判] 상소는 자기에게 불이익한 재판에 대하여 유리하게 취소변경을 구하기 위하여 하는 것이므로 전부 승소한 판결에 대하여는 항소가 허용되지 않는 것이 원칙이나, 하나의 소송물에 관하여 형식상 전부 승소한 당사자의 상소이익의 부정은 절대적인 것이라고 할 수도 없는바, 원고가 재산상 손해(소극적 손해)에 대하여는 형식상 전부 승소하였으나 위자료에 대하여는 일부 패소하였고 이에 대하여 원고가 원고 패소부분에 불복하는 형식으로 항소를 제기하여 사건 전부가 확정이 차단되고 소송물 전부가 항소심에 계속되게 된 경우에는, 더욱이 불법행위로 인한 손해배상에 있어 재산상 손해나 위자료는 단일한 원인에 근거한 것인데 편의상 이를 별개의 소송물로 분류하고 있는 것에 지나지 아니한 것이므로 이를 실질적으로 파악하여, 항소심에서 위자료는 물론이고 재산상 손해(소극적 손해)에 관하여도 청구의 확장을 허용하는 것이 상당하다(대판 1994.6.28. 94다3063).

---

3. 甲은 제1심 소송계속 중 요건사실을 모두 증명하기 어려워 패소할 수도 있다는 생각이 들자, "乙은 고객인 甲을 목적지까지 안전하게 태워다 줄 계약상의 의무가 있음에도 이를 위반하였다"고 주장하면서, 채무불이행에 기한 손해배상청구를 예비적으로 추가하였다. 이에 제1심 법원은 주위적 청구인 불법행위에 기한 손해배상청구는 기각하고, 채무불이행에 기한 손해배상청구를 인용하였다. 이에 乙만 항소하였는데, 항소심 법원이 불법행위에 기한 손해배상청구가 이유 있다는 심증을 얻었다면 어떠한 판결을 하여야 하는가? (25점)

해설

1. 결론

항소심법원은 1심판결을 취소하고 불법행위에 기한 손해배상청구를 인용해야

2. 이유

가. 원고 병합청구의 법적 성격

객관적 병합청구가 어느 유형에 속하는지는 '**병합청구의 성질**'에 따라 결정(대판 2014.5.29. 2013다96868) → 교통사고로 발생한 인신사고 피해자가 '불법행위에 기한 손해배상'과 '운송계약의무 위반에 따른 손해배상' 병합청구시 어느 한 청구가 택일적으로 인용될 것을 해제조건으로 하여 다른 청구에 대해 심판을 구하는 '**선택적 병합**'에 해당

나. 부진정예비적 병합 문제

- [개관] 본 사안처럼 수개의 청구가 성질상 양립가능하여 선택적 병합으로 청구해야 함에도 불구하고 원고가 예비적 병합 형식으로 청구를 할 경우 법원이 이에 구속을 받는지?
- [대법원의 입장]
- ✦ [判] 대법원은 성질상 선택적 병합에 속하는 사건을 당사자가 예비적 병합 형태로 청구하더라도 법원은 당사자가 지정한 심판순서에 구속받지 않는 것이 원칙이라는 입장이다(대판 2014.5.29. 2013다96868).[1] 다만 ㉠ 논리적으로 양립할 수 있는 수개의 청구라 하더라도 '**당사자가 심판의 순위를 붙여 청구를 할 합리적 필요성**'이 있는 경우 당사자가 붙인 순위에 따라서 당사자가 먼저 구하는 청구를 심리하여 이유가 없으면 다음 청구를 심리해야 한다고 하며(대판 2002.2.8. 2001다17633, 대판 2021.5.7. 2020다292411), ㉡ '**선택적 관계로서 양립가능한 청구임에도 예비적 병합 형태로 구하면서 주위적 청구에서 기각된 부분에 한하여 예비적으로 판단을 구하는 취지인 경우**'에도 당사자의 의사에 따라 예비적 청구에 대한 판단여부를 결정해야 한다고 한다(대판 2002.9.4. 98다17145).
- [사안검토] '입증의 어려움'이라는 사유를 부진정예비적 병합을 인정할 만한 예외적인 사유로 볼 것인지? → 대주가 차주로부터 대여금을 돌려받기 위하여 주위적 청구로 대여금 반환, 예비적 청구로 불법행위에 기한 손해배상 청구를 한 사안에서 대법원이 '선택적 병합'으로 처리한 선례(대판 2014.5.29. 2013다96868)에 비추어 볼 때, 부정적으로 보는 것이 타당 → 1심법원으로서는 원고의 청구를 선택적 병합으로 보고 처리함이 마땅함에도 주위적·예비적 청구로 판단한 잘못이 있음

다. 항소심법원의 심판범위와 판단

- ✦ [判] 대법원은 "**항소심에서의 심판 범위도 병합청구의 성질을 기준으로 결정하여야 한다**"는 입장이고(대판 2014.5.29. 2013다96868), 한편 항소심은 제1심에서 인용된 청구를 먼저 심리하여 판단할 필요는 없고, 원심이 한 것처럼 선택적으로 병합된 수개의 청구 중 제1심에서 심판되지 아니한 청구를 임의로 선택하여 심판할 수 있다(대판 2006.4.27. 2006다7587).
- ⇒ 본건의 경우 항소심법원의 심판범위는 '선택적 병합'을 전제로 결정해야 하는바, 항소심법원은 불법행위에 기한 손해배상청구가 이유 있다는 심증을 얻었다고 하므로, 1심판결을 취소하고 불법행위에 기한 손해배상청구를 인용하는 주문을 내야 함[2]

---

[1] [대판 2013다96868] 원고가 피고에 대하여 청구원인으로 '대여'를 주장하며 그 지급을 청구하였다가 제1심 변론 과정에서 주위적 청구로 변경하고, 예비적으로 '불법행위(사기)를 원인으로 한 손해배상 청구'를 추가하였는데, 1심법원이 주위적 청구는 기각하고 예비적 청구를 인용하자 피고만 항소한 사건에서 "병합의 형태가 선택적 병합인지 예비적 병합인지는 당사자의 의사가 아닌 병합청구의 성질을 기준으로 판단하여야 하고, 항소심에서의 심판 범위도 그러한 병합청구의 성질을 기준으로 결정하여야 한다"고 판시하였다.

[2] COMMENT 예외적으로 '예비적 병합'으로 처리해야 한다는 견해를 전제로 할 경우, 항소심법원의 심판대상이 예비적 청구에 한정된다는 점을 근거로 '**제1심판결 중 예비적 청구에 대한 부분을 취소하고 그 부분 청구를 기각하는 판결**'을 선고해야 한다는 견해도 있으나(2022. 10. 법전협 모의고사 채점기준표에서 취하고 있는 입장임), 이는 피고에게 불합리하게 유리한 결과가 된다는 점에서 찬성하기 어렵다. 한편 항소심 법원은 주위적 청구에 대해서는 심판할 수 없다는 한계가 있을 뿐만 아니라 피고만 항소한 경우로서 '불이익변경금지원칙'이 적용되므로 1심판결을 취소하고 주위적 청구를 인용해서도 안 되므로, '**항소기각판결**'을 선고함으로써 1심판결을 그대로 유지하는 것이 가장 타당한 해결책이라 할 것이다(私見).

4. 甲은 제1심에서 변호사 戊를 선임하여 소송을 대리하게 하면서 항소제기의 권한까지 부여하였다. 그런데 甲이 소송계속 중 위 교통사고의 후유증으로 사망하였고, 戊가 소송을 수행하였으나 패소하였다. 甲의 상속인으로는 B, C, D, E가 있었으나, 戊가 D, E의 존재를 몰라 B, C만을 위하여 항소를 제기하여 D, E를 위하여는 항소를 제기하지 않은 채 항소기간이 도과되었다면 D, E는 항소심에 소송수계신청을 할 수 있는가? (20점)

해설

1. 결론

① 1심판결이 'B, C의 이름으로' 선고된 경우 D, E에 대해서도 항소제기○. 戊의 대리권은 항소제기로써 소멸되어 소송절차 중단 ∴ B, C, D, E는 항소심에서 소송수계신청 가능
② 1심판결 자체가 '망인 甲의 이름으로' 선고된 경우 B, C만을 항소인으로 표기하여 제기한 항소는 D, E에 대해 효력 미치지 않음 ∴ D, E에 대해서는 판결이 확정되고 D, E의 소송수계신청은 부적법

2. 이유

가. 소송계속 중 당사자의 사망과 소송절차의 중단

- [개관] 당사자가 소송계속 중 사망시 승계를 허용하지 않는 특별한 경우가 아니면 그 상속인들이 소송절차를 당연승계(대판(全) 1995.5.23. 94다28444). 당해 소송절차는 원칙적으로 중단 + 상속인 등 당연승계인이 소송절차 수계(민소법 제233조 제1항) → but 사망한 당사자에게 소송대리인이 있으면 그 소송대리인이 당연승계인을 위하여 소송대리인의 자격을 그대로 유지하므로(대판 1995.9.26. 94다54160) 일정한 시기까지 소송절차 중단X(같은법 제238조)
- [소송대리인의 권한존속시기(심급대리원칙과의 관련성)]
  ✦ 判① 소송대리인이 있으면 소송중단이 되지는 않지만, 「심급대리원칙」상 '판결정본이 소송대리인에게 송달'되면 소송대리권이 소멸되어 그때부터 소송절차가 중단된다(대판 1996.2.9. 94다61649).
  ✦ 判② '소송대리인에게 상소에 관한 특별수권'이 있으면(민소법 제90조 제2항 제3호 참조) 대리인에게 판결정본이 송달되더라도 소송절차가 중단되지 아니하고 상소기간이 진행된다. 이 경우 '소송대리인이 상소기간 내에 상소를 한 때' 소송대리권이 소멸되므로, 그때 소송절차도 중단된다(대판 2010.12.23. 2007다22859).
- [사안검토] 망인 甲이 소송대리인 戊에게 항소제기 권한까지 부여 → 戊에게 판결정본이 송달되더라도 소송절차는 중단되지 않고, 그 다음날부터 항소기간 진행

나. 상소시 누락된 상속인들에 대한 상소효력의 문제

- [논점정리] 甲외 상속인으로 B, C, D, E가 있었음에도 불구하고 戊는 D, E의 존재를 알지 못하고 B, C만을 위하여 항소 제기 → 항소제기가 D, E에게도 미치는지
- [사안검토①] 戊의 당사자표시정정신청 등에 의하여 1심판결 자체가 'B, C의 이름으로' 선고된 경우 판결효력은 상속인 전부에 미치고 위 일부 상속인을 상소인으로 표시하여 상소제기시 나머지 상속인들에 대해서도 상소제기된 것으로 봄

✦ [判] 망인의 공동상속인들 중 일부가 소송수계절차를 밟음에 따라 그 일부만을 당사자로 표시한 판결 역시 수계하지 아니한 나머지 공동상속인에게도 효력이 미치며, 그 <u>잘못된 당사자 표시를 신뢰한 망인의 소송대리인이나 상대방 당사자가 그 '잘못 기재된 당사자 모두'를 상소인 또는 피상소인으로 표시하여 상소</u>를 제기한 경우 <u>정당한 상속인들 모두에게 효력이 미치는 위 판결 전부에 대하여 상소가 제기된 것으로 봐야 한다</u> (대판 2010.12.23. 2007다22859).

- **[사안검토②]** 1심판결 자체가 '망인 甲의 이름으로' 선고된 경우 판결의 효력은 상속인들 모두에게 미침 (대결 1992.11.5. 91마342, 대판 1995.9.26. 94다54160) → but 위 상속인들 중 일부인 B, C만을 항소인으로 표기하여 항소를 제기하였다면, 이는 판결에 표시된 당사자의 일부라는 점에서 '<u>표시주의 원칙</u>'이 지배하는 민사소송에서 D, E에 대해서는 항소제기가 없는 것으로 보아야 함(私見) & 상속재산인 금전채권은 상속이 개시됨과 동시에 원칙적으로 상속인들에게 법정상속분만큼 분할귀속되므로 당연승계인인 상속인들은 성격상 '<u>통상공동소송인</u>'이 되는바, 공동소송인독립의 원칙상 일부 상속인의 상소제기를 다른 상속인의 상소제기로 볼 수도 없음(상소불가분원칙 적용배제)
⇒ 戊에게 판결정본이 송달된 후 항소기간 도과한 이상 D, E에 대해서는 판결확정(상소불가분의 원칙 배제)

다. 상소심에서의 소송수계신청 문제

- **[1심판결이 'B, C 이름으로' 선고된 경우]** D, E에 대해서도 항소제기 효과 미침 → but <u>변호사 戊의 대리권은 항소제기로써 소멸 & 소송절차 중단 ∴ B, C, D, E는 항소심에서 소송수계신청 해야</u>
- **[1심판결 자체가 '망인 甲의 이름으로' 선고된 경우]** <u>D, E에 대해서는 판결 확정되고 D, E의 소송수계신청은 부적법</u>

---

5. 위 소송 도중 甲은 위 교통사고로 인하여 뇌손상에 의한 거동불능 상태가 되었다. 이에 원고 측은 이 부분에 대하여 청구를 확장하였고, 신체감정 결과 기대여명이 10년일 것으로 인정되어 제1심 법원은 기왕치료비와 일실수익 및 위자료와는 별도로 향후 10년간 매 월 100만 원씩 치료비를 지급하라는 판결을 선고하였고 그 판결이 확정되었다. 甲이 그로부터 2년이 지난 후 예상과 달리 건강이 크게 호전된 경우 乙은 어떠한 소송상의 조치를 취할 수 있는가? (20점)

해설

1. 결론

   乙은 1심법원에 '정기금판결에 대한 변경의 소'를 제기하여 정기금의 감액을 청구하면 됨

2. 이유

   가. 개관

   정기금 지급을 명하는 판결이 확정된 상태이므로, 그후 사정변경 이유를 정기금의 감액을 청구하기 위해서는 정기금판결에 대한 변경의 소를 제기하는 것을 검토해야(민소법 제252조)

나. 법적 성질
① 확정판결의 변경을 목적으로 하는 소로서 「소송법상의 형성의 소」에 해당
② 정기금판결 변경의 소가 전소와 소송물이 동일해야 하는지와 관련하여 통설은 긍정적 → 정기금판결 변경의 소는 종전 판결의 '소송내적 효력'과 '기판력'의 변경을 목적으로 하는 것으로서 재심과 유사

다. 요건
- **[요건]** ㉠ 전소의 제1심 판결법원을 전속관할로 할 것(같은법 제252조 제2항), ㉡ 정기금판결을 받는 당사자 또는 기판력이 미치는 제3자가 제기할 것(대판 2016.6.28. 2014다31721), ㉢ 정기금의 지급을 명하는 판결이 확정될 것 ㉣ 판결확정 뒤에 정기금 액수산정의 기초가 된 사정이 현저하게 바뀌었을 것
- **[판결확정 뒤]** 전소 확정판결의 기판력 표준시인 '전소 판결의 변론종결 뒤'로 해석(통설)
- **[현저한 사정변경]** 정기금 산정시에 예상했던 후유장애가 크게 호전(악화)되는 변화, 임금·생필품 가격 등 물가의 폭등, 공과금 부담의 증감, 원화의 큰 폭의 평가절상(절하) 등 경제사정의 변동을 고려할 때, 당초 법원이 그와 같은 사실을 참작하였다면 다른 판결에 이르렀을 정도의 사정변경(이시윤)

라. 판결
변경의 소를 인용할 경우 '원판결을 감액하는 판결주문'을 냄 → 그 기산일은 '변경의 소제기일'이 되므로, 종전 원판결은 변경의 소제기일 이전의 이행의무에 관하여 집행권원이 됨 → 감액을 구하는 경우 변경의 소 제기만으로 집행정지 효과가 발생하지 않으므로 별도의 집행정지 신청을 해야(같은법 제500조, 제501조)

마. 사안검토
본건의 경우 ㉠ 乙은 甲에게 향후 10년간 매월 100만 원의 치료비를 정기지급하라는 판결이 선고되어 확정되었고, ㉡ 1심법원은 신체감정 결과 기대여명이 10년임을 기초로 10년간 치료비로 매월 100만 원의 정기금 지급을 명하였으나 판결확정 후 2년 뒤 원고 甲의 건강상태가 크게 호전됨에 따라 위 정기금 지급이 과도하게 되었으므로 이는 현저한 사정변경에 해당 ∴ 乙은 1심법원에 '정기금판결에 대한 변경의 소'를 제기하여 정기금의 감액을 청구할 수 있음

제2문

제2문의 1

甲은 X 토지의 소유자로서 2013. 1. 5. 乙로부터 2억 원을 차용하면서 乙에게 저당권을 설정해 주었다. 그 후 甲은 乙의 동의를 얻어 X 토지 위에 자신의 노력과 비용으로 주거용인 Y 건물을 신축하였다. 2013. 3. 2. 丙은 甲과 미등기상태의 Y 건물에 대하여 임차보증금 5천만 원, 기간 2년으로 정하여 임대차계약을 체결한 다음, 위 계약직후 甲으로부터 Y 건물을 인도받고 주민등록을 마쳤다. 한편 丁은 2013. 5. 3. 甲으로부터 X 토지와 Y 건물을 매수하여 대금을 모두 지급한 다음, X 토지에 대하여만 소유권이전등기를 넘겨받고 Y 건물에 대하여는 미등기인 관계로 그 등기를 이전받지 못하였다. 2013. 6. 4. 戊는 丁에게 1억 원을 대여하였으나, 丁이 이를 변제하지 아니하자 丁을 상대로 대여금청구소송을 제기, 승소하고 X 토지에 대하여 강제경매를 신청하였다.

위 경매절차에서 X 토지를 매수하여 대금을 지급을 己가 X 토지의 소유자임을 주장하면서 丁을 상대로 Y 건물의 철거와 X 토지의 인도를 구하고, 丙에 대하여는 Y 건물로부터의 퇴거를 구한다.

1. 己의 丙에 대한 청구의 당부를 논거를 들어 서술하라. (25점)

해설

1. 결론

己의 丙에 대한 Y건물로부터의 퇴거청구는 정당하고 丙이 이에 대항할 수 있는 사유는 없음

2. 이유

가. 논점정리

토지소유자는 '그 지상건물 소유권자'에게 「건물철거·대지인도」를 구할 수 있음(민법 제213조 본문, 제214조) & '지상건물 점유자'에게 건물점유가 건물철거·대지인도 실현에 방해가 됨을 이유로 「건물로부터의 퇴거」를 청구할 수 있음(대판 2010.8.19. 2010다43801) → 丙이 자신의 건물점유를 정당화시킬 수 있는 권리를 내세워 己의 건물퇴거 청구에 대항할 수 있는지 검토. 특히 '건물에 대한 대항력 있는 임차권'

나. 己의 丙에 대한 Y건물로부터의 퇴거청구의 타당성(요건사실 충족여부)

- [己의 X토지 소유권 취득] 己는 경매에서 매수대금을 완납하였기 때문에 경매목적물인 X토지 소유권 취득(민사집행법 제135조). 민법 제187조에 기한 물권변동이므로 이전등기가 없어도 됨
- [丙의 Y건물 점유] 丙이 Y건물의 임차권자로서 현재 Y건물을 점유

다. 丙의 항변사유(점유권원) 유무

- [丙의 지위] 丙은 2013. 3. 2. Y건물의 종전 소유권자인 甲과 임차기간 2년의 주택임대차계약 체결 + 직후에 '주택인도' 및 '주민등록' 등 주택임대차법 제3조 제1항에서 요구하는 요건 구비 ∴ 대항력 있는 주택임차권자 & '미등기건물'도 적용대상이므로(대판(全合) 2007.6.21. 2004다26133), Y건물이 미등기건물이라는 점은 문제X

- **[丙이 대항력 있는 임차권자임을 이유로 己의 퇴거청구에 불응할 수 있는지]** 丙은 대항력 있는 주택임차권자이지만 이는 '건물'에 관한 것으로서, 토지(대지)의 소유권자에게는 대항할 수 있는 권원이 아님 → 건물에 관한 임차권이 대항력을 갖춘 후에 그 대지의 소유권을 취득한 사람은 민법 제622조 제1항이나 주택임대차법 제3조 제1항 등에서 그 임차권의 대항을 받는 것으로 정하여진 '제3자'에 해당X(대판 2010.8.19. 2010다43801)

2. 己의 丁에 대한 청구의 당부를 논거를 들어 서술하라. (25점)

해설

1. 결론
己의 丁에 대한 Y건물 철거 및 X토지 인도청구는 정당하고 丁이 대항할 수 있는 사유 없음

2. 이유

가. 己의 丁에 대한 각 청구의 타당성(요건사실 충족여부)
- **[논점정리]** ㉠ 己의 청구는 '소유권'에 기반한 것이므로 己가 X토지 소유권 취득하였는지, ㉡ 丁이 Y건물의 소유권이전등기를 마치지 않았음에도 건물철거를 구할 수 있는지
- **[己의 X토지 소유권 취득]** 己는 경매절차를 통하여 매수대금 완납 ∴ X토지 소유권 취득(민사집행법 제135조, 민법 제187조)
- **[Y건물의 소유권을 취득하지 못한 丁을 상대로 건물철거 등을 구할 수 있는지]**
- ✦ **[判]** 건물철거는 그 소유권의 종국적 처분에 해당하는 사실행위이므로 원칙적으로는 건물소유자에게만 그 철거처분권이 있으나, 그 건물을 매수하여 점유하고 있는 자는 소유권이전등기를 하지 않더라도 그 점유 중인 건물에 대하여 「법률상 또는 사실상 처분을 할 수 있는 지위」에 있으므로 그 자를 상대로 건물철거를 구할 수 있다(대판 1986.12.23. 86다카1751).

나. 丁의 대항사유(점유할 권리) 유무
- **[민법 제366조 법정지상권]** 민법 제366조 법정지상권은 '강제경매'로 인해 토지·건물 소유권 분리시 적용X(대판 1970.9.29. 70다1454) ∴ 丁에게 위 법정지상권 성립 여부 따질 필요X
- **[관습법상 법정지상권①-요건]** ㉠ 토지와 건물의 소유권이 동일인에게 속할 것 ㉡ 매매 기타의 원인으로 소유자가 날라질 것 ㉢ 당사자 사이에 건물철거특약 혹은 관습법상 법정지상권 포기특약이 없을 것
- **[관습법상 법정지상권②-Y건물매도인 甲의 관습법상 법정지상권 취득여부]** 甲 기준시 ㉠ X토지 소유권이 丁에게 이전 당시 X토지와 Y건물의 소유권은 모두 甲에게 있었고, ㉡ 매수인 丁이 X토지에 대해서만 이전등기를 함에 따라 Y건물 소유권은 甲에게 있으며, ㉢ 甲과 丁 사이에 건물철거 등의 특약이 없으므로 요건 자체는 충족 but 대법원은 부정적 입장
- ✦ **[判]** 관습법상 법정지상권을 인정하는 취지가 일정요건을 갖춘 경우 통상 건물의 소유자로 하여금 토지를 계속 사용하게 하려는 것이 당사자의 의사로 볼 수 있다는 점을 고려해 볼 때, 매도인은 토지 및 대지 매수인에 대해 건물의 소유권을 양도하고 이를 명도할 것까지 약정했을 뿐만 아니라 건물의 처분권은 이미 매수인에게 귀속하였으므로 그 '매도인'에게 건물을 위한 관습법상 법정지상권을 인정할 이유가 없다(대판(全合) 2002.6.20. 2002다9660).

- [관습법상 법정지상권③ - 丁의 관습법상 법정지상권 취득여부]
  - [토지·건물의 동일인 귀속요구시점 요건 불충족] 토지·건물의 동일인 귀속요구시점은 원칙적으로 '소유권이 유효하게 변동될 당시' but 소유권 변동이 '강제경매'에 의한 경우 ㉠「압류효력 발생시」를 기준으로, 가압류가 있으면 「가압류효력 발생시」를 기준으로 판단(대판(全合) 2012.10.18. 2010다52140), ㉡ 목적물에 관하여 (가)압류가 있기 전 저당권이 설정되어 있다가 그 후 강제경매로 인해 소멸하는 경우 「저당권 설정 당시」를 기준으로 판단(대판 2013.4.11. 2009다62059)
    ⇒ 강제경매 목적물인 X토지에는 압류 전 저당권 설정 → 강제경매 당시 위 저당권이 존재하고 있다가 그 이후 소멸되었다면 토지·건물의 동일인 귀속요구시점은 2013. 1. 5. but 당시에는 Y건물 자체가 미존재하여 위 요건 충족X
  - [법률상 소유권 요건 불충족] X토지에 설정된 저당권이 압류 전에 소멸시 토지·건물 동일인 귀속요구시점은 '압류효력 발생시'가 됨 → 여기서 말하는 '소유권'이란 '법률상 소유권'을 말하는바 무허가 미등기 건물을 그 대지와 함께 양수한 丁이 위 대지에 대하여서만 소유권이전등기를 경료하고 건물에 대하여서는 등기를 경료하지 아니하였다면 丁은 위 건물에 대하여는 소유권을 취득하였다고 할 수 없으므로 그 후 경매절차에서 토지소유권을 취득한 己에 대하여 관습법상 법정지상권 주장X(대판 1987.7.7. 87다카634)

제2문의 2

기초 사실관계
甲은 도박장을 차리고 乙을 고용하여 사기도박을 하고 있었다. 이러한 사실을 모르는 丙은 乙과 도박을 하다가 도박자금이 떨어지자 같은 날 甲으로부터 3천만 원을 도박자금 명목으로 차용하였다.

1. 甲이 丙에게 차용금 3천만 원의 반환을 청구하였다. 甲의 청구 근거와 이에 대한 丙의 가능한 항변과 그 법적 근거를 설명하라. (15점)

해설

1. 결론
甲의 청구근거로는 '금전소비대차계약' 및 '부당이득'. 丙은 '민법 제103조(동기불법)' 및 '민법 제746조 본문(불법원인급여)'을 주장하여 반환 거절 가능

2. 이유

가. 甲이 금전소비대차계약에 기하여 대여금 반환을 청구할 수 있는지 여부
- [대여금청구 요건사실] 대주는 ㉠ 금전소비대차계약 체결 사실 ㉡ 금전 교부 사실 ㉢ 변제기 도래 사실을 주장·입증해야 → 甲이 丙에게 금전소비대차계약을 체결하여 3,000만 원을 빌려주었다고 하므로, 변제기가 도래하였다면 요건사실 충족

- **[丙 항변사유]**
  - [判] 민법 제103조에서 정하는 반사회적 행위는 법률행위의 목적인 권리의무의 내용이 반사회적인 경우뿐만 아니라, 그 내용 자체는 반사회적이 아니라고 하여도 법적으로 이를 강제하거나 반사회적인 조건 또는 금전적인 대가가 결부됨으로써 반사회성을 띠게 되는 경우 및 표시되거나 상대방에게 알려진 법률행위의 동기가 반사회적인 경우를 포함한다(대판 2000.2.11. 99다56833)
  - ⇒ 丙은 '도박자금 명목'으로 돈을 빌렸으므로 '동기불법' &, 甲에게 이 점을 고지 ∴ 금전소비대차계약이 민법 제103조 위반으로 무효 항변 ○

나. 甲이 부당이득반환 명목으로 대여금의 반환을 청구할 수 있는지 여부
- **[부당이득반환 청구 요건사실]** ㉠ 丙이 도박자금 명목으로 3,000만 원의 이익 취득, ㉡ 이로 인해 甲에게 위 금원 상당의 손해 발생, ㉢ 丙의 이익 취득의 원인이 된 금전소비대차계약은 민법 제103조 위반으로 무효이므로 법률상 원인이 없음 ∴ 요건 충족
- **[丙 항변사유]** 민법 제103조에 위반하여 이행된 급부는 민법 제746조의 '불법원인급여'에 해당(대판 83다430). 급여자의 반환청구 원칙적으로 부정(민법 제746조 본문) → but 불법원인이 '수익자'에게만 있는 경우 반환청구 가능(같은조 단서) → 대법원은 <u>급여자에게 불법원인이 있더라도 수익자의 불법성이 현저히 큰 경우</u>에는 급여자는 수익자에게 이익반환을 청구할 수 있다는 입장(불법성비교설; 대판 1993.12.10. 93다12947)
- ⇒ 甲은 乙을 고용하여 '사기도박' → 단순히 도박을 한 丙의 불법성과 비교할 때 급여자인 甲의 불법성이 현저히 커서 부당이득반환 청구 불가

추가된 사실관계

丙의 도박사실을 우연히 알게 된 丁은 丙에게 "당신 소유 Y 건물을 증여하지 않으면 도박하였다는 범법사실을 경찰에 신고하겠다."고 하였다. 이에 丙은 위협을 느끼며 Y 건물의 소유권을 丁에게 무상으로 이전하기로 하고 Y 건물을 인도하였다. 丁이 丙에게 Y 건물의 소유권이전등기를 청구하였다.

2. 각 당사자들의 가능한 공격방어방법을 고려하여 丁의 청구의 당부를 서술하라. (10점)

해설

1. 결론
丁은 丙과의 증여계약을 근거로 Y건물의 이전을 청구할 수 있으나, 丙은 강박에 의하여 증여계약이 체결되었음을 주장·입증하여 위 증여계약을 취소할 수 있음

2. 이유

가. 丁의 청구근거(요건사실)

丁은 丙과 Y건물에 관하여 증여계약을 체결하였음을 주장·입증하여 丙을 상대로 Y건물의 이전등기를 구할 수 있음

나. 丙이 제기할 수 있는 항변사유

- **[반사회적 행위(민법 제103조)로서 무효라는 주장]**
  - 判 법률행위의 성립과정에서 강박이라는 불법적 방법이 사용된데 불과한 경우에는 강박에 의한 의사표시의 하자나 의사의 흠결을 이유로 효력을 논의할 수는 있을지언정 반사회질서의 법률행위로서 무효라고 할 수는 없다(대판 1992.11.27. 92다7719).
  - ⇒ 반사회적 행위로서 무효 항변 이유 ✕
- **[불공정한 행위(민법 제104조)로서 무효라는 주장]**
  - 判 증여와 같이 당사자 일방의 급부만 있는 경우에는 민법 제104조가 적용되지 않는다(대판 1993.7.16. 92다41528).
  - ⇒ 불공정한 행위 무효 항변 이유 ✕
- **[비진의의사표시(민법 제107조)로서 무효라는 주장]**
  - 判 비진의표시에 있어서의 진의란 <u>특정한 내용의 의사표시를 하고자 하는 표의자의 생각</u>을 말하는 것이지 표의자가 진정으로 마음속에서 바라는 사항을 뜻하는 것은 아니다(대판 1993.7.16. 92다41528).
  - ⇒ 丙이 丁의 협박으로 인해 Y건물을 증여할 수밖에 없다는 내심의 의사가 갖고 있었다고 하더라도 丁에게 Y건물을 증여하겠다는 의사표시를 한 이상 비진의의사표시에 해당하여 무효라는 주장 불가
- **[민법 제110조 강박에 의한 의사표시로서 취소한다는 주장]**
  - 判 강박을 이유로 의사표시를 취소하기 위한 요건 중 하나인 '강박행위의 위법성'과 관련하여 대법원은 부정행위에 대한 수사사관에의 고소·고발은 정당한 권리행사가 되어 위법하다고 할 수 없고, 다만 「<u>부정한 이익을 취할 목적</u>」으로 이루어지거나, 「<u>목적이 정당하더라도 행위나 수단 등이 부당한 때</u>」에는 위법한 강박행위에 해당한다는 입장(대판 1992.12.24. 92다25120)
  - ⇒ 丁은 사익을 취할 목적에서 수사기관에의 고소라는 수단을 활용한 것으로서 위법한 강박행위에 해당 → 丙은 강박에 의하여 증여계약이 체결되었음을 주장·입증하여 증여계약 취소 가능

제2문의 3

甲은 자기 소유의 토지 위에 자신의 비용과 노력으로 2층의 다세대 주택을 신축하고자 하였다. 그 건물이 대부분 완성되어 갈 즈음 甲은 형식상 건축주 명의를 추가할 필요가 있게 되었고, 이에 친구 乙에게 부탁하여 그의 명의를 빌려 乙도 공동건축주로 하였다. 공사가 완료된 후 2013. 4. 25. 그 건물의 102호는 乙의 명의로, 그리고 나머지는 甲의 명의로 각 소유권보존등기가 경료되었다.

그 후 乙은 위 102호의 소유권보존등기가 자기 명의로 마쳐져 있음을 기화로 丙에게 102호를 매도하였고, 중도금을 수령하면서 丙명의로 소유권이전청구권가등기를 마쳐주었다. 그러자 甲은 乙명의의 소유권보존등기가 「부동산 실권리자명의 등기에 관한 법률」에 위반하는 무효의 등기임을 이유로 乙을 상대로 진정명의회복을 원인으로 한 소유권이전등기청구 및 丙을 상대로 가등기말소 청구를 하였다.

3 甲의 乙, 丙을 상대로 한 각 청구에 대한 결론을 그 논거와 함께 서술하라. (25점)
※ 공동소송의 요건을 고려하지 않는다.

해설

1. 결론

甲의 乙에 대한 이전등기청구는 인용, 丙에 대한 말소등기청구는 기각

2. 이유

가. 다세대주택(102호 포함)의 원시취득자

- **判①** 신축건물의 원시취득자가 누구인지와 관련하여 ㉠ '도급인과 수급인 사이에 합의'가 있으면 이에 따르고, ㉡ 건물이 도급인이 재료를 제공함으로써 완성된 경우에는 '도급인'이 소유권자이며, ㉢ 수급인이 재료의 전부 또는 주요부분을 제공하는 경우 완성된 목적물의 소유권은 원칙적으로 '수급인'에게 귀속한 다음 「인도」에 의하여 도급인에게 이전한다(대판 1988.12.27. 87다카1138).
- **判②** 편의상 타인명의로 건축허가를 받은 경우 원칙적으로 '자기의 노력과 비용을 들여 건물을 건축한 사람'이 그 건물의 소유권을 원시취득하고 건축허가명의자가 누구인지는 무관하다(대판 2002.4.26. 2000다16350).
- ⇒ 다세대주택 소유권 귀속과 관련하여 도급인(甲)과 수급인 사이의 의사 확인× → 甲은 102호를 포함한 다세대주택 전체를 자신의 노력과 비용으로 신축 ∴ 102호를 포함한 다세대주택 전체의 원시취득자는 甲. 민법 제187조에 따른 물권변동이므로 소유권보존등기 경료 여부는 상관×

나. 甲의 乙을 상대로 한 진정명의회복을 원인으로 한 이전등기 청구의 타당성

- **[乙 명의 소유권보존등기 성격·효력]** 102호의 원시취득자는 甲인 상황 → 乙은 甲과의 합의에 따라 자신 명의로 보존등기 경료 ∴ 당사자간 명의신탁 → 부동산실명법에 따르면 명의신탁약정은 무효이고(같은 법 제4조 제1항) 그에 따른 물권변동도 무효(같은조 제2항 본문) ∴ 102호에 관하여 현재 乙 명의로 된 소유권보존등기는 무효, 소유권자는 甲
- **[甲 청구 타당성]** 甲은 '소유권에 기한 방해배제청구권' 행사의 일환으로(민법 제214조) 乙을 상대로 '진정명의회복을 원인으로 한 이전등기'를 청구할 수 있고 법원은 이를 인용해야

다. 甲의 丙을 상대로 한 가등기말소등기 청구의 타당성

- **[丙의 법적 지위]** 부동산실명법에 위반된 명의신탁약정 및 물권변동은 무효이지만 제3자에게는 대항하지 못함(같은법 제4조 제3항) → [제3자] 명의수탁자가 물권자임을 기초로 그와의 사이에 새로운 이해관계를 맺은 사람(대판 2005.11.10. 2005다34667)
- ⇒ 丙은 명의수탁자인 乙과 사이에 매매계약을 체결한 후 소유권이전등기청구권 보전을 위해 가등기를 한 자 ∴ 위 '제3자'에 해당
- **[甲 청구 타당성]** 丙 명의의 가등기는 유효한 등기 ∴ 甲의 丙에 대한 말소등기청구 기각

2016년
8월 모의고사

본서 p.888

제1문

제1문의 1

공통된 사실관계

사무용품 도매상을 개업하려는 乙은 개업자금을 조달하기 위하여 지인 甲으로부터 2004. 4. 1. 1억 원을 이자 월 1%(매월 말일 지급), 변제기 2005. 3. 31.로 정하여 차용하였다. 다음 물음에 답하시오(아래 각 추가된 사실관계는 서로 독립적임).

추가된 사실관계 1

乙의 甲에 대한 대여금 채무에 관하여는 乙의 부탁을 받은 丙이 甲에게 연대보증채무를 부담하는 한편, 丁 역시 乙의 부탁으로 자신이 소유인 X토지 위에 채권자 甲, 채무자 乙, 채권최고액 1억 5천만 원으로 하는 근저당권을 설정해 주었다. 이후 乙이 변제기를 지나도록 위 대여금 채무를 이행하지 못하자, 甲은 2006. 1. 31. X토지에 대한 근저당권을 실행하려고 하였다. 이에 丁이 甲에게 같은 날 채무원리금 1억 2,200만 원 전액을 지급하였다.

1. 丁의 乙, 丙에 대한 법률관계는? ※ 시효는 논외로 할 것 (25점)

해설

1. 결론

① 丁은 乙에 대해 1.22억 원 및 이에 대한 면책된 날 이후의 법정이자를 청구할 수 있고, 법정대위권도 행사가능

② 丁은 丙에 대해 법정대위권으로서 6,100만 원 및 면책된 날 이후의 법정이자를 청구할 수 있음. 丙에 대해 구상권을 행사할 수 있는지에 대해서는 다툼이 있음

2. 이유

가. 논점정리

물상보증인 丁이 주채무자인 乙의 채무 대위변제 ∴ 乙과 연대보증인 丙에 대해 '구상권' 및 '변제자대위권' 행사할 수 있는지

나. 丁의 채무자 乙에 대한 권리

- **[구상권 인정]** 타인채무를 담보하기 위하여 자신 소유의 부동산에 저당권을 설정한 물상보증인이 주채무자의 변제를 대위변제한 경우 보증채무에 관한 규정에 의하여 채무자에 대한 구상권이 있음(민법 제370조, 제341조)
- ⇒ 丁은 乙의 부탁으로 물상보증인 ∴ 구상권 행사범위는 '대위변제한 채무액' 외에 '면책된 날 이후의 법정이자 및 피할 수 없는 비용 기타 손해배상' 포함(같은법 제441조 제2항, 제425조 제2항)
- **[법정대위권 인정]** 물상보증인은 '변제할 정당한 이익'이 있는 자로서 위 대위변제로써 당연히 채권자 대위(같은법 제481조)
- ⇒ 丁은 자기가 갖는 구상권 범위에서 종전 채권자(甲)의 채권 및 그 담보에 관한 권리 행사 가능(같은법 제482조 제1항)
- **[양자의 관계]** 대위변제자의 '구상권'과 '대위변제로 인하여 취득한 원채권'은 별개의 채권으로서 병존(청구권 경합). 변제대위자가 행사할 수 있는 원채권과 그 담보권은 구상권을 확보하는 것을 목적으로 존재하는 부수적 성질 ∴ 구상권 소멸시 같이 당연소멸 & 행사도 구상권이 존재하는 한도 내에서 가능

다. 丁의 연대보증인 丙에 대한 권리

- **[주채무자 보증인에 대한 「구상권」 행사 가부]** 동일한 주채무에 대해 물상보증인과 보증인이 있는 경우 물상보증인이 '보증인'에 대해서도 구상권을 행사할 수 있는지에 대해서는 다툼 있음(대법원 판례 없음)
- ✦ 學 ㉠ 주채무자에게만 구상가능하다고 하면, 주채무자의 무자력 위험을 부담하게 되는데 이는 부당하므로 민법 제448조를 유추적용해야 한다는 견해(민법 제444조 유추적용설 & 민법 제425조 제2항 유추적용설), ㉡ 민법 제482조 제2항 제5호에 따라 부담하게 되는 부분을 넘어서 출연(出捐)한 경우에 한하여 구상권을 인정할 수 있다는 견해, ㉢ 물상보증인은 보증인에게 구상권을 행사할 수 없다는 견해
- **[법정대위권 인정 - 법정대위자 상호간의 관계]** '보증인 - 물상보증인'이 존재하는 경우 양자 상호간에는 '그 인원수에 비례'하여 채권 대위(민법 제482조 제2항 제5호) → 丁이 자신의 주채무자에 대한 구상권에 기하여 丙에 대해 법정대위권을 행사할 수 있는 범위는 대위변제액의 1/2에 해당하는 6,100만 원에 한정

추가된 사실관계 2

乙의 甲에 대한 대여금 채무에 관하여는 乙이 차용 당시인 2004. 4. 1. 자신의 소유인 Y토지 위에 채권자 甲, 채권최고액을 1억 5천만 원으로 하는 제1근저당권을 설정해 주었다. 그 후 원리금을 상환하지 못하고 있던 乙은 2010. 5. 7. 甲과 사이에 그때까지의 채무액을 1억 3천만 원이라고 확정하고 이에 관해 변제기를 2010. 10. 31.로 약정한 후, 이를 담보하기 위하여 같은 날 甲에게 Y토지 위에 채권최고액 5천만 원의 제2근저당권을 추가로 설정해 주었다. 한편 乙은 2011. 4. 5. 戊에게 매매를 원인으로 하는 Y토지의 소유권이전등기를 마쳐주면서 甲 명의의 위 제1, 2근저당권을 자신이 말소하기로 약정하였다. 甲이 여전히 대여금을 상환받지 못하고 있던 2015. 5. 21. 乙과 戊가 각각 甲을 상대로 위 차용금채무가 소멸시효의 완성으로 소멸하였음을 이유로 위 제1, 2 근저당권설정등기의 말소를 구하는 소를 제기하였다. 이에 甲은 2015. 6. 20. 변론기일에 시효완성을 다투면서 각 소송에 응소하였다.

2. 乙, 戊의 청구에 대한 결론을 그 근거와 함께 서술하시오. (25점)

> 해설

1. 결론
乙, 戊의 청구는 모두 이유가 없으므로 기각

2. 이유

가. 乙의 甲에 대한 저당권설정등기 말소청구의 타당성

- [부동산의 소유권을 상실한 종전 저당권설정자가 피담보채무 소멸을 이유로 저당권등기말소를 청구할 권리가 있는지 여부]
  - ✦ [判] 근저당권설정자인 종전의 소유자는 근저당권설정등기계약의 당사자로서 '근저당권소멸에 따른 원상회복으로 근저당권자에게 근저당권설정등기의 말소를 구할 수 있는 계약상 권리'가 있으므로 이러한 계약상 권리에 터잡아 근저당권자에게 피담보채무의 소멸을 이유로 하여 그 근저당권설정등기의 말소를 청구할 수 있다(대판(全合) 1994.1.25. 93다16338).
- [甲의 대여금채권의 시효소멸 여부] '영업자금 차입행위'는 행위자의 주관적 의사가 영업을 위한 준비행위이고 상대방도 행위자의 설명 등에 의하여 그 행위가 영업을 위한 준비행위라는 점을 인식한 경우에는 '보조적 상행위'로서 상사시효 적용(대판 2012.4.13. 2011다104246)
  - ⇒ 甲의 대여금채권은 상사채권으로서 소멸시효기간 5년(상법 제64조) & 甲의 대여금채권 변제기 2005. 3. 31. ∴ 2010. 3. 30. 24:00 소멸시효 완성('그 다음날'로 보는 견해도 유력)
- [乙의 시효이익 포기] 乙은 2010. 5. 7. 甲과 사이에 기존채무를 1.3억 원으로 확정하여 변제기를 2010. 10. 31.로 정하고 2번 근저당권 등기 추가 설정 → 소멸시효기간 도과 후 채무자가 피담보채무액을 확정하고 추가로 담보를 제공하는 행위는 '시효이익 포기'
- [시효이익포기와 새로운 소멸시효의 진행] 시효이익포기시 새로운 소멸시효 진행 → 본건은 새로운 변제기를 2010. 10. 31.로 약정했으므로 새로운 소멸시효기산일은 위 같은 일자 → 乙의 소제기일 2015. 5. 21.로서 저당권말소청구의 근거가 되는 피담보채권의 시효소멸 발생X & 피고 甲이 2015. 6. 20. 원고 乙의 주장을 적극적으로 다투면서 응소함으로써 소멸시효 진행 중단(대판(全合) 1993.12.21. 92다47861)
  - → 피담보채권은 소멸시효 완성으로 소멸될 수 없는 상황 ∴ 乙의 저당권말소청구 기각

나. 戊의 甲에 대한 저당권설정등기 말소청구의 타당성

- ✦ [判①-시효이익포기 효력(원칙)] 시효이익 포기는 그 '포기한 사람'에 대한 관계에서만 유효[3]
- ✦ [判②-시효이익포기 효력(예외)] 소멸시효 이익의 포기 당시에는 그 권리의 소멸에 의하여 직접 이익을 받을 수 있는 이해관계를 맺은 적이 없다가 나중에 시효이익을 이미 포기한 자와의 법률관계를 통하여 비로소 시효이익을 원용할 이해관계를 형성한 자는 이미 이루어진 시효이익 포기의 효력을 부정할 수 없다 (대판 2015.6.11. 2015다200227).
- ⇒ 戊는 저당부동산(Y토지)의 종전 소유자 乙이 이미 근저당권자인 甲을 상대로 피담보채권의 소멸시효 완성의 이익을 포기한 후에 비로소 乙로부터 위 부동산 매수 → 乙이 한 시효이익 포기의 효력을 전제로 하여 근저당권의 제한을 받는 소유권을 취득한 자 → 戊는 乙이 한 시효이익 포기의 효력 부정X ∴ 戊의 말소등기청구 역시 기각

---

[3] [관련판례] ① 주채무자의 시효이익의 포기는 보증인에 대하여는 영향이 없다(대판 1991.1.29. 89다카1114).
② 저당채무의 채무자가 시효이익을 포기하더라도 저당부동산의 제3취득자에게는 영향이 없다(대판 2010.3.11. 2009다100096).

추가된 사실관계 3

乙은 甲으로부터 위와 같이 1억 원을 차용하면서, 이를 담보하기 위하여 甲에게 액면금 1억 원의 약속어음을 발행·교부하였다.

甲은 "乙이 변제기가 지나도록 위 차용금 1억 원을 변제하지 않았고, 약속어음금의 지급도 거절되었다"라고 주장하면서, 乙을 상대로 위 약속어음금 1억 원의 지급을 구하는 소송을 제기하였다. 위 소송에서 법원은 위 차용금 1억 원이 모두 변제되었다는 이유로 甲의 청구를 기각하는 판결을 선고하였고, 이는 그대로 확정되었다.

3. 그 후 甲이 乙을 상대로 다시 위 차용금 1억 원의 지급을 구하는 소를 제기하였고, 이에 乙은 위 확정판결을 증거자료로 제출하면서 위 차용금 1억 원은 모두 변제되었다고 주장하였다. 이 경우 법원은 어떠한 판결을 선고하여야 하는지 그 근거를 들어 설명하시오(단, 소멸시효는 논외로 할 것). (30점)

해설

1. 결론

법원은 특별한 사정이 없는 한 차용금 1억 원이 변제되었음을 이유로 甲의 청구를 기각해야

2. 이유

가. 논점정리

전소인 약속어음금 사건에서 '원인채권인 대여금채권이 전액변제되었음을 이유로' 패소판결이 선고되어 확정 → 후소인 대여금 사건에서 위와 같은 전소법원의 판단이 어떤 영향을 미치는지 ⇒ ㉠ 대여금채권이 변제되어 소멸되었다는 판단에 기판력이 생기는 것인지, ㉡ 기판력이 생기지 않는다면 전소와 후소의 판단이 상호 모순·저촉될 수 있는데, 이를 방지할 방법은 무엇인지

나. 전소확정판결의 기판력이 후소에도 미치는지 여부

① 확정판결은 원칙적으로 '주문'에 포함된 것에 한하여 기판력을 가지며(민소법 제216조 제1항), 판결이유 중에 대한 판단 중 기판력이 생기는 것은 '상계항변에 대한 판단'이 유일(같은조 제2항) → 전소확정판결 중 기판력이 생기는 것은 '甲의 乙에 대한 1억 원 상당의 약속어음금 채권이 부존재한다'는 판단에 한정되고, '원인채권인 대여금채권이 전액변제되었다'는 판단은 판결이유 중에서 한 판단(선결적 법률관계에 대한 판단)이어서 기판력×

② 기판력이 작용하는 경우는 ㉠ 전소와 후소의 소송물이 동일한 경우, ㉡ 전소의 소송물이 후소의 선결관계가 되는 경우, ㉢ 전소와 후소의 소송물이 모순관계에 있는 경우 등 세 가지 → 후소 소송물은 '甲의 乙에 대한 1억 원 상당의 대여금채권의 존부' & 전소 소송물로서 기판력이 미치는 대상은 '甲의 乙에 대한 1억 원 상당의 약속어음금채권의 존부'에 한정 → 위 소송물은 별개의 소송물로서 기판력이 문제되는 경우 자체에 해당하지도 않음

다. 대여금채권이 변제되어 소멸되었다는 판단에 기판력이 생기지 않음으로써 생길 수 있는 문제점과 해결책

- **[문제점]** 전소판결의 판결이유 중에 설시된 '대여금채권이 변제되어 소멸되었다'는 판단에는 기판력이 미치지 않으므로, 후소법원은 대여금채권의 존부에 대해서 별도로 심리를 진행해야 → 자칫 대여금채권이 존재한다는 이유로 원고(甲)의 대여금청구를 인용하는 일이 벌어질 수 있음 → 전소와 후소에서 상호 모순·저촉된 판결이 나오는 것을 방지할 수 있는 방법이 무엇인지
  - ✦ 判 – 증명력설 전소에서 행한 선결적 법률관계에 판단은 후소에서 합리적인 이유가 없는 한 함부로 배척할 수 없기 때문에 후소에서 유력한 증거가 되고, 특히 전후 두개의 민사소송이 당사자가 같고 분쟁의 기초가 된 사실도 같으나 다만 소송물이 달라 기판력에 저촉되지 아니한 결과 새로운 청구를 할 수 있는 경우에 있어서는 더욱 그러하다(대판 2003.8.19. 2001다47467).
  - ⇒ [가점] '후소에서 전소 판단과 모순되는 주장과 증명을 하면 특별한 사정이 없는 한 모순거동금지 원칙이나 실효원칙에 의해 배척하자는 견해(신의칙설)' 주장(이시윤) / 외국학설로는 ㉠ 쟁점효 이론, ㉡ 의미관련론, ㉢ 경제적 가치동일성설도 주장

제1문의 2

공통된 사실관계

乙은 2015. 1. 15. 甲으로부터 X토지를 대금 1억 원에 매수하였다. 甲은 2015. 6. 3. 乙의 매매대금 미지급을 이유로 乙을 상대로 매매대금 1억 원의 지급을 구하는 소송을 제기하였다.
※ 아래 각 설문은 상호 독립적임

추가된 사실관계 1 – 아래 설문 1에만 적용됨

乙은 甲에게 매매대금 전액을 지급하였다고 주장하면서 甲의 청구를 적극 다투는 한편, 제2회 변론기일에서 예비적으로 甲에 대한 2천만 원의 별도의 대여금채권을 자동채권으로 하여 甲의 청구채권과 대등액에서 상계한다고 항변하였다. 제2회 변론기일 직후 위 사건은 조정에 회부되어, 甲과 乙 사이에 "① 乙은 甲에게 2015. 12. 30.까지 7천만 원을 지급하고, 위 금원의 지급을 지체할 경우 연 15%의 비율에 의한 지연손해금을 가산하여 지급한다. ② 甲은 위 ①항의 금원을 지급받음과 동시에 乙에게 X토지에 관한 소유권이전등기절차를 이행한다. ③ 소송비용 및 조정비용은 각자 부담한다. ④ 甲은 나머지 청구를 포기한다."는 내용의 조정이 성립(조정조항에 위 내용 외에 다른 내용은 없음)되었다. 위 조정에 따라 乙은 2015. 12. 30. 甲에게 금 7천만 원을 지급하였다.

1. 그 후 乙은 甲을 상대로 위 상계항변에 제공된 2천만 원의 대여금 청구소송을 제기하였다. 그러자 甲은 "乙의 위 대여금채권은 이미 전소에서 상계 의사표시로 소멸하였다."고 항변하였다. 甲의 항변의 타당성 여부를 논하라. (20점)

해설

1. 결론

乙의 대여금채권은 전소에서 상계항변으로 소멸하지 않았으므로, 甲의 항변은 이유 없음

2. 이유

가. 논점정리

㉠ 상계권과 같이 사법상 형성권을 소송절차에서 공격방어방법으로 행사하였는데 소취하·소각하 등으로 본안판결 선고없이 소송이 종료된 경우 혹은 형성권의 행사가 실기한 공격방어방법으로 각하된 경우 형성권 행사의 사법상의 효과는 어떻게 되는지, ㉡ 조정조서의 기판력이 미치지 않는지

나. 소송절차상 형성권 행사와 사법상 효력 발생 문제(소송상 형성권 행사의 법적 성격)

- **[학설]** '병존설', '소송행위설', '양성설', '신병존설' 등 주장 → 통설은 '신병존설'을 취하고 있는데, 이에 따르면 본건과 같은 상계항변의 경우 공격방어방법으로 각하되지 않고 유효할 때만 사법상 효과가 발생한다고 봄
- **[판례]**
- **[判]** 소송상 방어방법으로서의 상계항변은 '수동채권의 존재'가 확정되는 것을 전제로 하여 행하여지는 일종의 예비적 항변으로서 당사자가 소송상 상계항변으로 달성하려는 목적, 상호양해에 의한 자주적 분쟁해결 수단인 조정의 성격 등에 비추어 볼 때 당해 소송절차 진행 중 당사자 사이에 조정이 성립됨으로써 '수동채권의 존재'에 관한 법원의 실질적인 판단이 이루어지지 아니한 경우에는 그 소송절차에서 행하여진 소송상 상계항변의 사법상 효과도 발생하지 않는다(대판 2013.3.28. 2011다3329).

다. 조정조서 기재사항과 관련된 문제

조정은 당사자 사이에 합의된 사항을 조서에 기재함으로써 성립하고(민사조정법 제28조 참조), 조정조서는 재판상의 화해조서와 같이 확정판결과 동일한 효력이 있음(같은법 제29조) → 기판력과 관련하여 대법원은 '무제한기판력설'의 입장

⇒ 乙의 甲에 대한 채권(자동채권)의 존재 및 그 이행에 관한 내용이 조정조서에 기재되었다면, 승소확정판결이 있는 상황에서 재차 동일채권의 이행을 구하는 소를 제기한 것처럼 취급하여 乙이 甲에 대해 제기한 소는 소각하(모순금지설의 입장) → but 조정조서에 乙의 甲에 대한 채권에 관하여 기재 없으므로 기판력 저촉 문제 발생X

> **추가된 사실관계 2 - 아래 설문 2, 3에만 적용됨**
>
> 丙은 甲에 대하여 1억 원의 대여금 채권을 가진 채권자이다. 丙은 2015. 7. 1. 위 대여금 채권을 피보전채권으로 하여 甲의 乙에 대한 위 매매대금채권에 대한 가압류결정을 받고, 2015. 9. 1. 위 채권가압류를 본압류로 전이하는 채권압류 및 추심명령을 받았으며, 이는 乙에게 송달되어 2015. 9. 15. 확정되었다. 앞서 2015. 6. 3. 제기된 甲과 乙 사이의 소송의 제1심은 2016. 2. 20. 변론종결되었다.

> 2. 甲과 乙간의 소송에서 乙은 위 채권압류 및 추심명령이 확정된 날 이를 증거로 제출하였다. 甲과 乙 사이의 매매계약 체결사실이 인정된다고 가정할 때, 법원은 甲의 乙에 대한 청구에 대하여 어떠한 판결(소각하, 청구인용, 청구일부인용[일부인용의 경우 그 구체적인 내용을 기재할 것], 청구기각)을 하여야 하는가? (15점)

해설

1. 결론

법원은 원고적격 흠결을 이유로 소각하 판결을 선고해야

2. 이유

가. 압류·추심명령시 집행채무자의 원고적격에 미치는 영향

- **[判①]** 금전채권에 대해 **가압류**가 있더라도 **집행채무자는 여전히 가압류된 채권의 채권자**이기 때문에 제3채무자를 상대로 한 이행의 소를 제기하여 승소판결을 받을 수도 있다(대판 2002.4.26. 2001다59033).
- **[判②]** 채권에 대한 **압류·추심명령**이 있으면 제3채무자에 대한 이행의 소는 '**추심채권자**'만이 제기할 수 있고 '**집행채무자**'는 당사자적격을 상실하므로 집행채무자가 제3채무자를 상대로 금전채권의 지급을 구하는 소를 제기하면 '**소각하 판결**'을 받게 된다(대판 2008.9.25. 2007다60417).

나. 원고적격의 법적 성격 및 판단시점

- **[법적 성격]** 당사자적격은 소송요건으로서 법원의 '**직권조사사항**' → 직권조사사항에 대해서는 '**직권조사**'라는 자료수집방법 인정 → 당사자의 명시적인 주장이 없더라도 법원이 판단할 수는 있지만, 판단자료는 당사자가 제출한 증거방법에 한정 → 피고 乙이 압류·추심명령을 증거로 제출하였다고 하는바, 법원은 위 증거를 기초로 甲의 원고적격 유무에 대해 판단 가능
- **[판단시점]** 소송요건의 존부를 판정하는 시기는 원칙적으로 「**사실심변론종결시**」(대판(全合) 1977.5.24. 76다2304) → 제소시 부존재하더라도 사실심 변론종결시 구비되면 문제가 없고, 반대로 제소시에는 구비하였으나 사실심 변론종결시 부존재한 경우에는 각하 → 甲이 乙을 상대로 소를 제기한 시점은 2015. 6. 3.로서 압류·추심명령이 선고된 시점보다 앞서지만, 소송요건 구비 판단시점은 이 사건 소의 변론종결일인 2016. 2. 20 ∴ 甲은 원고적격을 상실하여 이 사건 소는 부적법

3. 丙이 위 추심명령을 근거로 2015. 12. 1. 乙을 상대로 추심의 소를 제기하였다면 위 추심의 소는 적법한가? (15점)

해설

1. 결론
丙이 압류·추심명령을 근거로 추심의 소를 제기하더라도 중복제소에 해당하지 않고 적법

2. 이유

가. 논점정리

甲이 乙을 상대로 매매대금의 지급을 구하는 소를 먼저 제기한 상태에서 추심채권자 丙이 乙을 상대로 추심금청구의 별소 제기시 <u>추심의 소가 중복제소 금지에 해당하는 후소로서 부적법한 것이 아닌지</u>

나. 중복소송 금지

- [일반론] 법원에 계속되어 있는 사건에 대하여 당사자는 다시 소를 제기하지 못함(민소법 제259조). 소송경제 및 판결의 상호 모순·저촉을 방지하려는 취지 ⇒ [중복소송 요건] ㉠ 당사자가 동일한 것 ㉡ 소송물이 동일할 것 ㉢ 전소의 계속 중에 후소가 제기되었을 것
- [사안검토] '㉡', '㉢' 요건 충족 → 당사자가 다르더라도 후소의 당사자가 기판력의 확장으로 전소판결의 효력을 받게 되는 경우(민소법 제218조)에는 당사자 동일성 요건도 충족 → 추심채권자는 '법정소송담당'의 일종으로서 기판력의 주관적 범위가 확장되는 경우에 해당(같은조 제3항) 일응 중복제소에 해당된다고 볼 여지도 있음 but 추심채권자는 법정소송담당 중에서도 '갈음형'에 해당하여 권리귀속주체는 원고적격을 상실하는 문제가 있어 좀 더 검토해 볼 필요

다. 판례

✦ [判] 채무자가 제3채무자를 상대로 제기한 이행의 소가 법원에 계속 중인데 압류·추심채권자가 제3채무자를 상대로 추심의 소를 제기한 경우에 후소는 중복제소 금지에 위배된 후소가 아니다(대판(全合) 2013.12.18. 2013다202120). ☞ [논거] ㉠ 당사자적격 판단시점인 사실심변론종결시를 기준으로 하면 추심명령으로 인해 채무자는 원고적격을 상실하여 '소각하' 판결을 선고받게 되는바, 채무자가 제기한 전소는 어차피 당사자적격 흠결로 각하될 운명에 있음에도 불구하고 추심채권자의 소가 나중에 제기되었다는 이유만으로 소각하를 하는 것은 중복제소를 허용하지 않는 주된 이유 즉 소송경제적 측면이나 판결모순 방지 측면에서 보더라도 수긍하기 어렵다는 점 ㉡ 추심채권자가 독립당사자참가가 가능하더라도 상고심에서는 불가하고 의무사항이 아니라는 점

제1문의 3

乙은 2012. 1. 28. 丙으로부터 돈을 빌리면서 이를 담보하기 위하여 자신 소유의 Y건물에 대하여 소유권이전등기청구권 보전을 위한 가등기를 丙 앞으로 경료해 주었다. 그런데 甲은 2015. 5. 1. 'Y건물은 자신의 토지 위에 무단으로 건축된 것이다'라고 주장하면서, 乙을 상대로 토지소유권에 기한 방해배제청구로서 그 지상물인 Y건물의 철거 및 토지인도청구 소송을 제기하였다.

법원은 위 소송에서 甲의 청구를 인용하는 판결을 선고하였고, 이 판결은 2016. 1. 6. 그대로 확정되었는데, 乙은 그 후인 2016. 1. 25. Y건물에 관하여 위 가등기에 기한 본등기(소유권이전등기)를 丙 앞으로 경료해 주었다.

甲은 乙에 대한 위 확정판결을 가지고 Y건물을 철거할 수 있는가? (20점)

해설

1. 결론

丙은 피고 乙의 변론종결 후 승계인(계쟁물승계인)으로서 甲의 乙에 대한 승소확정판결의 기판력이 미침
∴ 甲은 승계집행문을 부여받아 丙소유 Y건물 철거 가능

2. 이유

가. 논점정리

기판력은 '소송당사자'뿐만 아니라 '제3자'에게 미침 → Y건물 소유권자인 丙이 '변론종결 후 승계인'(민소법 제218조 제1항)에 해당하는지

나. 변론종결 후 승계인

(1) 개관

변론종결 후 승계인은 크게 ㉠ 소송물인 실체법상의 권리의무를 승계한 자, ㉡ 계쟁물승계인으로 구분 → 甲-乙사이의 소송물은 Y건물에 대한 철거 및 대지인도청구권이고 丙은 Y건물을 양수한 것 ∴ 소송물 자체 승계× '계쟁물승계인' 해당성 검토 → 기판력 문제는 위 승계가 '변론종결 후'에 일어나야 논의될 수 있으므로 이 점부터 검토

(2) 승계가 「변론종결 후」에 있었는지 여부(가등기에 기한 본등기의 물권변동 소급효 문제)

변론종결 후 승계인인지 여부와 관련 목적물이 부동산인 경우 '부동산물권 변동시' 기준으로 판단
⇒ 丙이 Y건물에 관하여 가등기담보한 일자는 2012. 1. 28.이고 본등기한 일자는 2016. 1. 25. & 가등기에 기하여 본등기시 물권변동 효과가 가등기 시점에 소급하여 발생 ×(대판 1981.5.26. 80다3117)
∴ 丙은 甲-乙 사이의 민사소송의 사실심변론종결일 이후에 승계한 자○(대판 1992.10.27. 92다10883)

(3) 「계쟁물승계인」 해당성
- [기판력이 미치는 계쟁물승계인 범위] 기판력이 미치는 계쟁물승계인의 범위와 관련하여 통설은 '적격승계설' → '당사자적격의 이전원인이 되는 계쟁물의 권리를 이전받은 자', 즉 '동일 사건에 이제 다시 소송을 한다면 당사자가 될 사람'에 대해서만 기판력이 미침
⇒ 丙은 철거청구의 대상인 Y건물의 소유자인 乙로부터 해당건물을 양수한 자로서 토지소유자 甲의 철거청구 등의 상대방이 될 수 있으므로 기판력의 범위가 미치는 계쟁물승계인에 해당
- [전소의 소송물이 「물권적 청구권」인 경우에 한정되는지 여부] 대법원은 '전소의 소송물이 물권적 청구권'인 경우에 한하여 변론종결 후 승계인에 해당한다고 봄
⇒ 甲 – 乙 사이의 소송은 '소유권에 기한 물권적 청구권'에 기한 것이므로 기판력이 미침

다. 변론종결 후 승계인에 대한 집행방법(승계집행문의 부여)
집행문은 판결에 표시된 채권자의 승계인을 위하여 내어 주거나 판결에 표시된 채무자의 승계인에 대한 집행을 위하여 내어 줄 수 있음(승계집행문; 민사집행법 제31조 제1항)

제2문

제2문의 1

공통된 사실관계

甲은 자기 소유 X건물을 乙에게 임대기간 2013. 2. 1.부터 2015. 1. 31.까지 임대보증금 1억 원, 월 차임 200만 원으로 정하여 임대하였다. 乙은 甲으로부터 X건물을 인도받고 甲에게 임대보증금 1억 원을 지급한 후, 甲에 대한 임대보증금 반환채권을 담보하기 위해 X건물에 관하여 전세금 1억 원, 전세기간 2013. 2. 1.부터 2015. 1. 31.까지로 정한 전세권설정등기를 경료받았다.
甲과 乙 사이의 전세권설정계약은 갱신되지 않고 2015. 1. 31. 종료되었다(아래 각 추가된 사실관계는 서로 독립적임).

추가된 사실관계 1

乙의 채권자 丙은 위와 같은 사실을 모르는 상태에서 위 전세권에 대하여 2014. 10. 8. 전세권근저당권(채권최고액 2억 원, 실제 피담보채권액 1억 2천만 원)을 취득하였다. 2015. 1. 20. 乙은 전세기간 만료 후 발생할 甲에 대한 전세금반환채권 1억 원을 丁에게 양도하는 내용의 계약을 체결하고, 2015. 2. 10. 그와 같은 취지를 확정일자 부 서면을 통해 甲에게 통지하여 같은 날 도달하였다. 전세기간 종료 후 丙은 위 전세금반환채권에 대하여 물상대위권에 기초해 압류 및 추심명령을 받았다(압류 및 추심명령은 2015. 10. 1. 甲에게 송달되었다). 이에 丙이 甲에게 전세금반환청구를 하고 있다. 다음 질문에 답하시오(질문들은 서로 독립적임).

1. 甲은 "이 사건 전세권설정계약은 통정허위표시로서 무효이므로, 그에 기초한 근저당권도 효력이 없고 따라서 丙의 청구에 응할 수 없다. 설사 근저당권이 유효하더라도 乙의 연체차임 500만 원을 공제하고 지급하겠다."고 항변한다. 甲의 항변은 받아들여질 수 있는가? (20점)

해설

1. 결론
甲의 항변은 모두 이유 없음

2. 이유

가. 전세권설정계약은 통정허위표시로서 무효여서 근저당권도 무효라는 항변의 타당성

- [전세권설정계약이 통정허위표시인지 여부] 실제로는 전세권설정계약을 체결하지 아니하였으면서도 임대차계약에 기한 임차보증금반환채권을 담보할 목적 또는 금융기관으로부터 자금을 융통할 목적으로 임차인과 임대인 사이의 합의에 따라 임차인 명의로 전세권설정등기를 경료한 경우, 위 전세권설정계약은 '통정허위표시'에 해당하여 무효(대판 2008.3.13. 2006다29372, 대판 2010.3.25. 2009다35743, 대판 2013.2.15. 2012다49292) & 최근 전세권설정계약의 당사자가 전세권의 핵심인 사용·수익 권능을 배제하고 채권담보만을 위해 전세권을 설정하였다면, 법률이 정하지 않은 새로운 내용의 전세권을 창설하는 것으로서 「물권법정주의」에 반하여 허용되지 않고 이러한 전세권설정등기는 무효라는 판결도 선고(대판 2021.12.30. 2018다40235)

- [丙 명의의 근저당권이 무효인지 여부] 통정허위표시의 무효는 '선의의 제3자'에게 대항하지 못함(민법 제108조 제2항) → [제3자] 당사자와 그 포괄승계인 이외의 자로서 허위표시에 의하여 외형상 형성된 법률관계를 토대로 실질적으로 새로운 법률상 이해관계를 맺은 자(대판 2000.7.6. 99다51258)

- ✦ [판] 실제로는 전세권설정계약이 없음에도 불구하고 임대차보증금채권을 담보하기 위하여 당사자 합의에 따라 임차인 명의로 전세권설정등기를 경료한 후 그 전세권에 대하여 근저당권이 설정된 경우 그 근저당권자는 민법 제108조 제2항의 제3자에 해당한다(대판 2008.3.13. 2006다29372, 대판 2008.3.13. 2006다58912).
⇒ 丙은 임대차보증금채권을 담보할 목적에서 전세권등기가 경료된 사실을 모르는 상태에서 전세권저당권 설정 ∴ 甲은 丙에 대해서 전세권설정등기 무효 주장X

- [소결론] 전세권설정계약은 통정허위표시로서 무효이므로 근저당권도 무효라는 甲의 항변 이유 ×

나. 乙의 연체차임 500만 원을 공제할 수 있다는 항변의 타당성

- [甲이 丙에 대해 「임차보증금의 보증금적 성격」에 기한 연체차임 공제를 주장할 수 있는지 여부] 임대인은 '임차목적물 명도시까지 생긴 임차인의 연체차임 등 모든 피담보채무를 공제한 나머지 잔액'만 임차인에게 반환하면 됨(대판 1987.6.9. 87다68) → but 丙은 임대차계약 체결 사실 자체를 모르는 자이므로 甲은 임차보증금의 보증금적 성격을 기해 연체차임 공제 항변을 할 수 없음[4]

---

[4] [관련판례] ① 임대차보증금은 임대차계약이 종료된 후 임차인이 목적물을 인도할 때까지 발생하는 차임과 그 밖의 채무를 담보한다. 임대인과 임차인이 위와 같이 임대차보증금반환채권을 담보할 목적으로 전세권을 설정하기 위해 전세권설정계약을 체결하였다면, 「임대차보증금에서 연체차임 등을 공제하고 남은 돈」을 전세금으로 하는 것이 임대인과 임차인의 합치된 의사라고 볼 수 있다. 그러나 전세권설정계약은 외관상으로는 그 내용에 차임지급 약정이 존재하지 않고 이에 따라 전세금에서 연체차임이 공제되지 않는 등 임대인과 임차인의 진의와 일치하지 않는 부분이 존재한다. 따라서 전세권설정계약은 위와 같이 임대차계약과 양립할 수 없는 범위에서 통정허위표시에 해당하여 무효라고 봄이 타당하다. 다만 전세권설정계약에 따라 형성된 법률관계에 기초하여 새로이 법률상 이해관계를 가지게 된 제3자에 대해서는 그 제3자가 그와 같은 사정을 알고 있었던 경우에만 무효를 주장할 수 있다. 따라서 임대차계약에 따른 임차보증금반환채권을 담보할 목적으로 전세권설정등기를 마친 경우 임대차계약에 따른 연체차임 공제는 전세권설정계약과 양립할 수 없으므로, 전세권설정자는 선의의 제3자에 대해서는 연체차임 공제 주장으로 대항할 수 없다(대판 2021.12.30. 2020다257999).
② 전세권저당권자가 물상대위권을 행사하여 전세금반환채권에 대하여 압류 및 추심명령 또는 전부명령을 받고 이에 기하여 추심금 또는 전부금을 청구하는 경우 제3채무자인 전세권설정자는 일반적 채권집행의 법리에 따라 압류 및 추심명령 또는 전부명령이 송달된 때를 기준으로 하여 그 이전에 채무자와 사이에 발생한 모든 항변사유로 압류채권자에게 대항할 수 있다. 다만 임대차계약에 따른 임대차보증금반환채권을 담보할 목적으로 유효한 전세권설정등기가 마쳐진 경우에는 「전세권저당권자가 저당권 설정 당시 그 전세권설정등기가 임대차보증금반환채권을 담보할 목적으로 마쳐진 것임을 알고 있었다면」, 제3채무자인 전세권설정자는 전세권저당권자에게 그 전세권설정계약이 임대차계약과 양립할 수 없는 범위에서 무효임을 주장할 수 있으므로, 그 임대차계약에 따른 연체차임 등의 공제 주장으로 대항할 수 있다(대판 2021.12.30. 2018다268538).

- **[전세금의 보증금적 범위]** 전세금은 보증금으로서의 성질을 가지고 丙은 전세권을 기초로 저당권을 설정받은 자이므로 甲이 전세금의 보증금적 성격에 기초하여 전세금의 공제 주장은 허용 → but 전세금은 그 성격에 비추어 민법 제315조에 정한 전세권설정자의 전세권자에 대한 손해배상채권 외 다른 채권까지 담보한다고 볼 수 없음(대판 2008.3.13. 2006다29372) ∴ 甲의 연체차임 500만 원 공제 주장 이유 ✕

2. 甲은 "丙이 추심명령을 받기 전에, 전세금반환채권이 丁에게 양도되고 甲에게 확정일자 부로 양도통지가 이루어졌으므로, 甲은 丁에게 전세금을 반환해야 하고 丙의 청구에 응할 수 없다. 또한 2015. 9. 8. 丁에게 1억 원을 지급하였으므로, 丙의 청구에 응할 수 없다."고 항변한다. 甲의 항변은 받아들여질 수 있는가? (15점)

해설

1. 결론

丁에게 전세금 반환의무를 부담하므로 丙 청구에 응할 수 없다는 항변은 이유 없고, 丁에게 1억 원을 지급하여 丙 청구에 응할 수 없다는 항변은 이유 있음

2. 이유

가. 丁에게 전세금 반환의무를 부담하므로 丙의 청구에 응할 수 없다는 항변의 타당성

- **[전세권 존속기간 중 행하여진 전세금반환채권 양도의 유효성]** 대법원은 전세권의 사용·수익권한은 종전의 전세권자에게 존속시키면서 전세금반환채권만 분리하여 양도하는 것은 원칙적으로 허용하지 않음(대판 1997.11.25. 97다29790, 대판 1999.2.5. 97다33997, 대판 2002.8.23. 2001다69122). 다만 예외적으로 장래에 그 전세권이 소멸하는 경우에 전세금반환채권이 발생하는 것을 조건으로 그 장래의 조건부 채권을 양도하는 것은 가능하다고 함(대판 2002.8.23. 2001다69122; 이러한 형식의 채권양도를 허용하더라도 전세권이 존속하는 동안에는 전세권과 전세금반환채권의 분리는 사실상 일어나지 않는다는 점)
  ⇒ 丁이 전세금반환채권을 양수한 것은 예외적으로 허용되는 경우에 해당하므로 유효
- **[전세권저당권자의 물상대위권]** 전세권이 기간만료로 종료된 경우 전세권은 전세권설정등기의 말소등기 없이도 당연히 소멸하고, 저당권의 목적물인 전세권이 소멸하면 저당권도 당연히 소멸하므로 전세권을 목적으로 한 저당권자는 전세권 목적물인 부동산의 소유자에게 저당권을 주장할 수 없음. 이 경우 저당권 목적물인 전세권에 갈음하여 존속하는 것으로 볼 수 있는 전세금반환채권에 대하여 압류 및 추심명령(전부명령)을 받거나 제3자가 전세금반환채권에 대하여 실시한 강제집행절차에서 배당요구를 하는 등의 방법으로 자신의 권리를 행사할 수 있고, 적법한 기간 내에 적법한 방법으로 물상대위권을 행사한 저당권자는 전세권자에 대한 일반채권자보다 우선변제를 받을 수 있음(대판 2008.3.13. 2006다29372)
- **[목적채권에 관한 선일자(先日字) 양수인과 물상대위권자의 권리우열 관계]** 제3자가 목적채권을 먼저 '양수'하거나 '전부명령'을 받음으로써 채권귀속 주체가 달라진 사실만으로는 '지급 또는 인도'가 있었다고 볼 수 없기 때문에 물상대위권 행사에 지장을 주지 않음(대판 1990.12.26. 90다카24816, 대판 1994.11.22. 94다25728)
- **[소결론]** 丙의 적법한 물상대위권 행사시 丙은 丁에 우선하여 변제를 받을 수 있고, 이와 상충하는 甲의 항변은 이유 없음

나. 丁에게 1억 원을 지급했으므로 丙의 청구에 응할 수 없다는 항변의 타당성
- **[법리]** 물상대위권 행사 전 제3채무자가 전부채권자・양수인에게 변제시 물상대위권 허용 X(대판 1998.9.22. 98다12812, 대판 2000.6.23. 98다31899)
⇒ 압류・추심명령이 甲에게 송달된 2015. 10. 1. 이전인 2015. 9. 8. 丁에게 1억 원 지급 ∴ 丙 청구에 응할 수 없다는 甲의 항변은 이유○

---

3. 乙에 대하여 1억 원의 대여금 채권을 가진 戊는 일반채권자로서 乙의 전세금반환채권 전액에 대하여 압류 및 추심명령을 받아 이 명령이 2015. 2. 5. 甲에게 도달하였다. 甲은 2015. 10. 20. 1억 원을 적법하게 공탁하였다. 이 경우 1억 원은 丙과 戊 사이에 어떻게 배분되어야 하는가? (10점)

해설

1. 결론
1억 원은 丙에게 전액배당해야

2. 이유

가. 논점정리
㉠ 동일 전세금반환채권에 관하여 경합하는 추심채권자 戊와 채권양수인 丁의 우열관계, ㉡ 일반채권자가 목적채권에 관하여 먼저 강제집행(압류・추심)을 진행시키는 도중 같은 채권에 관하여 물상대위권자가 중첩적으로 압류・추심한 경우 양자간 관계

나. 일반채권자 戊와 丁 사이의 우열관계
전세금반환채권에 관해 丁이 양수한 후 채무자 甲에게 확정일자 있는 증서로 양도통지하여 도달한 일자 2015. 2. 10. & 戊의 압류・추심명령이 甲에게 도달한 일자 2015. 2. 5. → 통설・판례인 '도달시설'에 따라 (대판(全合) 1994.4.26. 93다24223) 戊의 압류・추심이 유효

다. 일반채권자가 목적채권에 관하여 강제집행(압류・추심)을 진행시키는 도중에 물상대위권자가 중첩적으로 압류・추심을 한 경우
- **[물상대위권자의 우선변제권 인정]** 물상대위권자는 스스로 '압류・추심명령(압류・전부명령)'을 신청하는 것 이외 일반채권자가 동일채권에 대해 먼저 진행시킨 강제집행(압류・추심)에서 '배당요구'를 하는 방식으로도 권한행사 가능(대판 1999.5.14. 98다62688) & 본건처럼 丙이 '중첩적으로 압류신청'한 경우에도 배당요구한 것으로 취급 → '일반채권자 압류와의 경합(추심명령신청시)' 혹은 '압류경합에 따른 전부명령 무효(전부명령신청시)' 문제는 발생하지 않고 물상대위권자의 우선변제권 인정(대판 1996.6.14. 96다5179, 대판 2008.12.24. 2008다65396)

- **[물상대위권 행사 종기]** 제3자의 신청에 의해 진행 중인 강제집행절차(압류·추심)에 '배당요구'를 하거나 '중첩적으로 압류신청'하는 경우 늦어도 '**민사집행법 제247조 제1항의 배당요구 종기일**(㉠ 제3채무자가 제248조 제4항에 따른 공탁의 신고를 한 때, ㉡ 채권자가 제236조에 따른 추심의 신고를 한 때, ㉢ 집행관이 현금화한 금전을 법원에 제출한 때)'까지는 위와 같은 권리행사가 있어야만 우선변제권이 확보됨(대판 2000.5.12. 2000다4272). 제3자에 의해 진행되고 있는 강제집행절차의 배당요구 종기일 이후에 담보권자가 신청한 물상대위에 기한 채권압류·전부명령이 제3채무자에게 송달되었을 경우 물상대위자는 배당절차에서 우선변제를 받을 수 없음(대판 2003.3.28. 2002다13539)

⇒ 제3채무자 甲은 2015. 10. 20. 피압류채권인 전세금 1억 원 공탁(민사집행법 제248조 제1항). 집행 공탁 신고를 하면 그 날이 배당요구 종기일 중 하나가 됨(같은법 제247조 제1항 제1호) → 丙의 중첩적인 압류·추심명령이 제3채무자 甲에게 송달된 일자는 2015. 10. 1.로서 배당요구 종기일 이전에 적법한 권한행사가 있었음은 명백 ∴ 丙은 戊에 우선하여 배당○

---

4. 甲은 "乙에 대한 대여금 채권 4,000만 원(대여일 2013. 3. 1. 변제기 2015. 2. 8.)을 자동채권으로 하여 이미 2015. 9. 8. 丁에게 상계의 의사표시를 하였다. 또한 乙에 대한 대여금 채권 1,000만 원(대여일 2013. 3. 1. 변제기 2015. 5. 1.)을 자동채권으로 하여 지금 상계한다. 따라서 그에 상응하는 전세금반환채권은 소멸하였다."고 항변한다. 甲의 항변은 받아들여질 수 있는가? (이자나 지연손해금 등은 고려하지 말 것) (15점)

해설

1. 결론

甲의 상계항변 중 4,000만 원 부분은 이유가 있음

2. 이유

가. 논점정리

㉠ 甲의 丁에 대한 상계와 관련해서는 '채무자가 종전 채권자(채권양도인)에 대해 갖고 있던 반대채권(자동채권)으로써 양수금채권을 상계할 수 있기 위한 요건'을, ㉡ 甲의 丙에 대한 상계와 관련해서는 '전세권저당권자가 물상대위권의 행사로 전세권설정자에게 전세금(추심금·전부금) 지급을 청구할 경우 전세권설정자가 전세권자에 대해 갖고 있는 반대채권을 자동채권으로 하여 상계할 수 있기 위한 요건'을 중점적으로 검토

나. 丁에 대한 상계에 따른 전세금반환채권 소멸 항변의 타당성

- **[개관]** 제3채무자는 '자신에게 지급을 금지하는 명령이 송달되기 전까지 집행채무자에 대한 관계에서 생긴 사유로써' 집행채권자에게 대항할 수 있음 → 전세금반환채권 양수인인 丁에 대한 상계는, 丙이 신청한 압류·추심명령이 송달되기 이전인 2015. 9. 8. 행하여짐. 위 상계가 유효하다면 丙의 전세금반환 청구는 위 상계로써 소멸되는 액수만큼 이유가 없게 됨

- [채무자가 종전 채권자(채권양도인)에 대해 갖고 있던 반대채권(자동채권)으로써 양수금채권을 상계할 수 있기 위한 요건] 채권양도시 채무자는 '채권양도 통지를 받을 때까지' 양도인에 대해 생긴 사유로써 양수인에게 대항할 수 있음(민법 제451조 제2항)→ 이 법리의 연장선에서 채무자가 종전 채권자에 대해 갖고 있는 반대채권을 자동채권으로 하여 양수금 청구에 대해 상계항변을 할 수 있기 위해서는, 일반적인 상계요건(동종채권일 것, 상계금지 채권이 아닐 것 등) 이외에 '채권양도통지 도달일'을 기준으로 ㉠ 채무자가 종전 채권자에 대해 채권(= 자동채권)을 갖고 있어야 하고(자동채권과 수동채권이 서로 동시이행관계에 있는 경우에는 예외 인정), ㉡ 적어도 '자동채권의 변제기'가 도래해야 함
- [사안검토] 채권양도통지일인 2015. 2. 10.을 기준으로 ㉠ 자동채권인 '甲의 乙에 대한 대여금채권(4,000만 원)'의 대여일은 2013. 3. 1.이므로 이미 존재하며, ㉡ 위 자동채권의 변제기(2015. 2. 8.) 역시 도래한 상태 ∴ 甲의 丁에 대한 상계는 유효. 丙의 전세금 청구는 위 상계로써 소멸된 4,000만 원 범위 내에서는 이유 없음

다. 丙에 대한 상계에 따른 전세금반환채권 소멸 항변의 타당성

- [전세권저당권자가 물상대위권의 행사로 전세권설정자에게 전세금(추심금·전부금) 지급을 청구할 경우 전세권설정자가 전세권자에 대해 갖고 있는 반대채권을 자동채권으로 하여 상계할 수 있기 위한 요건]전세권저당권자가 물상대위권의 행사로 전세권설정자에게 전세금(추심금·전부금) 지급을 청구할 경우 전세권설정자가 전세권자에 대해 갖고 있는 반대채권을 자동채권으로 하여 상계할 수 있기 위해서는 ㉠ '저당권설정시'를 기준으로 전세권설정자가 전세권자에 대하여 반대채권을 가지고 있고, ㉡ 그 반대채권의 변제기가 장래 발생할 전세금반환채권의 변제기와 동시에 또는 그보다 먼저 도래하는 경우와 같이 전세권설정자에게 합리적 기대 이익을 인정할 수 있는 경우라야 한다(대판 2014.10.27. 2013다91762). 다만 민법 제315조 소정의 전세권설정자의 전세권자에 대한 손해배상채권'에 대해서만큼은, 전세금의 「보증금적 성격」에 비추어, 위 기준시점(담보권설정시)의 제한을 받지 않고, 전세권설정자는 물상대위권자에 대해 상계항변을 할 수 있음(대판 2008.3.13. 2006다29372)
- [사안검토] 당해 자동채권은 2013. 3. 1. 발생했으므로 전세권저당권이 설정된 일자(2014. 10. 8.) 전에 존속하고 있으나, 그 변제기(2015. 5. 1.)가 전세금반환채권의 변제기(2015. 1. 31.)보다 늦음 ∴ 상계 허용×

> **추가된 사실관계 2**
>
> 乙의 채권자 A는 일반채권자로서 乙의 전세금반환채권에 대하여 압류 및 추심명령을 받았다(압류 및 추심명령은 2015. 8. 1. 甲에게 송달되었다). A가 추심권자로서 甲에게 전세금반환청구를 하고 있다.

> 5. 甲은 "乙에 대한 ① 대여금 채권 4,000만 원(대여일 2013. 3. 1. 변제기 2015. 5. 1.)과 ② 대여금 채권 5,000만 원(대여일 2013. 3. 1. 변제기 2015. 9. 3.)을 각 자동채권으로 하여 상계한다."고 항변한다. 甲의 항변은 받아들여질 수 있는가? (이자나 지연손해금 등은 고려하지 말 것) (15점)

해설

1. 결론

㉠ 자동채권이 乙에 대한 4,000만 원 대여금채권인 경우 상계항변이 이유있고, ㉡ 자동채권이 乙에 대한 5,000만 원 대여금채권인 경우 상계항변 이유 없음

2. 이유

가. 일반론

제3채무자가 채무자에 대해 갖고 있는 반대채권을 자동채권으로 하여 전부금 청구에 대해 상계항변을 할 수 있기 위해서는, 일반적인 상계요건(동종채권일 것, 상계금지 채권이 아닐 것 등) 이외에 '<u>압류·전부명령 결정정본 송달일</u>'을 기준으로 ㉠ 제3채무자가 채무자에 대해 채권(자동채권)을 갖고 있어야 하고(다만 자동채권과 수동채권이 동시이행관계에 있는 경우 예외 인정), ㉡ 적어도 '자동채권의 변제기'가 도래해야(민법 제498조 참조)

나. 사안검토

- **[자동채권이 乙에 대한 4,000만 원 대여금채권인 경우]** 압류·추심명령 결정정본이 甲에게 송달된 날짜는 '2015. 8. 1.' 위 일자 기준시 乙에 대한 4,000만 원 대여금채권 성립일은 2013. 3. 1.로서 이미 존재 & 그 변제기(2015. 5. 1.)도 도래 ∴ 위 채권을 자동채권으로 한 상계항변 이유○
- **[자동채권이 乙에 대한 5,000만 원 대여금채권인 경우]** 압류·추심명령 결정정본이 甲에게 송달된 날짜(2015. 8. 1.) 기준시 乙에 대한 5,000만 원 대여금채권 성립일은 2013. 3. 1.로서 이미 존재, but 그 변제기(2015. 9. 3.)는 미도래 → 압류·전부명령 결정정본 도달일 당시 자동채권의 변제기 미도래시 대법원은 "<u>압류 당시에는 상계적상에 있지 않더라도 「자동채권의 변제기가 수동채권의 변제기와 동시에 또는 그보다 먼저 도래하는 경우」</u>에는 나중에 상계적상에 도달한 후에 상계를 함으로써 압류채권자에게 대항할 수 있다"는 입장(대판 1982.6.22. 82다카200) → 위 자동채권 변제기는 2015. 9. 3. & 전세금반환채권 변제기는 2015. 1. 31.로서 대법원 요구조건 미충족 ∴ 위 대여금채권을 자동채권으로 한 상계항변 이유✕

제2문의 2

甲은 2016. 4. 5. 횡단보도를 건너던 중 A에 의한 음주교통사고로 사망하였고, 사망 당시 처 乙, 자녀로 아들 丙과 딸 丁, 부(父) 戊를 두었고, 상속재산으로는 甲 소유의 시가 10억 원 상당(사망 당시 기준)의 X토지, B금융기관에 대한 채무 3억 원(사망 당시 기준)이 있었다. 丙은 운영하는 사업이 어려워져 C로부터 2015. 3. 5. 7억 원을 차용하였는데, 변제기가 지났음에도 아직 돈을 갚지 못하고 있으며, 다른 재산도 없는 무자력상태이다 (아래 각 문제는 서로 독립적임).

1. 丙과 丁이 상속(丙과 丁 모두 자녀는 없는 상태이다)을 포기할 경우 X토지, B에 대한 채무는 누가 얼마만큼 상속하게 되는지 서술하시오. (15점)

해설

1. 결론

X토지는 乙이 단독소유하고, B에 대한 금융채무 역시 전액 乙이 부담

2. 이유

가. 논점정리
㉠ 상속포기에 따른 상속권자 결정, ㉡ 상속재산의 귀속형태

나. 상속권자 및 법정상속분 결정
- **[상속포기 효과]** 상속포기는 <u>상속개시된 때에 소급</u>(민법 제1042조), 상속인이 수인인 경우 어느 상속인이 상속포기시 그 상속분은 다른 상속인의 상속분의 비율로 그 상속인에게 귀속(같은법 제1043조)
- **[상속권자 결정]** 甲 사망 당시 상속권자는 배우자 乙, 아들 丙, 딸 丁. 그후 丙·丁 상속포기. <u>피상속인의 배우자와 자녀들이 상속하였다가 자녀들 전부가 상속을 포기한 경우 누가 상속인이 되는지?</u>
- ✦ 判①−종전판례 피상속인의 배우자와 자녀 중 자녀 전부가 상속을 포기한 경우에는 <u>배우자와 피상속인의 손자녀 또는 직계존속이 공동으로 상속인</u>이 되고, 피상속인의 <u>손자녀와 직계존속이 존재하지 아니하면 배우자가 단독으로 상속인이 된다</u>(대판 2015.5.14. 2013다48852).
- ✦ 判②−변경판례 <u>배우자와 자녀 중 자녀 전부가 상속을 포기하면 배우자가 단독상속인이 된다</u>. 한편 피상속인의 배우자와 자녀 모두가 상속을 포기하면, 그때는 민법 제1043조가 적용되는 것이 아니라 상속포기의 소급효를 규정한 민법 제1042조에 따라 후순위 상속인으로서 피상속인의 손자녀가 상속인이 되고, 손자녀 이하 직계비속이 없다면 피상속인의 직계존속이 상속인이 된다(대판(全合) 2023.3.23. 2020그42; 민법 제1043조는 공동상속인 중에 어느 상속인이 상속을 포기한 경우 그 사람의 상속분이 '다른 상속인'에게 귀속된다고 정하고 있는바, 이때의 '다른 상속인'에는 배우자도 포함되며, 따라서 피상속인의 배우자와 자녀들 중 자녀 전부가 상속을 포기하면 그들의 상속분은 배우자에게 귀속된다고 보아야 한다는 점).
⇒ 乙이 단독상속인

다. 상속재산의 귀속형태

- **[변경 전 판례에 의할 경우]** X토지는 乙(3/5 지분), 戊(2/5 지분)의 공유부동산. 한편 금전채무와 같이 급부의 내용이 가분인 채무가 공동상속된 경우, 상속개시와 동시에 당연히 법정상속분에 따라 공동상속인에게 분할되어 귀속되므로(대판 1997.6.24. 97다8809) B에 대한 금융채무(3억 원)는 乙이 1.8억 원, 戊가 1.2억 원씩 각자 부담
- **[변경 후 판례에 의할 경우]** X토지는 乙이 단독소유하고, B에 대한 금융채무 역시 전액 乙이 부담

---

2. 丙만 상속을 포기하고 다른 상속인들은 상속을 받은 경우, 丙의 상속포기 행위가 사해행위로서 취소되어야 한다는 C의 주장이 법원에 의해 받아들여질 수 있는지 논거를 들어 판단하시오. (10점)

해설

1. 결론

C의 주장은 받아들여질 수 없음

2. 이유

가. 논점정리

丙은 채무초과상태에 있는 자로서 상속포기를 하지 않았다면 적극재산을 상속받아 채무초과상태에서 벗어나거나 적어도 일반채권자에게 제공될 수 있는 책임재산이 증가할 수 있었음 → 채무초과상태에 있는 채무자가 상속포기를 함으로써 이러한 기회를 상실케 하는 것이 사해행위에 해당하는지

나. 채무초과상태의 채무자가 상속포기를 한 경우 사해행위에 해당하는지 여부

- **[判]** 상속포기가 사해행위가 되는지에 대해서 학설은 다툼이 있지만 대법원은 사해행위가 아니라는 입장 (대판 2011.6.9. 2011다29307) ☞ [논거] ㉠ 상속포기는 상속의 지위 자체를 소멸하게 하는 행위로서 순전한 재산법적 행위와 같이 볼 것이 아니며, 오히려 다른 상속인 등과의 인격적 관계를 전체적으로 판단하여 행하여지는 '인적 결단'으로서 성질을 가진다는 점 ㉡ 상속포기를 사해행위로 볼 경우 상속을 둘러싼 법률관계의 처리가 극히 복잡하게 된다는 점 ㉢ 상속포기 자체는 채무자인 상속인의 재산을 현재의 상태보다 악화시키는 것이 아니라는 점

2016년
10월 모의고사

본서 p.916

제1문
제1문의 1

공통된 사실관계

乙은 홍삼판매 대리점을 개업하기로 하고 2010. 3. 10. 공급업자인 甲으로부터 홍삼제품을 외상으로 구입하는 계약을 체결하면서, 2011. 3. 10. 대금 1억 9,000만 원을 지급하기로 하고 이를 위반할 경우 월 1%의 지연배상금을 지급하기로 약정하였다. 그런데 당시 甲이 乙의 대금지급능력에 의문을 표시하자, 2010. 3. 15. 乙의 친구 丙이 甲과 사이에 특별한 지연배상금의 약정 없이 매매대금 원금에 관하여 연대보증계약을 체결하였다(아래 각 추가된 사실관계는 서로 독립적임).

추가된 사실관계 1 – 아래 설문 1과 설문 2에만 적용한다

甲은 2016. 7. 1. 乙을 상대로 매매대금 1억 9,000만 원 및 이에 대한 2011. 3. 11.부터 갚는 날까지 월 1%의 비율에 의한 지연배상금의 지급을 구하는 소를 토지관할권이 있는 제주지방법원에 제기하였는데, 이 사건은 제주지방법원의 A 판사(단독판사)에게 배당되었다(설문 1과 설문 2는 서로 독립적임).

1. 甲과 乙이 출석한 변론준비기일에서 甲은 매매대금 2억 1,000만 원 및 이에 대한 지연배상금의 지급을 구하는 것으로 청구를 확장하면서 "실제 매매대금은 2억 1,000만 원이다"라고 진술하였으며, 이에 乙은 "甲과 乙 사이에 매매계약이 체결된 적이 없다"라고 진술하였다. 그 후 A 판사는 관할위반을 이유로 이 소송을 제주지방법원의 합의부로 이송하였다. 이러한 이송은 적법한가? (15점)

참고법령

민사 및 가사소송의 사물관할에 관한 규칙 제2조(지방법원 및 그 지원 합의부의 심판범위) 지방법원 및 지방법원 지원의 합의부는 소송목적의 값이 2억 원을 초과하는 민사사건 및 민사소송등인지법 제2조 제4항의 규정에 해당하는 민사사건을 제1심으로 심판한다. (이하 생략)

해설

1. 결론
A판사의 이송은 부적법함

2. 이유

가. 논점정리
㉠ 사물관할 결정기준, ㉡ 청구취지 확장의 성격 및 소가산정 방법, ㉢ 소제기시 단독판사 관할에 속했던 사건이 청구취지 확장으로 소가가 합의부 사건으로 된 경우 합의부로의 이송문제

나. 사물관할의 결정기준
- **[사물관할]** 지방법원 단독판사와 지방법원 합의부 사이에서 사건의 경중을 표준으로 재판권의 분담관계를 정해 놓은 것 → 가장 중요한 결정기준은 '소가(訴價)' → 2억 원 초과시 합의부, 2억 원 이하 단독판사 관할[5]
⇒ 소가산정시 과실·손해배상·위약금 또는 비용의 청구가 소송의 부대목적이 되는 경우에는 그 값은 소송목적의 값에 넣지 아니함(민소법 제27조 제2항) → 소제기 당시 소가는 1.9억 원으로서 단독판사 관할

다. 청구취지 확장의 성격 및 소가산정 방법
- **[청구병합]** 소송계속 중 청구취지 확장은 '청구 추가적 변경(단순병합)'(대판 1997.4.11. 96다50520)
- **[청구병합시 소가산정 방법]** 하나의 소로 여러 개의 청구를 하는 경우 그 여러 청구의 값을 모두 합하여 소송목적의 값을 정함(민소법 제27조 제1항) → 甲은 청구취지를 확장하여 2.1억 및 지연손해금을 소구
∴ 소가는 1.9억 원에서 2.1억 원으로 변경

라. 단독판사 관할사건의 합의부로의 이송 문제
- **[관할항정의 원칙과의 관련성]** 소제기 당시의 소가로 사물관할이 정해지면 그 후 소가의 변동이 있더라도 원칙적으로 사물관할의 변동은 생기지 않는다는 원칙 → 소가 역시 원칙적으로 '소제기시' 기준으로 산정
⇒ [예외] ㉠ 1심 단독판사 사건의 청구취지가 확장되어 합의부 관할이 된 경우, ㉡ 본소가 단독사건인데 피고가 반소로 합의부에 속하는 청구를 한 경우(민소법 제269조 제2항) 단독판사는 합의부로 사건을 이송해야
- **[변론관할 성립가능성]** 단독판사 사건의 청구취지가 확장되어 합의부 관할 됨에 따라 합의부로 이송토록 하는 것은 '합의부에서 심리를 받을 수 있는 피고이익을 보호'하기 위한 것이어서 '피고의 관할항변'이 있어야
⇒ 피고 乙은 관할위반항변을 하지 않은 채 변론기일에서 "甲과 乙 사이에 매매계약이 체결된 적이 없다."고 진술 ∴ 변론관할 인정되어 단독판사에게 최종적인 사물관할권○

---

[5] 2022. 3. 1.부터 합의부 관할이 기존 '2억 원 초과사건'에서 '5억 원 초과사건'으로 변경되었다.

2. A 판사는 변론절차를 거쳐 甲의 청구를 기각하는 판결을 선고하였고, 이 판결은 그대로 확정되었다. 그 후 甲은 위 확정판결에 대하여 재심의 소를 제기하였다. A 판사는 재심소송에서 최종변론 전의 변론과 증거조사에 관여하였다. 이러한 재심소송에서의 A 판사의 관여는 적법한가? (10점)

해설

1. 결론

A판사의 관여는 적법

2. 이유

가. 법관제척사유

법관이 <u>불복사건의 이전심급의 재판에 관여한 경우</u> 제척사유(민소법 제41조 제5호 본문). ㉠ A판사가 종전 사건에서 재판관여를 한 것인지, ㉡ 재심재판에서 원재판이 이전심급에 해당하는지 검토

나. 「재판관여」의 의미

● [법리] 「재판」이란 '종국판결' 뿐만 아니라 '중간적 재판'도 포함 & 「관여」란 <u>최종변론과 판결의 합의에 관여하거나 종국판결과 더불어 상급심의 판단을 받는 중간적인 재판에 관여함</u>'을 의미. 최종변론 전의 변론이나 증거조사 또는 기일지정과 같은 소송지휘상의 재판 등에 관여한 경우 포함 ✕(대판 1997.6.13. 96다56115)

⇒ A판사는 원재판의 전과정에 관여하였으므로 일단 '재판관여' 요건 충족

다. 재심재판에서 '원재판'이 '재심의 이전심급'에 해당하는지 여부

재심사건에서 그 재심의 대상인 원재판은 민소법 제41조 제5호의 '이전심급' 해당✕(대판 2000.8.18. 2000재다87) ∴ A판사의 재심관여는 제척사유✕

추가된 사실관계 2-아래 설문 3에만 적용한다

甲은 약정에 따라 물품을 乙에게 인도하고 2011. 2. 5. 乙에 대한 위 물품대금채권을 A에게 양도하였고, 같은 해 2. 10. 자 확정일자 있는 증서로 乙에게 통지하여 그 통지서가 같은 해 2. 15. 도달하였다. 한편 甲의 채권자 B는 甲의 乙에 대한 위 물품대금채권에 관하여 압류 및 전부명령을 신청하여 2011. 2. 11. 자 압류 및 전부명령이 같은 해 2. 15. 乙에게 도달하였고, 그 후 전부명령이 확정되었다. 이에 A와 B는 2011. 6. 10. 丙을 상대로 각 양수금 및 전부금 1억 9,000만 원과 그에 대한 월 1%의 지연배상금 지급을 각각 청구하였다. 이에 丙은 ① A의 청구와 관련하여 자신은 甲의 A에 대한 채권양도 사실을 전혀 알지 못하였으므로 A의 양수금 청구는 기각되어야 하며, ② B의 청구와 관련해서도 압류 및 전부명령의 결정일자가 A에 대한 채권양도통지서의 확정일자보다 늦으므로 B의 전부금 청구 역시 기각되어야 한다고 항변하였다. ③ 나아가 丙은 설령 A 또는 B의 각 양수금 및 전부금 청구가 인정되더라도 乙의 물품대금채무에 대해서는 월 1%의 지연배상금이 약정되었지만, 자신의 연대보증채무에 대해서는 별도의 지연배상금을 약정한 바 없으므로 이를 지급할 의무가 없다고 주장하였다.

3. 丙의 위 주장은 정당한가? (보증인 보호를 위한 특별법은 적용되지 않는다고 가정한다) (25점)

해설

1. 결론

㉠ 甲의 A에 대한 채권양도 사실을 보증인에게 통지할 필요 없으므로 丙이 채권양도 사실을 알지 못하므로 A의 양수금 청구는 기각되어야 한다는 주장은 부당, ㉡ A와 B의 권리는 동순위로서 각자 丙에 대해서 전액지급 청구를 할 수 있으므로 압류·전부명령 결정일자가 채권양도 확정일자보다 늦기 때문에 B의 전부금 청구는 기각되어야 한다는 주장 역시 부당, ㉢ 보증채무는 주채무와는 독립된 별개의 채무이므로 주채무의 지연손해금 이율 월 1%는 적용되지 않지만, 상사채무 법정이율 연 6%는 적용

2. 이유

가. 甲의 A에 대한 채권양도 사실을 알지 못했으므로 A의 양수금 청구는 기각되어야 한다는 주장의 타당성

주채무가 채권양도로 이전될 경우 보증채무도 부종성으로 인해 당연히 이전 → 채권양도 대항요건을 주채무자 이외에 보증인에게 별도로 갖출 필요 없음(대판 2002.9.10. 2002다21509) ∴ 甲의 A에 대한 채권양도 사실을 알지 못했으므로 A의 양수금 청구는 기각되어야 한다는 주장 부당

나. 압류·전부명령 결정일자가 채권양도 확정일자보다 늦기 때문에 B의 전부금 청구는 기각되어야 한다는 주장의 타당성

- [동일지명채권에 대해 확정일자 있는 증서에 의한 채권양도와 압류·전부명령이 경합시 권리우열 결정기준] "확정일자 있는 채권양도통지와 (가)압류결정 정본의 제3채무자에 대한 도달의 선후"에 의하여 그 우열 결정(대판(全) 1994.4.26. 93다24223)
- [소결론] 물품대금채권에 관하여 확정일자 있는 증서에 의한 채권양도 통지가 乙에게 도달한 일자는 2011. 2. 15. & 동일채권에 관한 압류·전부명령이 乙에게 송달된 일자 역시 같은 날 ∴ 채권양도와 압류·전부명령은 동순위 → 乙은 채권양수인 또는 전부채권자 누구에 대하여도 유효하게 전액 변제할 수 있고 변제받은 양수인과 전부채권자 사이에는 내부적으로는 안분하여 정산할 의무 있음(대판(全) 1994.4.26. 93다24223) ∴ 압류·전부명령 결정일자가 채권양도 확정일자보다 늦기 때문에 B의 전부금 청구는 기각되어야 한다는 주장 이유 없음

다. 연대보증채무에 관하여 별도의 지연배상금 약정이 없으므로 지연배상금 지급의무는 없다는 주장의 타당성

- [보증채무의 독립성]
- [判] 보증채무는 주채무와는 별개채무이다. 보증채무의 연체이율은 특별약정이 있으면 그에 따르고, 없으면 거래행위의 성질에 따라 법정이율에 따라야 하는 것이지 <u>주채무에 관한 약정 연체이율이 당연히 적용되는 것이 아니다</u>(대판 2000.4.11. 99다12123).
- **[별도의 지연배상금 약정이 없을 경우 지연손해금의 결정]** 甲과 丙 사이에 보증채무 지연손해금에 관한 특별약정 없고 거래행위의 성질에 따라 법정이율 정해야 → 甲이 홍삼제품 공급업자로서 상인이므로 보증채무 역시 '상사채무'가 되어 연 6%의 지연손해금 이율 적용(상법 제54조)

> **추가된 사실관계 3 - 아래 설문 4에만 적용한다**
>
> 甲이 2016. 4. 10. 乙과 丙을 상대로 위 물품대금채무의 이행을 구하는 소를 제기하자, 이 소송에서 乙은 甲의 물품대금채권이 시효완성으로 인하여 소멸되었다고 주장하였고, 丙은 甲에 대하여 "지금은 경제사정이 좋지 않으니 조금만 기다려주면 위 연대보증채무를 이행함으로써 시효완성으로 인한 이익을 받지 않겠다"는 의사를 표시하였다. 그러나 그 이후 丙은 태도를 바꾸어 甲의 乙에 대한 위 물품대금채권이 시효완성으로 인하여 소멸하였으므로 자신의 연대보증채무 역시 소멸되었다고 항변하였다. 이에 甲은 적어도 丙의 연대보증채무의 경우 "丙 자신이 채무이행의 의사를 표시하였으므로 시효완성을 더 이상 주장할 수 없다"고 반박하였다.

4. 甲, 乙, 丙의 주장은 정당한가? (25점)

해설

1. 결론

㉠ 乙의 소멸시효 항변은 이유가 있고, ㉡ 丙의 원고 甲에 대한 변제기한 유예 및 채무이행 의사표명은 '시효이익 포기' 혹은 '채무승인'으로 볼 수 없고, 위 행위를 '주채무의 시효소멸에도 불구하고 보증채무를 이행하겠다는 의사를 표시한 경우 등과 같이 부종성을 부정해야 할 특별한 사정'이라고 평가할 수도 없으므로 丙의 항변도 이유가 있음

2. 이유

가. 주채무자 乙의 주채무 소멸시효 항변의 타당성

甲의 물품대금채권은 '상인이 판매한 생산물 및 상품의 대가'에 해당하여 소멸시효기간은 '3년'(민법 제163조 제6호) & 위 물품대금채권의 변제기는 2011. 3. 10.이므로 2014. 3. 9. 24:00 소멸시효 완성('그 다음날'로 보는 견해도 유력) → 甲이 이 사건 소를 제기한 시점은 2016. 4. 10. ∴ 乙의 소멸시효 항변 이유 ○

나. 연대보증인 丙의 연대보증채무 소멸시효 항변의 타당성

(1) 연대보증채무의 존속여부(보증채무의 부종성)

丙의 연대보증채무는 상사채무로서 5년의 소멸시효(상법 제64조 본문). 소멸시효 완성일은 2015. 3. 14. 24:00 but 주채무가 2014. 3. 9. 24:00 시효소멸됨으로써 '보증채무 부종성'에 따라 동일자에 소멸

(2) 연대보증인 丙의 기한유예 요청과 보증채무의 부종성과의 관련성

- [문제점] 연대보증채무가 이미 시효소멸된 이후에 제기된 소송에서 피고인 연대보증인이 채권자에게 기한유예 요청을 하면서 연대보증채무 이행을 약속했음에도 불구하고 나중에 주채무가 시효로 소멸되었으므로 자신의 보증채무도 소멸되었다는 주장(보증채무의 부종성)을 할 수 있는지 문제된다.
- [판례]
- ✦ [判] 주채무에 대한 소멸시효가 완성되어 보증채무가 소멸된 상태에서 보증인이 보증채무를 이행하거나 승인하였다고 하더라도, 주채무자가 아닌 보증인의 행위에 의하여 주채무에 대한 소멸시효 이익의 포기 효과가 발생된다고 할 수 없으며, 주채무의 시효소멸에도 불구하고 보증채무를 이행하겠다는 의사를 표시한 경우 등과 같이 부종성을 부정하여야 할 다른 특별한 사정이 없는 한 보증인은 여전히 주채무 시효소멸을 이유로 보증채무의 소멸을 주장할 수 있다(대판 2012.7.12. 2010다51192).

● **[검토]** ㉠ 丙의 연대보증채무가 소멸된 이유는 '주채무의 시효소멸 및 보증채무의 부종성'이 결합된 결과 → 연대보증인은 주채무의 시효소멸에 대해 포기할 수 있는 권한 자체가 없으므로 '시효이익 포기'라는 것은 생각할 수 없을 뿐만 아니라 丙의 변제기한 유예 등의 요청은 이미 채무가 소멸한 이후에 이루어진 것이어서 성질상 '시효중단 사유로서의 채무승인'에 해당하지 않음은 명백. ㉡ 다만 보증인은 '부종성에 따른 채무소멸효의 혜택'을 거부할 수는 있는바, 핵심은 보증인의 위 행위를 '부종성을 배제할 수 있는 특별한 사정'에 해당하는 것으로 볼 것인지 여부 → 대법원은 이에 대해 엄격한 기준을 내세워 '주채무의 시효소멸에도 불구하고 보증채무를 이행하겠다는 의사가 표시된 정도'가 되어야 위와 같은 특별한 사정에 해당할 수 있다는 입장을 내세우고 있는 것 → 채무를 면할 수 있는 지위에 있는 자가 이를 포기하고 스스로 채무를 부담한다는 것은 이례적인 일이라는 점을 고려하면 대법원의 이러한 입장은 충분히 수긍할 수 있음(私見)
⇒ 보증채무의 부종성을 부정할 만한 특별한 사정은 없으므로 丙의 소멸시효항변은 이유 있음

제1문의 2

공통된 사실관계

甲과 乙은 "乙이 甲에게 백미(쌀) 50가마를 대금 1,000만 원에 매도하되, 乙은 대금 전액을 지급받음과 상환으로 甲에게 백미 50가마를 인도한다"는 내용의 매매계약(이하 '이 사건 계약'이라고 한다)을 체결하였고, 丙은 이 사건 계약에 기하여 乙이 甲에게 부담하는 채무를 연대보증 하였다. 그 후 甲은 乙과 丙을 상대로 백미 50가마의 인도를 구하는 소를 제기하였다(청구취지는 "乙과 丙은 연대하여 甲에게 백미 50가마를 인도하라"이다). 이 소송에서 이 사건 계약체결사실 및 위 연대보증사실은 모두 주장·증명되었다. (위 소제기와 관련하여 청구의 목적물은 적법하게 특정되었다고 본다. 이하 각 설문은 서로 독립적이다)

추가된 사실관계 1 – 아래 설문 1에만 적용한다

변론기일에 乙은 "자신은 甲의 대금 1,000만 원 지급과 상환으로 백미인도의무를 부담한다"라고 진술하였다. 이에 대하여 丙은 아무런 언급을 하지 않았고, 甲은 "자신이 이미 乙에게 위 대금 전액을 지급하였다"라고 진술하였으며, 다시 乙은 "자신은 甲으로부터 대금을 지급받은 적이 없다"라고 진술하였다. 증거조사 결과 법원은 甲이 乙에게 대금 1,000만 원 중 400만 원을 지급하였다는 확신을 가졌지만 나머지 600만 원을 지급하였는지 여부에 대하여는 확신을 갖지 못했다. 한편 丙은 "乙이 이미 甲에게 백미 50가마를 모두 인도하였다"라고 진술하였는데, 이에 대하여 乙은 아무런 언급을 하지 않았고, 甲은 "자신은 乙로부터 백미를 인도받은 적이 없다"라고 진술하였다. 증거 조사 결과 법원은 乙이 甲에게 백미 20가마를 인도하였다는 확신을 가졌지만 나머지 30가마를 인도하였는지 여부에 대하여는 확신을 갖지 못했다.

1. 법원은 甲의 乙과 丙에 대한 청구에 관하여 어떠한 판결을 하여야 하는가? (35점)

해설

1. 결론

㉠ 乙에 대한 청구에 관해서는 "乙은 甲으로부터 600만 원을 지급받음과 동시에 백미 50가마를 인도하라"라는 판결을, ㉡ 丙에 대한 청구에 관해서는 "丙은 乙과 연대하여 甲에게 위 백미 50가마 중 30가마를 인도하라"라는 판결을 선고해야

2. 이유

가. 공동소송인 乙, 丙의 관계

주채무자와 연대보증인을 공동피고로 삼은 경우 실체법상 관리처분권이 공동귀속된 경우도 아니고(고유필수적 공동소송X) 합일확정이 필수적인 경우도 아님(유사필수적 공동소송X) ∴ 통상공동소송(민소법 제65조)

나. 통상공동소송과 공동소송인독립의 원칙

- [법리] 공동소송인 가운데 <u>한 사람의 소송행위</u> 또는 이에 대한 상대방의 소송행위와 공동소송인 가운데 <u>한 사람에 관한 사항</u>은 <u>다른 공동소송인에게 영향을 미치지 아니함</u>(같은법 제66조)
- ⇒ 공동피고인 乙, 丙이 각자 행한 변론행위는 서로에게 영향을 미치지 않음(소송자료의 불통일) ∴ 乙과 丙에 대한 청구의 타당성을 검토함에 있어서 각자가 행한 변론 내용만 살펴보면 됨

다. 甲의 乙에 대한 청구에 대한 판단

- [乙의 「동시이행항변」과 丙의 「백미인도항변」 고려여부] ㉠ 乙은 대금수령과 상환으로 백미인도 의무 부담 → 민사소송에서 동시이행항변은 '변론주의' 적용 대상 ∴ 당사자의 주장·입증이 있어야만 법원이 판단 가능 → 乙의 관련항변이 있으므로 법원 판단○, ㉡ '백미인도항변'은 연대보증인 丙만 함 → 乙-丙 사이에 주장공통 원칙 적용되지 않아 법원 판단X
- [甲의 「대금지급항변(재항변)」과 객관적 증명책임] 甲의 대금지급항변은 '재항변'으로서 甲이 주장·입증책임 → 법원은 400만 원의 지급사실은 인정 but 600만 원 지급사실에 대해서는 심증 형성X → 일방당사자가 주장·입증책임을 지는 주요사실의 존부에 관하여 법원이 심증을 형성하지 못할 경우 그 부존재에 따른 불이익은 그 주장·입증책임을 부담하는 자에게 돌려야(객관적 증명책임) ∴ <u>법원은 甲의 600만 원 지급의무 존재를 전제로 판결 선고해야</u>
- [단순이행청구와 상환이행판결]
  - ✦ [판①] 원고가 단순이행판결을 구하는데 심리결과 피고의 동시이행 항변이 이유 있는 경우 법원은 <u>원고가 반대의사를 하지 않는 한</u> 피담보채권의 변제와 상환으로 물건의 인도를 명하는 판결을 선고해야 한다(대판 2011.12.13. 2009다5162).
  - ✦ [판②] 원고가 매매계약 체결과 대금완납을 청구원인으로 하여 무조건 소유권이전등기를 구하는 청구취지에는 대금중 미지급금이 있을 때에는 위 금원의 수령과 상환으로 소유권이전등기를 구하는 취지도 포함되어 있다(대판 1979.10.10. 79다1508).
  - [소결론] 법원은 乙의 백미 50가마 인도의무와 甲의 600만 원 대금지급의무가 동시이행관계가 있는 것으로 판단하여 판결 선고해야

라. 甲의 丙에 대한 청구에 대한 판단

- [乙의 「동시이행항변」과 丙의 「백미인도항변」 고려여부] ㉠ 동시이행항변은 주채무자 乙만 함 → 乙-丙 사이에 주장공통의 원칙이 적용되지 않아 법원 판단X, ㉡ '백미인도항변'은 변론주의원칙상 丙이 주장·입증책임 부담 → 丙은 위 항변을 하였으므로 법원 판단○

- **[객관적 증명책임]** 법원은 백미 20가마 인도 사실은 인정 but 30가마 인도 사실에 대해서는 심증을 형성× → 객관적 증명책임 원칙상 30가마 인도 사실이 인정되지 않음으로 인한 불이익은 丙 부담
- **[소결론]** 법원은 丙이 백미 30가마 인도의무가 있음을 전제로 판결을 선고해야 & 丙이 연대보증인이므로 주채무자인 乙과 연대관계에 있음을 나타내야

추가된 사실관계 2 - 아래 설문 2에만 적용한다

위 소송에서 甲은 변호사 A에게 소송대리권을 수여하면서 소취하에 대한 특별수권을 하였다. 乙과 丙은 변론기일에 "乙은 이 사건 계약을 체결한 적이 없고, 丙은 이 사건 계약에 기한 乙의 채무를 보증한 적이 없으니 甲의 乙과 丙에 대한 청구를 모두 기각해 달라"라고 진술하였고, 그 후 A는 그 사무원인 B에게 丙에 대한 소취하서를 법원에 제출하라고 지시하였다. 그런데 B는 착오로 인하여 乙과 丙 모두에 대한 소취하서를 법원에 제출하였다. 이러한 사실을 알게 된 A는 B가 제출한 소취하서가 乙과 丙에게 송달되기 전에 "乙에 대한 소취하를 철회하고 만일 철회가 허용되지 않는다면 착오를 이유로 취소한다"는 의사를 법원에 밝혔다. 乙과 丙은 B가 제출한 소취하서를 송달받고, 송달받은 날부터 1개월이 지나도록 소취하에 대하여 아무런 의견표명을 하지 않았다.

2. 甲의 乙과 丙에 대한 소는 취하되었는가? (15점)

해설

1. 결론

甲의 乙과 丙에 대한 소는 모두 적법하게 취하

2. 이유

가. 논점정리

㉠ 소취하 철회 가능성, ㉡ 소취하 취소 가능성, ㉢ 소취하 요건 충족 여부

나. 소취하 철회 가능성

소취하는 '여효적 소송행위'로서 바로 효력 발생(구속적 소송행위) 철회 불가. 대법원 역시 동일한 입장(대판 1997.6.27. 97다6124, 대판 2007.6.15. 2007다2848)

다. 소취하 착오취소 가능성

- **[법리]** 소송행위에는 표시주의 원칙이 관철되어야 한다는 이론적인 측면과 '민소법 제451조 제1항 제5호의 재심사유)'[6]에 주목 → 원칙적으로 소송행위 철회·취소는 인정하지 않고 다만 형사상 처벌을 받을 타인의 행위로 인하여 생긴 의사하자 혹은 흠결에 한하여 당해 소송행위를 무효화시킬 수 있다고 해석(통설·판례)
- ✦ **[판①]** 원고들 소송대리인으로부터 원고 중 1인에 대한 소 취하를 지시받은 사무원은 원고들 소송대리인의 표시기관에 해당되어 그의 착오는 원고들 소송대리인의 착오로 보아야 하므로, 사무원의 착오로 원고들 소송대리인의 의사에 반하여 원고들 전원의 소를 취하하였다 하더라도 이를 무효라 볼 수는 없고, 적법한 소취하의 서면이 제출된 이상 그 서면이 상대방에게 송달되기 전후를 묻지 않고 원고는 이를 임의로 철회할 수 없다(대판 1997.6.27. 97다6124).
- ✦ **[판②]** 소송행위가 사기, 강박 등 형사상 처벌을 받을 타인의 행위로 인하여 이루어졌다고 하여도 그 타인의 행위에 대하여 유죄판결이 확정되고 또 그 소송행위가 그에 부합되는 의사없이 외형적으로만 존재할 때에 한하여 민소법 제451조 제1항 제5호, 제2항의 규정을 유추해석하여 그 효력을 부인할 수 있다고 해석함이 상당하므로 타인의 범죄행위가 소송행위를 하는데 착오를 일으키게 한 정도에 불과할 뿐 소송행위에 부합되는 의사가 존재할 때에는 그 소송행위의 효력을 다툴 수 없다(대판 1984.5.29. 82다카963).
- **[사안검토]** B는 A의 표시기관으로서 그 자의 착오는 A의 착오로 평가 & 소취하서가 제출된 이상 원칙적으로 임의철회 허용X

라. 소취하 요건 충족 여부

소취하는 상대방이 본안에 관하여 준비서면을 제출하거나 변론준비기일에서 진술하거나 변론을 한 뒤에는 '상대방 동의'를 받아야 효력 발생 but 소취하의 서면이 송달된 날부터 2주 이내에 상대방이 이의를 제기하지 아니한 경우 소취하 동의 간주(민소법 제266조 제2항, 제6항) → 乙과 丙은 본안에 대해서 변론을 한 상태 & 소취하서가 송달된 후 1개월이 지나도록 이의 X ∴ 소취하 동의 간주 → 乙과 丙에 대한 소는 적법하게 취하

---

6) **[보충]** 청구포기·인낙·화해가 이루어져 관련 조서가 작성된 경우 당사자는 청구포기 등이 형사상 처벌을 받을 타인의 행위로 말미암은 것임을 입증한 경우에 한하여 「준재심의 소」(민소법 제461조)를 제기하여 당해 소송행위를 무효화시킬 수 있도록 하자는 것이 현행 민소법의 구상이라는 점을 감안하면 다른 소송행위의 경우에도 이러한 정도에 이른 경우에 한하여 민소법 제451조 제1항 제5호를 유추적용하여 그 효력을 다툴 수 있고, 이에 이르지 않은 의사하자 혹은 흠결을 민법상 관련 규정을 유추적용하여 취소시키는 것은 타당하지 않다는 것이다.

> **변경된 사실관계 - 아래 설문 3에만 적용한다**
> 위 소제기 당시 甲은 乙의 甲에 대한 백미인도의무가 판결확정 후에 집행불능이 되는 경우에 대비하여 乙과 丙에 대한 위 백미인도청구에 '백미에 대한 강제집행이 불능인 때에는 乙과 丙은 연대하여 甲에게 백미 1가마당 20만 원의 비율로 환산한 금원을 지급하라'는 청구를 병합하여 소를 제기하였다.

3. 법원이 甲의 乙과 丙에 대한 백미인도청구를 인용하는 경우, 甲의 乙과 丙에 대한 금원지급청구에 대하여 본안판결을 하여야 하는가? (25점)

해설

1. 결론
법원은 甲의 乙과 丙에 대한 금원지급청구에 대하여 본안판결(인용판결)을 해야

2. 이유

가. 백미인도청구와 집행불능을 이유로 한 전보배상청구 병합의 성격
- **[개관]** 채권자가 본래적 급부의 이행을 구하면서 전보배상(塡補賠償)을 병합하여 소구한 경우 목적물이 ⊙ 「특정물」이면 '이행불능' 혹은 '집행불능' 모두를 대비하여 전보배상 청구병합 가능, ⓒ 「종류물(대체물)」이면 원칙적으로 이행불능이 없기 때문에 '집행불능'인 경우에 한해 인정
- **[법적 성격]** 종류물(대체물)채권의 경우 원칙적으로 사실심변론종결시 이행불능이라는 개념을 생각할 수 없기 때문에 '변론종결 후의 집행불능'을 대비한 것으로서 「현재의 급부청구와 장래의 급부청구와의 단순병합」으로 봄

나. 단순병합의 심판방법
- **[본래의 이행청구권 자체가 인정되지 않는 경우]** 병합된 두 청구 모두 기각
- **[본래의 이행청구권이 존재하고 사실심변론종결 당시에도 이행가능한 경우]** ⊙ 본래의 이행청구 부분 인용 & ⓒ 판결확정 이후 집행불능에 대비한 전보배상 청구 부분(사실심변론종결 당시 목적물 시가 상당액) 역시 인용

다. 장래이행의 청구의 필요성
본건은 「현재 이행의 소와 병합된 장래이행의 소」에 해당 ∴ 금전지급 청구에 대해서는 '미리 청구할 필요성' 인정되어야(민소법 제251조)
⇒ 본래적 급부의 현존함을 전제로 한 장래이행의 소인 경우 장래 되풀이하여 소송하는 것을 막을 필요가 있기 때문에 미리 청구할 필요성 인정

제2문

제2문의 1

甲은 2015. 3.경 그 소유인 X토지(200㎡) 중 우측 부분 100㎡ 지상에 단층 주택 1동(A주택)을 신축하는 건축공사를 乙에게 도급하였다. 그 도급계약의 내용은 ① 건축허가 명의와 준공 후 보존등기 모두 甲 명의로 하고, ② 공사대금은 3억 원으로 하되, 공정이 50%에 이르렀을 때 공사대금의 절반을 지급하고 나머지 50%의 공사대금은 공사가 완료되어 소유권보존등기를 마친 날부터 3개월이 지난 시점에 지급하기로 하고, ③ 대금을 모두 지급받음과 동시에 주택을 인도하기로 약정하였다. 甲은 2015. 6.경 다시 X토지의 좌측 부분 100㎡ 지상에 단층 주택 1동(B주택)을 신축하는 공사를 乙에게 도급하였는데, 공사대금은 2억 원이고 나머지 공사조건은 A주택의 경우와 동일하였다.

A주택은 공사가 완료되어 2015. 10. 31. 甲 명의로 소유권보존등기가 이루어졌고, B주택 역시 공사가 완료되어 2015. 12. 31. 甲 명의로 소유권보존등기가 이루어졌다. 2016. 1. 5. 현재 乙은 甲으로부터 A주택의 공사대금 중 50%를 지급받았으나 B주택의 공사대금의 경우 전혀 지급받지 못한 상태로 A주택과 B주택을 점유하고 있었다. 한편 그 다음날인 2016. 1. 6. 甲의 채권자가 X토지와 A주택에 관하여 강제경매를 신청하여 2016. 1. 25. 강제경매개시결정 기입등기가 이루어졌고, 丙이 그 절차에서 위 두 부동산을 모두 매수하여 2016. 6. 5. 매각대금을 완납하였다. 丙은 乙을 상대로 A주택의 인도와 B주택에서의 퇴거를 청구하는 소를 제기하였다.

1. A주택에 관하여 乙은 공사대금채권을 기초로 한 유치권과 동시이행항변권을 주장하면서, 공사대금을 모두 지급받을 때까지 丙의 청구에 응할 수 없다고 주장한다. 乙의 주장은 받아들여질 수 있는가? (20점)

해설

1. 결론

乙의 유치권은 인정되지 않고 동시이행항변권은 인정되지만 丙에게는 주장할 수 없기 때문에, 법원은 丙의 청구를 인용해야

2. 이유

가. 乙의 유치권 주장의 타당성

- **[유치권 성립요건]** 乙은 건축도급계약에 기하여 A주택 신축공사 과정에서 점유 & 피담보채권인 공사대금채권과 A주택 사이에 견련성 인정 & 유치권배제 특약 존재 X → but 피담보채권인 공사대금채권의 변제기는 A주택에 관하여 甲명의 보존등기가 경료된 2015. 10. 31.부터 3개월 후인 2016. 1. 31.인데 그 사이인 2016. 1. 25. A주택에 강제경매개시결정 기입등기 경료된 점 문제

- **[경매개시결정과 유치권 관계]** ㉠ 압류의 효력이 발생하기 이전(= 경매개시결정의 기입등기 경료 이전)에 유치권 성립에 필요한 요건(= 피담보채무의 존재 및 변제기 도래 + 점유)을 모두 갖춘 경우에는 유치권 주장 가능(대판 2009.1.15. 2008다70763), ㉡ 그러지 않은 경우에는 '압류의 처분금지효'에 저촉되어 유치권 주장 불가(대판 2006.8.25. 2006다22050, 대판 2011.10.13. 2011다55214, 대판 2013.6.27. 2011다50165; 논거로는 ㉠ 압류의 효력이 발생한 후에 채무자가 당해 부동산의 점유를 이전함으로써 제3자가 취득한 유치권으로 압류채권자에게 대항할 수 있다고 한다면 경매절차에서의 매수인이 매수가격 결정의 기초로 삼은 현황조사보고서나 매각물건명세서 등에서 드러나지 않는 유치권의 부담을 그대로 인수하게 되어 경매절차의 공정성과 신뢰를 현저히 훼손하게 된다는 점,

ⓒ 유치권신고 등을 통해 매수신청인이 위와 같은 유치권의 존재를 알게 되는 경우에는 매수가격의 즉각적인 하락이 초래되어 책임재산을 신속하고 적정하게 환가하여 채권자의 만족을 얻게 하려는 민사집행제도의 운영에 심각한 지장을 줄 수 있다는 점 제시)[7]
⇒ A주택에 관하여 강제경매개시결정 기입등기 경료 당시 피담보채권 변제기가 미도래 상태이므로 乙은 유치권 취득 ✕

나. 乙의 동시이행항변권 주장의 타당성

甲은 乙과 사이에 건물도급계약을 체결하면서 '대금을 모두 지급함과 동시에 주택을 인도하기로' 약정 ∴ 甲-乙 간 동시이행관계 ○ → but 동시이행항변권은 채권관계의 당사자에만 주장할 수 있는 권리(권한) ∴ 강제경매절차에서 A주택의 소유권을 취득한 丙에게 주장 불가

---

2. B주택에 관하여 乙은 공사대금채권을 기초로 한 유치권을 주장하고, 또한 甲이 B주택과 관련하여 관습상 법정지상권을 취득하였으므로 丙의 청구에 응할 수 없다고 주장한다. 유치권과 관습상 법정지상권이 성립하는지 검토하여, 乙의 주장의 당부를 판단하시오. (30점)

해설

1. 결론

㉠ 乙에게 유치권이 인정되지만 B주택에 관한 권리이지 X토지 자체에 관한 권리가 아니므로, 丙의 퇴거청구에 대해서 대항 ✕. ㉡ 甲에게 관습법상 법정지상권이 성립하여 丙의 B주택철거 및 대지인도청구권은 인정되지 않는 바, 이러한 청구권이 있음을 전제로 한 乙에 대한 퇴거 청구도 인정 ✕. 법원은 丙의 청구 기각해야

2. 이유

가. 乙의 유치권 주장의 타당성

- [유치권 성립 여부] [설문1]에서 검토한 것처럼 乙은 B주택에 관하여 유치권 취득 → <u>B주택은 경매목적물이 아니므로 압류기입등기와 유치권 경합문제 발생 ✕</u>
- [B주택에 관하여 유치권이 성립한 경우 丙의 건물퇴거청구를 배척할 수 있는지 여부] 丙의 乙에 대한 청구권원은 'X토지의 소유권에 기한 방해배제청구권'이므로(민법 제214조), 乙이 대항할 수 있으려면 '<u>X토지 자체의 점유를 정당화할 수 있는 권원</u>'을 갖고 있어야 → 乙이 갖는 유치권은 B주택 자체에 관한 것이지 X토지 자체에 관한 권리가 아니므로, 丙의 B주택퇴거청구에 대해서 대항✕
- ✦ 判 주택임차권자가 대항력을 취득하더라도 이는 '건물'에 관한 것으로서, 대지의 소유권자에게는 대항할 수 있는 권원이 아니므로 토지소유권자의 주택임차권자에 대한 건물퇴거청구에 대해서 대항할 수 없다(대판 2010.8.19. 2010다43801).

---

[7] [주의할 판례] 경매개시결정 전에 성립된 유치권이 변제기 유예로 소멸됐지만 점유를 계속하던 중 경매개시결정이 되고 이후 변제기가 재차 도래해 유치권의 성립 요건을 다시 충족하게 된 경우, 유치권의 행사를 허용하더라도 경매절차의 이해관계인에게 예상하지 못한 손해를 주지 않고 집행절차의 법적 안정성을 해치지 않아 유치권의 행사를 제한할 필요가 없다면 그 유치권으로 경매절차의 매수인에게 대항할 수 있다(대판 2022.12.29. 2021다253710; 경매개시결정 전후로 유치권자가 부동산을 계속 점유하면서 집행법원에 유치권을 신고하였고 현황조사보고서에 이러한 사정이 기재되기도 하였으며 유치권의 존재를 확인하는 판결까지 확정되어 매수인 등이 유치권이 존재한다는 점을 알고 있었던 것으로 보이고 달리 거래당사자가 유치권을 자신의 이익을 위하여 고의로 작출하였다는 사정을 찾아볼 수 없는 경우에는 유치권 행사를 제한할 필요가 없다고 한 사례).

나. 乙의 관습법상 법정지상권 주장의 타당성
- **[甲에게 관습법상 법정지상권이 성립하는지 여부]** ㉠ 토지와 건물이 동일인의 소유에 속할 것 ㉡ 매매 기타 적법한 원인으로 소유자가 달라질 것 ㉢ 건물철거 특약 등이 없을 것 → **[토지·건물 동일인 귀속요건 시기]** 원칙적으로 '소유권이 유효하게 변동될 당시'이고(대판 1995.7.28. 95다9075), 다만 '강제경매'로 인해 소유권이 변동된 경우 '(가)압류효력발생시'(대판(全) 2012.10.18. 2010다52140) & (가)압류에 선행하는 저당권 설정되어 있었고 강제경매로 인해 저당권 소멸된 경우 '저당권설정시'(대판 2013.4.11. 2009다62059)가 기준시점
  ⇒ X토지에 관한 압류개시결정 기입등기일자는 2016. 1. 25.로서 X토지와 B건물 소유권이 모두 甲에게 있었고, 강제경매로 인해 X토지 소유권이 丙에게 넘어갔으며, 건물철거 특약은 존재하지 않음 ∴ 甲은 관습법상 법정지상권 취득
- **[B주택으로부터의 퇴거청구의 타당성]** 丙의 乙에 대한 청구권원은 'X토지의 소유권에 기한 방해배제청구권' but 관습법상 법정지상권으로 인해 丙이 甲에 대해 B주택철거 및 대지인도 청구 불가한 상태 ∴ 위 청구권이 인정됨을 전제로 한 乙에 대한 B주택으로부터 퇴거청구권 인정X(대판 1997.9.26. 97다10314)

제2문의 2

사실관계

○ 甲은 1996. 1. 1.부터 X, Y 토지와 이를 부지로 하는 Z 건물을 소유하고 있었다(이하 Z 건물 중 X토지 지상 부분을 'X 부분 건물', Y토지 지상 부분을 'Y 부분 건물'이라고 한다). 이 중 X 토지에 관하여는 2001. 1. 1. 근저당권이 설정되었다.
○ 甲은 2004. 1. 1. 乙에게 Y 토지와 Z 건물을 매도하고 같은 날 소유권이전등기를 마쳐주었다.
○ 丙은 위 근저당권에 기하여 개시된 X 토지에 관한 임의경매절차에서 2008. 1. 1. 매수대금을 납부하고 그 무렵 자신의 명의로 소유권이전등기를 마쳤다.
○ 한편, 甲의 채권자가 乙을 상대로 사해행위 취소의 소를 제기하여, Z 건물에 관하여는 2009. 1. 1. 사해행위취소 확정판결을 원인으로 하여 같은 날 乙 명의의 소유권이전등기가 말소되었다.
○ 그 후 Z 건물에 관한 강제경매절차에서 丁이 2010. 1. 1. 매수대금을 납부함으로써 그 소유권을 취득하였다.
○ 丙과 乙은 2011. 1. 1. 丁을 상대로 각 X 토지 및 Y 토지의 소유권에 기하여 Z 건물 중 X부분 건물과 Y 부분 건물의 철거를 구하는 소송을 제기하였다.

1. 丙의 철거청구에 대하여 丁은 "乙이 X토지에 관하여 관습상의 법정지상권을 취득하였고, 그렇지 않더라도 민법 제366조의 법정지상권을 취득하였으며, 乙의 권리를 양수한 자신을 상대로 한 철거청구는 부당하다"고 주장한다. 丁의 주장의 당부를 논거를 들어 서술하시오. (30점)

해설

1. 결론

丁은 민법 제366조 법정지상권을 양수받은 자이기 때문에 丙의 X부분 건물철거 청구는 기각되야

2. 이유

가. 乙의 관습법상 법정지상권 취득 여부

- **[법리]** ㉠ 토지와 건물이 동일인의 소유에 속할 것 ㉡ 매매 기타 적법한 원인으로 소유자가 달라질 것 ㉢ 건물철거 특약 등이 없을 것 → [토지·건물 동일인 귀속요건 시기] 원칙적으로 '<u>소유권이 유효하게 변동될 당시</u>'이고(대판 1995.7.28. 95다9075), 다만 '<u>강제경매</u>'로 인해 소유권이 변동된 경우 '<u>(가)압류효력발생시</u>'(대판(全合) 2012.10.18. 2010다52140) & (가)압류에 선행하는 저당권 설정되어 있었고 강제경매로 인해 저당권 소멸된 경우 '<u>저당권설정시</u>'(대판 2013.4.11. 2009다62059)가 기준시점
- ⇒ 매매를 원인으로 Z건물의 소유권이 乙에게 넘어간 2004. 1. 1. 당시 X토지와 Z건물은 모두 甲이 소유하고 있다가 건물과 토지의 소유권자가 바뀌었으며 건물철거 특약은 존재하지 않으므로 乙은 X부분 건물에 관하여 관습법상 법정지상권 취득 → 2008. 1. 1. X토지에 설정되었던 선순위 근저당권(2001. 1. 1. 설정)에 기하여 임의경매가 진행되어 丙이 소유권 취득 → 관습법상 법정지상권은 후순위 권리이므로 '소멸주의'의 적용받아 소멸(민사집행법 제91조 제3항)

나. 乙의 민법 제366조 법정지상권 취득 여부

- **[법리]** ㉠ 저당권 설정당시 '건물'이 존재할 것 ㉡ 저당권이 설정될 것 ㉢ 저당권설정시 건물과 토지의 소유권이 동일인에게 있을 것 ㉣ 임의경매에 의해 건물과 토지의 소유권자가 달라질 것
- ⇒ 저당권설정 당시인 2001. 1. 1. X토지와 Z건물은 모두 甲 소유였고, 임의경매로 인해 X토지 소유권이 丙에게 양도 → <u>저당권설정 이후 임의경매가 진행되기 전에 Z건물이 매매계약에 기하여 乙에게 넘어갔지만 민법 제366조 법정지상권은 저당권설정 당시에만 건물과 토지의 소유권이 동일인에게 속하면 족하고 중간에 소유권자가 바뀐 경우에도 인정되므로 이 부분은 문제되지 않음</u>(대판 1999.11.23. 99다52602)
  ∴ 乙에게 민법 제366조 법정지상권 성립

다. 丁의 乙 권리(민법 제366조 법정지상권) 승계취득 여부

Z건물에 관하여 사해행위취소 및 원상회복(乙명의 등기말소) 청구가 인용되어 확정. 상대적 무효로서 취소채권자를 제외한 나머지에 대한 관계에서는 여전히 乙이 건물 소유권자 → 丁은 강제경매절차에서 Z건물 소유권 취득 → Z건물에는 민법 제366조 법정지상권 존재 ∴ '종된 권리는 주된 권리 처분에 따른다'는 법리(민법 제100조 제2항 유추적용; 대판 1993.12.10. 93다42399)에 따라 丁은 Z건물의 소유권뿐만 아니라 민법 제366조 법정지상권도 함께 취득 → 강제경매에 의한 권리취득이므로 별도의 등기 필요X(민법 제187조 본문)

2. 乙의 철거청구에 대하여 丁은 Y토지에 관하여 관습상의 법정지상권을 취득하였다고 주장한다. 丁의 주장의 당부를 논거를 들어 서술하시오. (20점)

해설

1. 결론

丁은 Y토지에 관하여 관습법상 법정지상권을 취득하였으므로 乙의 철거청구는 기각되어야

2. 이유

가. 논점정리

- [관습법상 법정지상권 성립요건] ㉠ 토지와 건물이 동일인의 소유에 속할 것 ㉡ 매매 기타 적법한 원인으로 소유자가 달라질 것 ㉢ 건물철거 특약 등이 없을 것 → [토지·건물 동일인 귀속요건 시기] 원칙적으로 '소유권이 유효하게 변동될 당시'이고(대판 1995.7.28. 95다9075), 다만 '강제경매'로 인해 소유권이 변동된 경우 '(가)압류효력발생시'(대판(全合) 2012.10.18. 2010다52140) & (가)압류에 선행하는 저당권 설정되어 있었고 강제경매로 인해 저당권 소멸된 경우 '저당권설정시'(대판 2013.4.11. 2009다62059)가 기준시점
- ⇒ 본건은 '강제경매'에 의해 Z건물의 소유권자가 바뀐 경우로서 건물·토지의 동일인귀속 요건을 판단하는 시점은 '압류효력발생시' → 乙이 甲으로부터 Y토지와 Z건물을 매수하여 소유권이전등기까지 경료했다가 Z건물 매매계약이 사해행위로서 취소되는 바람에 乙명의 소유권등기는 말소되어 위 기준시점 당시 등기부상 명의인은 甲으로 회복된 상태 → 사해행위취소 결과 채무자 명의로 목적부동산의 명의가 회복된 경우 목적부동산의 소유권이 채무자로 회복되는 것인지 아니면 여전히 수익자에게 남아 있는 것인지 검토

나. 사해행위취소의 효력(상대적 무효)

✦ [判] 사해행위취소권은 '채권자와 악의의 수익자 또는 전득자에 대한 관계에서만' 상대적으로 취소하는 것이고, 그 효과는 채무자에게 미치지 아니하고 채무자와 수익자 사이의 법률관계에도 영향을 미치지 아니한다(대판 2004다2192). 즉 채무자와 사이에서 그 취소로 인한 법률관계가 형성되는 것은 아니고, 그 취소의 효력이 소급하여 채무자의 책임재산으로 회복되는 것도 아니다(대판 2006.8.24. 2004다23110).

다. 사안검토

㉠ Z건물 매매계약이 사해행위로서 취소되더라도 乙소유이므로 압류효력발생시 Z건물과 Y토지 소유권은 동일인(乙)에게 속하고, ㉡ 강제경매로 인해 Z건물의 소유권자가 변동되었으며(乙 → 丁), ㉢ 건물철거 특약 등은 존재하지 않음 → 丁은 Y부분 건물 소유를 위하여 Y토지에 관한 관습법상 법정지상권 취득(대판 2014.12.24. 2012다73158)

2015년
6월 모의고사

본서 p.938

제1문

제1문의 1

기초사실 및 소송의 경과

乙과 丙은 각 2/3, 1/3 지분에 따라 X주택을 소유하며, 乙과 丙의 합의에 따라 乙이 단독으로 X주택을 거주하고 있었다. 2010. 4. 1. 乙은 甲에게 X주택의 보수를 의뢰하면서 그 대금을 5,000만 원으로 하고 공사완공과 동시에 지급하기로 약정하였다. 이 약정에 따라 甲은 2010. 10. 31. 보수공사를 마쳤다. 공사과정에서 甲은 3,000만 원 상당의 공사비를 지출하였으며, 보수공사 후에 X주택의 가치가 2,000만 원 상당 높아졌다. 그러나 乙이 공사대금을 지급하지 않아 甲은 X주택을 점유하고 그 반환을 거절하였다. 그 후 甲은 2012. 12. 1. 乙과 丙의 승낙이 없이 임대기간을 2년으로 하여 X주택을 丁에게 임대하였고, 전입신고를 마치고 확정일자를 받은 丁은 X주택에 입주하였다. 2013. 9. 30. 공사대금의 지급을 최고하는 내용으로 甲이 작성하여 발송한 우편이 2013. 10. 2. 乙에게 도달하였다.

한편 乙과 丙은 2014. 1. 15. 乙은 지분권과 계약상 인도청구권에 기하여[8], 丙은 지분권에 기하여 甲과 丁을 상대로 X주택의 인도청구소송을 제기하였다. 이에 대하여 甲은 2014. 2. 1. 乙을 상대로 공사대금 전액을 청구하고, 丙을 상대로 공사비 3,000만 원 중 丙의 지분의 비율에 따른 1,000만 원의 비용상환 또는 부당이득반환을 청구하는 반소를 제기하였다. 위 소송 중 甲은 ① "乙이 공사비를 전액 지급할 때까지 乙은 물론 丙에 대하여도 주택인도를 거절한다."고 하였고, 丁은 ② "주택임대차법상 대항력으로 인하여 2014. 11. 30.까지 X주택을 사용·수익할 권리가 있으므로 X주택의 인도를 거절할 수 있다."고 주장한다. 그리고 乙과 丙은 ③ "공사완료 후 3년의 경과 또는 X주택의 무단임대 등으로 甲의 권리가 소멸하였으며, 그렇지 않을 경우에도 X주택의 인도와 상환하여 대금을 지급하여야 한다."고 주장하며, 丙은 여기에 덧붙여 ④ "본인은 공사계약의 당사자가 아니므로 비용상환 또는 부당이득 반환을 할 의무가 없다."고 항변한다. 이에 대해 甲은 ⑤ "본인이 X주택을 점유하고 있는 동안 공사대금채권은 시효로 소멸하지 아니한다.", "乙에게 공사대금의 지급을 최고하는 내용증명우편을 발송함으로써 소멸시효 진행이 중단되었다.",[9] "공사계약으로 원인 없이 이익을 얻은 丙은 이를 반환하여야 한다."고 각 주장한다.

1. 甲, 乙, 丙, 丁의 각 주장을 기초로 본소와 반소의 결론과 그에 따른 법적 근거를 설명하시오 (단, 소의 병합요건과 지연손해금은 고려하지 않는다). (50점)

---

[8] **COMMENT** 2015. 6. 법전협 모의고사 설문에는 '乙과 丙은 각 지분권에 기하여'라고 되어 있어 여러 논란을 야기시켰으나 이 부분에 관한 혼란을 피하기 위하여 '乙은 지분권과 계약상 인도청구권에 기하여'라고 변경하였다.

[9] **COMMENT** 2015. 6. 법전협 모의고사 설문에는 이 부분에 관한 甲의 변론이 빠져 있어 혼란을 야기하였는데, 이를 피하기 위하여 명확히 변론을 한 것으로 설문을 일부 추가하였다.

해설

1. 결론

① 「본소청구」의 경우 ㉠ '乙의 甲에 대한 청구'는 공사비지급과 상환이행판결을, ㉡ '丙의 甲에 대한 청구'는 기각판결을, ㉢ 乙, 丙의 丁에 대한 청구는 각 전부인용판결을 각 선고해야

② 「반소청구」의 경우 ㉠ '반소피고 丙에 대한 청구(선택적 병합)'는 모두 기각되어야 하며, ㉡ '반소피고 乙에 대한 청구'는 '주택인도와 상환이행판결'을 선고해야

2. 이유

가. 乙, 丙 본소청구(X주택 인도청구)의 타당성

(1) 논점정리

㉠ 공유자가 공유물 전체 인도를 구할 수 있는지, ㉡ X주택 간접점유자(임대인)인 甲을 상대로 한 인도청구 허용여부, ㉢ 甲, 丁에게 점유할 권리로서 '동시이행항변권'과 '유치권' 존재 여부

(2) 乙, 丙의 청구권원 및 청구의 상대방 관련 검토 사항(요건사실 충족 여부)

- [공유지분에 기한 공유물(X주택) 인도청구] 공유자가 공유물 점유자인 제3자를 상대로 전체의 인도 구할 수 있음 → [근거] 대법원은 '공유물 보존행위설'(대판 1970.3.24. 70다133). 다수설은 '불가분채권 유추적용설'

- [간접점유자(甲)가 청구의 상대방이 될 수 있는지 여부]

✦ [判] ㉠ '불법점유를 이유로 한 건물명도청구'에 있어서는 「현실적으로 불법점유하고 있는 사람」을 상대로 해야 하고, 다른 사람에게 그 점유물을 인도하여 현실적으로 점유를 하지 않는 자를 상대로 건물명도를 청구할 수 없고(대판 1999.7.9. 98다9045, 대판 2000.4.7. 99다68768), ㉡ '불법점유를 이유로 하지 않는 건물명도청구'에는 「간접점유자」를 상대로 명도를 청구할 수 있다(대판 1983.5.10. 81다187; 임대건물을 임차인이 제3자에게 전대하여 임대차계약이 종료된 경우 직접점유자인 제3자뿐만 아니라 간접점유자인 임차인에 대한 건물명도청구도 가능하다고 한 사례)'는 입장이다.

⇒ 乙과 甲 사이에는 X주택에 관한 적법한 공사도급계약이 있었기 때문에 '乙의 甲에 대한 반환청구'는 허용. 단 甲이 X주택을 직접점유하는 것은 아니어서 민법 제213조에 따른 반환청구권이 아닌 「공사도급계약에 따른 계약상 이행청구권」임에 주의 but 丙과 甲 사이에는 위 도급계약이 체결된 적이 없어 '丙의 甲에 대한 반환청구' 인정×

(3) 甲, 丁의 점유할 권리 존부

(가) 甲의 경우(원고 乙에 대해 주장할 수 있는 점유할 권리)

- [유치권]

유치권 성립(항변)	● ㉠ 甲은 유효한 공사도급계약에 기하여 선의로 X건물 점유를 시작하였고, ㉡ 甲이 乙에 대해 갖는 공사대금청구권은 변제기가 도래한 채권으로서, 위 건물과의 견련성이 인정되며, ㉢ 유치권 배제특약은 없음 ∴ 甲에게는 유치권 인정(민법 제320조 참조)

유치권 소멸 (재항변-재재항변)	● **[피담보채권 시효소멸에 따른 유치권 소멸]** 乙, 丙의 '甲의 공사대금채권 시효소멸 주장(재항변)'과 관련하여, 공사대금채권의 소멸시효기간은 3년이므로(같은법 제163조 제3호), 공사대금채권이 발생한 2010. 10. 31.로부터 3년이 경과한 2013. 10. 30. 24시 시효기간 도과 → ㉠ 甲은 "X주택을 점유하고 있는 동안 공사대금채권은 시효소멸하지 않는다"고 주장하고 있으나(재재항변), 유치권 행사는 소멸시효진행에 영향을 미치지 않으므로 이 부분 주장은 이유 없음(같은법 제326조). ㉡ 甲의 공사대금 지급을 최고하는 내용증명우편이 2013. 10. 2. 乙에게 도달하였는바(최고), 그로부터 6개월이 도과하기 전인 2014. 2. 1. 乙을 상대로 공사대금의 지급을 구하는 반소를 제기하였고, 甲의 시효중단 주장도 있으므로(재재항변) 우편이 乙에게 도달한 2013. 10. 2. 소멸시효 진행 중단(같은법 제174조) ● **[유치권자의 유치물 무단 대여로 인한 유치권 소멸]** 甲은 乙, 丙 승낙없이 X주택을 丁에게 무단임대 & 乙과 丙이 이를 이유로 유치권소멸 청구(같은법 제324조 제2항, 제3항) ∴ 유치권 소멸

● **[동시이행항변권]** 甲은 乙과 사이에 공사도급계약을 체결한 당사자로서, 공사완공과 동시에 乙로부터 공사대금 5,000만 원을 받기로 약정 ∴ 乙에 대해 동시이행항변권 행사○(같은법 제665조 참조)

(나) 丁의 경우(원고 乙, 丙에 대해 주장할 수 있는 점유할 권리)

직접점유자 丁에 대해서는 乙과 丙 모두 '소유권(공유지분)에 기한 반환청구' 인정 → 丁의 '대항력 있는 임차권' 항변 관련하여 주택임대차법상 대항력을 갖추기 위해서는 '주택에 관하여 처분권한 있는 자와 사이에 임대차계약을 체결할 것'이 요구되는데, 임대인 甲은 '유치권자'로서 X주택의 소유권자로부터 승낙도 받지 않고 丁에게 임대를 한 것이어서 위 요건을 충족하지 못함(대결 2002.11.27. 2002마3516) ∴ 丁은 乙, 丙 청구에 대해 반환 거부할 수 없음

나. 甲 반소청구(공사대금 등 청구)의 타당성

● **[반소청구 적법성]** ㉠ 본소 피고인 甲이 본소 원고 乙, 丙을 상대로 본소의 기각을 구하는 것 이상의 적극적인 청구를 하고 있고, ㉡ 본소청구인 X건물 반환과 발생원인을 같이 하며, ㉢ 본소절차를 현저히 지연시킬 만한 사정은 없고, ㉣ 본소와 같은 종류의 소송절차에 의하므로 반소청구 적법(민소법 제269조 제1항 참조)
● **[乙에 대한 공사대금 청구]** 甲이 乙에 대해 공사대금 5,000만 원을 갖고 있음은 명백 & '甲의 공사대금 지급을 최고하는 내용증명우편 발송 및 이 사건 반소제기'로 인해 공사대금채권의 소멸시효도 중단 → 乙의 동시이행항변이 있으므로 법원은 '주택인도와 상환이행판결'을 선고해야
● **[丙에 대한 청구①-비용상환청구(민법 제203조 제2항)]**
✦ 判 도급인이 그 물건을 간접점유하면서 궁극적으로 자신의 계산으로 비용지출과정을 관리한 것이므로, 도급인만이 소유자에 대한 관계에 있어서 민법 제203조에 의한 비용상환청구권을 행사할 수 있는 비용지출자라고 할 것이고, 수급인은 그러한 비용지출자에 해당하지 않는다(대판 2002.8.23. 99다66564).
⇒ 甲의 丙을 상대로 한 비용상환 청구 기각
● **[丙에 대한 청구②-부당이득반환 청구]** 甲의 부당이득반환 청구 취지는 자신의 X주택 공사로 인해 공사도급계약의 당사자 아닌 丙도 그 보유지분의 가치가 올라갔으므로 그 부분만큼은 부당이득이 된다는 것 즉 '전용물소권'을 주장하는 것으로 이해 → 대법원은 전용물소권 인정×(대판 2010.6.24. 2010다9269 등) ∴ 위 청구 기각

2. 위 소송에서 甲이 제출한 보수공사계약서에는 도급인으로 乙과 丙의 성명이 기재되어 있고 乙의 이름 뒤에는 乙의 인장이, 丙의 이름 뒤에는 丙의 인장이 각 날인되어 있었는데 丙은 위 계약서를 작성한 사실이 없다고 주장하였다. 그러나 심리결과 위 계약서에 날인된 丙의 인영은 丙의 인장에 의한 것임이 밝혀졌다면 법원은 어떠한 판단을 할 수 있는가? (15점)

해설

1. 결론

법원은 보수공사계약서를 증거로 쓸 수 있음

2. 이유

가. 사문서의 형식적 증거력

① 문서를 증거로 쓰려면 '형식적 증거력' 인정돼야 → [형식적 증거력] 문서가 거증자(擧證者)에 의해 작성자로 주장된 자의 의사에 의하여 작성되었다는 점, 즉 진정성립이 인정되는 상태
② 이 사건 보수공사계약서와 같은 사문서는 진정성립 추정×(민소법 제357조) → 문서 증거제출자는 진정성립 입증책임 부담 → 사문서 날인이 본인 또는 대리인의 의사에 의해 이루어졌다는 점이 증명되면 문서전체 진정성립 추정(같은법 제358조)

나. 인영의 동일성만 인정시 형식적 증거력

인영의 동일성만 인정시 대법원은 '2단계의 사실상 추정법리' 적용 ⇒ [내용] 인영 동일성 인정 → 그 자 의사에 의한 날인행위가 있었던 것으로 사실상 추정 → 문서 전체의 진정성립 사실상 추정

다. 사안검토

이 사건 보수공사계약서 중 丙 명의 부분의 진정성립도 추정

3. 만약 위 제2문의 경우에 丙의 인장을 乙이 임의로 사용하여 丙의 이름 뒤에 날인하여 위 계약서를 작성한 사실이 증명되었다면 법원은 어떠한 판단을 할 수 있는가? (15점)

해설

1. 결론

법원은 이 사건 보수공사계약서 중 丙 명의 부분 문서는 증거로 쓸 수 없음

2. 이유

가. 2단계의 사실상 추정법리의 번복

인영의 동일성만 인정되어 '2단계의 사실상 추정법리'가 적용될 경우 문서의 진정성립을 다투고자 하는 자는 1단계의 사실상 추정사실에 대해 양립하는 별개의 사실을 입증해야 ⇒ [반증] ㉠ 인장도용·위조, ㉡ 제3자에 의한 날인, ㉢ 작성명의인의 의사에 반하여 날인이 이루어진 사실 등

나. 날인이 제3자에 의해 이루어졌음이 밝혀진 경우

인영이 동일성이 인정되지만 그 날인은 제3자가 한 것이라는 점이 입증된 이상 사실상 추정법리는 번복 → 문서제출자는 '<u>제3자에게 적법한 날인권한이 있었다</u>'는 점을 입증해야만 당해 문서를 증거로 쓸 수 있음(대판 (全合) 1993.8.24. 93다4151)

다. 소결론

법원은 乙이 丙으로부터 丙의 인장을 날인할 권한을 부여받았다는 점이 입증되지 않은 이상, 이 사건 보수공사계약서 중 丙 명의 부분은 증거로 쓸 수 없음

---

4. 乙이 제기한 본소에서 甲이 공사비의 지급과 동시이행되어야 한다고 항변한 것 대하여 乙은 자신이 甲에 대하여 가지고 있는 대여금채권 7,000만 원을 자동채권으로 하여 위 공사비채권과 상계한다는 항변을 하였다. 그러나 법원은 乙이 주장하는 대여금채권의 발생을 인정할 수 없다는 이유로 乙의 항변을 배척하는 판결을 선고하여 확정되었다. 그 후 乙이 甲에 대하여 위 대여금 7,000만 원의 지급을 구하는 소를 제기하자 甲은 기판력에 저촉된다고 주장하였다. 법원은 甲의 주장에 대하여 어떠한 판단을 하여야 하는가? (30점)

해설

1. 결론

乙의 대여금 청구가 기판력에 저촉된다는 甲의 주장은 부당하고 후소법원은 乙의 청구 타당성 여부를 독자적으로 판단해야. 단 후소법원은 다른 특별한 사정이 없는 한 대여금채권이 존재하지 않는다는 전소법원의 판단을 존중해야 하므로 통상 청구기각 판결을 내리게 될 것

2. 이유

가. 논점정리

<u>대여금청구소송 소송물인 대여금채권 존부에 대해 전소법원이 상계항변(재항변)의 당부를 판단하는 과정에서 부존재하는 것으로 판단</u>. 전소법원의 이 판단에 <u>기판력이 미치는지</u> → ㉠ 기판력 객관적 범위(특히 상계항변), ㉡ 상계항변이 '동시이행항변으로 주장된 채권을 수동채권으로 하여 재항변 형태로 주장된 경우'에도 기판력이 미치는지, ㉢ 기판력이 미치지 않을 경우 전소판결의 증명력 문제

나. 기판력 및 기판력의 객관적 범위

(1) 일반론

확정판결은 '<u>주문에 포함된 것</u>'에 한하여 기판력을 가지는 것이 원칙(민소법 제216조 제1항)

(2) 상계항변과 기판력

- [개관] 판결이유 중 '상계항변' 판단에만 기판력 미침(같은법 제216조 제2항)
- [요건] 상계항변에 기판력이 인정되기 위해서는 '<u>자동채권 존부에 관하여 실질적 판단</u>'이 있어야 ∴ ㉠ 상계항변 각하시(같은법 제149조), ㉡ 수동채권이 상계금지채권인 이유로 상계항변 배척된 경우(대판 1975.10.21. 75다48) 기판력✕

- **[범위]** 상계항변의 기판력은 '<u>대항한 액수에 한하여</u>' 생김 ⇒ ㉠ [상계항변 배척시] '자동채권의 부존재'에 기판력 미침, ㉡ [상계항변 인용시] 수동채권과 자동채권이 다 함께 존재하였다가 그것이 상계에 의하여 소멸된 점에 기판력이 미친다는 견해, 현재의 법률관계로서 자동채권이 소멸되었다는 점인 결론부분에만 기판력이 미친다는 견해 대립

다. 피고가 동시이행항변으로 주장한 채권을 수동채권으로 한 상계항변에 기판력이 미치는지 여부

✦ [判] 상계 주장에 관한 판단에 기판력이 인정되는 경우는 상계 주장의 대상이 된 수동채권이 소송물로서 심판되는 소구채권이거나 그와 실질적으로 동일하다고 보이는 경우(가령 원고가 상계를 주장하면서 청구이의의 소송을 제기하는 경우 등)로서 <u>상계를 주장한 반대채권과 그 수동채권을 기판력의 관점에서 동일하게 취급하여야 할 필요성이 인정되는 경우</u>를 말한다. 상계 주장의 대상이 된 수동채권이 <u>동시이행항변에 행사된 채권</u>일 경우에는 그러한 상계 주장에 대한 판단에는 기판력이 발생하지 않는다. 이처럼 해석하지 않을 경우 동시이행항변이 상대방의 상계의 재항변에 의하여 배척된 경우에 그 동시이행항변에 행사된 채권을 나중에 소송상 행사할 수 없게 되어 민소법 제216조가 예정하고 있는 것과 달리 <u>동시이행항변에 행사된 채권의 존부나 범위에 관한 판결 이유 중의 판단</u>에 기판력이 미치는 결과에 이르기 때문이다(대판 2005.7.22. 2004다17207).

라. 전소판결의 증명력

전소법원에서 자동채권으로 주장했던 대여금채권이 부존재함을 이유로 상계항변(재항변)을 배척한 이상 그 판단에 기판력이 미치지 않는다고 하더라도, 후소법원은 다른 특별한 사정이 없는 한 이러한 판단을 존중해야(전소판결의 증명력)

제1문의 2

기초사실 및 소송의 경과

甲 소유 2층 건물을 甲의 아들 A로부터 임차하여 사용·수익하는 乙은 건물 중 1층 부분을 丙에게 전대하여 乙과 丙이 위 건물을 나누어 점유 사용하고 있다. 이에 대하여 甲은 乙과 丙이 권원 없이 점유하고 있다고 주장하면서 乙과 丙에 대하여 소유권에 기한 각 점유부분의 인도 및 그 부분의 사용·수익으로 인한 차임 상당의 부당이득반환청구의 소를 제기하였다. 甲은 위 소에 관하여 점유이전금지가처분 등 보전처분을 하지 않았다. (각 지문은 서로 무관함)

1. 丙이 丁에게 1층 부분을 다시 전대하여 현재 丁이 1층 부분을 점유하고 있다는 사실을 甲이 사실심 변론 종결 이전에 알았다면, 甲은 丁에 대하여 어떠한 소송법적 조치를 할 수 있는가? (15점)

해설

1. 결론

甲은 인수승계 신청을 하여 丁을 소송절차에 끌어 올 수 있음

2. 이유

가. 논점정리

丁이 1층 부분을 점유한 시기는 사실심 변론종결 이전이어서 피고를 丙으로 하여 승소확정판결을 받더라도 기판력이 丁에게 미치지 않음. 점유이전금지가처분을 해놓지 않은 甲으로서는 丁을 소송절차에 끌어들여 그 자 명의로 판결을 받아야 ⇒ [당사자가 제3자를 소송절차에 끌어올 수 있는 방법] ㉠ 주관적 추가적 병합(민소법 제68조 제1항), ㉡ 소의 주관적 예비적·선택적 병합(같은법 제70조 제1항, 제68조 준용으로 주관적 추가적 병합 허용), ㉢ 인수승계(같은법 제82조)

나. 소의 주관적 추가적 병합

- [법리] 고유필수적 공동소송에서 공동소송인으로 될 자를 일부 빠뜨림으로써 당사자적격에 문제가 생긴 경우 원고의 신청에 따라 원고 혹은 피고 추가 가능. 주관적 추가적 병합은 '필수적 공동소송'에서만 인정
  ⇒ 丙과 丁은 실체법상 관리·처분권을 공동으로 갖고 있는 자가 아니고, 판결의 효력이 상호 간에 미치는 관계도 아님 ∴ 필수적 공동소송에 적용되는 '필수적 공동소송인의 추가' 적용×

다. 소의 주관적 예비적·선택적 병합

- [법리] 공동소송인의 청구나 공동소송인에 대한 청구가 서로 예비적이거나 선택적인 관계인 경우의 공동소송. 소의 주관적·예비적 병합은 '법률상 양립할 수 없는 경우'에만 가능
  ⇒ 청구가 법률상 양립불가한 관계도 아니어서 소의 주관적 예비적·선택적 병합도 불가

라. 인수승계

- [개관] 소송계속 중 목적인 권리·의무의 전부나 일부의 승계가 있는 때에 종전 당사자의 인수신청에 의하여 승계인인 제3자를 새로운 당사자로 소송에 강제로 끌어들여 잇게 하는 것
- [소송물양수인 범위] 특정승계의 원인이 되는 '소송의 목적물인 권리관계의 승계'(민소법 제81조, 제82조 참조)라 함은 '소송물인 권리관계의 양도'뿐만 아니라 '당사자적격 이전의 원인이 되는 실체법상의 권리이전'을 널리 포함(대판 2003.2.26. 2000다42786). 후자의 경우 '계쟁물승계인'이 대표적인 예
  ⇒ 甲이 乙, 丙을 상대로 소유권에 기하여 건물명도 청구를 하는 도중에 丙이 丁에게 자신이 점유하고 있는 건물의 1층 부분을 전대한 상황이므로 '계쟁물승계인'에 해당 → 인수승계의 형태는 '교환적 인수'와 '추가적 인수'가 있는데, 후자가 허용되는지에 대해서는 다툼 있으나, 본건은 丙에서 丁으로 교환하면 되는 사안이므로 문제×
- [전소가 물권적 청구권에 기한 소에 한정되는지] 전소가 물권적 청구권에 기한 소에 한정되어야 하는지와 관련하여 학설은 다툼이 있지만, 대법원은 채권적 청구권에 기한 소송 중 계쟁물을 취득한 자는 포함되지 않고(대결 1983.3.22. 80마283), 물권적 청구권에 기한 소송 중 계쟁물을 취득한 자만 포함된다는 입장
  ⇒ 본건의 경우 甲의 청구는 '물권적 청구권'에 기한 것이어서 문제×

2. 위 소송에서 제1심 법원은 甲의 청구를 전부 인용하는 판결을 선고하였고, 그 판결이 확정되었다(이하 '전소'라 한다). 그 이후에 丙이 1층 부분을 丁에게 전대하여 丁이 그 부분을 점유하고 있다는 사실이 집행단계에서 밝혀지자 甲은 丁을 상대로 전소확정 판결과 동일한 내용의 소를 별도로 제기하였다. 법원은 어떻게 판단하여야 하는가? (15점)

해설

1. 결론
법원은 소각하 판결 선고해야

2. 이유

가. 丁이 변론종결 후 승계인에 해당하는지
- **[기판력의 주관적 범위]** 확정판결의 기판력은 '당사자와 동일시 할 수 있는 제3자'가 있으면 그 자에게도 미침(민소법 제80조 단서, 제82조 제3항, 제218조 등)
- **[사안검토]** 丁이 '변론종결 후 승계인'에 해당하는지 검토 → [변론종결 후 승계인] '소송물인 실체법상 권리의무 승계인' + '계쟁물승계인' → 계쟁물승계인은 '당사자적격의 이전원인이 되는 계쟁물의 권리를 이전받은 자'로서(적격승계설), 당해 소송물이 '물권적 청구권'에 기한 것이어야 하고, '채권적 청구권'에 기한 것이어서는 안 됨(대판 1991.1.15. 90다9964)
⇒ 甲이 丙을 상대로 '소유권에 기한 목적물반환청구권'을 행사하여 승소확정판결 받은 후 丙이 목적건물 점유이전 → 계쟁물승계인○ & 전소 물권적 청구권에 기한 것 ∴ 변론종결 후 승계인○

나. 변론종결 후 승계인을 상대로 재차 동일한 소를 제기한 경우 법원의 처리
甲은 승계집행문 부여받아 丁에게 강제집행 ○ → 甲이 丁을 상대로 종전 소송과 동일한 청구시 소이익이 없어 각하해야(모순금지설)

---

3. 위 소송에서 제1심 법원은 甲의 청구를 전부 인용하는 판결을 선고하였다. 이에 대하여 乙만이 항소하였다. 항소심법원이 심리한 결과 甲의 청구가 부당하다고 판단하면 항소심 법원은 丙에 대해서 제1심 법원의 판단과 달리 유리한 판결을 할 수 있는가? (10점)

해설

1. 결론
항소심법원은 丙을 위한 유리한 판결 할 수 없음

2. 이유

가. 상소제기와 상소불가분의 원칙
상소제기시 확정차단효와 이심의 효력은 상소인의 불복신청의 범위에 관계없이 원판결의 전부에 대하여 불가분으로 발생

나. 통상공동소송인에 대해서도 항소불가분의 원칙이 적용되는지 여부

① 乙과 丙은 실체법상 관리처분권을 공동보유한 자X & 판결 효력이 상호간에 미치는 관계X
∴ 통상공동소송인
② 통상공동소송에는 '공동소송인독립의 원칙' 적용(민소법 제66조) → 1인의 또는 1인에 대한 상소는 다른 공동소송인에 관한 청구에 상소의 효력이 미치지 않음(대판 2012.9.27. 2011다76747)

다. 사안검토

피고 乙이 제기한 항소 효력은 피고 丙에 대해서 미치지 않아 항소심법원의 심판대상에서 제외 ∴ 항소심법원 심리결과 甲의 청구가 부당하다고 판단하더라도 丙에 대해서 유리한 판결 할 수 없음

제2문

제2문의 1

> **공통된 기초사실**
>
> A는 그가 소유하는 X토지에 상가건물을 신축하기 위하여 2011. 3. 5. 평소 친분이 있던 건축업자 B에게 건축을 의뢰하였다. A와 B 간의 건물신축약정의 내용은 다음과 같다.
>
> 1. 업무진행의 편의상 신축건물의 건축허가는 B의 명의로 받되, 신축건물의 소유권은 A에게 귀속시키는 것으로 한다.
> 2. 공사비 7억 원 중 4억 원은 A가 B에게 선지급한다.
> 3. 나머지 공사비 3억 원은 B가 부담하여 공사를 완료한다.
> 4. 준공검사가 완료되는 즉시 B는 A 명의의 상가건물 소유권보존등기에 협력한다.
> 5. A는 B에게 소유권보존등기 후 1개월 이내에 나머지 공사비 3억 원을 지불한다.
>
> 그런데, B는 자신이 건축허가 명의자임을 기화로 2011. 12. 20. 그 명의의 소유권보존등기를 마쳤고, 그 후 곧바로 B의 채권자 C가 위 신축건물에 대한 가압류를 하였다.

> 1. 상가건물에 가압류등기가 이루어진 사실을 안 A는 2012. 1. 20. 그 명의로 소유권보존등기를 하기 위하여, B를 상대로 소유권보존등기의 말소를, 대한민국을 상대로 소유권확인을, C를 상대로 가압류등기의 말소를 구하는 소를 각 제기하였다. 사실관계 및 위 청구에 대하여 법원이 내릴 판단(인용, 일부인용, 기각, 각하)과 그 논거를 작성하시오. (15점)

해설

1. 결론

㉠ B에 대한 청구 인용, ㉡ 대한민국에 대한 청구 소각하, ㉢ C에 대한 청구 소각하

2. 이유

가. B를 상대로 한 소유권보존등기 말소청구

① 신축건물의 소유권이 도급인과 수급인 중 누구에게 귀속되는지를 결정하는 우선적인 기준은 '당사자 사이의 합의' → 업무진행 편의상 신축건물 건축허가는 B 명의로 받되, 신축건물 소유권은 A에게 귀속시키는 것으로 합의 ∴ 건물 소유권은 A에게 원시적으로 귀속

② 보존등기의 경우 **소유권보존등기가 원시취득에 의한 것이 아님이 드러난 경우** 추정력 번복 ∴ B의 소유권보존등기는 원인무효인 등기로서 말소 대상 → A는 소유권에 기한 방해배제청구권 행사로서(민법 제214조) B명의 소유권보존등기 말소 소구(청구인용) & 위 말소등기 확정판결을 관련자료로 제출하여 자신 명의의 보존등기 신청(부동산등기법 제65조 제2호)

나. 대한민국을 상대로 한 소유권확인 청구

✦ [판] 국가를 상대로 하여 그 토지 등에 관한 소유권확인의 판결을 받더라도 이를 근거로 하여 소유권보존등기를 할 수는 없을 뿐만 아니라 이러한 경우에는 등기명의자를 상대로 하여 자신이 소유자임을 확정하는 내용의 보존등기말소 내지 소유권확인판결을 받기만 하면 그 판결에 기하여 소유권보존등기를 마칠 수 있으므로 **소유권보존등기를 하기 위한 목적으로 별도로 국가를 상대로 소유권확인을 구할 이익은 없다**(대판 1993.9.14. 92다24899).

⇒ 대한민국을 상대로 한 소는 각하

다. C를 상대로 한 가압류등기 말소청구

① 부동산 가압류신청 인용시 법원이 등기관에게 가압류등기 촉탁하고 등기관이 직권으로 등기(민사집행법 제291조, 제94조) → '가압류등기 말소'도 등기관 직권사항으로서, 등기명의자를 상대로 말소 소구시 소이익 결여로 각하(대판 1982.12.14. 80다1872)

② 원인무효인 보존등기에 기초하여 가압류등기 경료시 가압류등기명의자는 보존등기 말소와 관련하여 '등기상 이해관계 있는 제3자'에 해당하여 권리자가 가압류등기명의자를 상대로 '보존등기 말소에 승낙의 의사표시'를 할 것을 소구하는 것은 허용(대판 1997.2.14. 95다13951) → if 권리자가 가압류등기명의자를 상대로 '가압류등기 말소'를 소구하면 바로 소각하하지 말고, 승낙의 의사표시를 구하는 취지인지 석명권 행사해야(대판 1998.11.27. 97다41103)

추가된 사실관계 1

A는 2012. 8. 20. 자기의 명의로 상가건물에 대한 소유권보존등기를 마쳤다. A는 2012. 10. 1. 임대기간 2012. 10. 1.부터 2014. 9. 30.까지, 임대보증금 1억 원, 월차임 100만 원으로 하여 위 건물을 D에게 임대하였다. D는 식당영업을 하기 위하여 주방시설을 설치하는데 500만 원을, 고장난 보일러 시설의 수리에 200만 원을 지출하였으며, 주방시설은 건물에 부합되어 분리할 수 없게 되었다. D는 2014. 4.경부터 매출이 부진하게 되자 2014. 6. 30. 식당을 닫고 A에게 임대보증금 1억 원을 반환하여 줄 것을 요구하였다. A는 현재까지 임대보증금을 반환하지 않고 있다.

2. 소송의 경과 및 문제

2014. 10. 20. D는 A를 상대로 1억 원의 임대보증금, 500만 원의 주방시설비, 200만 원의 보일러 수리비, 계 1억 700만 원을 반환하라는 취지의 소를 제기하였다. A는 소송에서, "① 임대계약서에 「D는 임대차계약이 종료한 후 임대차기간 중에 지출한 비용에 대한 상환을 청구할 수 없다.」고 기재되어 있으므로 주방 시설비와 보일러 수리비를 반환할 수 없다. ② D는 계속 상가건물을 점유하고 있으므로 D의 청구는 인정될 수 없다. ③ D는 2014. 7. 1.부터는 임대료를 지급하지 않고 있으므로 이를 받을 때까지 임대보증금을 반환하여 줄 수 없다."고 항변하였다. A의 항변에 대하여 D는 "① 비용상환청구권에 대한 포기특약은 강행규정 위반이므로 무효이다. ② D가 건물을 점유하는 이유는 임대보증금을 지급받기 위한 부득이한 방법이기 때문이다. ③ D는 2014. 7. 1.부터는 영업을 중단하여 상가건물을 본래의 목적에 따라 사용·수익한 바 없어 임대료를 지급할 수 없다."고 재항변하였다. 위에서 제시된 사실관계 및 당사자들의 주장에 비추어, 위 소송에 대한 법원의 판단(인용, 일부인용, 기각, 각하)과 그 논거를 작성하시오. (15점)

해설

1. 결론

법원은 ㉠ 임대차보증금 반환청구에 대해 "A는 「D로부터 별지목록 기재 상가건물을 인도받음과 동시에」, D에게 9,700만 원을 지급하라"는 상환이행판결을, ㉡ 주방시설비 및 보일러 수리비 반환청구는 기각판결을 선고해야

2. 이유

가. 임대보증금 반환 청구 부분

- **[임대보증금의 보증금적 성격]**
  - **[判]** 임차보증금은 임대차계약에 의하여 임대인이 임차인에 대하여 갖는 일체의 채권을 담보하는 것으로서, 임대인은 임차보증금에서 임차차종료 후 임차목적물을 명도받을 때까지 발생한 연체차임 등 모든 피담보채무를 공제한 나머지 잔액만을 임차인에게 반환할 의무가 있다(대판 1987.6.9. 87다68).
- **[임대보증금에서 공제되어야 할 금액]** ㉠ A-D 간 상가건물 임대차계약에 따라 D는 약정기일인 2014. 9. 30.까지는 건물임대료 지급해야 ∴ D가 임대료를 미지급한 2014. 7. 1.부터 3개월치 임대료에 해당하는 300만 원 공제, ㉡ 임대차계약 종료일로부터 현재까지 상가건물 점유하고 있는 D가 임대료 상당의 부당이득 반환의무를 지려면, D가 상가건물 점유를 통해 실질적인 사용·수익을 얻어야만(대판 1984.5.15. 84다카108) → D는 영업을 중단한 이후 상가건물을 본래의 목적에 따라 사용·수익한 적 없음 ∴ 해당기간 만큼의 부당이득반환의무 인정 X
- **[동시이행관계]** 임대인의 연체채무 등을 공제한 임대보증금을 반환할 의무와 임차인의 임차목적물 반환의무는 동시이행관계(대판(全) 1977.9.28. 77다1241) → A는 동시이행항변권 행사 ∴ D가 반대의사표시를 하지 않는 이상 법원은 상환이행판결 선고

나. 주방시설비 및 보일러 수리비 반환 청구 부분

- **[주방시설비 성격]** D가 자신의 영업을 위하여 지출된 비용으로서 필요비·유익비 X(대판 1993.10.8. 93다25738). 당해 비용은 D가 부담
- **[보일러 수리비의 성격 및 비용상환배제 특약의 효력]** 보일러 수리비는 필요비·유익비 but 비용상환배제특약은 유효하므로 청구 X ∴ 이와 상반되는 D 주장 이유 X
- **[소결론]** 주방시설비는 필요비·유익비가 아니어서 반환대상이 아니고, 보일러 수리비는 필요비·유익비에 해당하지만 비용상환 배제특약으로 인해 모두 반환청구 X

추가된 사실관계 2

A는 2012. 8. 20. 위 상가건물에 대한 소유권보존등기를 경료하고, 2012. 9. 5. 甲은행으로부터 1억 원을 빌리면서 甲은행에 채권최고액을 1억 3천만 원으로 하는 근저당권을 설정해 주었다. 그리고 A는 임대기간 2012. 10. 1.부터 2014. 9. 30.까지, 임대차보증금 1억 원, 월차임 100만 원으로 하여 E에게 위 상가건물을 임대하였다. E는 2012. 10. 1. 관할세무서에 식당영업을 위한 사업자등록 신청을 하고 식당영업을 개시하였다. 그 후 2014. 5. 20. E의 채권자 F가 E를 채무자, A를 제3채무자로 하여 1억 원의 임대차보증금반환채권을 가압류하였다. 그 후 A는 2014. 6. 20. G에게 위 상가건물을 양도하고 소유권이전등기를 마쳤다(2012. 10. 1. 당시 당해 지역의 상가건물임대차보호법의 적용을 받는 임대차보증금의 범위는 3억 원 이하이다.).

3. 소송의 경과 및 문제

위 상가건물의 임대기간이 종료한 후 E는 A에게 임대차보증금반환청구의 소를 제기하였다. 그 소송에서 A는 E가 자기에게 청구하는 것은 부당하며 건물양수인 G에게 청구하여야 한다고 주장하였다. 이에 대하여 E는 F의 가압류가 A를 제3채무자로 삼아 집행된 이상 임대차보증금반환채무의 채무자는 A라고 항변하였다. A와 E의 주장 중 어떠한 주장이 타당한가? (15점)

해설

1. 결론

A의 주장이 타당

2. 이유

가. E의 상가건물 임차권이 대항력을 갖추었는지 여부

상가건물의 경우 <u>2015. 5. 13. 이전에는 임대차보증금이 지역별로 정해진 한도액 내에 속해야만 대항력 인정</u>(구상가임대차법 제2조 제1항 단서)[10]
⇒ E가 상가건물에 임차권 설정할 당시인 2012년 위 기준액수가 3억 원 → <u>보증금 외 차임이 있으면 그 차임액에 대통령령이 정하는 비율(100/1)을 곱해서 환산한 금액 포함</u>(같은조 제2항 및 같은법 시행령 제2조 제3항) → E 임대차보증금 총 2억 원(= 1억 원 + [월 100만 원 × 100/1]) & 기타 상가건물 인도 및 사업자등록 완료 ∴ 대항력 ○(같은법 제3조 제1항)

나. 대항력 있는 임차권이 있는 건물이 양도된 경우 임대차보증금반환채무자

대항력 있는 임차권이 있는 상가건물 양도시 임차건물의 양수인은 임대인 지위 승계(같은법 제3조 제2항)
⇒ 임대차보증금반환채무도 G가 부담하는 것이 원칙(면책적 채무인수) & 종전 임대인 A의 임대차보증금반환채무 소멸(대판 1989.10.24. 88다카13172)

다. 종전 임대인을 제3채무자로 한 임대보증금반환채권 가압류결정이 있는 경우 임대보증금반환채무자 지위 변경에 영향을 미치는지 여부(E 항변의 타당성)

종전 임대인(A)을 제3채무자로 하여 임대차보증금반환채권에 가압류가 있는 경우 집행법상 제3채무자의 지위도 새로운 양수인에게 당연 이전(대판(숲슴) 2013.1.17. 2011다49523) ∴ E 항변 이유 ✕

---

10) 2015. 5. 13. 이후에는 적용이 없으므로 참고만 하면 된다.

제2문의 2

공통된 사실관계

甲은 자기 소유의 X토지를 2013. 10. 1. 乙에게 2억 원에 매도하는 계약을 체결하면서, 계약금 2천만 원은 계약체결일에 지급받고, 중도금 8천만 원은 2013. 12. 1.에, 잔금 1억 원은 2014. 2. 1.에 乙로부터 각각 지급받기로 하였다. 한편 甲은 乙로부터 중도금을 지급받으면 바로 X토지의 소유권이전등기를 마쳐주기로 하였다. 甲은 乙로부터 계약금 및 중도금을 모두 지급받고, 2013. 12. 10. X토지에 관하여 乙명의의 소유권이전등기를 마쳐주었다. 그런데 2014. 2. 1.이 경과하여도 乙은 甲에게 매매잔금을 지급하지 않았다. 한편 2013. 5. 2. 丙은 자신이 제조한 물품을 甲에게 1억 원에 공급하기로 하는 물품공급계약을 체결하면서 2014. 5. 2. 물품공급과 상환으로 그 대금 1억 원을 지급받기로 하였다. 2014. 5. 2. 丙은 물품을 甲에게 공급하였다.

아래 1, 2, 3, 4는 별개이므로 독립적으로 판단하시오.

1. 乙은 2014. 2. 1.이 경과하여도 甲에게 매매잔금 1억 원을 지급하지 않았다. 한편 丙은 2014. 5. 2. 甲에게 물품을 공급하였지만 甲은 사업부도로 자력이 부족하여 물품대금 1억 원을 지급할 수 없게 되었다. 그러던 중 2015. 1. 15. 丙은 甲을 대위하여 乙을 상대로 매매잔금 1억 원 및 그에 대한 지연손해금의 지급을 구하는 소를 제기하였고, 2015. 1. 28. 乙에게 소장부본이 송달되었다. 그런데 甲에 대하여 대여금채권을 가지고 있던 丁이 2015. 1. 17. 甲을 대위하여 乙을 상대로 매매잔금 1억 원 및 그에 대한 지연손해금의 지급을 구하는 소를 제기하였고 2015. 1. 25. 乙에게 소장부본이 송달되었다. 丙이 제기한 소송의 결론을 판단하고 그 논거를 설명하시오. (10점)

해설

1. 결론

丙이 제기한 채권자대위소송은 후소로서 중복제소 금지원칙에 위배되어 부적법하여 각하

2. 이유

가. 채권자대위소송이 경합할 경우의 처리

① 丙과 丁이 각각 제기한 채권자대위소송의 경우 ㉠ 피보전채권인 물품대금채권 및 대여금채권 존재 & 각 변제기 도래, ㉡ 채무자 甲이 무자력 상태로서 채권보전의 필요성 인정, ㉢ 채무자 권리행사 없음, ㉣ 피대위권리인 甲의 乙에 대한 매매잔대금채권 존재 ∴ 관련요건 충족

② 단 어느 채권자가 대위소송을 제기한 후 다른 채권자가 동일한 내용의 대위소송을 제기한 경우 후에 제기된 대위소송은 「중복소송」으로서 부적법(대판 1989.4.11. 87다카3155). 전소와 후소의 구별기준은 「소송계속의 발생시기」(소장부본이 피고에게 송달된 일자)이며, 소제기에 앞서 (가)압류, 가처분 등의 보전절차가 경료되어 있다고 하여도 이를 기준으로 전소·후소를 결정해서는 안 됨(대판 1989.4.11. 87다카3155)

나. 사안검토

丙이 채권자대위소송 자체는 먼저 제기하였으나, 소장부본이 乙에게 먼저 송달된 것은 丁이 제기한 채권자대위소송 ∴ 丙이 제기한 채권자대위소송이 후소로서 중복제소 금지원칙에 위배되어 부적법

2. 丙으로부터 물품대금의 지급독촉을 받은 甲은 2014. 11. 1. 丙에게 乙에 대한 매매잔금 등에 대한 채권을 양도하면서 채권양도계약서를 작성하였는데, 그 계약서에는 甲이 丙에게 채권양도의 통지를 위임한다는 취지의 내용이 포함되어 있었다. 그리고 2014. 11. 10. 丙은 자신의 이름으로 내용증명우편을 통하여 위와 같은 채권양도의 사실이 있음을 乙에게 통지하였고, 이 통지는 2014. 11. 5. 乙에게 도달하였다. 丙의 통지에는 위 채권양도계약서가 첨부되어 있었다. 그런데 甲과 乙은 위 X토지 매매계약 체결 당시 매매계약에 기하여 발생하는 채권의 양도를 금지하는 약정을 하였다. 2015. 1. 10. 丙은 乙을 상대로 양수금의 지급을 구하는 소를 제기하였다. 이에 乙은 i) 甲과의 사이에 채권양도의 금지특약이 있었으며, 또한 ii) 채권양도가 인정되더라도 채권양도의 통지가 적법하게 이루어지지 않았음을 주장하면서 丙의 청구를 거절하였다. 乙의 주장이 타당한지 검토하시오. (15점)

해설

1. 결론

乙은 항변은 이유가 없으므로 乙은 丙의 양수금 청구에 응해야

2. 이유

가. 채권양도가 양도금지 특약에 위배되므로 무효라는 항변의 타당성

금전채권 양도금지 특약시 양도제한(민법 제449조 제2항 본문) but 선의의 제3자에게 대항 ×(같은항 단서). 대법원은 양수인이 선의이지만 "중과실"이 있는 때에는 악의자로 취급(대판 1996.6.28. 96다18281, 대판 1999.2.12. 98다49937, 대판(全合) 2019.12.19. 2016다24284)

⇒ 제3자의 악의 내지 중과실은 채권양도금지의 특약으로써 양수인에게 대항하려는 자가 주장·입증해야(대판 2003.1.24. 2000다5336, 대판 2010.5.13. 2010다8310). 설문에는 위 특별한 사정 제시 ×

나. 채권양도의 통지가 적법하게 이루어지지 않아 무효라는 항변의 타당성

- [지명채권양도 대항요건] 지명채권양도로써 채무자에게 대항하려면 채권양도 통지 or 채무자 승낙 필요(민법 제450조 제1항)
- [채권양도통지] '양도인'이 해야. 양수인은 통지권 대위행사× only 통지청구권○. but 「양도인 사자」 또는 「양도인 대리인」으로 양도통지 가능(대판 1997.6.27. 95다40977) → 양도인 대리인으로 양도통지시 대리관계 현명해야. 묵시적으로도 가능. 현명 없는 양도통지 무효 but 양수인이 대리인으로서 통지한 것임을 상대방이 알았거나 알 수 있었을 때 민법 제115조 단서 규정 적용 유효(대판 2004.2.13. 2003다43490)

⇒ 채권양도 통지를 한 자는 양수인 丙으로서 명시적 현명을 하지 않고 자신의 이름으로 통지 but 양도통지서에 '甲이 丙에게 채권양도 통지를 위임한다'는 내용이 기재된 채권양도 계약서 첨부 ∴ 丙의 통지는 묵시적 현명이 있는 것으로 보아야 → 채권양도 통지 적법

3. 丙에 대한 물품대금채무를 변제하지 못하고 있던 甲은 2014. 10. 1. 乙에 대한 매매잔금 등에 대한 채권을 丙에게 양도하였다. 그리고 乙은 2014. 10. 5. 이 채권양도에 대하여 이의를 보류하지 않은 승낙을 하였다. 그런데 乙은 甲에 대하여 1억 원의 대여금채권을 가지고 있었는데, 이 채권의 변제기는 2014. 9. 20.이었다. 2015. 1. 10. 丙은 乙을 상대로 양수금의 지급을 청구하였는데, 乙은 甲에 대한 대여금채권을 가지고 상계를 주장하였다. 乙의 주장이 타당한지 검토하시오. (15점)

해설

1. 결론

㉠ 채무자 乙이 이의유보 없는 승낙을 할 당시 양수인 丙이 '乙이 甲에 대해 대여금채권을 갖고 있음을 알았거나 중대한 과실로 알지 못하였음'이 입증되지 않으면 乙은 상계 자체를 할 수 없고, ㉡ 위와 같은 예외적인 사정이 입증된 경우라면 乙의 상계항변은 적법

2. 이유

가. 논점정리

㉠ 채무자 乙이 채권양도에 대하여 이의유보 없는 승낙을 한 점이 상계권 행사에 장애가 되는지, ㉡ 상계가 허용된다고 할 경우 乙의 상계권 행사의 타당성

나. 乙이 채권양도에 관하여 이의유보 없는 승낙을 한 점

✦ [判] '승낙 당시 이미 대항사유(자동채권)가 존재함으로써 채무자가 이의유보를 하고 승낙을 할 수 있었음에도 불구하고 이의유보 없이 승낙을 하였고, 대항사유(자동채권) 존재에 대해서 양수인이 선의·무중과실이라면 상계항변 자체를 할 수 없다(대판 1999.8.20. 99다18039 참조).

⇒ 乙의 이의유보 없는 승낙일자 2014. 10. 5. & 당시 자동채권 대여금채권 존재 ∴ 양수인 丙이 위 대여금채권의 존재 인지 or 중과실로 몰랐다는 특별한 사정을 乙이 입증해야 상계 허용

다. 丙이 대여금채권의 존재를 알았거나 중과실로 알지 못했음이 입증된 경우 상계의 적법성

● [법리] 채무자가 종전 채권자에 대한 채권을 자동채권으로 하여 양수금 청구에 상계항변을 할 수 있기 위해서는 '일반적인 상계요건(동종채권일 것, 상계금지채권이 아닐 것 등)' 이외에 '승낙일'을 기준으로 ㉠ 채무자가 종전 채권자에 대해 채권(자동채권)을 갖고 있어야 하고, ㉡ 적어도 '자동채권의 변제기'가 도래해 있어야 → '㉠' 요건 흠결시 자동채권과 수동채권이 서로 동시이행관계에 있는 경우 예외 인정(대판 2015.4.9. 2014다80945), '㉡' 요건 흠결시 '승낙 당시 이미 상계를 할 수 있는 원인이 있었던 경우' 차후 상계적상시 상계 ○(대판 1999.8.20. 99다18039)[11]

⇒ 乙의 승낙일인 2014. 10. 5. 당시 ㉠ 자동채권(대여금채권) 존재 & ㉡ 위 자동채권 변제기(2014. 9. 20.) 도래 ∴ 乙의 상계 적법

---

[11] 위 판시 중 '이미 상계할 수 있는 원인이 있었던 경우'의 의미에 대해서는 ㉠ 압류 당시에는 상계적상에 있지 않더라도 「자동채권의 변제기가 수동채권의 변제기와 동시에 또는 그보다 먼저 도래하는 경우」에는 나중에 상계적상에 도달한 후에 상계를 함으로써 압류채권자에게 대항할 수 있다는 견해(지원림, 민법강의[제11판], 1235면; 이하 '제1설')와 ㉡ 승낙 당시 자동채권의 변제기만 도래하면 족하고 자동채권의 변제기가 수동채권의 그것보다 앞서거나 동시에 도달할 필요는 없다는 견해(이하 '제2설'; 2016. 10. 법전협 모의고사 기록형 해설은 이에 따르고 있음)가 주장되고 있다. 이에 대해 대법원은 최근 '양도통지도달일 당시 자동채권이 수동채권과 상계적상에 있거나, 그 변제기가 수동채권의 그것보다 먼저 혹은 동시에 도래한다고 볼 수 없음을 이유로 채무자의 상계항변을 배척한 것은 타당하다'고 판시하여 제1설과 같은 입장을 취하고 있다 (대판 2017.6.15. 2015다78123; 동일취지 판례로 대판 2017.3.30. 2015다200784 참조. 해당 판례들은 모두 '무제한설'이 아닌 '변제기선도래설'을 취한 것으로 봐야 한다는 입장으로는 강경구, 주석민법[채권총칙4] 제5판, 642면 및 여미숙, 채권양도에서 이의를 보류하지 않은 승낙 및 상계, 법률신문[2021. 12. 16. 자] 판례평석 참조).

4. 2014. 3. 5. 乙이 사망한 직후 그의 자(子) A와 B 그리고 乙의 처(妻) C는 乙 소유의 X토지와 Y토지를 A가 단독상속하되, 甲에 대한 채무를 A가 단독으로 부담하기로 합의하였다. 이러한 합의에 따라 B와 C는 2014. 7. 5. 법원에 상속포기의 신고를 하였다. A가 甲에 대한 채무의 이행을 하지 않자, 甲은 A, B, C를 상대로 각 1억 원의 채무 전액의 이행을 구하는 소송을 제기하였다. A, B, C의 예상 항변을 고려하여 각 청구 상대방에 대하여 이 청구의 당부를 검토하시오. (15점)

해설

1. 결론

A, B는 각각 '1억 원 × 2/7'에 해당하는 돈을, C는 '1억 원 × 3/7'에 해당하는 돈을 甲에게 지급해야 할 의무 있음 ∴ 甲의 청구는 위 범위에서 일부인용

2. 이유

가. B, C의 상속포기가 적법한지 여부

상속포기는 피상속인의 사망사실을 안 날로부터 3개월 내에 해야(민법 제1041조) → B, C는 위 기간 도과하여 상속포기 신고 ∴ 상속포기 무효

나. 乙 소유의 X토지와 Y토지를 A가 단독상속 하되, 甲에 대한 채무를 A가 단독으로 부담하기로 한 합의의 효력 내지 성격

- **판①-무효행위 전환** 상속인들이 다른 상속인 1인에게 단독상속 시킬 목적으로 상속포기기간을 도과하여 상속포기신고를 한 경우 상속포기로서의 효력은 없지만 상속포기신고한 자는 상속재산을 전혀 취득하지 않고 다른 1인에게 상속재산의 전부를 취득케 하는 내용의 상속재산분할 합의가 있는 것으로 보아야 한다 (대판 1989.9.12. 88누9305).

- **판②-가분채무에 대한 협의분할 효력** 금전채무와 같이 급부의 내용이 가분인 채무가 공동상속된 경우, 이는 상속 개시와 동시에 당연히 법정상속분에 따라 공동상속인에게 분할되어 귀속되는 것이므로, 상속재산 분할의 대상이 될 여지가 없다. 상속재산 분할의 대상이 될 수 없는 상속채무에 관하여 공동상속인들 사이에 '공동상속인 중의 1인이 법정상속분을 초과하여 채무를 부담하기로' 약정한 경우 면책적 채무인수의 실질을 가진다. 채권자에 대한 관계에서 위 약정에 의하여 다른 공동상속인이 법정상속분에 따른 채무를 면하려면 민법 제454조의 규정에 따른 채권자의 승낙을 필요로 하고, 여기에 상속재산 분할의 소급효를 규정하고 있는 민법 제1015조가 적용될 여지는 전혀 없다(대판 1997.6.24. 97다8809).

다. 사안검토

甲이 A, B, C를 상대로 1억 원의 지급 소구 → 면책적 채무인수 합의 승낙 × ∴ A, B, C는 각자 법정상속분(2/7 : 2/7 : 3/7)에 상응하는 돈을 지급할 의무 부담

2015년
8월 모의고사

본서 p.966

제1문
제1문의 1

甲은 2012. 5. 6. 乙이 운전하는 영업용택시를 타고 귀가하던 중 자신이 탄 택시와 丙이 운전하던 승용차가 교차로에서 충돌하는 교통사고를 당하여 안면부 열상과 뇌진탕 등의 상해를 입었다. 수사결과 丙이 교통신호를 위반한 과실이 인정되어 丙에게 벌금 300만 원의 약식명령이 내려지자 甲은 2013. 2. 5. 丙을 상대로 이미 지출된 치료비 3,000만 원 상당의 손해배상을 청구하는 소송('전소'라고 한다)을 제기하였다.
(아래 각 지문의 내용은 상호 무관함)

1. 전소에서 丙은 자신이 교통신호를 위반하지 않았다고 주장하면서 청구기각을 구하는 답변서를 제출하였는데, 얼마 후 甲과 丙은 2013. 2. 25. 소외에서 "1. 丙은 甲에게 치료비 2,000만 원을 지급한다. 2. 甲은 진행 중인 손해배상청구의 소를 취하하고, 민형사상 일체의 이의를 제기하지 아니한다."는 내용으로 서면 합의하였고, 丙은 그 합의서를 법원에 제출하였다.

   가. 甲과 丙이 변론준비기일에 1회 불출석하고, 법원이 제1회 변론기일소환장을 송달하자 丙은 "2013. 2. 25. 합의로 소송은 종료되었으므로 출석하지 않겠다"는 내용으로 불출석신고서를 법원에 제출하였으며, 甲과 丙은 지정된 제1회 변론기일에 출석하지 않았다. 이 경우 소송종료 여부에 관하여 검토하시오. (15점)

해설

1. 결론
甲과 丙은 소취하합의 사실을 변론✕ & 당사자 쌍방의 2회 불출석✕ ∴ 소송종료✕

2. 이유

가. 甲–丙 사이 합의의 법적 성격과 소송종료 효력 발생 여부

- [**합의 법적 성격**] 민사상 손해배상 분쟁에 관한 화해계약, 소취하합의, 부제소합의의 혼합된 혼성계약
- [**소취하합의만으로 소송종료의 효력이 발생하는지 여부(=소취하합의 허용성 · 법적 성격)**] ㉠ 처분권주의 · 변론주의가 지배하는 사항에 관한 합의로서 허용, ㉡ 통설 및 판례는 <u>사법상 계약</u>으로서, 의무 불이행시 상대방에게는 '항변권'이 생긴다고 봄 → 피고 항변이 있으면 법원은 <u>권리보호 이익 흠결을 이유로 소각하</u> (대판 1982.3.9. 81다1312) & <u>의무위배자를 상대로 하여 직접 소송으로서 그 의무이행을 구하는 것은 허용✕</u> (대판 1966.5.31. 66다564) cf. (가점) [소송행위설] 소송합의는 직접적으로 소송법상 효과를 발생하는 <u>소송계약</u> / 소취하합의 확인되면 법원은 <u>소송종료선언</u>을 해야
- ⇒ 甲–丙 간 소취하합의만으로 소송종료의 효력 발생✕ → 피고(丙)가 법원에 변론으로 주장해야 법원이 소각하 판결 but 피고 丙은 합의서를 증거로 제출만 하고 변론(준비)기일에서 소각하 항변 및 위 증거 제출 진술하지 않았음 → 변론주의 원칙상 위 합의서는 증거자료에 불과하고 소송자료는 아니어서 법원은 소각하 판결 불가

나. 쌍불취하의 효력 발생 여부
- [당사자 쌍방의 2회 불출석과 소취하 의제(민소법 제268조)]
- [사안검토] 甲, 丙은 '변론준비기일'에 1회 불출석 & '변론기일'에 불출석 → 2회 불출석은 '<u>같은 심급의 같은 종류의 기일</u>'에서의 결석이어야 but 변론준비기일에서 1회 불출석, 변론기일에서의 1회 불출석은 2회 불출석에 해당×(대판 2006.10.27. 2004다69581) ∴ 쌍불취하× → 법원은 2회 변론기일을 지정하여 당사자들을 소환해야

나. 甲과 丙이 출석한 변론기일에서 丙이 "합의에 따라 甲에게 합의금 2,000만 원을 지급하였으므로 소송이 끝난 것으로 안다"고 주장하자, 甲은 "丙과 합의한 금액에는 위자료가 포함되어 있지 않고, 추가로 지출된 치료비도 있어서 소를 취하할 수 없다"고 주장하였다. 법원은 甲, 丙의 위와 같은 주장에 대하여 어떻게 판단하여야 할 것인가? (15점)

해설

1. 결론
   ① 丙 주장과 관련하여, 법원은 심리를 진행한 후 합의된 손해에 대한 청구부분에 대해서는 소이익 흠결을 이유로 소각하 판결 선고
   ② 甲 주장과 관련하여, 법원은 甲에게 청구취지 변경을 구하는 취지인지 석명한 후, 甲에게 관련규정에 맞는 절차를 밟도록 해야. 甲이 정식으로 청구취지 변경신청 절차를 밟으면 뒷받침할 수 있는 증거 제출시 청구인용 판결 선고

2. 이유

   가. 丙 주장과 법원의 판단
   소취하합의만으로 소송종료되는 것은 아니므로(사법계약설), 법원은 위 합의만으로 소송이 종료되었다는 丙 주장은 무시하고 변론진행 → but 丙 주장 속에는 '甲과 사이에 소취하합의를 하였다'는 변론(진술)도 있는 것 ∴ 법원은 丙이 제출한 합의서를 증거로 하여 丙 주장의 타당성 심리 후 특별한 사정이 없으면 소이익 흠결을 이유로 소각하해야

   나. 甲 주장과 법원의 판단
   - [甲 주장의 취지 및 법원의 조치] 甲 주장 취지는 '청구취지 변경 신청' → 청구취지 변경은 원칙적으로 '서면으로' 해야(민소법 제262조 제2항) ∴ 법원은 甲에게 구석명 한 후 甲에게 정식으로 청구취지 변경절차를 밟을 것을 명해야 → 원고 주장 자체에 청구취지 변경신청의 요소가 들어 있다면 법원이 그 주장의 취지를 분명히 하고 절차에 맞게 신청을 하도록 석명하는 것은 적법한 석명권 행사의 범주에 해당
   - [법원의 본안판단(甲-丙 사이 민법상 화해계약의 효력 범위)] 민법상 화해계약 성립시 창설적 효력 ○ (민법 제732조) but 화해계약은 그 합의된 대상에 대해서만 효력 발생 ∴ 화해계약에 포함되어 있지 않은 '위자료' 및 '후발적 손해'에 대해서는 피해자가 별도로 청구 가능 → 甲이 위 주장을 뒷받침할 수 있는 증거를 제출한다면 법원은 위자료 및 후발적 손해 청구 부분 인용

2. 전소의 진행도중 丙이 위 약식명령에 불복하여 정식재판을 청구한 결과 "丙이 교통신호를 위반한 사실을 인정할 증거가 부족하다"는 취지에서 2013. 10. 5. 무죄판결을 선고받아 그 판결이 같은 달 13. 확정되었다.
   가. 乙은 추후 예상되는 소송에서 자신의 손해배상책임을 면하기 위하여 전소에서 甲의 승소를 돕기 위한 보조참가를 할 수 있는가? (10점)

해설

1. 결론
乙의 보조참가 허용 ✕

2. 이유

가. 보조참가
- [의의] 다른 사람의 소송계속 중 소송결과에 이해관계가 있는 제3자가 한쪽 당사자의 승소를 돕기 위하여 그 소송에 참가하여 주장·증명을 하는 것(민소법 제71조)
- [소송결과에 대한 이해관계 판단기준] 당해 소송의 판결을 전제로 하여 보조참가를 하려는 자의 법률상의 지위가 결정되는 관계에 있는 경우(대판 1979.8.28. 79누74) → 통설은 '판결주문'에서 판단되는 소송물 존부에 의하여 직접 영향을 받는 경우에 한정시켜야 한다는 입장(판결이유 중 판단에 의한 불리한 영향도 포함시켜야 한다는 소수설도 있음) / 대법원도 동일한 입장으로 보임(대판 1999.7.9. 99다12796 참조)

나. 사안검토
乙이 甲을 위해 보조참가 신청 당시 협의의 공동불법행위 성립과 관련하여 乙에게 귀책이 있는지 불분명하여 乙의 불법행위책임 성립여부 확정✕ → 甲-丙 사이의 판결주문에서 판단되는 소송물인 권리관계의 존부 자체에 의해 乙이 직접적인 영향을 받는 경우✕ ∴ 보조참가 이익을 한정시키는 통설에 의하면 乙의 보조참가 이익 인정✕
⇒ [부연설명] ㉠ 위 소송에서 甲이 패소하더라도 乙이 단독으로 불법행위책임을 진다는 결론이 도출되는 것도 아니고, ㉡ 甲이 승소하더라도, 乙은 불법행위책임을 면제 혹은 乙-丙 간에 협의공동불법행위책임이 성립한다는 결론이 당연도출✕

나. 甲이 전소에서 乙을 예비적 피고로 추가할 수 있는지 검토하시오. (10점)

해설

1. 결론

   甲은 乙을 예비적 피고로 추가할 수 없음

2. 이유

   가. 소의 주관적 예비적·선택적 병합(추가적 병합)
   - [소의 주관적 예비적·선택적 병합] 공동소송인의 청구나 공동소송인에 대한 청구가 서로 예비적이거나 선택적인 관계인 경우의 공동소송 ⇒ [요건] ㉠ 법률상 양립 불가, ㉡ 공동소송 주관적·객관적 요건 구비, ㉢ 1심 변론종결 전일 것 / 주관적 추가적 병합도 허용(민소법 제70조 제1항, 제68조; 대판 2015.6.11. 2014다232913)
   - [법률상 양립할 수 없을 것]
   - ✦ 判 '법률상 양립불가'하다는 것은 '동일한 사실관계에 대한 법률적 평가 혹은 사실관계 인정 여부에 따라 어느 일방에 대한 법률효과가 인정되면 다른 쪽에 대한 법률효과가 부정됨으로써 양 청구가 모두 인용될 수 없는 경우로서, 한 쪽 청구에 대한 판단이유가 다른 쪽 청구에 대한 판단이유에 영향을 주어 각 청구에 대한 판단과정이 필연적으로 상호결합되어 있는 관계'를 의미한다(대결 2007.6.26. 2007마515).

   나. 사안검토

   乙-丙은 협의공동불법 문제됨 → 고의·과실 및 책임능력은 각자 개별적 판단 ∴ 丙의 귀책이 부정된다고 乙이 단독 불법행위책임을 진다는 결론 도출× & 그 반대도 성립× ∴ 법률상 양립불가 요건 충족×

3. 전소에서 2013. 8. 25. 변론종결되어 2013. 9. 5. "丙은 甲에게 2,000만 원을 지급하라"는 판결이 선고되었고 그 판결이 같은 달 30. 확정되었다. 그런데 1년 후 甲에게 언어장애 증상이 나타나기 시작하였고, 정밀검사한 결과 위 교통사고시 입은 뇌진탕의 후유증이 뒤늦게 나타난 결과임이 밝혀졌고, 최종적으로 甲은 언어장애로 인하여 1,000만 원의 치료비를 추가로 지출하고, 30% 가량의 노동능력을 상실하였다. 이에 甲은 2015. 2. 5. ① 노동능력상실에 따른 일실수익금 5,000만 원 ② 위자료 2,000만 원 ③ 전소에서 승소판결을 선고받고서 아직 지급받지 못한 치료비 1,000만 원 ④ 전소에서 승소판결을 선고받은 2,000만 원에 대한 지출일로부터 완제일까지의 지연손해금 ⑤ 후유장애의 치료비로 지출한 1,000만 원의 지급을 청구하는 소('본소'라고 한다)를 제기하였고, 이에 대하여 丙은 甲의 청구가 전소판결의 기판력에 저촉되고, 위 제2문 기재와 같이 자신이 2013. 10. 5. 무죄판결을 선고받아 확정되었다고 주장하면서 전소판결에 따라 지급한 1,000만 원의 반환을 구하는 반소를 제기하였다. 법원은 본소 및 반소에 대하여 어떻게 판단하여야 할 것인가? (50점)

해설

1. 결론

① 본소청구 중에서 ㉠ 일실수익금, 위자료 청구는 별도로 심리를 진행하여 본안판결 선고, ㉡ 전소에서 인용된 치료비 중 미지급된 부분(1,000만 원)에 대한 청구는 소각하, ㉢ 전소에서 인용된 치료비에 대한 지연손해금 청구는 치료비채권 2,000만 원을 원본으로 하여 법정이자율에 미지급기간을 곱하여 지연손해금 산정, ㉣ 후유장애 추가치료비 청구는 관련증거가 있는 한 전부 인용
② 반소청구 기각

2. 이유

가. 기판력이 문제되는 경우

판결이 확정되면 기판력이 생기고, 이러한 기판력이 후소법원 및 당사자를 구속하는 경우발생(不可反, 不可爭) → ㉠ 전소의 소송물과 후소의 소송물이 동일한 경우, ㉡ 전소의 소송물이 후소 소송물의 선결관계인 경우, ㉢ 전소 소송물과 후소 소송물이 모순관계인 경우

나. 전소 확정판결의 기판력 범위

- [객관적 범위] 확정판결 기판력은 원칙적으로 '판결주문에 포함된 것'에 한하여 인정(민소법 제216조 제1항; 상계항변 제외) → 전소 확정판결의 기판력은 '甲이 지출한 치료비(적극적 손해)'에 대해서 효력 미침
- [시적 범위(차단효 문제)] 기판력 표준시는 '사실심 변론종결시'로서 '표준시 당시의 권리관계의 존부'에 대해서 생김
- ✦ [判-기판력 차단효(실권효)] 동일한 소송물에 대한 후소에서 전소 변론종결 이전에 존재하고 있던 공격방어방법을 주장하여 전소 확정판결에서 판단된 법률관계의 존부와 모순되는 판단을 구하는 것은 전소 확정판결의 기판력에 반하는 것이고, 전소에서 당사자가 그 공격방어방법을 알지 못하여 주장하지 못하였는지 나아가 그와 같이 알지 못한 데 과실이 있는지는 묻지 아니한다(대판 2014.3.27. 2011다49981).
- ⇒ 전소 변론종결일 2013. 8. 25. ∴ 그 이전에 존재했던 공격방어방법으로 전소 확정판결의 판단을 다투거나 뒤집는 것은 원칙적으로 허용×

다. 본소청구에 대한 법원의 판단

- [일실수익금, 위자료 청구] 대법원은 불법행위와 관련 손해3분설 입장에서 '적극적 손해', '소극적 손해', '위자료'는 별개의 소송물로 봄(대판 1989.10.24. 88다카29269) → 전소와 별개의 소송물이고, 전소의 법률관계가 후소의 선결문제이거나 전소와 후소가 모순관계에 있지도 않아 전소 확정판결의 기판력 자체가 문제× → 법원은 각 청구에 대해 별도로 심리 진행하여 본안판결 선고
- [전소에서 인용된 치료비 중 미지급된 부분(1,000만 원)에 대한 청구] 전소에서 일부 인용된 치료비에 대해서 피고(가해자)로부터 돈을 받지 못했다는 이유로 재차 동일한 치료비 지급 소구하는 것 ∴ 전소 확정판결 기판력에 저촉 → 승소 확정판결을 받은 자 자가 동일한 청구를 소구하는 것이어서 소이익 결여 이유로 소각하(대판 1979.9.11. 79다1275; 모순금지설)
- [전소에서 인용된 치료비에 대한 지연손해금 청구] 전소에서 확정된 치료비채권은 후소 소구채권인 지연손해금채권의 선결관계 ∴ 치료비채권의 존재 및 액수에 대해서 당사자들은 이를 다툴 수 없고 후소법원도 이와 달리 판단할 수 없음 → 후소법원은 치료비채권 2,000만 원을 원본으로 하여 법정이자율에 미지급기간을 곱하여 지연손해금 산정(인용)
- [후유장애 추가치료비 청구] 대법원은 사실심 변론종결 이후 후유증 등 새로운 손해가 발생한 경우 피해자는 새로운 소를 제기하여 위 손해 등의 배상청구를 할 수 있다는 입장(대판 1980.11.25. 80다1671 등 참조) → 후소는 전소와 별개의 소송물로서 기판력 저촉문제 발생 ×

라. 반소청구에 대한 법원의 판단
① 丙은 전소에서 패소판결을 받아 지급한 돈 반환 소구 ∴ 전소판결과 모순관계로서 전소 확정판결의 기판력이 문제되는 사안
② [전소 확정판결의 기판력 차단효] '변론종결 이전에 존재했던 공격방어 방법으로' 재차 다투지 말라는 것 but '변론종결 이후에 생긴 사유로' 전소 확정판결의 기판력을 다투는 것은 무방 → '전소 변론종결 이후 선고된 무죄판결'이 전소 확정판결의 기판력을 뒤집을 수 있는 공격방어방법에 해당하는지? → 丙이 무죄를 받은 이유는 '교통신호를 위반한 사실을 인정할 증거가 부족하다'는 점으로서 변론종결 이후에 새로이 발생한 사실관계 해당X. 변론종결 이전에 있었던 사실관계에 대한 단순한 법적 평가 변화에 불과 ∴ 전소 확정판결의 기판력을 뒤집을 수 있는 공격방어방법X(대판 2016.8.30. 2016다222149 참조) → 丙의 반소청구는 전소 확정판결의 기판력에 위반되어(모순관계) 청구기각(모순금지설)

제1문의 2

공통된 사실관계

일과를 마치고 술 한 잔을 하기 위하여 친구 丙을 경운기 적재함에 태우고 읍내로 나가던 甲은 사거리 교차로(甲이 진행하던 도로의 폭은 왕복 2차선, 교차하는 도로는 왕복 4차선임)로 진입하였으나, 좌측 대로에서 교차로 방향으로 달려오는 차량들을 피하기 위하여 교차로에서 멈추었다. 한편 그 소유 승용차를 운행하면서 황색경보등과 도로 우측에 설치된 일시정지 표지판을 무시하고 과속으로 교차로에 진입한 乙은 甲이 운행하던 경운기를 미처 발견하지 못하고 경운기와 충돌하였다. 이 사고로 경운기 수리비 500만 원, 甲과 丙의 치료비와 일실이익 등으로 각 1,000만 원, 乙의 승용차 수리비 300만 원, 치료비 및 일실이익 등으로 500만 원의 손해가 발생하였다. 甲과 乙의 사고에 대한 과실비율은 3 : 7이며, 경운기 적재함에 승차한 丙의 과실도 10%로 인정되었다. 한편 경운기는 甲과 丁이 동업약정에 따라 각각 지분을 출자하여 공동 경영하기로 하여 설립한 A조합의 소유인데, A조합의 실제 운영은 丁이 책임을 지고 甲은 丁의 지시에 따라 경운기 등을 사용하여 조합의 농업 일에 필요한 노무를 제공하는 관계에 있었다.

※ 문제를 해결함에 있어서 「자동차손해배상보장법」 관련 사항 및 지연이자 부분은 고려하지 않음

1. 丙은 甲, 乙, 丁에게 손해배상을 청구할 수 있는가? 그 可否와 판단의 근거 및 만약 손해배상청구가 가능한 경우라면 그 구체적 금액을 함께 서술하시오. (20점)

해설

1. 결론

丙은 ㉠ 甲, 乙에 대해 900만 원의 지급을 구할 수 있고(양자는 부진정연대채무), ㉡ 丁에 대해서는 손해배상 책임 물을 수 없음

2. 이유

가. 甲, 乙에 대한 청구

- **[甲, 乙 사이의 관계(공동불법행위; 민법 제760조 제1항)]** ㉠ 각 행위자별로 민법 제750조 불법행위 요건 충족(단 인과관계는 공동행위를 기준으로 판단), ㉡ 각 가해행위 상호 간 관련 공동성 ⇒ **[공동성]** 통설 및 판례(대판 1998.11.24. 98다32045)는 「객관적 공동설」의 입장. 가해자들 사이에 공모 내지 공동의 인식은 필요 없으며 가해행위가 객관적으로 공동하여 위법하게 피해자에게 손해를 가한 것으로 인정되면 충분 ⇒ 甲, 乙에게 민법 제750조 요건 부정할 만한 사정X & 甲의 경운기와 乙의 차량 충돌로 丙 부상 ∴ 행위 공동성○
- **[손해배상책임의 성격]** 공동불법행위자는 연대하여 피해자에게 그 손해를 배상할 책임(민법 제760조 제1항) → '연대하여'란 「부진정연대채무」 ∴ 甲과 乙은 丙의 손해 전부에 대해서 공동하여 배상 책임○
- **[과실상계]**
- ✦ **[판]** 공동불법행위로 인한 손해배상책임의 범위는 피해자에 대한 관계에서 "가해자들 전원의 행위를 전체적으로 함께 평가하여" 정하여야 하고, 그 손해배상액에 대하여는 가해자 각자가 그 금액의 전부에 대한 책임을 부담하는 것이다. 가해자의 1인이 다른 가해자에 비하여 불법행위에 가담한 정도가 경미하더라도 피해자에 대한 관계에서 그 가해자의 책임범위를 위와 같이 정하여진 손해배상액의 일부로 제한하여 인정할 수 없다(대판 2001.9.7. 99다70365).
- ⇒ 丙이 경운기 적재함에 탑승한 과실부분이 10%로 인정 ∴ 甲, 乙의 손해배상책임액 산정시 공동으로 반영
- **[소결론]** 甲, 乙은 丙에게 공동하여(각자) 900만 원 지급 의무○

나. 丁에 대한 청구

- **[사용자책임]** ㉠ 타인을 사용하여 사무에 종사하게 할 것 ㉡ 피용자가 사무집행과 관련하여 제3자에게 손해를 입혔을 것 ㉢ 피용자 개인의 불법행위 요건이 충족될 것 ㉣ 사용자가 면책사유를 입증하지 못할 것(민법 제756조) ⇒ **[사무집행 관련성]** 피용자의 불법행위가 외형상 객관적으로 사용자의 사업활동 내지 사무집행행위 또는 그와 관련된 것이라고 보일 때에는 행위자의 주관적 사정을 고려함이 없이 이를 사무집행에 관하여 한 행위로 봐야 함(대판 2003.12.26. 2003다49542). 다만 피용자의 행위가 사용자의 사무집행행위에 해당하지 않음을 '피해자 자신이 알았거나 중대한 과실로 알지 못하는 경우'에는 사용자책임 부정(대판 2005.3.25. 2005다558)
- **[사안검토]** ㉠ A조합 실제운영은 丁이 하고 甲은 丁의 지시를 받는 관계로서 丁의 사용자성○, ㉡ 甲의 불법행위 요건○, ㉢ 丙은 甲이 농사와 상관없는 유흥을 위해 경운기를 운전하고 있다는 사실을 알고 있었기 때문에 사무집행 관련성X → 丁에 대해서는 손해배상책임을 물을 수 없음

---

2. 만약 乙이 丙에게 600만 원을 지급하였다면 甲에게 얼마를 구상할 수 있는가? (10점)

해설

1. 결론

乙은 甲에게 구상권을 행사할 수 없음

2. 이유

가. 공동불법행위자 간 구상관계 인정 여부

- ✦ 판① 공동불법행위자 중의 한 사람이 자기의 부담부분을 초과하여 배상하였을 때에는 다른 공동불법행위자에 대하여 그의 부담부분의 범위 내에서 구상할 수 있다(대판 1983.5.24. 83다카208).
- ✦ 판② 공동불법행위자의 구상관계에 있어서 부담부분은 손해발생에 대한 기여의 정도, 위법성 변제능력의 정도 기타 필요적 형평성에 따른 대내적 요소와 손해의 공평한 분담을 위한 신의칙 등을 모두 고려하여 결정한다며(대판 2002.9.27. 2002다15917).

나. 공동불법행위자의 일부변제시 구상권 발생 요건

- ✦ 판 공동불법행위자 중 1인이 다른 공동불법행위자에 대한 구상권을 행사하기 위해서는 현실적으로 그 피해자에게 손해를 배상하여 공동면책을 받아야 하고(대판 81다8), 공동불법행위자 중 1인이 그 손해배상액의 일부를 지급한 경우 자기의 부담부분 이상을 배상한 경우에 한하여 구상권을 행사할 수 있다(대판 1997.6.27. 97다8144).

다. 사안검토

甲 - 乙 사고에 대한 과실비율 3:7 ∴ 甲 - 乙의 내부 부담액은 270만 원 : 630만 원 → 乙이 丙에 대한 일부변제로써 甲에게 구상권을 행사하려면 변제액이 630만 원 초과해야 but 乙 600만 원 변제. 甲에게 구상×

---

3. 乙이 자신이 입은 손해에 대하여 甲으로부터 200만 원을 받고 더 이상의 손해배상을 일절 청구하지 않기로 甲과 합의하였다면 乙은 丁에게 손해배상청구를 할 수 있는가? 그 可否와 판단의 근거 및 만약 손해배상청구가 가능한 경우라면 그 구체적인 금액을 함께 서술하시오. (10점)

해설

1. 결론

乙은 丁에게 40만 원의 배상을 청구할 수 있음

2. 이유

가. 丁의 사용자책임(민법 제756조)

㉠ 丁은 甲에 대한 관계에서 사용자성 인정, ㉡ 피해자 丙과의 관계에서는 甲의 사무집행 관련성이 인정될 수 없지만, 乙에 대한 관계에서는 사무집행 관련성 인정될 수 있음. ㉢ 丁에 대한 면책사유는 원칙적으로 인정되지 않음, ㉣ 甲의 불법행위성 부정사유× ∴ 丁은 乙에게 사용자책임 부담

나. 甲과 丁의 관계

사용자책임 성립시 피용자·사용자는 '부진정연대채무' 부담(대판 2000.3.14. 99다67376) → 乙의 손해는 승용차 수리비 300만 원, 치료비·일실이익 500만 원 총 800만 원 & 손해발생에 대한 甲 - 乙 과실비율 3:7 ∴ 甲, 丁은 乙에게 240만 원 배상책임 각자(공동하여) 부담

다. 甲 – 乙간 일부변제 및 손해배상 권리 일부포기 특약이 丁에게도 미치는지 여부

변제(대판 1981.8.1. 81다298), 공탁, 대물변제, 상계(대판(숲含) 2010.9.16. 2008다97218)를 제외한 나머지 사유는 상대적 효력 → ㉠ 甲이 지급한 200만 원 절대적 효력○, ㉡ 손해배상 권리 일부포기 특약은 丁에게 효력× ∴ 丁은 원배상책임액 240만 원에서 200만 원을 공제한 40만 원을 乙에게 지급해야

4. 丙이 가입한 손해보험의 보험자인 B가 이미 丙의 손해액 전부를 지급해 주었는데, 이 사실에 대해 별다른 주의를 기울이지 않았던 甲도 丙에게 손해배상을 해 주었다. 그러자 B는 丙에게 甲으로부터 받은 손해배상액을 부당이득으로 반환하라는 청구를 하였다. B의 청구의 인용 여부를 판단하시오. (10점)

해설

1. 결론

B회사의 丙에 대한 청구는 기각

2. 이유

가. 논점정리

㉠ 丙에게 보험금을 지급한 B회사의 법적 지위, ㉡ 甲의 丙에 대한 변제로 인해 B회사의 보험자대위권 소멸 여부

나. 丙에게 보험금을 지급한 B회사 법적 지위

B회사에게 보험자대위 성립(상법 제682조) ∴ B회사는 丙이 甲, 乙에 대해 갖는 손해배상청구권 당연히 양수

다. 甲의 丙에 대한 변제로 인해 B회사의 보험자대위권이 소멸하는지 여부

- [법리] 丙은 B회사로부터 보험금 수령 ∴ 甲에 대한 실체법상 손해배상청구권× but '채권의 준점유자'○ (민법 제470조) → 甲의 丙에 대한 변제가 유효할 경우 B회사의 보험자대위권 소멸 & 그에 상응하는 손실 발생 & 丙은 법률상 원인없이 이중변제 수령 ∴ B회사는 丙에게 부당이득반환청구권 행사 가능(대판 1999.4.27. 98다61593)
- ⇒ 채권의 준점유자에 대한 변제가 유효하려면 변제자가 선의·무과실이어야 & 증명책임은 부당이득 청구하는 '보험회사' 부담(대판 1999.4.27. 98다61593) → 甲은 丙이 B회사로부터 보험금을 지급받았다는 데에 주의를 기울이지 않았으므로 채권의 준점유자에 대한 변제×

라. 소결론

甲이 丙에게 행한 이중변제는 채권의 준점유자에 대한 변제× ∴ B회사의 보험자대위권은 소멸되지 않아 B회사는 丙에 대해 부당이득반환청구권 없음

제2문

제2문의 1

공통된 사실관계

甲 소유의 X토지 위에 있는 甲 소유의 주거용 건물 Y에 대하여 甲의 채권자 A의 신청에 기한 강제경매절차가 진행되었고, 2010. 1. 24. 매수인 乙이 Y건물의 소유권을 취득하였다. 그 후 乙은 Y건물에 대하여 임차인 B와 존속기간은 2년(2010. 5. 1.부터 2012. 4. 30.까지), 임차보증금은 1억 3천만 원으로 하는 임대차계약을 체결하였다. B는 임대차기간의 개시일에 주민등록을 이전하고 임대차계약증서상에 확정일자를 갖추어 건물의 해당 부분에 입주하였다.

1. 2010. 3. 10. 현재 X토지의 소유자 甲은 乙을 상대로 건물의 철거 및 토지의 인도를 청구하는 소를 제기하였다. 그 인용 여부를 판단하고 근거를 제시하시오. (15점)

해설

1. 결론

乙은 관습법상 법정지상권을 갖고 있으므로 甲의 乙을 상대로 한 건물철거 등 청구는 기각

2. 이유

가. 논점정리

甲이 乙을 상대로 건물철거 등을 구하는 권원은 소유권에 기한 물권적청구권(민법 제213조, 본문 제214조) → 乙이 대항하려면 '점유할 권리' 필요(같은법 제213조 단서). X토지와 Y건물 소유권이 모두 甲에게 귀속하였다가 Y건물이 강제경매절차를 통해 乙에게 넘어갔으므로 '관습법상 법정지상권' 검토

나. 乙에게 관습법상 법정지상권이 인정되는지 여부

● [관습법상 법정지상권 요건] ㉠ 토지와 건물이 동일인의 소유에 속할 것 ㉡ 매매 기타 적법한 원인으로 소유자가 달라질 것 ㉢ 건물철거 특약 등이 없을 것 → [토지·건물 동일인 귀속요건 시기] 원칙적으로 '소유권이 유효하게 변동될 당시'(대판 1995.7.28. 95다9075) / '강제경매'로 인해 소유권 변동시 '(가)압류효력발생시'(대판(全合) 2012.10.18. 2010다52140) & (가)압류에 선행하는 저당권이 설정되고 강제경매로 인해 소멸된 경우 '저당권설정시'(대판 2013.4.11. 2009다62059)

● [사안검토] ㉠ 압류등기 당시 X토지와 Y건물의 소유권은 甲에게 동일하게 귀속, ㉡ 강제경매에 의해 Y건물의 소유권이 乙에게 이전되어 토지와 건물 소유권자 변동, ㉢ 건물철거 특약X ∴ 乙은 관습법상 법정지상권취득. 법률규정에 의한 취득이므로 등기가 없어도 됨(민법 제187조 본문)

다. 소결론

乙은 Y건물 소유와 관련하여 X토지에 대해 관습법상 법정지상권을 갖고 있으므로, 甲의 건물철거 등 청구는 이유 없음

추가된 사실관계

甲과 乙의 합의에 따라 2010. 3. 20.에 위 소가 취하되고, 존속기간은 30년, 지료는 연 600만 원으로 매년 3. 20.(최초의 지료지급일은 2010. 3. 20.)에 지급한다는 내용을 포함한 지상권설정계약이 체결되고 이와 같은 사항에 관하여 등기가 이루어졌다. 그 후 1년이 지났지만 乙은 甲에 대한 지료지급을 지체하다가 甲의 독촉에 따라 2011. 6. 1. 600만 원을 지급하였으나, 이후에는 더 이상 지료를 지급하지 않았다. 한편 위 건물에는 2010. 5. 15. 乙의 채권자 丙 명의의 담보가등기(피담보채권 5천만 원)가 설정되어 있었는데, 乙의 채무불이행을 이유로 「가등기담보 등에 관한 법률」 소정의 청산절차를 거쳐 丙이 2013. 4. 1. 가등기에 기한 소유권이전의 본등기와 함께 지상권 이전의 부기등기를 마쳤으나, 丙도 甲에게 지료를 지급하지 않고 있다.

2. 2014. 4. 7. 甲은 丙에게 지료연체를 이유로 지상권 소멸을 주장하고 건물의 철거 및 대지의 인도를 청구하였다. 甲의 청구의 당부를 논증하시오. (10점)

해설

1. 결론

甲의 청구는 이유가 있음

2. 이유

가. 지료연체를 이유로 한 지상권소멸청구

지상권자가 2년 이상의 지료를 지급하지 아니한 때에는 지상권설정자는 지상권의 소멸을 청구할 수 있음(민법 제287조)

나. 지료지급 약정을 새로운 소유권자 丙에게 주장할 수 있는지 여부

① 정기급으로 지료를 지급할 경우 등기는 대항요건으로서(부동산등기법 제69조 제4호), 위 약정이 등기가 되면 지상권 이전시 장래의 지료지급채무는 당연히 지상권자에게 이전

② 지료체납이 연속적으로 있어야 하는 것은 아니고 '통산'하여 체납된 지료가 2년분이면 족함 → 乙이 1년분 지료지급 연체 &지상권을 양수한 丙이 1년분 지료지급 연체 ∴ 甲의 지상권소멸청구 이유○

다. 소결론

甲의 지상권소멸청구는 이유가 있으므로 丙의 지상권은 소멸(형성권) ∴ 丙은 Y건물소유와 관련하여 X토지를 점유할 권리 없어 甲의 건물철거 등 청구는 이유 있음

> **변경된 사실관계**
> 2012. 8. 11. 乙은 C에 대한 채무 1억 원을 담보하기 위하여 C 앞으로 Y건물 위에 저당권을 설정하였다. 그 후 C가 신청한 경매절차에서 Y건물이 D에게 2억 원에 매각되고 2014. 1. 10. 매각대금의 완납으로 D가 그 소유권을 취득하였다. 한편 2013. 10. 3. 丁은 乙의 동의를 얻어 B로부터 임차권을 양수하고 입주하면서 같은 날 주민등록의 이전과 임대차계약서상의 확정일자를 갖추었다.

3. 丁이 Y건물의 매각대금에 관하여 가지는 권리를 배당관계와 연계하여 설명하시오(집행비용 등은 고려하지 않음). (15점)

해설

1. 결론
매각대금 2억 원은 丁의 임대보증금 1.3억 원에 우선배당, 나머지 7,000만 원은 저당권자 C에게 배당

2. 이유

가. 주택임차권자의 우선변제권 개관
- [관련규정] 주택임대차법상 대항요건 및 임대차계약증서상의 확정일자를 갖춘 임차인은 경매절차에서 임차주택(대지 포함)의 환가대금에서 후순위권리자나 그 밖의 채권자보다 우선하여 보증금을 변제받을 권리 있음(주택임대차법 제3조의2 제2항)
- [우선변제권 우열기준 시점] '대항요건을 갖추고 확정일자를 받은 날' → but 임차인이 확정일자를 대항요건과 같은 날 또는 그 이전에 갖춘 경우 '대항요건을 갖춘 다음 날 오전 0시'(대판 1997.12.12. 97다22393)

나. 임차인 B의 우선변제권
- [우선변제권 취득시기] 임차인 B가 주택임대차법상 대항요건(=주택인도+전입신고) 및 확정일자를 받은 날은 2010. 5. 1. → 우선변제권은 2010. 5. 2. 기준으로 결정
- [임차권의 갱신과 우선변제권] 임차인 B의 임차권은 원래 2012. 4. 30.까지인데 그 이후 갱신 → 임차인이 대항력과 확정일자를 갖춘 후에 임대차계약이 갱신되더라도 대항력과 확정일자를 갖춘 때를 기준으로 종전 임대차 내용에 따른 우선변제권을 행사할 수 있음(대판 2012.7.26. 2012다45689)
- ⇒ 임차인 B의 우선변제권 기준일자는 종전과 동일

다. 임차권 양수인 丁의 우선변제권
- ✦ [判] 주택임대차법 제3조 제1항에 의한 대항력을 갖춘 주택임차인이 임대인의 동의를 얻어 적법하게 임차권을 양도한 경우 양수인이 임차인의 주민등록퇴거일로부터 주민등록법상의 전입신고기간 내에 전입신고를 마치고 주택을 인도받아 점유를 계속하고 있다면 비록 위 임차권의 양도에 의하여 임차권의 공시방법인 점유와 주민등록이 변경되었다 하더라도 원래의 임차인이 갖는 임차권의 대항력은 소멸되지 아니하고 동일성을 유지한 채로 존속하고(대판 1988.4.25. 87다카2509), 임차권 양수인은 원래 임차인이 갖고 있던 우선변제권을 행사할 수 있다(대판 2010.6.10. 2009다101275).
- ⇒ 丁이 임차권을 양수하여 주택에 실제 거주한 일자는 2013. 10. 3.로서, C의 저당권등기일자(2012. 8. 11.)보다 늦음 but 임차인 B의 우선변제권이 그대로 丁에게 넘어오기 때문에 丁이 C보다 우선하여 변제받을 권리 있음

제2문의 2

공통된 사실관계

甲, 乙, 丙은 X토지를 각 3분의 1의 지분으로 공유하고 있다. 乙과 丙은 甲에게 X토지의 관리를 위탁하였고, 이에 따라 2013. 5. 13. 甲은 주차장을 운영하려는 丁과 X토지에 관하여 임대기간 3년 그리고 매 월말을 차임지급시기로 하는 계약을 공유자 전원의 명의로 체결하였다.

※ 특별한 언급이 없으면 추가적 사실관계들은 서로 독립적임

추가된 사실관계 1

丁은 매 월말에 甲에게 차임을 지급하였으나, 차임을 수령한 甲은 이를 乙에게만 분배하고 丙에게는 지급하지 않고 있다. 이에 丙은 丁을 상대로 자기 몫의 차임과 지연이자의 지급을 청구하는 소를 제기하였다.

1. 丙의 청구의 당부를 논증하시오. (10점)

해설

1. 결론

丙의 청구는 이유 없음

2. 이유

가. 공유자 甲의 대리권 범위

X토지 공유자 중 1인 甲은 다른 공유자 乙, 丙으로부터 공유토지의 관리위탁권 수여받음 → 甲이 공유자 전원을 임대인으로 하여 丁과 사이에 X토지에 관한 임대차계약 체결. 乙, 丙 지분에 대해서는 대리권 행사한 것

나. 임대차계약 체결에 관하여 대리권을 수여받은 자에게 임료수령권한도 있는지 여부

✦ [判] 토지매각의 대리권 수여에는 중도금이나 잔금을 수령할 권한도 포함된다(대판 1994.2.8. 93다39379).
⇒ 甲은 丙의 몫에 해당하는 지료 수령권한도 보유

다. 소결론

甲은 X토지 지료 수령권한도 적법하게 수여받았으므로 丁이 甲에게 X토지 지료 전액을 지급하면 甲 뿐만 아니라 乙, 丙에게도 적법하게 변제한 것 ∴ 丙이 甲으로부터 자신의 몫에 상당하는 지료를 받지 못하였다는 이유만으로 丁을 상대로 지료를 자신에게 달라고 청구할 수 없음

추가된 사실관계 2
丁은 2014. 10.부터 차임을 지급하지 않고 있다. 이에 丙은 2015. 2. 23. 丁을 상대로 차임미지급을 이유로 하여 임대차계약을 해지한다고 통보하고, 나아가 자신에게 X토지를 반환하라고 청구하는 소를 제기하였다.

2. 丙의 청구의 당부를 논증하시오. (10점)

해설

1. 결론
丙의 해지권 행사는 부적법하므로 X토지의 반환을 청구할 수 없음

2. 이유

가. 공유물에 대한 임대차계약 해지통보의 성격 및 적법요건
- ✦ [判] 공유자가 '공유물을 타인에게 임대하는 행위' 및 '그 임대차계약을 해지하는 행위'는 공유물의 관리행위에 해당한다(대판 2010.9.9. 2010다37905).
- ⇒ 공유물의 관리에 관한 사항은 공유자 지분의 과반수로써 결정(민법 제265조 본문) → 丙은 1/3 지분 보유 ∴ 단독으로 임대차계약 해지 불가

나. 해지권자가 수인일 경우 해제권 행사
당사자의 일방 또는 쌍방이 수인인 경우에는 계약의 해지나 해제는 그 전원으로부터 또는 전원에 대하여 하여야(같은법 제547조 제1항) → 丙이 단독으로 임대차계약을 해지할 수 없다는 점 이외에 해지권 행사를 단독으로 한 부분도 丙의 청구를 이유없게 하는 추가적인 원인이 됨

추가된 사실관계 3
甲이 차임을 분배해 주지 않자, 丙은 甲과 乙에 대하여 X토지의 분할을 청구하는 소를 제기하였다. 한편 X토지는 약 3분의 1 가량이 자연적인 경계에 따라 구분되어 있었는데, 丙은 소장에서 X토지 중 자연적으로 구분된 부분을 그의 단독소유로 분할해 줄 것을 청구하였다.

3. 丙의 청구의 당부를 논증하시오. (10점)

해설

1. 결론
공유물분할의 소는 형식적 형성의 소이므로 丙이 특정 부분을 지정하여 단독소유로 분할해 달라고 요청할 수 없고 법원은 재량에 따라 적절한 방법으로 분할할 수 있음

2. 이유

가. 공유물분할 청구의 자유

공유자의 공유물분할청구권은 원칙적으로 인정(민법 제268조 제1항 본문). 예외사유로 ㉠ 법률에서 분할을 금지하는 경우(같은법 215조, 제239조; 같은법 제268조 제3항), ㉡ 분할금지특약이 있는 경우(같은법 제268조 제2항 단서), ㉢ 유언에 의해 분할이 금지된 경우(같은법 제1012조)
⇒ 본건에서 예외사유 없으므로 丙의 공유물분할 청구 그 자체는 문제X

나. 공유물분할의 상대방

공유물분할을 구하는 소는 '고유필수적 공동소송' ∴ 나머지 공유자 전원을 피고로 삼아야(대판 2003.12.12. 2003다44615)
⇒ 丙은 甲, 乙을 공동피고로 삼았으므로 문제X

다. 공유물의 특정부분을 분할하여 줄 것을 청구할 수 있는지 여부

공유물분할의 소는 그 성격상 「형식적 형성의 소」에 해당(대판 1969.12.29. 68다2425) → 당사자가 분할의 방법을 구체적으로 주장하여도 법원은 이에 구속받지 않고 재량으로 판단하여 분할의 방법을 정할 수 있음(대판 1993.12.7. 93다27819)

추가된 사실관계 4

乙은 A 은행으로부터 대출을 받으면서 그 담보로 X토지에 대한 그의 지분 위에 근저당권을 설정하였다. 그 후 甲, 乙, 丙은 X토지를 현물분할 하였다. 그런데 丙이 아직까지 차임이 분배되지 않았다는 이유로 甲의 단독소유가 된 토지부분에 대한 경매를 신청하였고, A 은행이 그 매각대금에서 丙에 우선하여 배당을 받는 것으로 배당표가 작성되었다. 이에 丙은 배당이의의 소를 제기하였다.

4. 丙의 청구의 당부를 논증하시오. (15점)

해설

1. 결론

丙의 청구는 이유 없으므로 기각

2. 이유

가. 논점정리

㉠ 종전 공유자 지분에 대해 설정된 근저당권은 공유물분할 후 어떻게 되는지, ㉡ 공동저당목적물의 이시배당이 있을 경우 저당권자의 우선변제권 범위

나. 공유물분할 후 공유지분상의 담보물권의 존속 혹은 효력

✦ [判] 공유부동산 중 공유자 1인의 지분위에 설정된 근저당권 등 담보물권은 특단의 합의가 없는 한 공유물분할이 된 뒤에도 <u>종전의 지분비율 대로 공유물 전부의 위에 그대로 존속하고 근저당권설정자 앞으로 분할된 부분에 당연히 집중되는 것은 아니며</u>(대판 1989.8.8. 88다카24868), <u>분할된 각 부동산은 그 저당권의 공동담보</u>가 된다(대판 2012.3.29. 2011다74932).

다. 공동저당목적물의 이시배당과 저당권자의 우선변제권

甲의 단독소유가 된 토지부분에 대한 경매신청이 있고 매각대금으로 배당을 할 경우 A은행은 저당권자로서 매각대금 중 지분에 해당하는 경매대가에 대해서 우선변제권 → 분할된 각 부동산은 A은행 저당권의 공동담보가 되므로, 공동저당 중 이시배당에 관하여 규정하고 있는 민법 제368조 제2항 적용(대판 2012.3.29. 2011다74932).

라. 사안검토

A은행은 甲의 단독소유부분에 대해서 1순위의 근저당권을 주장할 수 있고 丙의 금전채권은 그보다 후순위이므로, 丙 자신의 채권이 A은행 채권보다 우선순위임을 전제로 하는 배당이의 소는 이유 없음

추가된 사실관계 5

2013. 2. 20. 甲, 乙, 丙이 B로부터 X토지를 구입할 당시, 甲과 乙 사이에 "乙은 공동매수인의 1인이 되고 甲은 乙이 지급할 대금을 부담하며, 乙의 지분권은 甲의 소유로 한다."는 약정이 있었으나, B는 그 사실을 알지 못했다. 한편 甲은 2013. 8. 20. 乙과 재혼하였고, 그 후 丙이 제기한 공유물분할청구소송에서 X토지가 분할되어 2014. 11. 15. 등기를 마쳤다. 그러자 甲은 2014. 11. 25. 乙에 대하여 주위적으로 명의신탁 해지를 원인으로 하여 乙이 공유물분할로 취득한 부분의 반환을 청구하고, 예비적으로 甲이 지급한 매매대금의 반환을 청구하는 소를 제기하였다. 위 소송이 계속되던 중 2015. 3. 29. 甲이 지병으로 사망하였다. 甲의 혈육으로 전혼(前婚)의 자(子) 丁이 있으며, 丁이 위 소송을 수계하였다.

5. 甲(또는 소송을 수계한 丁)의 청구의 당부를 논증하시오. (15점)

해설

1. 결론

법원은 원고 丁의 법정상속분(2/5)에 한도 내에서만 일부인용 판결 선고

2. 이유

가. 甲-乙 사이의 명의신탁의 종류 및 효력

● [계약명의신탁] 甲-乙 간 명의신탁은 '계약명의신탁'으로서 약정무효(부동산실명법 제4조 제1항). but 매도인 B가 위 약정에 대해 선의 ∴ 물권변동 유효(같은조 제2항 단서)

- **[甲-乙 혼인으로 인한 약정의 효력]** 명의신탁자와 명의수탁자가 유효한 혼인관계를 맺은 경우, 조세포탈 등의 목적이 아닌 한, '혼인한 때로부터' 유효한 명의신탁이 됨(대판 2002.10.25. 2002다23840)
⇒ 甲-乙 사이 명의신탁 약정도 법률혼 성립일인 2013. 8. 20.부터는 유효
- **[소결론]** 소제기 당시 甲-乙 간 명의신탁 유효 → 甲이 乙을 상대로 명의신탁 해지를 원인으로 공유토지 분할로 단독취득한 부분 반환을 구하는 주위적 청구 이유 있음

나. 甲 사망으로 인한 명의신탁 효력 및 소송승계

- **[당연승계]** 甲 소송도중 사망 ∴ 상속인 乙, 丁 소송상 지위 당연승계(대판(全合) 1995.5.23. 94다28444)
→ but 乙은 피고 ∴ 원고지위 당연승계자 丁
- **[甲-乙 사이의 명의신탁 관계 승계]** 배우자 일방 사망으로 부부관계 해소시 명의신탁약정은 사망한 배우자 다른 상속인과의 관계에서 유효존속(대판 2013.1.24. 2011다99498) → 甲이 명의신탁해지 의사표시한 상태 ∴ 丁-乙 간 명의신탁 해지에 따른 법률관계 존속

다. 원고(소송승계인 丁) 청구에 대한 판단

피고 乙도 甲 상속인 중 1인 ∴ 丁, 乙 공유인 상속재산 X토지를 乙이 단독으로 소유권등기 한 상태

- ✦ [判] 공유자 1인이 무단으로 공유물 전부에 대해 단독소유로 등기를 하여 다른 공유자가 그 자를 상대로 등기말소를 구할 경우, 단독등기자의 지분에 해당하는 부분은 실체관계에 부합하므로, 그 자의 지분을 제외한 나머지 지분에 대해서만 말소등기를 명해야 한다(대판 2006.8.24. 2006다32200).
⇒ 丁의 주위적 청구는 그 법정상속분(2/5) 한도 내에서만 일부인용 & 주위적 청구가 일부라도 이유 있는 이상 예비적 청구는 원칙적으로 살펴볼 필요 없음

2015년
10월 모의고사

본서 p.996

제1문

공통된 사실관계
甲은 2015. 2. 1. 乙과의 사이에 甲 소유의 X토지를 3억 원에 매도하기로 하는 계약을 체결하고, 계약금 3천만 원은 위 계약 당일 지급받았으며, 중도금 1억 원은 2015. 2. 28.까지, 잔금 1억 7천만 원은 2015. 3. 31. 소유권이전에 필요한 서류의 교부와 동시에 각 지급하기로 약정하였다.
(아래 각 문항의 추가된 사실관계 및 문제의 제시는 상호 무관함)

추가된 사실관계 1
甲은 乙과의 매매계약 이후 丙에게 위 계약 사정을 알리면서 2015. 2. 10. 위 1억 원의 중도금채권을 양도하였고, 이 사실을 당일 乙에게 통지하였으며, 丙은 2015. 3. 25. 乙을 상대로 양수금 1억 원의 지급을 청구하는 소를 제기하였다.

1. 위 소송에서 乙이 甲과의 매매계약이 ① "통정허위표시로 무효이다.", 또는 ② "채권양도통지 이후 甲의 채무불이행에 따라 해제되었다."는 사유를 들어서 청구기각을 구하는 경우, 乙의 위 각 주장에 대하여 법원은 어떻게 판단하여야 할 것인가? (20점)

해설

1. 결론
통정허위표시 항변은 丙이 선의이면 이유×. 계약해제 항변은 이유○ ∴ 丙 청구 기각

2. 이유

가. 개관
丙의 양수채권은 금전채권으로서 양도 가능 & 채권양도 후 양도인이 채무자에게 통지 ∴ 丙은 乙에게 양수금(중도금) 지급청구권○

나. 통정허위표시로 무효라는 항변의 타당성
허위표시는 선의의 제3자에게 대항하지 못함(민법 제108조 제2항) ⇒ [제3자] **당사자와 그 포괄승계인 이외의 자로서 허위표시에 의하여 외형상 형성된 법률관계를 토대로 실질적으로 새로운 법률상 이해관계를 맺은 자**(대판 2000.7.6. 99다51258)
⇒ '가장매매에 기한 대금채권 양수인' or '가장소비대차에 기한 채권 양수인'(대판 2004.1.15. 2002다31537) 제3자○ → 이 경우 민법 제451조 적용× ∵ 위 조항 적용시 채권양도 통지 or 이의유보 승낙시 채권양도 대상이 무효라고 주장하며 양수인에게 대항가능하여 민법 제108조 제2항 형해화시키는 문제 발생(송덕수, 민법주해 제2권, 381면)

다. 채권양도통지 이후 매매계약이 해제되었다는 항변의 타당성

당사자 일방이 계약해제시 각 당사자는 원상회복의 의무 있으나, 제3자 권리를 해하지 못함(같은법 제548조 제1항)

- ✦ 판① 제3자란 '해제될 계약으로부터 생긴 법률적 효과를 기초로 하여 새로운 이해관계를 가졌을 뿐만 아니라, 등기·인도 등으로 완전한 권리를 취득한 자'를 말한다(대판 1996.4.12. 95다49882). 제3자의 선의 혹은 무과실 여부는 문제 삼지 않는다(대판 2010.12.23. 2008다57746).
- ✦ 판② '계약상의 채권을 양수한 자'는 민법 제548조 제1항 단서에서 말하는 제3자에 해당하지 않으며, 특단의 사정이 없는 한 채무자로부터 이행받은 급부를 원상회복하여야 할 의무가 있다(대판 2003.1.24. 2000다22850).
- ⇒ 丙은 계약해제시 보호받는 제3자✕ ∴ 이에 관한 乙 항변 이유○

추가된 사실관계 2

甲은 乙과의 매매계약 이후 丙에게 위 계약의 내용을 알리면서 2015. 2. 10. 위 1억 원의 중도금채권을 양도하였고, 乙은 당일 甲에게 이의를 유보하지 않은 채 이를 승낙하였는데 丙이 2015. 6. 1. 乙을 상대로 양수금 1억 원의 지급을 청구하는 소를 제기하였다.

---

2. 위 소송에서 乙이 ① 甲으로부터 아직 소유권이전등기를 넘겨받지 않았으므로 丙의 청구에 응할 수 없으며, ② 그렇지 않더라도 乙 자신은 A의 甲에 대한 1억 원의 대여금채권(변제기는 2015. 1. 28.)에 대하여 압류 및 전부명령을 받아 두었으므로(그 명령은 2015. 4. 10. 甲에게 송달되고, 같은 달 20. 확정되었음), 그 전부금채권을 자동채권으로 하여 丙의 위 양수금채권과 상계한다고 항변하였다. 丙의 양수금청구에 대하여 법원은 어떻게 판단하여야 할 것인가? (30점)

해설

1. 결론

법원은 '피고 乙은 소외 甲으로부터 X토지에 관한 소유권이전등기를 경료받음과 동시에 원고 丙에게 양수금 및 지연이자 상당의 돈을 지급하라'는 내용의 상환이행판결을 선고해야

2. 이유

가. 乙의 동시이행항변의 타당성

(1) 이의유보 없는 승낙과 채무자의 항변 가능성

채무자가 이의유보 없는 승낙시 「승낙 당시 양도인에게 생긴 사유」로써 양수인에게 대항✕(민법 제451조 제1항 본문). 단 양수인이 항변사유가 존재함을 알았거나 중대한 과실로 알지 못한 경우 대항○(대판 1999.8.20. 99다18039)

(2) 사안검토

- [동시이행항변권 발생 여부]
  - ✦ 判 중도금지급채무는 선이행채무이지만 乙이 중도금지급기일에 제때 지급하지 않고 잔금지급기일에 이르면 '乙의 중도금, 중도금지급기일 다음날부터 잔금지급기일까지의 지연손해금 및 잔금 합산액을 지급할 의무'와 '甲이 X토지 소유권을 이전할 의무'는 서로 동시이행관계에 있게 된다(대판 1989.10.27. 88다카33442).
  - ⇒ 丙이 乙을 상대로 양수금 소구일자는 2015. 6. 1.로서 잔금지급기일(2015. 3. 31.) 이후 ∴ 乙에게 동시이행항변권 발생
- [乙이 丙에게 동시이행항변권을 주장할 수 있는지] 채권양수인 丙은 중도금채권을 양수할 당시 甲으로부터 계약내용에 대한 설명 들어 동시이행관계 인지 ∴ 乙은 동시이행항변권으로써 丙에게 대항○

나. 乙의 상계항변의 타당성

(1) 쟁점

제3채무자가 자신의 채권자(채무자)에 대해 갖고 있는 채권을 자동채권으로 하여 양수금채권을 상계할 수 있는지

(2) 상계항변의 적법성 판단

- [乙이 채권양도에 관하여 이의유보 없는 승낙을 한 점]
  - ✦ 判 채권양도에 대한 대항요건이 '채무자의 이의유보 없는 승낙'인 경우 대법원은 '승낙 당시 이미 대항사유(자동채권)가 존재함으로써 채무자가 이의유보를 하고 승낙을 할 수 있었음에도 불구하고 이의유보 없이 승낙을 하였고, 대항사유(자동채권) 존재에 대해서 양수인이 선의·무중과실이라면 상계항변 자체를 할 수 없다'는 입장(대판 1999.8.20. 99다18039)
  - ⇒ 乙이 전부금채권 취득시기는 압류·전부명령이 甲에게 송달된 2015. 4. 10.로서 乙이 승낙을 할 당시 '대항사유 자체가 존재하지 않아' 이의유보를 하려고 해도 할 수 없었음 ∴ 乙이 이의유보 없이 승낙한 사정만으로 상계항변 배척X. 승낙 이후 대항사유 발생시 신의칙상 채무자는 그 사유를 양수인에게 주장할 수 있다고 봐야
- [상계항변 요건 충족 여부] 채무자가 채권자에 대한 채권을 자동채권으로 하여 양수금채권을 상계할 수 있기 위해서는, 일반적인 상계요건 이외에, '승낙일' 기준으로 ㉠ 채무자가 채권자에 대해 자동채권을 갖고 있어야 하고, ㉡ 적어도 '자동채권 변제기'가 도래해야 → '㉠' 요건 흠결시 자동채권과 수동채권이 동시이행관계에 있으면 예외 인정(대판 2015.4.9. 2014다80945), '㉡' 요건 흠결시 '승낙 당시 이미 상계를 할 수 있는 원인이 있었던 경우' 나중에 상계적상이 생기면 상계 가능(대판 1999.8.20. 99다18039)
  - ⇒ 乙의 승낙일인 2015. 2. 10. 당시 자동채권 존재X & 반대채권과 동시이행관계X ∴ 乙 상계항변 부당

다. 소결론

乙의 동시이행항변 이유○ but 상계항변 이유X ∴ 법원은 상환이행판결 선고해야

추가된 사실관계 3

甲은 丁에 대하여 2014. 5. 1. 차용한 금 3억 원의 반환채무를 부담하고 있었는데, 2015. 4. 5. 丁과의 사이에서 위 차용금채무의 변제에 갈음하여 X토지의 소유권을 이전하여 주기로 약정하였다. 乙이 2015. 4. 10. 甲을 상대로 2015. 2. 1. 자 매매계약을 원인으로 한 X토지에 대한 소유권이전등기 및 인도청구의 소(전소라고 함)를 제기하였고, 그 소송의 변론종결 전인 2015. 4. 20. 甲은 X토지를 丁에게 인도하였다.

3-1. 乙이 전소와는 별도로 丁을 상대로 "甲과 丁 사이의 2015. 4. 5. 자 대물변제계약은 무효임을 확인한다."는 소(별소라고 함)를 제기하였다. 별소는 확인의 소로서의 요건을 갖추었는지 구체적으로 검토하라. (20점)

해설

1. 결론
乙의 별소는 확인의 이익이 없으므로 각하

2. 이유

가. 제3자 확인의 소

- [判] 확인의 소에 있어서 … 당사자 일방과 제3자 사이의 권리관계 또는 제3자 사이의 권리관계에 관하여도 그에 관하여 당사자 사이에 다툼이 있어서 당사자 일방의 권리관계에 불안이나 위험이 초래되고 있고, 다른 일방에 대한 관계에서 그 법률관계를 확정시키는 것이 당사자의 권리관계에 대한 불안이나 위험을 제거할 수 있는 유효 적절한 수단이 되는 경우에는 당사자 일방과 제3자 사이의 권리관계 또는 제3자 사이의 권리관계에 관하여도 확인의 이익이 있다(대판 1994.11.8. 94다23388).

나. 확인의 대상

- [원칙] 확인의 소 대상은 원칙적으로 '현재의 권리·법률관계' / 과거 혹은 장래의 권리·법률관계는 원칙적으로 대상 X
- [예외] ㉠ 원고 진의가 과거 법률관계로부터 발생된 현재 권리관계 존부확인을 구하는 것으로 인정되는 경우(대판 1982.10.26. 81다108), ㉡ 과거 법률관계로부터 현재 법률관계에 영향을 미치는 여러 가지 법률관계가 계속 발생함에 따라 그 근원이 되는 과거 법률관계 그 자체 확인을 구하는 편이 직접적이고도 획일적인 해결책이 될 수 있는 경우(대판 1978.7.11. 78므7) 확인의 이익 인정
  → 乙은 丁을 상대로 '甲과 체결한 대물변제 약정 무효확인' 소구 → 대물변제 약정이 무효여서 현재 권리·법률관계가 존재하지 않는다는 취지로 선해 ∴ 확인대상 ○

다. 확인의 이익(즉시확정의 법률상 이익)

- [判] 확인의 이익은 권리 또는 법률상의 지위에 현존하는 불안·위험이 존재하고, 그 불안·위험을 제거하는데 확인판결을 받는 것이 가장 유효·적절한 수단이어야 한다(대판 1991.12.10. 91다14420).
  ⇒ 乙은 장차 X토지에 관하여 자신의 명의로 소유권이전등기를 마친 후 丁을 상대로 소유권에 기한 물권적 청구권 행사로써 X토지의 인도를 구하거나, 현 상황에서 甲을 대위하여 丁을 상대로 X토지의 인도를 구하면서 그 선결문제로 甲-丁 사이의 대물변제약정이 무효라고 다툴 수도 있음 ∴ 확인의 소의 보충성 요건 충족 X 확인의 이익 인정 X

3-2. 丁은 2015. 4. 5.자 계약에 따른 권리의 실현을 위하여 전소에 참가하고자 한다. 소송법상 제3자가 당사자로 참가하는 경우를 들고, 그 각 경우에 丁이 당사자로 참가할 수 있는지를 검토하라. (25점)

해설

1. 결론

丁은 독립당사자참가(사해방지참가)를 할 수 있고, 공동소송참가 혹은 권리주장의 독립당사자참가, 참가승계는 할 수 없음

2. 이유

가. 논점정리

제3자가 진행 중인 소송에 스스로 '당사자'로 참가할 수 있는 방법 → '공동소송참가', '참가승계', '독립당사자참가'

나. 공동소송참가

소송목적이 한 쪽 당사자와 제3자에게 합일적으로 확정되어야 할 경우 그 제3자가 당사자로 참가하는 경우 (민소법 제83조)
⇒ 甲과 丁은 실체법상 관리처분권이 공동으로 귀속되거나 상호 판결효력이 미치는 경우 아님 ∴ 공동소송참가 ×

다. 참가승계

소송계속 중 소송목적인 권리·의무의 전부 또는 일부의 승계인이 「독립당사자참가신청」의 방식으로 스스로 참가하여 새로운 당사자가 되고 소송을 잇는 것(같은법 제81조) → '소송물인 실체법상 권리의무 승계인' & '계쟁물승계인' 가능 → 후자의 경우 '물권적 청구권에 기한 소송' 중 계쟁물을 취득한 자에 한정(대판 1972.7.25. 72다935)
⇒ 丁은 甲의 실체법상 의무승계자× → 계쟁물인 X토지 점유를 이전받은 자로서 '계쟁물승계인' 해당가능성을 검토해야 하나, 乙이 甲을 상대로 소는 '채권적 청구권'을 소송물로 한 것 ∴ 참가승계×

라. 독립당사자참가

- [개관] '다른 사람의 소송계속 중에 원·피고 양쪽 또는 한쪽을 상대방으로 하여 원·피고간의 청구와 관련된 자기의 청구에 대하여 함께 심판을 구하기 위하여 그 소송절차에 참가하는 것' → '권리주장참가' & '사해방지참가'(같은법 제79조 제1항)
- [권리주장참가] 소송목적의 전부 또는 일부가 자기의 권리임을 주장하면서 참가하는 경우 → 원고 본소청구와 참가인 청구가 그 주장 자체에서 양립할 수 없는 관계라고 볼 수 있는 경우 허용(대결 2005.10.17. 2005마814)
⇒ 丁은 甲과 체결한 대물변제약정에 따른 채권적 청구권 보유. 채권은 속성상 양립가능한 권리여서 권리주장참가가 원칙적으로 허용× but '채권의 귀속' 자체를 다툴 경우 권리주장참가 허용 → 丁이 乙이 갖는 채권이 자신의 것이라고 주장하는 것은 아니어서 권리주장참가 허용×
- [사해방지참가] 제3자가 원·피고 사이의 소송결과에 따라 권리가 침해된다고 주장하면서 참가하는 경우 → 본소의 원고와 피고가 당해 소송을 통하여 참가인을 해할 의사를 갖고 있다고 객관적으로 인정되고 그 소송의 결과 참가인의 권리 또는 법률상 지위가 침해될 우려가 있다고 인정되는 경우 허용(대판 1999.5.28. 98다48552; 사해의사설). 참가인 청구와 원고 청구가 논리상 양립할 수 없는 관계에 있어야 하는 것은 아님 (대판 1996.3.8. 95다22795)

⇒ ㉠ 甲-乙 사이 소송결과에 따라 乙이 승소하여 X토지 소유권을 넘겨받게 되면 丁이 甲에 대해 갖는 소유권이전등기청구권은 이행불능에 빠지게 되는 위험, ㉡ 乙이 甲을 상대로 소유권이전등기를 구하는 소를 제기한 것은 객관적으로 丁을 해할 의사가 있다고 객관적으로 인정 → 편면참가도 허용되므로 丁은 乙을 상대로 "乙의 甲에 대한 2015. 2. 1. 자 매매계약을 원인으로 한 X토지에 관한 소유권이전등기청구권은 존재하지 아니함을 확인한다"고 청구하면서 독립당사자참가를 하는 것 허용

3-3. 전소에서 乙이 소장에 甲의 주소를 허위로 기재하였고, 법원은 소장부본이 적법하게 송달된 것으로 잘못 알고서 자백간주를 이유로 2015. 5. 10. 원고승소판결을 선고하였으며, 乙은 그 판결에 기하여 2015. 5. 30. X토지에 관하여 소유권이전등기를 마친 후 2015. 6. 1. 丁을 상대로 X토지에 관하여 소유권에 기한 인도청구의 소(본소)를 제기하였다. 이에 丁이 청구원인을 모두 부인하면서 甲을 대위하여 X토지에 관한 소유권이전등기의 말소를 구하는 반소를 제기하였다. 이 반소가 적법한지 여부를 검토하고, 위 제시된 사실이 모두 주장·증명된다면 법원은 본소와 반소에 대하여 어떻게 판단할 것인지 서술하시오. (25점)

해설

1. 결론

㉠ 丁의 반소 적법, ㉡ 乙의 본소는 실체관계에 부합하는 등기라는 乙의 항변이 있으면 청구인용판결 선고, 丁의 반소는 乙의 위 항변이 있으면 기각판결 선고

2. 이유

가. 전소의 상태

자백간주로 인한 판결편취로서 판결정본 적법송달× ∴ 편취판결 확정× → 상대방(甲)은 판결정본 송달일로부터 항소기간 내에 '항소' 제기하여 다툴 수 있음(대판(全合) 1978.5.9. 75다634)

나. 반소청구의 적법성

● [항소심에서 다투지 않고 별도로 반소를 제기한 점] 乙은 단순히 판결만 편취한 것이 아니라 그 판결에 기하여 X토지를 자신의 명의로 이전등기까지 한 상황 → 위 판결은 확정된 것이 아니어서 기판력이 발생하지 않으므로 甲은, 항소를 제기하여 위 판결의 취소를 구함이 없이, 바로 별소를 제기하여 위 등기의 말소를 구할 수도 있음(대판 1981.3.24. 80다2220) → 甲이 별소를 제기하여 乙의 등기말소를 소구하는 것도 허용된다면, 乙이 제기한 별소에서 반소의 형식으로 등기말소를 소구하는 것도 허용 ∴ 乙이 丁을 상대로 X토지의 인도를 구하는 소를 제기하였고, 丁이 乙을 상대로 그 소유권이전등기 말소를 구하는 반소를 제기하였지만, 丁이 甲에 대한 채권자로서 甲을 대위하여 위 반소를 제기한 것이어서 甲이 반소를 제기한 것과 같이 취급(법정소송담당)

● [반소 요건 구비 여부] ㉠ 본소 피고인 丁은 본소 원고 乙을 상대로 본소의 기각을 구하는 것 이상의 적극적인 청구를 하고 있고, ㉡ 반소청구는 본소청구인 X토지 반환과 발생원인을 같이 하며, ㉢ 본소절차를 현저히 지연시킬 만한 사정은 없고, ㉣ 본소와 같은 종류의 소송절차에 의하므로 반소청구 자체 요건 구비 (민소법 제269조 제1항)

● [소결론] 丁의 반소는 적법

다. 본소청구에 대한 본안판단

乙이 丁을 상대로 X토지의 인도를 구하는 권원은 '소유권' but 전소에서의 판결은 항소기간이 진행조차 되지 않은 것으로서 확정된 상태가 아니므로, 乙은 그 등기명의에도 불구하고 진정한 의미의 소유권자는 아님 → but 등기추정력에 의해 乙은 소유권자로 법률상 추정 ∴ 丁이 위와 같은 사실(자백간주로 인한 판결편취)을 내세우면서 乙의 소유권 취득 다투어야 → [주의] 乙이 甲에 대하여 매매계약에 기한 소유권이전등기청구권을 가진 자로서, 현재 자신의 등기가 '실체관계에 부합하는 등기'라는 항변을 하게 되면 법원은 乙의 청구 인용

라. 반소청구에 대한 본안판단

乙이 자신의 소유권이전등기는 '실체관계에 부합하는 등기'라는 항변을 하면 丁의 말소등기대위청구 기각 (대판 1981.3.24. 80다2220)

3-4. 甲이 丁을 상대로 甲-丁 사이의 2015. 4. 5. 자 대물변제계약이 통정허위표시라는 이유로 소유권에 기하여 X토지의 인도를 구하는 소(제1소송)를 제기하였다가 2015. 6. 10. 변론이 종결되고 같은 달 17. 청구기각판결을 선고받아 그 판결이 확정되었다. 그 후 아래와 같은 소가 제기되었다면 제1소송의 확정판결에 따른 기판력이 후소에 미치는가?

　가. 乙이 전소에서 승소확정판결을 선고받아 X토지에 관한 소유권이전등기를 마치고 나서 丁을 상대로 소유권에 기하여 X토지의 인도를 구하는 소송(제2소송). (15점)

해설

1. 결론

제1소송의 확정판결의 기판력은 제2소송에 미치지 않음(판례)

2. 이유

가. 논점정리

제1소송 기판력은 "제1소송 변론종결일인 2015. 6. 10. 당시 甲은 丁에 대하여 X토지에 관한 소유권에 기한 인도청구권을 가지고 있지 않다"는데 미침 & 제2소송은 甲을 상대로 소유권이전등기청구를 소구하여 승소한 乙이 확정판결에 기하여 X토지에 관한 소유권이전등기를 한 후 재차 丁을 상대로 X토지의 인도를 구하는 것 → 당사자가 다르므로 乙이 '변론종결 후의 승계인'에 해당하는지 검토(민소법 제218조 제1항)

나. 변론종결 후의 승계인

- [법리] '소송물인 실체법상 권리의무 승계인' + '계쟁물승계인' ⇒ [계쟁물승계인] '당사자적격의 이전원인이 되는 계쟁물의 권리를 이전받은 자'(적격승계설) & 대법원에 따르면 전소의 소송물이 물권적 청구권인 경우에 한정(대판 1991.1.15. 90다9964)
- ⇒ 乙은 분쟁목적물인 X토지 소유권 취득자로서 '계쟁물승계인' & 전소 소송물 물권적 청구권에 기함 ∴ 일응 변론종결 후의 승계인에 해당하는 것처럼 보임 but 대법원은 '원고가 피고를 상대로 물권적 청구권을 행사하여 부동산 인도를 구하는 소를 제기하였으나 패소확정된 후, 원고로부터 목적부동산을 양수한 자'는 변론종결 후 승계인(계쟁물승계인)에 해당하지 않는다고 함

✦ [판] 토지소유권에 기한 물권적 청구권을 원인으로 하는 토지인도소송의 소송물은 토지소유권이 아니라 그 물권적 청구권인 토지인도 청구권이므로 그 소송에서 청구기각된 확정판결의 기판력은 <u>토지인도청구권의 존부</u> 그 자체에만 미치는 것이고 소송물이 되지 아니한 토지소유권의 존부에 관하여는 미치지 아니한다 할 것이므로 그 토지인도소송의 사실심 변론종결후에 그 패소인 토지소유자로부터 토지를 매수하고 소유권이전등기를 마침으로써 그 소유권을 승계한 <u>제3자의 토지소유권의 존부에 관하여는</u> 위 확정판결의 기판력이 미치지 않는다 할 것이고 또 이 경우, 위 제3자가 가지게 되는 물권적 청구권인 토지인도 청구권은 <u>적법하게 승계한 토지소유권의 일반적 효력으로서 발생</u>된 것이고 위 토지인도소송의 소송물인 패소자의 토지인도 청구권을 승계함으로써 가지게 된 것이라고는 할 수 없으므로 위 제3자는 위 확정판결의 변론종결후의 승계인에 해당한다고 할 수도 없다(대판 1984.9.25. 84다카148).[12]

나. 丁이 戊와 X토지에 관하여 임대차계약을 체결하고 점유를 이전하여 주자, 乙이 甲을 대위하여 戊를 상대로 甲-丁 사이의 대물변제계약이 사회질서에 위반되어 무효라는 이유로 X토지의 인도를 청구하는 소송(제3소송). (15점)

해설

1. 결론

乙의 대위청구는 제1소송의 기판력에 저촉되므로 청구기각판결 선고

2. 이유

가. 甲이 丁을 상대로 한 제1소송 패소확정판결의 기판력

제1소송의 기판력은 '제1소송의 변론종결일인 2015. 6. 10. 당시 甲은 丁에 대하여 X토지에 관한 소유권에 기한 인도청구권을 가지고 있지 않다'는데 미침

나. 丁으로부터 X토지의 점유를 이전받은 戊의 지위

● [법리] 변론종결 후의 승계인에도 기판력 미침(민소법 제218조 제1항) → '소송물인 실체법상 권리의무 승계인' + '계쟁물승계인' ⇒ [계쟁물승계인] 당사자적격의 이전원인이 되는 계쟁물의 권리를 이전받은 자(적격승계설)로서 <u>전소의 소송물이 물권적 청구권'인 경우에 한함</u>(대판 1991.1.15. 90다9964)
⇒ 戊는 계쟁물승계인 & 전소 소송물 물권적 청구권에 기함 ∴ 제1소송 기판력 미침

다. 채권자 乙이 甲을 대위하여 戊를 상대로 X토지의 인도를 구하는 것이 제1소송의 기판력에 저촉되는지 여부

● [채권자대위권의 본질] 채권자대위권은 채권자가 채무자의 권리를 대신 행사하는 것(법정소송담당) ∴ 제1소송 기판력에 저촉되어 채무자(甲)가 행사할 수 없는 권리는 채권자(乙)도 행사X

---

[12] [보충] 이러한 대법원의 입장은 '계쟁물승계인'이 민사소송법 제218조 제1항에 포섭되는지 검토하는 주류적 검토방식과 다른데, 이는 양수인의 권리보호라는 구체적 타당성을 구현하기 위한 목적에서 나온 것으로 짐작된다. 이러한 대법원의 입장에 대해서는 비판도 제기되고 있는데, 가령 기판력의 객관적 범위와 주관적 범위는 서로 다른 문제임에도 불구하고, 단지 기판력의 객관적 범위에 해당하지 않는다는 이유로 변론종결 후 양수인에 해당하지 않는다는 결론에 이른 것은 수긍하기 어렵다는 비판이 대표적이다(이시윤, 신민사소송법[제9판], 650면 각주 5번 참조).

- **[대물변제약정이 반사회적 행위로서 무효라는 주장과 차단효]** 소송물(피대위권리) 자체는 제1소송과 동일 ∴ 제1소송과 제3소송은 기판력이 문제됨 → 제1소송에서 甲은 甲-丁 간 대물변제계약이 '통정허위표시'라고 주장 & 제3소송에서 乙은 위 계약이 '반사회적 행위'라고 주장 → <u>하나의 동일한 사실관계에 관하여 법률적 평가만 달리하는 것이어서 변론종결 후 생긴 새로운 공격방어방법 ×</u>
  ⇒ 기판력의 차단효(실권효)에 의해 乙의 반사회적 행위 주장 불가
- **[법원의 조치]** 전소에서 패소확정판결을 받은 자가 재차 동일한 청구 소구시 청구기각판결 선고(모순금지설)

제2문

제2문의 1

甲은 2005. 4. 1. 乙과 乙 소유의 X토지에 관하여 임대차기간은 2005. 4. 1.부터 2015. 3. 31.까지, 월 차임은 2백만 원으로 정하여 건물소유 목적의 임대차계약을 체결하고, 乙로부터 X토지를 인도받았다. 甲은 X토지 위에 Y건물 신축 후 2005. 10. 10. 자기명의로 소유권보존등기를 마쳤다.

한편 乙에 대한 1억 원의 대여금채권자 A은행은 乙이 변제기(2013. 1. 31.) 후에도 이를 갚지 않자 X토지의 가압류를 신청하였고, 2013. 3. 20. 가압류기입등기가 마쳐졌다. 乙은 2014. 4. 1. 丙과 체결한 X토지 매매계약에서 X토지 전체가액을 3억 원으로 하고, ① 가압류에 의하여 보전되는 A은행의 채권액 1억 원은 3억 원에서 공제하고 이 금액을 丙이 늦어도 2014. 5. 1.까지 A은행에게 지급하고, ② 나머지 2억 원 중에서 丙은 乙에게 계약금 2천만 원을 계약 당일, 중도금 8천만 원을 2014. 5. 1. 각각 지급하고, ③ 잔금 1억 원을 2014. 9. 1. 소유권이전등기서류의 교부와 상환으로 지급하기로 하였다.

丙은 계약금과 중도금을 각 지급기일에 乙에게 지급하였다. 乙은 2014. 5. 1. 丙으로부터 중도금 8천만 원을 지급받으면서 2014. 5. 10.까지 A은행에게 1억 원을 지급할 것을 촉구하였다. 하지만 丙은 A은행에게 1억 원을 지급하지 못하였다.

A은행이 2014. 5. 20. 위 가압류를 본압류로 전이하여 신청한 강제경매절차에서 X토지를 매수한 丁은 2014. 8. 13. 매각대금을 납입하고, 2014. 8. 20. 丁의 소유권이전등기가 마쳐졌다.

乙은 2014. 10. 1. 丙을 상대로 매매잔금 1억 원 및 그에 대한 지연손해금 지급청구의 소를 제기하였다. 이 소송에서 丙은 소유권이전등기의무의 이행불능을 이유로 계약해제를 주장하였고, 乙은 A은행에게 1억 원을 지급하지 않음으로써 X토지의 소유권이전등기의무의 이행불능을 야기한 丙은 계약을 해제할 수 없고, 乙에게 잔금지급의무를 부담한다고 주장하였다.

1. 乙과 丙의 각 주장의 타당성을 검토하라. (30점)

1. 결론

乙의 주장이 타당하고, 丙의 항변은 이유 없으므로 법원은 乙의 청구 전부 인용

2. 이유

가. 논점정리

X토지가 경매절차에서 丁에게 매각되어 乙의 소유권이전의무 급부불능 → 乙이 丙에게 매매잔대금 지급을 구할 수 있는지는 ㉠ 급부불능이 乙의 귀책에 의한 것인지, ㉡ 반대급부위험을 누가 부담하는지에 따라 결정. ㉢ 전제로 丙이 매매대금 일부지급에 갈음하여 A은행에게 1억 원을 대신 갚기로 한 약정의 법적 성격 검토

나. 토지가액 중 1억 원은 매매대금에서 공제하고 丙이 A은행에게 대신 갚기로 한 약정의 성격

- [판례]
- ✦ 판① 부동산의 매수인이 매매 목적물에 관한 임대차보증금 반환채무 등을 인수하는 한편 그 채무액을 매매대금에서 공제하기로 약정한 경우, 그 인수는 특별한 사정이 없는 이상 매도인을 면책시키는 면책적 채무인수가 아니라 <u>이행인수</u>로 보아야 하고, 면책적 채무인수로 보기 위하여는 이에 대한 채권자의 승낙이 있어야 한다(대판 1997.6.24. 97다1273 등).
- ✦ 판② 당사자 약정의 해석결과 인수의 대상으로 된 채무의 책임을 구성하는 권리관계도 함께 양도한 경우이거나 채무인수인이 그 채무부담에 상응하는 대가를 얻을 때에는 특별한 사정이 없는 한 원칙적으로 이행인수가 아닌 「병존적 채무인수」로 보아야 한다(대판 2008.3.13. 2007다54627).
- [사안검토] 丙이 매매대금 중 1억 원은 A은행에게 대신 갚는 것으로 갈음 & A은행 승낙X & 乙-丙 사이에 인수 대상인 채무의 책임을 구성하는 권리관계도 함께 양도한 사실X ∴ <u>이행인수</u>로서 丙은 乙과의 내부적 관계에서, A은행에게 1억 원을 갚을 의무 부담

다. X토지의 급부불능에 대한 乙의 귀책 유무 및 반대급부위험 부담

- [판례]
- ✦ 판 부동산 매수인이 매매목적물에 설정된 근저당권의 피담보채무에 관하여 그 이행을 인수한 경우, 채권자에 대한 관계에서는 매도인이 여전히 채무를 부담한다고 하더라도 <u>매도인과 매수인 사이에서는 매수인에게 위 피담보채무를 변제할 책임</u>이 있으므로, 매수인이 그 변제를 게을리 하여 근저당권이 실행됨으로써 매도인이 매매목적물에 관한 소유권을 상실하였다면, 특별한 사정이 없는 한 이는 매수인에게 책임 있는 사유로 인하여 소유권이전등기의무가 이행불능으로 된 경우에 해당하고, 거기에 매도인의 과실이 있다고 할 수는 없다(대판 2008.8.21. 2007다8464).
- [사안검토] 乙의 소유권이전의무 급부불능에 채무자 乙의 귀책은 인정되지 않으므로 乙의 위 채무는 최종적으로 소멸 & 위 급부불능에 채권자 丙의 귀책 인정 ∴ 乙은 반대급부인 매매잔대금 지급을 청구할 수 있는 권리 보유(민법 제538조 제1항 제1문)

> **추가된 사실관계**
>
> 丁은 2015. 4. 1. 甲에게 Y건물의 철거와 X토지의 인도를 요구하였다. 甲은 같은 날 丁에게 X토지에 관한 임대차계약의 갱신을 청구하면서 丁의 요구를 거절하였다. 丁은 2015. 5. 15. 甲을 상대로 Y건물의 철거 및 X토지의 인도를 구하는 소를 제기하였다. 이 소송에서 甲은 丁이 甲의 임대차갱신 요구를 거절하였으므로 丁에게 Y건물의 매수를 청구한다는 항변을 하였다. 이에 법원은 丁에게 Y건물의 철거 및 X토지의 인도 청구를 유지할 것인지 아니면 대금지급과 상환으로 Y건물의 인도를 구할 의사가 있는지를 석명하였다. 丁은 ① X토지의 임대차계약은 甲과 乙 사이에 체결된 것으로 자신은 임대차계약의 당사자가 아니므로 지상물매수청구권의 상대방이 될 수 없고, ② 설령 자신이 임대차계약의 당사자가 된다고 하더라도 甲과 乙이 계약체결 당시 임대차기간이 만료되면 甲은 X토지를 계약 당시의 원상으로 회복하여 乙에게 반환하여야 한다고 약정한 사실이 있으므로 甲의 Y건물매수청구의 항변은 이유 없다고 주장하면서 Y건물의 철거 및 X토지의 인도 청구를 유지하였다.

2. 丁의 Y건물 철거 및 X토지 인도 청구에 대한 판단을 논거를 들어 설명하라. (30점)

해설

1. 결론

甲의 건물매수청구권 행사는 적법하고 법원이 丁에게 건물대금 지급과 상환으로 건물 및 토지의 인도를 구하는 내용으로 청구취지를 변경할 것인지 석명하였음에도 불구하고 丁은 종전 청구를 그대로 유지하고 있으므로 법원은 '청구기각판결' 선고

2. 이유

가. 甲이 토지임차권을 丁에게 주장할 수 있는지 여부(임차권의 대항력)

- **[개관]** 甲의 권리행사가 적법하려면 전제로 甲이 X토지의 새로운 소유권자인 丁에게 토지임차권을 주장할 수 있어야(대항력 있는 토지임차권)
- **[사안검토]** 甲이 신축한 Y건물에 보존등기 → 건물 소유 목적 토지임대차의 경우 임차인이 건물에 보존등기시 임차권에 대항력 ○(민법 제622조 제1항) ∴ 甲은 X토지 새로운 소유권자인 丁에게 토지임차권 주장 ○

나. 甲의 건물매수청구권 행사 적법성

- **[요건]** 건물 소유를 목적으로 한 토지임대차의 기간 만료시 건물이 현존하면 임차권자는 계약갱신 청구할 수 있고, 임차권설정자가 계약갱신을 원하지 아니하면 상당한 가액으로 건물매수 청구할 수 있음(같은법 제643조, 제283조) → 임차토지의 소유권자가 바뀐 경우 임대인의 지위가 승계되거나 임차인이 토지 소유자에게 임차권을 대항할 수 있다면 '새로운 토지 소유자'를 상대로 지상물매수청구권을 행사할 수 있음(대판 2017.4.26. 2014다72449)
- **[사안검토]** ⊙ 甲의 토지임차권은 건물소유 목적, ⓒ 토지임차권 기간만료 종료, ⓒ 甲은 丁에게 임대차계약 갱신 요구하였으나 丁 거절 ∴ 甲의 건물매수청구권 행사 적법 → 건물매수청구권은 '형성권' ∴ 임차권자의 권리행사로 건물소유주와 토지임대인 사이에 건물매매계약 성립(대판 1998.5.8. 98다2389)

다. 원상회복특약의 효력

임차인의 매수청구권을 배제 또는 제한함으로써 임차인에게 불리한 약정은 원칙적으로 무효(같은법 제652조)

- ✦ [判] 임차인이 임대인과의 사이에 당초의 계약으로 일정한 기간 동안 임차토지를 사용하고 임대차기간이 만료한 후에 임차지상의 지상건물을 철거하고 토지를 원상회복하여 이를 임대인에게 인도하기로 한 약정은 원칙적으로 무효이다(대판 1991.4.23. 90다19695 등).

라. 법원의 석명권 행사와 원고가 종전 청구를 그대로 유지할 경우 법원의 조치
- ● [법원의 석명권 행사]
- ✦ [判] 토지임대인 원고가 임차인인 피고 소유의 건물철거 및 대지인도를 구하는데 피고가 건물매수청구권 행사의 항변을 한 경우, 원래의 철거 및 대지인도청구 중에는 건물명도를 구하는 청구가 포함되어 있지 않으므로 청구를 기각해야 하고 상환이행판결을 할 수 없다(대판 94다51178 등). 상환명도판결을 하기 위해서는 원고가 교환적·예비적으로 청구를 변경하여야 하고, 법원은 임대인에게 종전 청구를 유지할 것인지 아니면 대금지급과 상환으로 건물명도를 청구할 의사가 있는지에 대해 석명할 의무가 있고, 이를 하지 아니하면 위법하다(대판(全合) 1995.7.11. 94다34265).
- ● [원고가 종전의 청구를 그대로 유지할 경우 법원의 조치] 법원은 적절하게 석명권을 행사하여 丁에게 청구취지 변경 여부에 대해서 그 의사를 확인 but 丁은 종전 청구 그대로 유지 → 원고의 청구는 이유가 없으므로 법원은 청구기각 판결 선고

제2문의 2

甲은 乙로부터 2억 원을 차용하면서 그 담보로 자기 소유의 X토지(시가 3억 원) 위에 1번 저당권을 설정해 주는 한편, 丙이 乙에게 위 차용금에 대하여 보증채무를 부담하게 되었다. 그 후 甲은 丁으로부터 2억 원을 차용하면서 그 담보로 X토지 위에 2번 저당권을 설정해 주었다. 甲의 차용금상환 지연에 따라 乙이 X토지에 대한 저당권을 실행하려고 하자, 이를 피하기 위하여 丁은 乙에게 甲의 차용 원리금 전액을 대신 변제하였다. 丁이 甲과 丙에 대하여 어떠한 권리를 갖는지 그 논거와 함께 설명하라. (20점)

해설

1. 결론

丁은 ㉠ 甲에 대해 구상권 및 변제자대위권을 갖고, ㉡ 丙에 대해서도 변제자대위권 행사할 수 있음

2. 이유

가. 丁의 甲에 대한 권리
- ● [구상권] 丁의 대위변제로 인해 甲의 乙에 대한 금전채무 소멸 → 丁은 甲에 대해 구상권 취득 ⇒ [구상권 근거] 丁이 불가분채무자(민법 제411조), 연대채무자(같은법 제425조 이하), 물상보증인(같은법 제341조)는 아니므로 관련 개별규정 적용× → [구상권 일반규정] ㉠ 채무자의 부탁에 의하여 변제한 자는 「수임인의 비용상환청구권」(같은법 제688조 제1항), ㉡ 부탁 없이 변제한 자는 「사무관리자의 비용상환청구권」(같은법 제739조) 및 「부당이득반환청구권」(같은법 제741조)에 의하여 발생 → 채무자 甲의 부탁없이 丁이 변제 ∴ 민법 제739조 혹은 제741조가 근거규정

- **[변제자대위권]** 丁의 대위변제로 甲에 대한 구상권 발생 & 후순위담보권자는 채무를 변제할 정당한 이익을 가진 자(대판 2002.12.6. 2001다2846) ∴ 丁은 당연히 채권자 대위(같은법 제481조; 법정대위) → 채권자를 대위한 자는 자기의 권리에 의하여 구상할 수 있는 범위에서 채권 및 그 담보에 관한 권리 행사(같은법 제482조 제1항). 변제에 의하여 채권자가 갖던 '채권의 이행청구권·손해배상청구권·채권자대위권·채권자취소권' 등은 물론 '물적 담보권과 보증인에 대한 권리', '집행법적 권리 내지 지위'도 변제자에게 이전 ⇒ 丁은 채권자 乙이 X토지 위에 갖는 1번 저당권 대위행사○ → 담보권은 법률상 당연히 이전. 대위의 부기등기를 청구하여 대위변제자 명의로 가능(부동산등기법 제79조)

나. 丁의 丙에 대한 권리

후순위저당권자가 보증인에 대해 변제자대위권을 행사할 수 있는지 문제 → 후순위저당권자가 민법 제482조 제2항 제2호의 제3취득자에 해당하는지?

- [판] 「후순위저당권자는 민법 제482조 제2항 제2호에서 말하는 '제3취득자'에 해당하지 않는다」(대판 2013.2.15. 2012다48855). ☞ [논거] 후순위저당권자는 선순위저당권의 피담보채무에 대하여 직접 변제책임을 지지 않는 반면, 보증인은 선순위저당권의 피담보채무에 대해 직접 보증책임을 지기 때문이라는 점

제2문의 3

甲은 2009. 5.경 자신이 거주하던 X아파트를 장남인 乙에게 증여하고, 乙 명의의 소유권이전등기를 마쳤다. 또한 甲은 2012. 5.경 현금 2억 원을 자선단체 A에 익명으로 기부하였고, 2013. 10. 10. Y건물을 사회복지법인인 B에게 기부하는 내용의 유언을 작성하였다. 그런데 2015. 2. 5. 甲이 지병으로 사망한 후 甲의 유언이 공개되자 丙은 자신의 유류분이 침해되었음을 알고 유류분의 반환을 청구하는 소를 제기하고자 한다. 甲의 상속인으로는 자녀인 乙과 丙이 있으며, 甲의 사망 당시 재산으로는 Y건물이 있다. (甲에게 다른 재산이나 채무는 없고, 甲의 사망 당시 X아파트와 Y건물의 가액은 각 4억 원이며, 甲의 유언은 유효하게 작성된 것으로 본다.) 丙이 乙, A, B에게 각각 유류분 반환을 청구할 수 있는 금액을 제시하고, 그 근거를 서술하시오. (20점)

해설

1. 결론

丙은 ㉠ B에게 유류분침해액 2억 원 전액 반환청구 가능, ㉡ 乙은 반환의무자이지만 B로부터 전액 반환받을 수 있어서 청구할 수 없고, ㉢ A는 반환의무자가 아니므로 청구 불가

2. 이유

가. 유류분반환청구권

「유류분권」이란 '상속이 개시되면 일정한 범위의 상속인이 피상속인의 재산의 일정비율을 받을 수 있는 지위'를 말함. 丙은 피상속인의 직계비속이므로 유류분권리자 ○(민법 제1112조)

나.「유류분침해액」의 산정(=유류분액 －[유류분반환청구권자가 받은 특별수익 + 순상속액])
- [유류분액의 산정(=「유류분 산정의 기초가 되는 재산액」×「유류분 비율」)]

기초재산	● [산정방식] [피상속인의 상속개시시에 있어서 가진 적극재산 가액 + 증여재산 가액] － [채무전액] (같은법 제1113조 제1항) ● [증여] 널리 모든 무상처분 의미 → 증여는「상속개시 전 1년간에 행한 증여」에 한정(같은법 제1114조 전문). '1년이'라는 기준은 '**증여계약의 체결시**'로 봄(통설). but ㉠ 당사자 쌍방이 유류분권리자에게 손해를 가할 것을 알고 한 증여는 1년 전에 행해진 경우라도 기초재산에 산입하며 (같은법 제1114조 후문), ㉡ 공동상속인이 피상속인으로부터 재산의 증여를 받은 경우에는 그 증여가 상속개시 1년 이전에 행한 것이더라도 유류분산정의 기초재산에 산입하며(같은법 제1118조, 제1008조), 그것이 행해진 시기와 가해의 인식이 있었는지 불문(대판 1996.2.9. 95다17885) ● [산정] ㉠ (피상속인이 상속개시시 가진 적극재산) 甲 사망시 보유한 적극재산 Y건물 / Y건물은 B법인에게 유증된 상태이지만, 유증은 상속개시시 기초재산에 포함 → 적극재산 평가 기준시는 '상속개시시' ∴ Y건물 가액 = 4억 원 ㉡ (증여) 甲이 공동상속인 乙에게 증여한 X아파트는 기초재산에 포함 & 가액은 상속개시 당시 시가인 4억 원 → but A에게 기부한 2억 원은 2012. 5.에 행하여진 것으로서 민법 제1114조 후문에 해당한다는 사정이 없으므로 기초재산에서 제외, ㉢ (상속채무) 甲에게 상속채무X & 유증채무는 포함되지 않음 ∴ 상속채무= 0
유류분 비율	● 丙의 법정상속분 1/2이므로 유류분 비율 1/4(같은법 제1112조 제1호)
유류분액	● 유류분 산정 기초재산 가액은 상속개시 당시 기준으로 X아파트 4억 원 Y건물 4억 원 합계 8억 원 & 유류분 비율 1/4 ∴ 丙의 유류분액 2억 원

- [유류분반환청구권자의 특별수익 및 순상속액]

특별수익	● 丙의 '특별수익' 없음
순상속액	● [산정방식] 순상속액'은 '유류분반환청구권자의 적극 상속재산액'에서 '유류분반환청구권자의 상속채무액'을 공제하여 계산 → **당해 유류분권리자의 특별수익을 고려한「구체적인 상속분」에 기초하여 산정**(대판 2021.8.19. 2017다235791; 구체적 상속분설) ● [산정] ㉠ '적극 상속재산액'의 경우 공동상속인 乙이 특별수익(X건물)을 받았기 때문에 이 점 반영 → 乙의 구체적 상속분은 0이므로(={[상속개시 당시 적극재산 Y건물 상속개시시 시가 4억 원 + 乙의 특별수익 X건물의 상속개시시 시가 4억 원] × 법정상속분[1/2]} - 乙의 특별수익 4억 원) 상속개시시 남은 Y건물은 丙이 단독상속(적극 상속재산액 4억 원). ㉡ '상속채무액'의 경우 丙이 단독상속한 Y건물은 B법인에게 유증 ∴ 유증채무(4억 원) 丙이 단독부담하여 4억 원 → 丙의 순상속액 0(=4억 원－4억 원)

- [유류분침해액] 丙의 유류분액은 2억 원 & 공제대상(=특별수익 + 순상속액) 없으므로 유류분 2억 원 전액이 유류분침해액

다. 유류분반환청구권의 행사
- [법적 성격] 유류분반환청구권의 법적 성격 관련하여 '형성권설'과 '청구권설' 대립 → 대법원은 '형성권설'의 입장으로 평가(대판 2001.9.14. 2000다66430, 대판 2002.4.26. 2000다8878). 유류분반환청구에 의하여 유류분침해행위인 증여 혹은 유증은 그 효력을 상실하고, 증여 등의 목적물에 대한 권리는 당연히 유류분권리자에게 복귀
- [행사순서] 공동상속인 乙은 '증여'를, B법인은 '유증'을 받은 것 ∴ 丙은 1차적으로 B에게 반환 청구 & 그것으로 유류분침해액이 전보되지 않을 경우 乙에게 반환청구(민법 제1116조)
  ⇒ 丙의 유류분침해액 2억 원 & B법인이 유증받은 Y건물 가액 4억 원 ∴ B법인으로부터 유류분침해액 전부 반환○ & 乙에 대한 반환청구 인정X

2014년
6월 모의고사

본서 p.1022

제1문

기초적 사실관계

甲은 자신의 소유인 A 토지 지상에 B 건물을 신축하였으나 아직 자신의 명의로 등기를 마치지는 않고 있던 중 위 토지와 건물을 乙과 丙에게 매도하였다. A 토지에 대하여는 乙과 丙이 각 1/2씩 지분소유권이전등기를 경료하였고 B 건물에 대하여는 乙과 丙이 아직 등기를 경료하지 못하였으나 이를 인도받아 이곳에서 거주하고 있다. 아래 각 지문은 독립적이다.

추가된 사실관계 1

乙과 丙은 丁으로부터 3억 원을 차용하면서 A 토지에 대해 채권최고액 3억 6천만 원의 근저당권을 설정하였다. 그 후 乙과 丙은 위 피담보채무가 전부 변제되었다며 丁을 상대로 근저당권설정등기 말소청구의 소를 제기하였다.

1. 이 소송에서 피고 丁은 피담보채무가 8천만 원이나 변제되지 않았다고 다투었으나 법원의 심리결과 피담보채무 3억 원 중 아직 5천만 원이 변제되지 않은 것으로 판단되었다. 법원은 어떤 판결을 하여야 하는가? (15점)

해설

1. 결론

법원은 '피고 丁이 원고 乙, 丙으로부터 5,000만 원을 지급받은 다음 원고들에게 저당권등기의 말소등기절차를 이행할 것'을 명해야 함

2. 이유

가. 개관

㉠ 소송의 대상과 범위는 원고가 결정하고 법원은 이에 구속(처분권주의) but 원고가 단순이행 소구시 피고가 원고의 선이행의무 이행항변(항변 이유 ○) ㉠ 원고가 반대의사표시를 하지 않고, ㉡ 미리 청구할 필요가 있는 경우 원고의 잔존채무의 선이행을 조건으로 피고의 채무이행을 명하는 장래이행판결 선고 ○

나. 관련판례

✦ [判] 채무자가 피담보채무 전액을 변제하였다고 주장하면서 근저당권설정등기에 대한 말소등기절차의 이행을 청구하였으나 잔존채무가 있는 것으로 밝혀진 경우에는 채무자의 청구 중에는 확정된 잔존채무를 변제하고 그 다음에 위 등기의 말소를 구한다는 취지까지 포함되어 있는 것으로 해석함이 상당하며, 이는 장래이행의 소로서 미리 청구할 이익도 있다(대판 2008.4.10. 2007다83694 등).

2. 제1심에서 원고 乙과 丙이 승소하여 피고 丁이 항소하였는데, 항소심 계속 중 원고 丙은 A 토지에 대한 자신의 공유지분을 원고 乙에게 양도하고 그의 명의로 지분소유권이전등기까지 경료해준 뒤 소를 취하하였다. 원고 乙은 항소심 계속 중 원고 丙으로부터 양수받은 1/2 지분에 기한 근저당권설정등기 말소청구를 추가하는 내용의 청구 변경을 하였다. 이에 피고 丁은 "원고 乙이 1심에서 전부 승소하였고 또한 원고 丙의 특정승계인이어서 원고 乙의 청구변경은 위법하다"고 다투고 있다. 원고 乙의 청구변경은 적법한가? (25점)

해설

1. 결론

피고 丁의 항변은 전부 이유가 없으며, 원고 乙의 청구변경은 적법

2. 이유

가. 청구변경 요건 충족 여부

- **[요건]** ㉠ 청구의 기초가 바뀌지 않을 것 ㉡ 소송절차를 현저히 지연시키지 않을 것 ㉢ 사실심에 계속된 이후 변론종결 전에 이루어질 것 ㉣ 청구병합의 일반요건(민소법 제253조)을 갖출 것(같은법 제262조) ⇒ **[청구기초의 동일성]** '동일한 경제적 이익에 관한 분쟁에 있어서 그 해결방법에 차이가 있는 것에 지나지 않은 경우'(대판 1997.4.25. 96다32133)
- **[항소심에서의 청구변경]** 항소심에서도 청구변경 허용(대판 1963.12.12. 63다689) → 청구변경 자체가 '청구기초의 동일성'이 있을 경우에만 허용되어 실질적으로 피고의 심급이익을 해할 염려가 없으므로 피고 동의 필요없음
- **[사안검토]** 乙이 '단독지분에 기초하여 저당권설정등기 말소를 구하는 경우'와 '양수한 지분을 추가하여 같은 등기 말소를 구하는 것'은 동일한 경제적 이익에 관한 분쟁에 있어서 해결방법에 차이가 있는 것에 지나지 않으므로 청구기초 동일성 인정 & 기타 나머지 요건도 충족

나. 원고 乙이 1심에서 전부승소하였으므로 항소심에서의 청구변경이 위법하다는 항변의 타당성

- **[판례]**
- **[판]** 제1심에서 전부승소한 원고가 항소심에서 청구취지를 확장한 경우 그것이 피고에게 불리하게 하는 한도 내에서는 '부대항소'를 한 것으로 의제된다(대판 1980.7.22. 80다982, 대판 1992.12.8. 91다43015, 대판 2008.7.24. 2008다18376).
- **[사안검토]** 부대항소는 공격적 신청 내지 특수한 구제방법으로서 항소X(비항소설) ∴ 항소이익 필요X → 乙의 청구변경 역시 부대항소로서 항소이익 필요X ∴ 乙이 1심에서 전부승소하였으므로 항소심에서의 청구변경이 위법하다는 피고 丁의 항변 부당

다. 원고 乙이 원고 丙의 특정승계인이어서 항소심에서의 청구변경이 위법하다는 항변의 타당성

- **[항변 취지]** 항소심 계속 중 원고 丙이 자신 지분을 원고 乙에게 양도 후 소 취하 → 원고 乙이 항소심에서 양수한 지분을 근거로 동일한 내용 청구를 추가하는 것은 '재소금지원칙'(민소법 제267조 제2항) 위배
- **[판례]**
- **[판①]** 민소법 제267조 제2항 소정의 '소를 취하한 자'에는 변론종결 후의 특정승계인을 포함하나 '동일한 소'라 함은 권리보호의 이익도 같아야 하므로 이 건 토지의 전 소유자가 피고를 상대로 한 전소와 본건 소는 소송물인 권리관계는 동일하다 할지라도 위 전소의 취하 후에 이 건 토지를 양수한 원고는 그 소유권을 침해하고 있는 피고에 대하여 그 배제를 구할 새로운 권리보호의 이익이 있다고 할 것이니 위 전소와 본건 소는 동일한 소라고 할 수 없다(대판 1981.7.14. 81다64).

- ✦ **[判②]** 부동산 공유자들이 제기한 명도청구소송에서 제1심 종국판결 선고 후 항소심 계속중 소송당사자 상호간의 지분 양도·양수에 따라 소취하 및 재소가 이루어진 경우, <u>그로 인하여 그 때까지의 법원의 노력이 무용화된다든가 당사자에 의하여 법원이 농락당한 것이라 할 수 없고, 소송 계속중 부동산의 공유지분을 양도함으로써 그 권리를 상실한 공유자가 더 이상 소를 유지할 필요가 없다고 생각하고 소를 취하한 것이라면 그 지분을 양도받은 자에게 소취하에 대한 책임이 있다고 할 수 없을 뿐만 아니라, 공유지분 양수인으로서는 자신의 권리를 보호하기 위하여 양도받은 공유지분에 기하여 다시 소를 제기할 필요도 있어 그 양수인의 추가된 점포명도청구는 그 공유지분의 양도인이 취하한 전소와는 권리보호의 이익을 달리하여 재소금지의 원칙에 위배되지 아니한다</u>(대판 1998.3.13. 95다48599).
- ● **[사안검토]** 원고 乙이 항소심에서 양수한 지분을 근거로 동일한 내용의 청구취지를 추가하는 것은 '재소금지원칙' 위배× ∴ 이 점을 문제 삼는 피고 丁의 항변 역시 이유×

추가된 사실관계 1에 다시 추가된 사실관계

피고 丁은 위 근저당권설정등기말소청구의 소에서 승소하였고 그 판결은 확정되었다. 그 후 丁은 토지 소유자인 乙과 丙이 3억 원의 차용금을 변제하지 않자 담보권실행을 위한 경매를 신청하였고 X가 A 토지를 낙찰받고 그 대금을 전액 납부하였다. 그 후 X는 乙과 丙을 상대로 B건물에 대한 철거를 구하는 소를 제기하였다. 제1회 변론기일에 피고 乙과 丙은 "원고 X가 이 사건 A 토지의 소유자임을 인정한다"고 변론하였다.

---

3. 피고 乙과 丙은 제2회 변론기일에 "원고 X는 이 사건 A 토지의 소유자가 아니다"며 "종전 변론기일에서의 진술을 철회한다"고 변론하였다. 피고 乙과 丙의 진술 철회는 유효한가? (10점)

해설

1. 결론

피고 乙과 丙의 진술 철회는 무효

2. 이유

가. 피고 乙, 丙 진술의 법적 성격

- ● **[권리자백 혹은 재판상 자백 해당성]** 피고 乙, 丙 진술은 건물철거 청구의 전제가 되는 소유권 귀속에 관한 진술로서 '<u>선결적 법률관계에 관한 진술</u>' → 선결적 법률관계에 관한 진술은 원칙적으로 '권리자백'에 해당하여 법원이나 당사자를 구속하는 효력이 없음(대판 2008.3.27. 2007다87061) but 선결적 법률관계에 관한 진술이라도 '<u>법적 용어를 사용한 일정권리의 내용을 이루는 사실에 관한 진술</u>'로 볼 수 있는 경우에는 재판상 자백 성립
  - ✦ **[判]** 소유권에 기한 이전등기말소청구소송에 있어서 피고가 <u>원고 주장의 소유권을 인정하는 진술</u>은 그 소의 전제가 되는 <u>소유권의 내용을 이루는 사실에 대한 진술</u>로 볼 수 있으므로 이는 <u>재판상 자백</u>(대판 1989.5.9. 87다카749) → but <u>사실에 대한 법적 추론의 결과에 대하여 의문의 여지가 없는 단순한 법개념에 대한 자백</u>의 경우에 한하여 재판상 자백 인정. 추론의 결과에 대한 다툼이 있을 수 있는 경우에는 권리자백에 해당(재판상 자백×)
- ● **[사안검토]** 피고 乙, 丙의 진술은 '소유권의 내용을 이루는 사실에 관한 진술'로서 사실에 대한 법적 추론의 결과에 대하여 의문의 여지가 없는 단순한 법개념에 대한 자백에 해당하여 '재판상 자백'로 평가

나. 재판상 자백의 철회

- **[일반론]** 재판상 자백은 성질상 '여효적 소송행위'에 해당하여, 자백이 있으면 바로 효력 발생(구속적 소송행위) ⇒ 재판상 자백은 원칙적으로 철회 불가(대판 1997.6.27. 97다6124) → **[예외]** ㉠ 상대방 동의를 얻은 경우(대판 1967.8.29. 67다116), ㉡ 자백이 진실에 반하고 착오에 의한 것임을 증명한 경우(민소법 제288조 단서), ㉢ 민소법 제451조 제1항 제5호의 재심사유가 있는 경우 철회·취소○
- **[사안검토]** 위 예외사유×

다. 소결론

피고 乙, 丙의 진술은 소유권 내용을 이루는 사실관계에 관한 진술로서 재판상 자백에 해당. 철회·취소 인정 사정× ∴ 피고 乙과 丙의 진술 철회는 무효

---

4. 제2회 변론기일에 피고 乙은 B 건물을 위한 법정지상권이 성립되어 원고의 청구가 이유 없다고 항변하였다. 그러나 피고 丙은 변론종결시까지 법정지상권 성립에 대해 아무런 주장도 하지 않았다. 법원은 피고 乙과 丙에 대하여 법정지상권 성립을 인정할 수 있는가? (20점)

해설

1. 결론

㉠ 피고 乙은 법정지상권 항변하였으나 요건 충족×, ㉡ 피고 丙은 항변하지 않았으므로 판단 필요×

2. 이유

가. 피고 乙에게 법정지상권 성립을 인정할 수 있는지 여부

(1) 관습법상 법정지상권 성립여부

- **[개관]** 乙 등이 甲으로부터 A토지와 B건물을 매수하는 과정에서 매도인 甲에게 관습법상 법정지상권이 생기는지 → 甲에게 위 권리 성립시 매수인 乙은 '종된 권리는 주된 권리의 처분에 따른다'는 법리상 甲으로부터 위 권리의 이전을 주장할 수 있는 지위에 있으므로 원고(X)가 자신을 상대로 건물철거를 구하는 것은 신의칙에 반하는 것이라고 항변 가능(대판(全) 1985.4.9. 84다카1131 참조)
- **[요건]** ㉠ 토지와 건물이 동일인의 소유에 속할 것 ㉡ 매매 기타 적법한 원인으로 소유자가 달라질 것 ㉢ 건물철거 특약 등이 없을 것 → [토지·건물 동일인 귀속요건 시기] 원칙적으로 '소유권 변동당시'(대판 1995.7.28. 95다9075)
- **[사안검토]** 甲 기준시 ㉠ A토지 소유권이 乙 등에게 넘어갈 당시 A토지와 B건물의 소유권자 모두 甲, ㉡ 매수인 乙 등이 A토지에 대해서만 이전등기를 함에 따라 B건물 소유권 甲에게 있으며, ㉢ 甲과 乙 등과 사이에 건물철거 등의 특약× ∴ 甲이 관습법상 법정지상권을 취득한다고 볼 여지도 있으나 대법원은 부정적
- ✦ **[判]** 관습법상 법정지상권을 인정하는 취지가 <u>일정요건을 갖춘 경우 통상 건물의 소유자로 하여금 토지를 계속 사용하게 하려는 것이 당사자의 의사로 볼 수 있다는 점</u>을 고려해 볼 때 <u>매도인은 토지 및 대지 매수인에 대해 건물의 소유권을 양도하고 이를 명도할 것까지 약정했을 뿐만 아니라 건물의 처분권은 이미 매수인에게 귀속하였으므로 그 '매도인'에게 건물을 위한 관습법상 법정지상권을 인정할 이유가 없다</u>(대판(全) 2002.6.20. 2002다9660).

(2) 민법 제366조 법정지상권 성립여부
- [개관] 丁이 토지저당권을 실행하여 그 소유권이 X에게 넘어가는 과정에서 '민법 제366조 법정지상권'이 생기는지
- [요건] ㉠ 저당권 설정당시 '건물'이 존재할 것 ㉡ 저당권이 설정될 것 ㉢ 저당권설정시 건물과 토지 소유권이 동일인에게 있을 것 ㉣ 임의경매에 의해 건물과 토지의 소유권자가 달라질 것
- [사안검토] 저당권 설정 당시 A토지는 乙 등의 소유 but B건물 소유권이전등기X 甲 소유 ∴ 민법 제366조 법정지상권X

(3) 소결론
피고 乙에게 법정지상권X

나. 피고 丙에게 법정지상권 성립을 인정할 수 있는지 여부
- [개관] 피고 乙의 항변을 피고 丙의 항변으로 간주할 수 있는지
- [피고 乙, 丙의 관계]
  + [判] 공동상속인들의 건물철거의무는 그 성질상 「불가분채무」라고 할 것이고 '각자 그 지분의 한도 내에서 건물 전체에 대한' 철거의무를 진다(대판 1980.6.24. 80다756).
  ⇒ 乙, 丙은 B건물 공동매수하여 같이 점유하고 있는 자로서 각 지분 한도 내에서 철거의무 부담(실체법상 관리·처분권이 공동귀속X) & 판결 효력이 상호 미치는 관계X ∴ 피고 乙, 丙은 통상공동피고
- [통상공동소송과 공동소송인독립의 원칙] 공동소송인 가운데 한 사람의 소송행위 또는 이에 대한 상대방의 소송행위와 공동소송인 가운데 한 사람에 관한 사항은 다른 공동소송인에게 영향을 미치지 아니함(민소법 제66조)
  ⇒ 피고 乙이 행한 변론행위는 피고 丙에게 영향X(소송자료의 불통일)
- [소결론] 피고 丙은 법정지상권 항변X & 피고 乙의 관련항변을 피고 丙의 항변으로 볼 수 없음 → 변론주의 원칙상 법원은 당사자가 주요사실을 주장해야만 심리가능 ∴ 피고 丙에 대한 관계에서는 법정지상권 성립 여부 자체 심리X

5. 원고 X는 위 소송계속 중 주위적으로 건물철거청구를, 예비적으로 법정지상권이 인정될 것에 대비한 지료청구를 구하는 내용으로 청구 변경을 하였다. 제1심 법원은 원고의 주위적 청구를 기각하고 예비적 청구를 인용하는 판결을 선고하였고 이에 피고만이 지료 인용금액이 높다고 하며 항소하였다. 항소심 법원의 심리결과 제1심 법원의 판단과 달리 건물철거청구가 이유 있고 피고의 항소가 이유 없다고 판단되었다. 항소심 법원은 어떤 판결을 하여야 하는가? (15점)

> 해설

1. 결론
항소심 법원은 '항소기각' 판결 선고해야

2. 이유

가. 예비적 청구 인용판결에 대해 피고가 한 항소의 효력

- **[확정차단 및 이심의 범위 – 상소불가분의 원칙]** 상소의 제기에 의한 확정차단의 효력과 이심의 효력은 원칙적으로 <u>상소인의 불복신청의 범위에 관계없이</u> 원판결의 전부에 대하여 불가분으로 발생한다는 원칙
  ⇒ 피고의 항소제기에 의한 이심의 효력은 당연히 사건 전체에 미쳐 <u>주위적 청구에 관한 부분도 항소심에 이심</u>
- **[심판대상 범위]** <u>항소심의 심판범위</u>는 피고가 불복신청한 범위, 즉 예비적 청구를 인용한 제1심판결의 당부에 한정
  ⇒ 원고의 부대항소가 없는 한 주위적 청구는 심판대상이 될 수 없고, 그 판결에 대한 항소심의 심판대상도 예비적 청구 부분에 한정(대판 2002.12.26. 2002므852 등)

나. 항소심 법원의 조치

1심법원 예비적 청구 인용, 피고 항소. 항소심법원은 주위적 청구를 인용했어야 한다고 판단 → ㉠ 예비적 청구만 항소심 법원이 심판대상이 된다는 이유만으로 '예비적 청구를 기각'하는 것은 피고에게 불합리하게 유리한 결과가 된다는 점, ㉡ 항소심 법원은 주위적 청구에 대해서는 심판할 수 없다는 한계가 있을 뿐만 아니라 피고만 항소한 경우로서 '불이익변경금지원칙'이 적용되므로 '1심판결을 취소하고 주위적 청구를 인용'해서도 안 된다는 점 ∴ <u>항소기각판결</u>을 선고하여 1심판결 유지하는 것이 타당(학설 중에는 '1심의 예비적 청구 인용판결을 취소하고 예비적 청구 기각 판결을 선고'해야 한다는 견해도 있으나[2022. 10. 법전협 모의고사 채점기준표에서 취하고 있는 입장], 위에서 언급한 바와 같이 피고에게 불합리하게 유리한 결과가 된다는 점에서 찬성하기 어려움)

---

6. 소송계속 중 乙과 丙은 Y에게 건물의 일부를 임대하였다. 원고 X는 분쟁을 일회에 해결하기 위하여 위 소송에 Y를 피고로 추가시킬 수 있는가? (15점)

> 해설

1. 결론
Y를 추가적 인수할 수 있음(다툼 있음)

2. 이유

가. 논점정리

소송계속 중 '당사자'가 제3자를 '당사자'로 추가할 수 있는 방법 → ㉠ <u>주관적 추가적 병합</u>(민소법 제68조 제1항), ㉡ <u>소의 주관적 예비적·추가적 병합</u>(같은법 제70조 제1항, 제68조), ㉢ <u>인수승계</u>(같은법 제82조)

나. 「주관적 추가적 병합」 허용 여부

고유필수적 공동소송에서 공동소송인으로 될 자를 일부 빠뜨림으로써 당사자적격에 문제생긴 경우 원고신청에 따라 원·피고 추가○. '필수적 공동소송'에서만 인정

⇒ 乙, 丙은 건물철거 및 대지인도의무 부담 & Y는 건물로부터의 퇴거의무 부담 ∴ 실체법상 관리·처분권 공동귀속× so 통상공동소송 → 주관적 추가적 병합으로 Y 추가×

다. 「소의 주관적·예비적 병합」 허용 여부

공동소송인 청구나 공동소송인에 대한 청구가 서로 예비적이거나 선택적인 관계인 경우의 공동소송 / '법률상 양립할 수 없는 경우'에만 가능

⇒ 乙, 丙에 대한 청구와 Y에 대한 청구 양립가능 ∴ 주관적 예비적·선택적 병합 방식으로 Y 추가×

라. 인수승계(추가적 승계) 허용 여부

- [개관] 소송계속 중 목적인 권리·의무의 전부나 일부의 승계가 있는 때에 종전 당사자의 인수신청에 의하여 승계인인 제3자를 새로운 당사자로 소송에 강제로 끌어들여 잇게 하는 것
- [소송물양수인 범위] 특정승계의 원인이 되는 '소송의 목적물인 권리관계의 승계'(민사소송법 제81조, 제82조 참조)라 함은 '소송물인 권리관계의 양도'뿐만 아니라 '당사자적격 이전의 원인이 되는 실체법상의 권리 이전'을 널리 포함(대판 2003.2.26. 2000다42786). 후자의 경우 '계쟁물승계인'이 대표적 → X가 乙, 丙을 상대로 건물철거 소구 도중 乙 등이 Y에게 건물임대차 ∴ Y가 '계쟁물승계인'에 해당하는지 검토. 대법원은 계쟁물승계인은 전소가 '물권적 청구권에 기한 소송'인 경우에 한해 승계 허용(대결 1983.3.22. 80마283)
⇒ X청구는 '물권적 청구권'에 기한 것에 기한 것이므로 이 점은 문제×
- [계쟁물승계인 범위] 승계인(Y)은 '건물로부터의 퇴거'의무, 피승계인(乙, 丙)은 '건물철거' 의무 각각 부담 ∴ Y에 대해서는 추가적 인수 해야
  - [학설] ㉠ (부정설) 추가적 인수승계 인정시 청구변경도 초래되어 청구가 부당히 확대되고 심리 복잡화 초래 & ㉡ (긍정설) 불허하면 별도의 소를 제기하게 하는 불경제 초래
  - [판례]
  - ✦ [判] 소송당사자가 민소법 제82조의 규정에 의하여 제3자로 하여금 그 소송을 인수하게 하기 위하여서는 <u>그 제3자가 소송계속 중 그 소송의 목적된 채무를 승계하였음을 전제로 하여 그 제3자에 대하여 인수한 소송의 목적된 채무이행을 구하는 경우에 허용</u>되고 그 소송의 목적된 채무와는 전혀 별개의 채무의 이행을 구하기 위한 경우에는 허용될 수 없다(대결 1971.7.6. 71다726; 건물철거청구 중에 피고가 제3자 앞으로 그 건물에 대한 소유권이전등기를 넘길 경우 '제3자 명의의 등기말소의무의 이행을 구하기 위한' 소송인수신청은 부적법하다고 한 사례).
  - [검토] ㉠ 관련판례는 원고가 실체법상 권리가 없음에도 계쟁물승계인에게 피승계인과 다른 내용의 청구를 하는 사례라는 점, ㉡ 추가적 인수를 전적으로 불허한다고 단언하기 어렵다는 점, ㉢ 추가적 인수는 일단 시작된 소송절차를 이용하여 관련 이해관계자들 사이의 분쟁을 일회에 해결할 수 있는 실천적 장점이 있다는 점에서 널리 인정하는 것이 타당(이시윤) ∴ Y 추가적 인수○(다른 결론도 무방)

변경된 사실

乙과 丙은 B 건물에 관하여 소유권보존등기를 경료한 후 이를 戊에게 임대하였다. 戊는 그 건물을 카페로 운영하기 위하여 인테리어업자 己에게 공사비 1억 원에 B 건물의 내부수리공사를 맡겼다.

※ 아래 각 지문은 독립적이다.

7. 己가 戊로부터 공사대금을 지급받지 못한 상태에서 위 임대차계약이 적법하게 해지되었는데, 乙은 丙과의 협의 없이 단독으로 B 건물을 점유하고 있는 己를 상대로 B 건물의 인도를 구한다. 이에 대하여 己가 (1) 乙과 丙은 B 건물의 원시취득자가 아니므로 그들 명의의 보존등기는 무효이어서 소유권에 기한 물권적 청구권을 행사할 수 없고, (2) 丙과의 협의 없이 乙이 단독으로 인도청구를 할 수 없으며, (3) 공사비채권에 기하여 유치권을 행사한다고 주장한다. 己의 주장이 타당한지를 평가하고, 乙이 B 건물을 인도받기 위한 요건을 설명하시오. (15점)

해설

1. 결론

① 己의 주장 중에서 ㉠ 보존등기가 무효라는 주장, ㉡ 乙 단독으로 하는 인도청구는 무효라는 주장은 이유 없고, ㉢ 유치권 성립 주장은 이유 있음
② 乙이 B건물인도를 구하기 위해서는 피담보채권을 대신 변제해야 함

2. 이유

가. 己가 내세우는 주장의 타당성

- [乙, 丙의 보존등기가 무효라는 주장] B건물은 甲이 자기의 노력과 재료를 들여 건축한 것으로서 원시취득 but 자신 명의로 보존등기함이 없이 양수인 乙, 丙이 직접 보존등기함으로서 민법 제187조 단서 위반 → but 새로운 취득자 명의의 등기가 현재의 진실한 권리상태와 합치하면 유효한 등기(대판 1995.12.26. 94다44675 등)
⇒ 乙 등의 보존등기가 무효로서 소유권에 기한 물권적 청구권 행사 불가하다는 己의 주장 부당
- [丙과의 협의 없이 乙 단독으로 하는 인도청구는 무효라는 주장] 공유물인 부동산을 제3자가 아무런 권원없이 무단점유하고 있을 경우 그 부동산의 인도를 구하는 행위는 '공유물의 보존행위'에 해당 ⇒ 乙이 단독으로 B건물 전체의 인도를 구하는 것은 문제 ✕(민법 제265조 단서)
- [공사비채권에 기한 유치권 주장] ㉠ 己는 B건물 내부수리공사를 하면서 건물을 점유한 것이므로 적법한 점유에 해당하고, ㉡ 내부공사에 따른 결과는 건물 자체에 침전되어 있어서 그 공사비채권은 목적물 자체로부터 발생한 것으로 볼 수 있으며(대판 1995.9.15. 95다16202 참조), ㉢ 공사비채권의 변제기가 명확히 설시되어 있지는 않지만, 己가 공사비 지급을 구하는 상황이어서 변제기는 도래한 것으로 볼 수 있고, ㉣ 유치권 배제특약 없음
⇒ 己는 B건물에 대해 유치권 행사○

나. 乙이 B건물을 인도받기 위한 요건

(1) 己의 B건물 점유·사용시 유치권 소멸청구 혹은 상계권 행사

- [유치권 소멸청구] 己가 유치물인 B건물을 점유·사용까지 하더라도 유치물의 보존에 필요한 사용이므로 유치권 소멸청구✕(대판 2009.9.24. 2009다40684 등)
- [상계권 행사] 乙이 '己가 B건물을 점유·사용함으로써 발생한 부당이득반환채권'을 자동채권으로 하고, '己가 戊에 대해 갖고 있는 공사비채권'을 수동채권으로 하여 상계하는 방식으로 피담보채권을 소멸시킨 후 B건물의 인도를 구할 수 있는지 문제되나(=피상계자가 제3자에 대해 갖는 채권을 수동채권으로 한 상계의 허용성 문제) 대법원은 부정적(대판 2011.4.28. 2010다101394)

(2) 피담보채권 변제

乙은 己의 유치권을 소멸시켜 B건물의 완전한 점유를 회복할 이해관계가 있는 자 ∴ '이해관계 있는 제3자'로서 그 피담보채권 변제○(민법 제469조) → 유치권 소멸청구 위해서는 공사비 1억 원 및 이에 대한 이자, 지연손해금 등 전액 변제해야

---

8. 위 공사 결과 ㉮는 B 건물에 부합되었고 ㉯는 B 건물에 부속되었는데, ㉮에 소요된 공사비는 6천만 원이고 그에 따른 B 건물 자체의 가치증가액은 현재 5천만 원이며, ㉯에 소요된 공사비는 4천만 원이고, 부속물의 현재 가액은 3천만 원이다. 그리고 위 임대차의 보증금은 2억 원이다. 戊가 己에게 공사비를 전부 지급한 후 임대차가 적법하게 종료된 경우 B 건물의 반환을 둘러싼 乙, 丙과 戊 사이의 법률관계를 구체적으로 설명하시오. (15점)

해설

1. 결론

乙, 丙은 戊에게 B건물 반환 청구할 수 있음. 戊는 임차보증금 및 유익비 반환을 청구할 수 있는데, 반환받을 때까지 동시이행항변권(임차보증금, 유익비 모두 해당) 혹은 유치권(유익비) 행사 가능

2. 이유

가. 임대인 乙, 丙의 권리

임대차계약종료에 따른 원상회복 일환으로 B건물명도 청구 & 소유권에 기한 건물명도청구 가능(민법 제213조 본문)

나. 임차인 戊의 권리

- [임차보증금 반환청구] 임대차 종료시 임대인은 임차인에게 임차보증금 반환해야 → 임차인이 '임차목적물을 명도할 의무'와 임대인이 '보증금 중 연체차임 등 당해 임대차에 관하여 명도시까지 생긴 모든 채무를 청산한 나머지를 반환할 의무'는 동시이행관계○(대판(全合) 1977.9.28. 77다1241) but 유치권×(대판 1976.5.11. 75다1305)

- [유익비 상환청구(민법 제626조 1문)] 공사 결과 ㉮는 B 건물에 부합되어 건물 자체 가치 증가 ∴ 유익비 상환청구권○ → 반환범위는 공사비(6,000만 원)와 현존하는 증가된 가액(5,000만 원) 중에서 임대인 乙 등이 선택한 것 ∴ 특단의 사정이 없는 한, 5,000만 원 → 유익비상환청구권과 건물인도의무는 동시이행관계○ & 유치권○(대판 1972.1.31. 71다2414). 임차인이 임대인에게 임차물을 우선 반환시 유익비상환청구권은 '반환한 날로부터 6월 내에' 행사해야(민법 제654조, 제617조)

- [부속물 매수청구(민법 제646조)] '㉯ 부분'이 임대인 동의를 얻어 설치 혹은 그 자로부터 매수한 사정× & 일반적으로 영업을 위하여 임차인이 설치한 영업설비들은 임차건물 자체의 편익을 위한 것이 아니어서 부속물×(대판 1991.10.8. 91다8029 등) ∴ 부속물매수청구권×

9. 위 공사가 종료한 후 庚이 戊 본인이라 칭하는 Z와의 사용대차계약에 기하여 B 건물을 점유하며 사용 수익하고 있다. Z는 戊와 일면식도 없는 자이지만 庚은 그러한 사실을 알지 못하였을 뿐만 아니라 알 수도 없었다. 이러한 경우 B 건물의 반환 및 그 사용수익의 반환에 대한 법률관계를 설명하시오. (20점)

해설

1. 결론

① ㉠ 乙, 丙은 庚에게 B건물의 소유권자 혹은 간접점유자로서 건물을 임차인 戊에게 반환할 것을 청구할 수 있고(戊가 받을 수 없는 등 사정이 있으면 자신들에게 반환할 것을 청구할 수도 있음), ㉡ 戊는 직접점유자로서 건물을 자신에게 반환할 것을 청구하거나, 乙 등이 갖고 있는 반환청구권을 대위행사할 수도 있음

② ㉠ 乙, 丙은 庚에게 사용수익 반환청구권 없음. ㉡ 戊는 선의의 점유자인 庚에게 사용이익 상당액을 부당이득으로 청구할 수 없으나, 만일 건물인도청구를 소구할 경우에는 소장부본송달일로부터 위 건물인도완료일까지 임료 상당액의 부당이득반환청구도 가능. 다만, 불법행위에 기한 손해배상책임은 물을 수 없음. 한편 Z에 대해서는 불법행위에 기한 손해배상책임을 물을 수 있음

2. 이유

가. 사용대차 계약의 당사자(대주) 결정 및 효력

- **[사용대차 대주 결정]**
- ✦ [判 – 계약당사자결정 기준] 당사자 간에 합의가 있으면 그 자를 당사자로 하고(자연적 해석), 합의가 없으면 제반 사정에 비추어 상대방이 합리적인 인간이라면 누구를 당사자로 이해할 것인가에 의하여(규범적 해석) 당사자를 결정해야 한다(대판 1995.9.29. 94다4912 등).
- ⇒ 庚과 Z간 합의× → 사용대차 계약 체결시 '차주'는 통상적으로 상대방이 목적물을 자신에게 빌려줄 수 있는 권한을 갖고 있는지를 가장 우선적으로 고려한다는 점에서 '대주'는 그러한 권한을 가진 것으로 외부적으로 드러나는 임차인 '戊'

- **[사용대차 계약 효력]** 戊임을 자처한 Z의 행위는 규범적으로 '대리행위'로 평가 but Z는 위 계약체결 수권 받지 않았으므로 '무권대리' → (표현대리 성립 가능성) ㉠ 戊 대리권 수여 표시×(민법 제125조×), ㉡ Z 기본대리권×(같은법 제126조×), ㉢ Z 기본대리권 존재했다가 소멸×(같은법 제129조×) ∴ 표현대리×

나. B건물의 반환관계

- **[乙, 丙의 반환청구권]** 乙, 丙은 B건물소유권자(민법 제213조 본문) or 건물 간접점유자로서(같은법 제207조 제1항, 제204조 제1항) 庚을 상대로 건물반환 청구○ but 戊와의 임대차관계 존속 ∴ 戊에게 반환하도록 청구해야. 戊가 반환을 받을 수 없거나 받지 않을 경우 자기에게 직접 반환청구○(같은법 제207조 제2항)

- **[戊의 반환청구권]** ㉠ 점유자는 점유침탈을 당한 때로부터 1년 내 물건반환 청구○(같은법 제204조 제1항, 제3항) / 출소기간(대판 2002.4.26. 2001다8097) or ㉡ 戊는 임대인 乙, 丙에 대한 임차목적물인도 청구권(같은법 제623조)을 피보전권리로 하여 乙, 丙이 갖는 반환청구권 대위행사○(같은법 제404조 이하) 양자는 '선택채권'

다. 사용수익 반환관계

- **[乙, 丙의 庚에 대한 사용수익 반환청구권]** 乙 등은 '임차인 戊에 대해 B건물 임차료 지급청구권을 갖고 있어서' 庚의 무단점유로 인해 손해 내지 손실을 입지 않았으므로 불법행위 or 부당이득 반환청구✕ (대판 2008.2.28. 2006다10323 참조)

- **[戊의 庚, Z에 대한 사용수익 반환청구권①-부당이득반환 청구]** 戊는 庚의 B건물 무단점유로 인해 건물을 사용수익하지 못함으로써 차임상당의 손실을 입었으므로 庚에 대해 부당이득반환을 구할 수 있는지? → '원물 자체의 반환청구시' 사용이익 반환의 문제는, 원물 반환청구권의 법적 성격과 무관하게, ㉠ 상대방이 선의이면 민법 제201조 제1항에 따라 과실수취권이 인정되므로 사용이익 반환청구는 부정되고(대판 1976.7.27. 76다661, 대판 1996.1.26. 95다44290), ㉡ 상대방이 악의이면 같은법 제748조 제2항에 따라 반환범위가 정해지(대판 2003.11.14. 2001다61869)

⇒ 庚은 '선의의 점유자'이므로 일단 庚이 '건물점유·사용을 시작한 일자'를 기산일로 삼아 부당이득반환청구하는 것은 인정✕ → but 선의의 점유자라고 하더라도 '본권에 관한 소'에서 패소한 경우에는 '소제기일'로부터 악의의 점유자로 간주(같은법 제197조 제2항) → 戊는 庚에 대해 건물의 반환을 구할 권리가 인정되므로 만일 戊가 庚을 상대로 물건반환청구의 소를 제기할 경우 사용이익의 반환도 가능. 소유자가 점유자 등을 상대로 물건의 반환과 아울러 그 권원 없는 사용으로 얻은 이익의 반환을 청구하면서 물건의 반환청구가 인용될 것을 전제로 하여 사용이익 반환을 청구를 하는 것도 허용되며, '소가 제기된 때'란 <u>소장부본이 피고에게 송달된 때(=소송계속일)</u>'을 의미(대판 2016.7.29. 2016다220044, 대판 2016.12.29. 2016다242273) ∴ 戊가 庚을 상대로 위 소를 제기하는 것을 전제로 하면 '소장부본 송달일로부터 건물인도완료일까지' 월 임료 상당액을 부당이득으로 청구◯

- **[戊의 庚, Z에 대한 사용수익 반환청구권②-불법행위에 기한 손해배상 청구]** ㉠ 庚은 Z가 실제 戊라고 생각했고 이에 과실 없었음 ∴ 庚 귀책✕ 불법행위책임 추궁✕, ㉡ 庚이 B건물을 무단으로 점유·사용하게 된 것은 Z가 戊인 것처럼 행세하였기 때문 ∴ Z 고의, 戊 손해와의 인과관계 등 불법행위 요건 충족 → 戊는 Z를 상대로 불법행위에 기한 손해배상책임을 물어 B건물 사용수익 이익 상실 전보◯

제2문

공통된 사실관계

1. 甲은 2010. 4. 16. 친구인 乙로부터 금 3억 원을 이자 월 1%(매월 15일 변제 약정), 변제기 2011. 4. 15.로 정하여 차용하고(이하 "제1차 차용"), 다시 甲은 2010. 10. 16. 乙로부터 금 2천만 원을 이자 월 2.5%(매월 15일 변제약정), 변제기 2011. 4. 15.로 정하여 차용하였다(이하 "제2차 차용").
2. 甲은 제1차 및 제2차 차용금 채무를 담보하기 위하여 2010. 10. 16. 자신이 소유하고 있는 강원도 춘천 소재 X토지에 乙 명의로 저당권설정등기를 경료하여 주었다.
3. 甲은 제1차 차용금에 대하여 변제기인 2011. 4. 15.까지 매월 이자를 제 때에 지급 하였으나, 제2차 차용금에 대해서는 이자를 전혀 지급하지 않았다. 또한 甲은 2011. 4. 15. 제1, 2차 차용금에 대한 변제조로 乙에게 금 2억 원을 지급하였으나, 甲과 乙사이에 변제 충당방법에 관한 합의는 없었다.
4. 그 후 甲은 2012. 4. 15. 나머지 차용금을 변제하고자 하였으나 乙이 수령을 거부하여 금 1억 원을 변제공탁하였다. 乙은 공탁금을 수령하지 아니하였다.

소의 제기

甲은 2013. 3. 20. 乙을 상대로 X토지에 관한 저당권설정등기를 말소하라는 소송을 제기하였다.

소송의 경과 등

1. 변론기일에서,
   - 甲과 乙은 위 사실관계를 모두 인정하면서도 다음과 같은 주장을 하였다.
   - 甲은 제1차 차용금과 관련하여 2012. 4. 15. 금 1억 원을 변제공탁 하였으므로 제1차 차용금 채무는 모두 소멸하였다고 주장하였다.
   - 甲은 애초 乙로부터 금 3억 원(제1차 차용금)을 빌린 것은 PC방을 개업하기 위한 것이었으나 관계 법령상의 인허가 문제로 개업이 지연되자 담당공무원에게 뇌물을 제공하여 PC방 개업 허가를 신속히 해결하는 것이 좋겠다고 생각하고, 乙에게 이러한 전후 사정을 자세히 설명한 다음 뇌물자금으로 사용할 목적으로 추가로 금 2천만 원(제2차 차용금)을 차용한 것이라고 진술하였다. 따라서 제2차 차용은 뇌물자금으로 사용할 목적으로 이루어진 법률행위로서 사회질서에 반하여 무효이므로 甲은 제2차 차용금을 갚을 의무가 없다고 주장하였다.
   - 이에 대하여 乙은 제2차 차용금이 뇌물자금으로 사용될 것이라는 사정을 알고 빌려준 것은 사실이라고 진술하면서도, 제2차 차용이 사회질서에 반하는 법률행위로서 무효라면 제2차 차용금채무를 담보하기 위하여 X토지에 설정된 저당권은 불법원인급여에 해당하여 甲의 저당권설정등기말소청구는 기각되어야 한다고 항변하였다.
   - 또한 乙은 甲이 변제공탁한 금 1억 원은 저당권의 피담보채무인 차용금채무를 모두 변제하기에 부족하기 때문에 변제공탁으로서 효력이 없다고 주장하였다.
2. 심리결과, 甲과 乙의 위 주장사실은 모두 사실로 인정되었고, 위 소송의 소장부본은 2013. 3. 27. 乙에게 모두 송달되었으며, 변론종결일은 2013. 9. 4.이고, 판결선고일은 2013. 9. 18.이다.

1. 甲의 청구에 대한 법원의 판단[각하, 인용(전부인용 또는 일부인용), 기각]과 그 논거를 서술하시오. (60점)

1. 결론

피고 乙은 원고 甲으로부터 1억 원 및 이에 대한 2011. 4. 16.부터 다 갚는 날까지 월 1%의 비율에 의해 계산된 돈을 지급받은 다음 X토지에 설정된 저당권설정등기의 말소등기절차를 이행하라는 판결을 선고해야(일부인용)

2. 이유

가. 논점정리

㉠ 피담보채무액 결정(특히 2차 차용금채무가 존부), ㉡ 저당권등기와 불법원인급여 해당성, ㉢ 甲의 변제 및 공탁으로 인한 피담보채무 소멸 여부, ㉣ 장래이행판결 가부

나. 피담보채권액 결정(2차 차용금채무 존부)

- **[개관]** 2차 차용금은 공무원에게 뇌물로 제공할 목적으로 빌린 것으로서 '동기불법'
- **[동기불법과 법률행위 무효]**
- ✦ [判] 법률행위가 선량한 풍속 기타 사회질서에 위반한 사항을 법률행위의 동기 혹은 수단으로 한 것에 불과한 경우에는 이로써 법률행위를 무효로 할 수 없다(대판 1972.10.31. 72다1271). 예외적으로 "표시되거나 상대방에게 알려진" 법률행위의 동기가 반사회질서적인 경우에는 법률행위가 무효가 된다(대판 2001.2.9. 99다38613).
- **[소결론]** 甲은 乙에게 뇌물로 사용할 목적 얘기 & 乙도 그러한 사정 알면서 돈 빌려준 것 ∴ 2차 차용금채무는 민법 제103조 위반으로 무효

다. 저당권등기말소청구와 불법원인급여(민법 제746조) 간의 관계

- ✦ [判] 불법원인급여에 해당하기 위해서는 '급부가 종국적이어야' 한다. 급부가 저당권등기의 경우 '저당권자가 받을 이익은 종국적인 것이 되지 못하므로' 민법 제746조에서 말하는 이익에는 해당하지 아니하고, 부동산의 소유자는 저당권등기의 말소를 청구할 수 있다(대판 1994.12.22. 93다55234).
⇒ 이에 반하는 乙 주장 이유×

라. 변제·공탁에 의한 피담보채권 소멸 여부

- **[1차 변제 효과]** 甲은 1차 차용금의 약정이자 전부 지급 & 변제기(2011. 4. 15.) 2억 원 지급 ∴ 1차 차용금채무 원금 1억 원만 남음 → [주] 불법원인급여라도 채무자가 나중에 임의로 반환하는 것은 유효(異說 없음) but 2011. 4. 15. 자 2억 원 변제는 2차 차용금에 대한 임의변제로서 효력 없음 ∵ 소송과정에서 乙은 위 임의변제 항변× & 2차 차용금은 반사회적 행위로서 무효라는 甲 주장 수긍하되 저당권등기도 불법원인급여로서 말소청구 할 수 없다는 취지의 주장만 하였기 때문
- **[변제공탁 효과]** 1억 변제공탁 일자 2012. 4. 15. → 약정이자율은 특별한 사정이 없는 한 지연이자율 ∴ 1차 차용금채무에 대해 1,200만 원(= 월 1% 이자율에 따른 100만 원의 이자 × 12) 상당 지연이자 발생 ∴ 甲 공탁은 '일부공탁' → 채권자(乙)가 일부공탁금을 수령하지 않은 이상 공탁된 그 일부에 대해서도 변제효력 발생×(대판 1998.10.13. 98다17046 등)

마. 장래이행판결의 가부

- **[개관]** 乙 명의 저당권 피담보채무 전액 변제× → '저당권의 불가분성'에 비추어 甲의 저당권말소청구는 이유× → 법원이 잔존 피담보채무의 선이행을 조건으로 이행판결을 선고할 수 있는지?

● **[잔존 피담보채무의 선이행을 조건으로 한 이행판결을 선고할 수 있는지]** 소송 대상과 범위는 원고가 결정하고 법원은 이에 구속(처분권주의) but 원고가 단순이행을 청구하는데 피고가 원고의 선이행의무 이행 항변을 하고 그 항변이 이유 있는 경우 ㉠ 원고가 반대의사표시를 하지 않고, ㉡ 미리 청구할 필요가 있는 경우 원고 잔존채무의 선이행을 조건으로 피고 채무이행을 명하는 장래이행판결 선고○

✦ **[例]** 채무자가 피담보채무 전액을 변제하였다고 주장하면서 근저당권설정등기에 대한 말소등기절차 이행을 청구하였으나 잔존채무가 있는 것으로 밝혀진 경우, 채무자 청구 중에는 확정된 잔존채무를 변제하고 그 다음에 위 등기말소를 구한다는 취지까지 포함되어 있는 것으로 해석함이 상당하며, 이는 장래 이행의 소로서 미리 청구할 이익도 있다(대판 2008.4.10. 2007다83694 등).

추가된 사실관계

1. 甲은 2012. 2. 2. 丙에게 Y토지를 금 3억 원에 매도하는 매매계약을 체결하고, 같은 날 계약금으로 금 3천만 원을 지급받으면서, 중도금 1억 7천만 원은 2012. 2. 24.에, 잔금 1억 원은 2012. 3. 16.에 각 지급받기로 약정하였다.
2. Y토지에는 丁 명의의 저당권설정등기가 경료되어 있었는데, 甲과 丙은 잔대금 지급기일까지 위 저당권설정등기를 말소하여 주기로 약정하였다.
3. 甲은 2012. 2. 24.에 丙으로부터 위 중도금 1억 7천만 원을 지급받았고, 그 다음날 위 매매계약상 선이행 특약에 따라 丙 앞으로 Y토지에 관한 소유권이전등기를 마쳐주었다.
4. 한편, 甲의 채권자 戊는 2012. 2. 25. 甲이 丙에 대하여 가지는 위 잔대금채권 1억 원을 가압류하였고, 같은 달 27. 위 가압류결정이 丙에게 송달되었다.

소의 제기

甲은 2013. 3. 25. 丙을 상대로 Y토지의 매매잔대금 1억 원의 지급을 구하는 소송을 제기하였다.

소송의 경과 등

1. 변론기일에서,
   ○ 甲과 丙은 위 사실관계를 모두 인정하면서도 다음과 같은 주장을 하였다.
   ○ 丙은 甲의 저당권설정등기의 말소의무 및 Y토지의 인도의무와 丙의 매매잔대금 1억 원 지급의무가 동시이행관계에 있다고 주장하였다.
   ○ 또한 丙은 甲에 대하여 가지고 있는 2012. 2. 28. 변제기가 도래한 금 5천만 원의 채권을 자동채권, 잔대금채권을 수동채권으로 하여 대등액에서 상계한다고 항변하였다.
   ○ 甲은 丙의 상계항변에 대하여, 위 잔대금채권을 수동채권으로 상계하는 것은 甲의 동시이행항변권을 침해하게 되어 허용되지 않을 뿐만 아니라 이미 잔대금채권이 가압류된 이상 지급금지채권으로서 민법 제498조에 따라 상계가 허용되지 않는다고 주장하였다.
2. 심리결과, 甲과 丙의 주장사실은 모두 사실로 인정되었고, 위 소송의 소장부본은 2013. 3. 29. 丙에게 송달되었으며, 변론종결일은 2013. 9. 11.이고, 판결선고일은 2013. 9. 25.이다.

2. 甲의 청구에 대한 법원의 판단[각하, 인용(전부인용 또는 일부인용), 기각]과 그 논거를 서술하시오. (40점)

해설

1. 결론

법원은 '피고는 원고로부터 Y토지에 관한 저당권설정등기의 말소등기절차의 이행 및 위 부동산의 인도를 받음과 동시에 원고에게 50,000,000원을 지급하라'는 내용의 상환이행판결을 선고해야

2. 이유

가. 甲의 잔대금지급 청구의 타당성

집행채무자(甲)가 가압류된 채권에 대해 이행소구시 대법원은 '단순인용판결'을 선고하되 위 승소판결로 강제집행을 실시하여 만족을 얻을 수는 없다는 입장(대판 2002.4.26. 2001다59033) ☞ [논거] ㉠ 채무자가 집행권원을 취득할 필요가 있다는 점, ㉡ 시효중단의 필요성도 있다는 점, ㉢ 소송계속 중 가압류가 행하여진 경우 이를 이유로 청구가 배척된다면 가압류가 취소된 후 다시 소를 제기하여야 하는 불편함이 있다는 점, ㉣ 제3채무자로서는 이행을 명하는 판결이 있더라도 집행단계에서 이를 저지하면 될 것이라는 점

나. 丙의 동시이행항변의 타당성

- [判] ㉠ 저당권이 설정된 부동산을 매도하면서 매도인이 저당권등기 말소를 약속한 경우 잔대금지급의무와 저당권등기말소의무는 동시이행관계에 있으며(대판 1991.11.26. 91다23103 등), ㉡ 부동산매도시 매도인의 부동산 소유권이전 및 인도의무와 매수인의 잔대금지급의무는 동시이행관계에 있다(대판 1980.7.8. 80다725 등).
- ⇒ 甲은 중도금수령 후 선이행특약에 따라 Y토지 소유권양도 선이행 → '甲의 저당권등기말소 및 Y토지 인도의무'와 '丙의 잔대금지급의무'는 동시이행관계 ∴ 丙항변 이유○

다. 丙의 상계항변의 타당성

(1) 상계요건 충족여부

㉠ 자동채권과 수동채권은 모두 금전채권으로서 상호대립, ㉡ 丙의 상계의사표시일 기준으로 자동채권 변제기(2012. 2. 28.) 도래, ㉢ 자동채권이나 수동채권에 상계금지 사유 존재X → 丙의 상계로 인해 변제기가 늦은 수동채권 변제기인 2012. 3. 16. 기준으로 자동채권과 수동채권은 각 대등액에서 소멸(민법 제493조). 대여금채권 이자율 등 언급X ∴ 소멸액은 5,000만 원으로 처리

(2) 甲의 탄핵 주장의 타당성

- [丙의 상계는 甲의 동시이행항변권을 침해하여 부당하다는 주장] 본건은 '수동채권'에 동시이행항변권 부착 → 상계를 하는 丙 포기가능 ∴ 甲의 위 주장 이유X
- [수동채권이 가압류된 이상 민법 제498조에 따라 상계가 허용되지 않는다는 주장]
  - [민법 제498조 적용대상인지] 甲의 잔대금채권에 대해 甲의 금전채권자 戊가 가압류만 한 상태 ∴ 집행채권자의 본집행시(압류추심 or 압류전부) 제3채무자가 집행채무자에 대해 갖는 채권을 자동채권으로 한 상계에 관한 민법 제498조 적용사안X
  - [채권가압류의 효력과 제3채무자 상계 유효성] 甲의 주장을 선해하면 丙의 상계는 '채권 가압류의 효력'에 위배되는 것이어서 무효라는 취지 → (가)압류의 지급금지 효력(민사집행법 제227조 제1항)은 '상대적 무효'(개별상대효설) ∴ 가압류된 채권의 제3채무자가 집행채무자에게 변제시 제3채무자-집행채무자 사이에서는 유효 but 집행채권자가 추후 추심명령(전부명령)까지 받아 제3채무자에게 지급청구시 제3채무자는 변제항변X(이중지급 위험) → 상계는 상계권자가 출연적(出捐的)인 방법으로 채권자의 채권을 소멸시킨다는 점에서, 변제와 관련된 위 법리 원용○ ∴ 丙 상계는 甲과의 관계에서 유효

라. 법원의 판결 형태

원고 甲의 청구는 丙의 상계항변으로 인해 일부(5,000만 원)만 인용 & 甲의 Y토지상 저당권등기소멸 및 인도의무는 위 잔대금지급채무와 동시이행관계 → 원고가 단순이행 소구시 피고의 동시이행항변이 있고 이러한 항변이 이유 있으면 원고가 반대의사를 하지 않는 한, 법원은 상환이행판결 선고(대판 1979.10.10. 79다1508)

2014년
8월 모의고사

본서 p.1050

제1문

제1문의 1

甲은 평소 상품거래가 많아 잘 알고 지내던 乙의 부탁으로 2004. 8. 20. 乙이 A은행으로부터 대출받은 5천만 원에 대하여 연대보증을 하였다. 乙이 위 대출금을 상환하지 못하여 甲은 2008. 8. 20. A은행에 5천만 원을 대위변제하면서 乙로부터 담보조로 1억 원 상당의 차용증을 받아두었다. 그 후 甲은 위 대위변제한 금원을 지급받고자, 乙을 피고로 기재한 구상금 청구 소장을 2013. 7. 30. 관할 법원에 제출하였다.
(아래의 각 질문은 상호 무관계한 것임)

1. 乙이 2013. 1. 3. 사망한 사실을 소송진행 중 뒤늦게 알게 된 甲은 乙의 유일한 단독상속인 丙을 이 소송절차에 어떻게 끌어들일 수 있는가? (20점)

해설

1. 결론

甲은 피고표시정정을 신청하여 丙을 소송절차에 끌어올 수 있음

2. 이유

가. 당사자확정

- ✦ [判] 당사자는 <u>소장에 나타난 당사자의 표시</u>를 비롯하여 <u>청구원인 그 밖의 기재 등 전 취지를 기준으로 하여 객관적으로 당사자를 확정해야 한다</u>(대판 1986.9.23. 85누953 등; 실질적 표시설).
- ⇒ ㉠ 피고의 사망사실을 알면서도 의도적으로 그 자를 피고로 삼아 재산상의 권리행사를 위하여 민사소송을 제기한다는 것은 극히 이례적이라는 점, ㉡ 甲은 자신의 구상권을 행사하기 위하여 일단 자신이 보증을 선 채무자 乙을 상대로 소를 제기하였던 것일 뿐이지 어떠한 상황이든 乙이 반드시 피고가 되어야 한다고 생각하였던 것은 아니고, 乙이 제소 당시 이미 사망한 사정을 알았다면 乙의 상속인을 피고로 기재할 것으로 추측된다는 점에 비추어 보면 실질적인 피고는 '乙의 상속인 丙'

나. 상속인 丙을 소송절차에 끌어올 수 있는 방법

- [법리] '소장에 당사자로 기재된 자'와 '원고가 새로이 피고로 삼으려는 자'가 일치하지 않을 경우 정정하는 방법 / '당사자표시정정' & '임의적 당사자변경(피고경정; 민소법 제260조)' → 당사자표시정정은 '당사자 확정의 판단기준에 따라 확정된 당사자'와 '원고가 새로이 피고로 삼으려는 자'의 <u>동일성이 인정될 경우에만</u> 허용. 동일성이 없으면 피고경정 검토
- ⇒ 실질적 피고는 '乙의 상속인 丙'이고, 甲이 피고로 새로이 끌어오려고 하는 자도 '丙'으로서 동일성 인정
  ∴ 소장의 피고란에 기재된 '乙'은 단순오기. '丙'으로 당사자표시정정을 해 줄 것을 요청하는 방법으로 丙을 소송절차에 끌어올 수 있음

2. 甲은 위 구상금청구소송의 1심에서 전부승소판결을 받았고 피고가 불복하여 항소하였다. 甲은 항소심에서 위의 차용증을 이용해서 더 많은 금액을 받아내기 위해 1억 원의 지급을 구하는 대여금 청구로 변경하였다. 그런데, 甲의 대여금 청구에 대하여 피고가 적극적으로 반대주장을 펼치자 이에 당황한 甲은 차라리 1심에서 승소했던 구상금 청구를 유지하는 것이 더 좋겠다고 생각하여 다시 구상금 청구로 변경하는 신청을 하였다. 법원은 이 신청을 받아들여야 하는가? (20점)

해설

1. 결론

甲의 변경신청은 부적법하므로 각하

2. 이유

가. 甲의 청구변경의 성격

- [청구변경] 법원과 당사자의 동일성을 유지하면서 청구를 변경하는 것(민소법 제262조) / '추가적 변경' & '교환적 변경' → 甲이 처음에는 5,000만 원의 구상금 청구를 하여 1심에서 전부승소 후 항소심에서 구상금 청구에 갈음하여 1억 원의 대여금 청구로 변경 ∴ 교환적 변경
- [교환적 변경의 법적 성격] 새로운 청구의 추가와 종전 청구의 취하가 결합된 것(대판 1987.11.10. 87다카5) → 청구기초 동일성에 영향이 없으므로 피고동의가 없어도 무방(대판 1970.2.24. 69다2172)

나. 항소심에서 교환적 변경 후 재차 원래 청구로 변경하는 것이 허용되는지 여부

- [재소금지와의 관련성]
- ✦ [判] 항소심에서 소의 교환적 변경이 있는 경우 '종전 청구'에 대해서는 본안에 대한 종국판결 선고 후의 취하에 해당하여 재소금지의 적용을 받는다(대판 1987.11.10. 87다카1405 등).
- [사안검토] 甲이 항소심에서 대여금 청구로 교환적 변경하였으므로 종전 구상금 청구는 소취하된 것으로 봄 → 甲이 항소심에서 재차 구상금 청구로 청구취지를 변경할 경우에는 재소금지 원칙에 위배되어 부적법

제1문의 2

乙은 친지로부터 사채업자 A를 소개받아 대출 여부를 문의하였다. 乙은 사채업자 A의 요청에 의해 동인에게 자신의 甲은행 계좌와 비밀번호 등을 알려주었다. 그런데 A는 이 정보를 이용하여 甲은행으로부터 공인인증서를 재발급 받고 인터넷 뱅킹을 통하여 乙의 계좌를 담보로 하여 5천만 원을 대출받은 후 잠적하였다. 그 후 이러한 사실을 알게 된 甲은행은 乙을 상대로 위 대출금 지급을 구하는 소를 제기하였다.
(아래의 각 질문은 상호 무관계한 것임)

1. (원고 甲은행 직원의 실수로 청구취지 금액이 3천만 원으로 기재되었으나 청구원인에는 원고 甲은행이 피고 乙에 대해 가지는 채권이 여전히 5천만 원임이 표시되어 있다고 가정한다.) 심리과정에서 원고 甲은행은 금융감독원 지침을 어기고 사채업자 A가 공인인증서의 재발급신청서에 기재한 대포폰에 문자메시지를 보내어 본인확인을 한 과실이 있음이 밝혀졌다. 원고 甲은행의 과실을 80%로 인정한다면 법원은 피고 乙이 원고 甲에게 얼마를 지급하라고 판결하여야 하는가? (15점)

해설

1. 결론

법원은 1,000만 원의 지급을 명해야

2. 이유

가. 甲은행 청구의 성격

A는 乙의 수권없이 乙 이름으로 甲은행으로부터 5,000만 원 대출받음 ∴ 대출계약은 무권대리 → [표현대리?] ㉠ 乙이 甲은행에 대해 'A에게 대출과 관련된 대리권을 수여하였음'을 표시× (민법 제125조 적용×), ㉡ A에게 기본대리권× (같은법 제126조 적용×), ㉢ A에게 대리권이 있다가 소멸 × (같은법 제129조 적용×) ∴ 표현대리× → <u>甲은행이 乙을 상대로 한 청구는 '대출금액에 상응하는 손해배상' 청구</u>

나. 일부청구 해당성 여부

청구취지에 3,000만 원의 지급을 구한다고 기재 but 청구원인에는 총 채권이 5,000만 원이라고 기재 → 소송행위에는 '표시주의' 관철 ∴ 청구취지 기재가 甲은행 직원 실수에 의한 것이더라도 일부청구로 취급

다. 일부청구와 과실상계

일부청구시 원고에게 과실상계 사유가 있으면「외측설」에 따라 계산(대판 1991.1.25. 90다6491) → ㉠ 전체 손해액을 산정하여 그로부터 과실상계를 한 후, ㉡ 잔액이 청구액을 초과하면 청구액의 한도에서 인용하고, 미달하면 그 잔액만큼 인용 ⇒ 甲은행 손해배상채권액 5,000만 원 & 甲은행 과실 80% ∴ 과실상계 후 잔액은 1,000만 원

라. 소결론

甲은행은 3,000만 원 지급 소구 → 과실상계를 반영한 최대 청구금액 1,000만 원 ∴ 법원은 1,000만 원의 지급을 명해야

2. 원고 甲은행은 자신의 채권이 5천만 원임에도 불구하고 소장에 아무런 표시 없이 3천만 원의 지급을 구하는 소를 제기하여 전부 승소판결을 받았다면 누구에게 항소의 이익이 인정되는가? (15점)

해설

1. 결론

원고 甲 및 피고 乙 모두에게 항소이익 인정

2. 이유

가. 상소이익

- [개념] 하급심 종국판결에 대해 불복신청을 함으로써 그 취소 및 변경을 구할 수 있는 법적 이익 → 법원 직권조사사항(직권조사 방법에 의함) & 상소제기시 기준으로 판단(대판 1983.10.25. 83다515)
- [판단기준(형식적 불복설)]
- [判] 재판이 상소인에게 불이익한 것인지의 여부는 '재판의 주문'을 표준으로 하여 결정한다(대판 2002.6.14. 99다61378 등).

나. 피고 乙의 항소이익

乙은 전부패소한 자로서 항소이익 인정

다. 원고 甲의 항소이익

- [判] 전부승소자는 원칙적으로 상소이익이 없다. 다만 가분채권에 대한 이행청구의 소를 제기하면서 그것이 나머지 부분을 유보하고 일부만 청구하는 것이라는 취지를 명시하지 아니한 경우에는 그 확정판결의 기판력은 나머지 부분에까지 미치는 것이어서 별소로써 나머지 부분에 관하여 다시 청구할 수는 없으므로, 일부청구에 관하여 전부 승소한 채권자는 나머지 부분에 관하여 청구를 확장하기 위한 항소가 허용되지 아니한다면 나머지 부분을 소구할 기회를 상실하는 불이익을 입게 된다. 이러한 경우에는 예외적으로 전부 승소한 판결에 대해서도 나머지 부분에 관하여 청구를 확장하기 위한 항소의 이익을 인정함이 상당하다(대판 1997.10.24. 96다12276).

제1문의 3

乙은 건물소유를 목적으로 甲 소유의 토지를 임차하였다. 甲은 乙을 피고로 하여 이 토지 위의 건물의 철거와 대지의 인도를 구하는 소를 제기하였다.

1. 위의 소송에서 乙은 甲에 대하여 건물매수청구권을 행사하지 않고 있다. 이 경우 법원은 乙에게 건물매수청구권의 행사 여부에 관하여 석명하여야 하는가? (10점)

해설

1. 결론
법원은 乙에게 건물매수청구권의 행사 여부에 관하여 석명해서는 안 됨

2. 이유

가. 석명권
- **[의의]** 소송관계를 분명히 하기 위하여 당사자에게 질문하고 입증촉구를 하는 한편 당사자가 놓친 법률사항을 지적하여 의견진술의 기회를 주는 법원의 권능
- **[적극적 석명의 허용 여부]**
  - ✦ [判①-원칙(소극)] 법원의 석명권 행사는 당사자의 주장에 모순된 점이 있거나 불완전·불명료한 점이 있을 때에 이를 지적하여 정정·보충할 수 있는 기회를 주고, 계쟁 사실에 대한 증거의 제출을 촉구하는 것을 그 내용으로 하는 것으로, 당사자가 주장하지도 아니한 법률효과에 관한 요건사실이나 독립된 공격방어방법을 시사하여 그 제출을 권유함과 같은 행위를 하는 것은 변론주의 원칙에 위배되는 것으로 석명권 행사의 한계를 일탈하는 것으로서 허용되지 아니한다(대판 2000.8.22. 2000다22362 등).
  - ✦ [判②-예외] 임대인의 건물철거와 그 부지인도 청구에는 건물매수대금 지급과 동시에 건물명도를 구하는 청구가 포함되어 있다고 볼 수 없고, 법원으로서는 임대인이 종전의 청구를 계속 유지할 것인지, 아니면 대금지급과 상환으로 지상물의 명도를 청구할 의사가 있는 것인지(예비적으로라도)를 석명하고 임대인이 그 석명에 응하여 소를 변경한 때에는 지상물 명도의 판결을 함으로써 분쟁의 1회적 해결을 꾀하여야 한다(대판(全合) 1995.7.11. 94다34265; 토지임대차 종료 후 임대인이 임차인을 상대로 임차인 소유건물 철거와 부지인도를 청구하자 임차인이 건물매수청구권을 행사한 사안에서 적극적 석명을 인정한 사례).

나. 사안검토
乙의 건물매수청구권은 원고청구를 배척할 수 있는 독립된 공격방어 방법에 해당 ∴ 乙이 소송에서 이를 주장하지 않았다고 하여 법원이 적극적으로 나서 乙로 하여금 건물매수청구권을 행사하도록 유도해서는 안 됨

2. 법원은 甲의 청구를 전부 인용하는 판결을 선고하여 그대로 확정되었다. 甲은 이 판결을 집행권원으로 하여 강제집행을 신청하였다. 이 경우 乙이 강제집행을 정지시킬 수 있는 방법은 무엇인가? (20점)

해설

1. 결론

乙은 甲을 상대로 건물매수청구권을 행사하여 '청구이의의 소'를 제기한 후, 그 법원에 강제집행 정지를 신청하여 집행정지 명령을 받아 집행법원에 제출하여 강제집행을 정지시킬 수 있음

2. 이유

가. 乙이 확정판결 이후 건물매수청구권을 행사하는 것이 가능한지 여부

- [기판력의 시적범위(표준시) 및 차단효(실권효)] 판결확정시 기판력 발생 → 전소법원은 '사실심 변론종결시'까지 현출된 주장과 증거를 바탕으로 판단 ∴ 기판력은 '사실심 변론종결시의 법률관계'에 대해서 생김 → 기판력의 시적범위로 인해 차단효(실권효) 발생 → 후소에서 전소 변론종결 이전에 존재하고 있던 공격방어방법을 주장하여 전소 확정판결에서 판단된 법률관계의 존부와 모순되는 판단을 구하는 것은 전소 확정판결의 기판력에 반함 / 전소에서 당사자가 그 공격방어방법을 알지 못하여 주장하지 못하였는지 나아가 그와 같이 알지 못한 데 과실이 있는지는 묻지 아니함(대판 2014.3.27. 2011다49981)
- [건물매수청구권과 차단효] 전소 변론종결 전 발생한 각종 형성권을 변론종결 후에 행사하여 후소(청구이의의 소 or 확정채무부존재확인의 소)로써 종전 확정판결을 뒤집을 수 있는지? → 대법원은 「상계권」 및 「건물매수청구권」에 대해서는 허용되고, 기타 나머지 형성권(취소권·해제권·백지보충권 등)은 종전 확정판결의 기판력에 저촉되어 허용되지 않는다는 입장
- [소결론] 乙은 전소 패소확정판결 이후에도 甲을 상대로 건물매수청구권 행사 가능

나. 乙이 강제집행을 정지시킬 수 있는 구체적인 방법

- [청구이의의 소] 채무자가 집행권원에 표시된 청구권에 관하여 생긴 이의를 내세워 집행권원이 갖는 집행력의 배제를 구하는 소(민사집행법 제44조)
- ⇒ 乙이 甲을 상대로 건물매수청구권 행사시 甲-乙간 목적건물에 관하여 매매계약 성립(형성권) ∴ 甲의 목적건물 철거 소구는 불가하고 乙에게 목적건물의 매수대금을 지급할 의무 부담 → 乙이 변론종결 후에 甲을 상대로 건물매수청구권을 행사한 후 청구이의의 소를 제기하여 전소 확정판결의 집행력 배제 구할 수 있음
- [별도 강제집행정지 신청 및 후속절차] 청구이의의 소를 제기했다는 사정만으로는 강제집행이 개시 및 속행에 영향을 미치지 못함(민사집행법 제46조) → 청구이의의 소의 수소법원으로부터 강제집행 정지를 명하는 잠정처분을 받아 집행기관(집행법원)에 제출해야

제1문의 4

甲은 2013. 10. 1. 자신이 소유하고 있는 X주택을 乙에게 1억 원에 팔기로 하는 내용의 계약을 체결하였다. 계약 당시 乙은 甲에게 계약금으로 1,000만 원을 지급하였고, 중도금 4,000만 원은 2013. 11. 1. X주택 인도 및 소유권이전등기에 필요한 서류를 받으면서 지급하기로 하고, 잔금 5,000만 원은 乙이 X주택을 Y은행에 담보로 제공하고서 금전을 대출받아 2013. 12. 1. 지급하기로 하였다. 甲은 2013. 10. 15. 乙에 대한 4,000만 원의 중도금채권을 丙에게 양도하고 이를 乙에게 통지하였고, 乙은 2013. 11. 1. 丙에게 4,000만 원을 지급하였다. 甲은 2013. 11. 1. 乙에게 X주택을 인도하고 소유권이전등기에 필요한 서류를 넘겨주었다. 乙은 즉시 X주택에 대한 소유권이전등기를 한 뒤 Y은행에 저당권을 설정하여 주고 5,000만 원을 대출받았으나 다른 급한 용도가 생겨 대출금으로 잔금을 지급하지 않고 다른 용도로 사용하였다. 甲은 2013. 12. 15. 乙에 대하여 같은 달 31.까지 잔금을 지급할 것을 최고하였으나 乙은 결국 잔금을 지급하지 못하였다. 甲은 2014. 1. 10. 乙에 대하여 계약을 해제한다고 통지하면서 乙 명의의 소유권이전등기를 말소하여 줄 것을 요구하였다.
※ 아래 각 설문은 독립적이며 상호 무관함.

1. 乙은 자신이 X주택의 소유자로 등기되어 있는 것을 이용하여 2014. 1. 30. X주택을 丁에게 1억 2,000만 원에 팔고 그 소유권이전등기를 마쳐주었다. 乙은 2014. 2. 15. 丙에 대하여 4,000만 원의 반환을 구하는 소를 제기하였고, 甲은 그 무렵 丁에 대하여 X주택의 소유권이전등기의 말소를 구하는 소를 제기하였다. 丙에 대한 乙의 청구 및 丁에 대한 甲의 청구에 대한 결론을 포함하여 甲과 乙 사이의 법률관계를 설명하시오. (35점)

해설

1. 결론

① 丙에 대한 청구 인용. ② 丁에 대한 말소청구는 丁이 계약해제 사실을 몰랐다면 기각, 계약해제 사실을 알았다면 인용. ③ 甲은 乙에게 '계약금 및 받은 날로부터 법정이자를 가산한 돈'을 반환해야. 乙은 ㉠ X주택 소유권이 甲에게 복귀하지 않은 경우 '시가 상당의 가액(1.2억 원) 및 받은 날로부터의 법정이자를 가산한 돈'을 반환해야, ㉡ X주택 소유권이 甲에게 복귀한 경우 소유권말소등기 의무 및 丙 명의의 저당권 피담보채무액 상당 손해배상의무 부담

2. 이유

가. 논의의 전제(甲의 계약해제 적법성)

㉠ 乙은 2013. 12. 1. 잔대금 지급X & 금전채무 불이행시 채무자귀책 필요X(민법 제397조 제2항 후단), 甲은 선이행특약에 의해 중도금 받고 X주택 소유권·점유를 이전하여 乙은 잔대금지급과 관련 동시이행항변권 행사X ∴ 乙의 잔대금지급 의무 불이행 위법(= 이행지체 발생), ㉡ 甲은 2013. 12. 15. 乙에 대해 같은달 31.까지 잔금을 지급할 것 최고(= 상당한 기간을 정한 이행최고), ㉢ 乙은 잔대금 미지급(= 이행 또는 이행제공이 없음) ∴ 甲 매매계약 해제 적법(같은법 제544조 본문 참조)

나. 丙에 대한 乙의 청구에 관하여
- [해제에 따른 소급효 및 제한] 계약해제시 원인행위는 소급적 실효 & 그에 기해 이루어진 물권변동 역시 소급적으로 소멸(직접효과설 혹은 물권적 효과설; 대판 1977.5.24. 75다1394) but 제3자의 권리를 해하지 못함(같은법 제548조 제1항 단서)
- ✦ [판] '제3자'란 '해제될 계약으로부터 생긴 법률적 효과를 기초로 하여 새로운 이해관계를 가졌을 뿐만 아니라 등기·인도 등으로 완전한 권리를 취득한 자'를 말한다(대판 1996.4.12. 95다49882 등).
- [중도금채권 양수인 丙의 민법 제548조 제1항 단서의 제3자 해당성] 丙과 같은 지명채권 양수인은 위 제3자 해당×(대판 1991.4.12. 91다2601 등)
- [원상회복의 당사자] 매매대금채권이 양도되어 매수인이 양수인에게 매매대금을 지급하였는데, 그 후 매매계약이 적법해제시 '지명채권 양수인'이 반환의무 부담(대판 1991.4.12. 91다2601) ∴ 丙을 상대로 양수금(중도금) 4,000만 원 반환을 구하는 乙의 청구 타당

다. 丁에 대한 甲의 청구에 관하여
- ✦ [판] 「계약해제로 인한 원상회복등기 등이 이루어지기 전에 계약의 해제를 주장하는 자와 양립되지 아니하는 법률관계를 가진 자로서 계약해제 사실을 몰랐던 제3자」에 대해서도 계약해제를 주장할 수 없다(대판 1996.11.15. 94다35343). 계약해제의 효과를 주장하는 자가 제3자가 악의라는 점에 관하여 증명책임을 부담한다(대판 2005.6.9. 2005다6341).
- ⇒ 丁은 계약해제를 주장하는 甲과 양립되지 아니하는 법률관계를 가진 자○ ∴ 丁 선의시 甲 말소등기청구 기각, 악의시 인용

라. 甲과 乙 사이의 법률관계에 관하여
- [계약해제와 원상회복 의무] 甲과 乙은 매매계약의 당사자로서 계약해제로 인해 각자 원상회복의무 부담(같은법 제548조 제1항 본문)
- [丁이 X주택의 소유권을 취득한 경우] ㉠ 乙은 甲에 대해 X주택 소유권 회복× ∴ 가액반환 책임 → '회복불능 당시의 목적물 시가 상당액' 즉 丁으로부터 매수대금으로 받은 1.2억 원 및 그 돈을 받은 날(2014. 1. 30.)로부터의 법정이자를 가산한 금액(대판 2013.12.12. 2013다14675), ㉡ 甲은 乙에게 지급받은 매매대금 반환해야 → 중도금 4,000만 원 반환의무는 채권양수인 '丙' 부담 ∴ 甲은 계약금 1,000만 원 및 받은 날(2013. 10. 1.)로부터 법정이자를 가산한 금액 반환(같은법 제548조 제2항), ㉢ 甲, 乙이 각각 부담하는 원상회복의무 상호간에는 동시이행관계 성립(같은법 제549조, 제536조)
- [丁이 X주택의 소유권을 취득하지 못한 경우] ㉠ 甲은 소유권에 기하여 乙과 丁을 공동피고로 하여 각 명의의 소유권이전등기 말소소구○ → 저당권자 Y은행은 계약해제로써 대항할 수 없는 제3자 ∴ 甲은 乙을 상대로 저당권 소멸에 필요한 피담보채무액 상당을 손해배상 명목으로 청구(같은법 제551조), ㉡ 甲의 乙에 대한 계약금 반환의무는 위에서 살펴본 것과 동일 & 이러한 의무와 乙의 의무 상호간 동시이행관계

2. 乙은 2013. 11. 5. 戊와 사이에 X주택에 대하여 임대차 기간 2년, 보증금 6,000만 원으로 하는 임대차계약을 체결하였다. 戊가 2013. 11. 8. X주택을 인도받고 그 주민등록을 마쳤다면, X주택의 매매계약을 해제한 甲은 戊에게 X주택의 인도를 청구할 수 있는가? (15점)

해설

1. 결론
甲은 戊에게 X주택 인도 청구 불가

2. 이유

가. 논점정리

X주택 매매계약 해제로 甲은 소유권 회복 & 현재 戊 주택점유 ∴ 甲은 戊에게 주택인도 청구 가능 but 戊에게 '점유할 권리'가 있으면 반환 거부(민법 제213조) → ㉠ 戊의 임차권이 대항력이 있는지, ㉡ 대항력 있는 임차권자가 민법 제548조 제1항 단서의 제3자에 해당하는지

나. 戊의 임차권이 대항력을 갖추었는지 여부

주택임차권이 대항력을 갖기 위해서는 '임차권등기'를 하거나 '주택임대차법상의 대항요건'을 갖추어야
⇒ 戊는 주택 처분권한을 가진 乙과 임대차계약 체결 & 주택을 인도받고 주민등록 경료 ∴ 대항요건 구비. 대항요건 발생일자는 주민등록을 마친 그 다음날인 2013. 11. 9. 0시(주택임대차법 제3조 제1항; 대판 1999.5.25. 99다9981)

다. 주택임대차법상 대항력 있는 임차권자의 민법 제548조 제1항 단서 제3자 해당성

✦ [判] 민법 제548조 제1항 단서의 '제3자'란 '해제될 계약으로부터 생긴 법률적 효과를 기초로 하여 새로운 이해관계를 가졌을 뿐만 아니라 등기·인도 등으로 완전한 권리를 취득한 자'를 말한다(대판 1996.4.12. 95다49882 등).
⇒ 임차권등기가 된 경우와 주택임대차법상 대항요건을 갖춘 경우의 임차권자는 모두 제3자에 대해 자신의 임차권을 주장할 수 있는 실체법적 권한을 가지고 있다는 점을 고려하면 양자는 동일하게 취급되어야(대판 2008.4.10. 2007다38908 등) ∴ 甲은 戊에게 주택인도를 구할 수 없고, 임대차 종료시 임대차보증금도 甲이 반환해야(대판 2003.8.22. 2003다12717)

제2문

공통된 사실관계

A는 1937. 3. 7.부터 X토지를 소유하고 경작하여 오다가 1961. 5. 2. 이 토지를 甲에게 매도하고 그 무렵 甲 명의로 소유권이전등기를 마쳐 주었다. 그런데 A는 그 이후에도 계속 X토지를 경작하였고, A가 1970. 5. 29. 사망한 이후에는 A의 단독상속인인 B가 이를 계속 경작하였다. B는 2002년 甲을 상대로 X토지에 대해 취득시효 완성을 원인으로 한 소유권이전등기절차의 이행을 구하는 소를 제기하였다.

1. B의 청구의 타당성을 검토하라. (20점)

해설

1. 결론
B의 청구는 부당

2. 이유

가. 부동산 점유취득시효 요건
20년 간 소유의 의사로 평온, 공연하게 부동산을 점유하는 자는 등기함으로써 소유권 취득(민법 제245조 제1항) → 점유자의 자주점유성 및 평온·공연성 추정(같은법 제197조 제1항) ∴ 시효취득을 주장하는 자는 20년 간 점유사실만 주장·입증하면 족함 / 전후양시에 점유한 사실이 있는 때에는 그 점유는 계속한 것으로 추정(같은법 제198조)

나. B의 점유취득시효 완성을 원인으로 한 이전등기청구의 타당성
- **[점유취득시효의 기산일과 점유취득시효의 완성 여부(요건사실 충족 여부)]** ㉠ B의 피상속인 A가 X토지를 처음 점유한 일자는 1937. 3. 7. but 자기 소유 부동산을 점유해 온 것은 취득시효의 기초로서의 점유X → 소유권의 변동이 있는 경우에 취득시효의 기초가 되는 점유개시(대판 1989.9.26. 88다카26574) ∴ 점유취득시효 기산일은 A가 위 토지를 甲에게 매도하여 그 명의로 소유권이전등기가 된 '1961. 5. 2.', ㉡ A는 1970. 5. 29. 사망 but 사망으로 인해 피상속인 점유는 당연 상속인에게 이전(같은법 제193조) → 1961. 5. 3.부터 20년이 경과한 1981. 5. 2. 24:00 점유취득시효 완성
- **[자주점유 추정 번복 주장(피고 甲의 공격방법)]** 매도인이 토지를 매도하고서도 계속 점유하면 자주점유에서 타주점유로 변경(대판 2004.9.24. 2004다27273) ∴ A가 甲에게 X토지를 매도하여 소유권이전등기를 이전한 이후 그 토지를 계속 점유하여 경작한 것은 성질상 '타주점유' / 주장·입증책임은 피고 甲 부담
- **[타주점유의 자주점유로의 전환 주장(원고 B의 방어방법)]** B는 1970. 5. 29. 점유권 상속 → 피상속인이 타주점유인 상황에서 상속인의 점유가 자주점유가 되기 위해서는 '점유자가 점유를 시킨 자에게 소유의 의사가 있음을 표시'하거나 또는 '새로운 권원에 의하여 다시 소유의 의사로써 점유를 시작'하여야(대판 1995.1.12. 94다19884) → '상속' 자체가 타주점유를 자주점유로 바꾸는 새로운 권원이 될 수 있는지 문제되나 대법원은 부정 ∴ 점유의 시초부터 타주점유였다면 그 타주점유의 의사는 상속인의 상속 후에도 계속되었다고 추정(대판 1995.1.12. 94다19884) → 본건에서 자주점유로의 전환을 인정할 만한 특별한 사정X

다. 소결론

점유취득시효 기간 요건 자체는 충족 but B 점유는 타주점유로서, 자주점유로의 전환을 인정할 만한 사정이 없으므로 B에게는 점유취득시효를 원인으로 한 이전등기청구권 인정X

2. 甲이 B의 청구에 대하여 소멸시효 항변을 한다면 받아들여질 것인가? (5점)

해설

1. 결론

   甲의 소멸시효 항변은 부당

2. 이유

   가. 논의의 전제

   자주점유성에 관한 주장·입증책임은 피고 甲에게 있으므로 甲의 변론진행 미숙 등으로 제대로 항변이 이루어지지 않아 B에게 이전등기청구권이 인정될 가능성 있음

   나. 점유취득시효 완성을 원인으로 하는 이전등기청구권이 소멸시효의 대상인지 여부

   점유취득시효 완성을 원인으로 하는 이전등기청구권은 채권적 청구권으로서 소멸시효 대상○(대판 1995.12.5. 95다24241)

   다. 점유자가 목적 부동산을 계속 점유·사용하는 경우 이전등기청구권이 시효소멸되는지 여부

   ✦ [判] 토지에 대한 취득시효완성으로 인한 소유권이전등기청구권은 그 토지에 대한 점유가 계속되는 한 시효로 소멸하지 아니한다(대판 1995.2.10. 94다28468 등).

   ⇒ B가 1981. 5. 1. 24:00 점유취득시효 완성을 이유로 이전등기청구권 취득하였다고 가정시 10년이 지나도록 이전등기를 하지 않더라도, 그 자가 X토지를 계속 점유·경작하고 있는 이상 위 이전등기청구권은 시효소멸되지 않음 ∴ 甲의 소멸시효 항변 이유 없음

추가된 사실관계 1

- 甲은 자신의 소유인 X토지 위에 Y건물을 신축하고 자신의 이름으로 Y건물에 관하여 보존등기를 하였다.
- 甲은 C와의 사이에 Y건물 1층을 임차인 C, 보증금 1억 원 임차기간 2003. 1. 1.부터 24개월, 임대료 월 1,200만 원으로 정하여 임대하는 계약을 체결하였다. 임대차계약시 관리비 월 100만 원, 전기료·수도료 등 공과금은 임차인이 부담하고, 임대차계약이 종료되면 임차인은 Y건물을 원상회복하여 명도하기로 약정하였다. C는 2003. 1. 1. 甲에게 보증금 1억 원을 지급하였다.
- 이어서 甲과 C는 임차보증금 반환채권을 담보할 목적으로 전세권 설정등기를 마치기로 약정하고, 2003. 1. 10. Y건물 1층에 관하여 전세권설정자 甲, 전세권자 C, 전세금 1억 원, 범위 Y건물 1층, 기간 2003. 1. 1.부터 2년으로 된 전세권 설정등기를 마쳤다.
- C는 2003. 2. 21. 乙로부터 7,000만 원을 차용하면서 乙에게 담보로 위 전세권에 관하여 채권최고액 금 9,000만 원의 근저당권 설정등기를 마쳐주었다. 이때 乙은 전세권 설정등기가 마쳐진 경위에 관하여 알지 못하였다.
- 그런데 C는 2004. 1. 1. 이후로 甲에게 임대료 및 관리비를 지급하지 못하였을 뿐만 아니라 乙에게 대출금 이자도 지급하지 아니하였다. 이에 甲은 2004. 9. 12. C에게 임대차계약을 해지한다는 뜻을 통지하였고, 그 통지는 그 무렵 C에게 도달되었다.
- 甲은 乙을 상대로 Y건물에 관한 전세권 근저당권 설정등기의 말소를 구하는 소를 제기하면서, "① 이 사건 전세권 설정등기는 실제로 전세권 설정계약을 체결하지 않고 단지 임차보증금 반환채권을 담보할 목적으로 마친 것으로 통정허위표시에 기한 무효의 등기이므로 이에 기한 근저당권 설정등기 역시 말소되어야 하고, ② C가 연체한 임대료, 관리비 등을 전세금에서 공제하면 남는 것이 없으므로 전세권 설정등기의 피담보채무가 모두 소멸하였고, 이에 따라 전세권설정등기는 무효가 되었으므로 이에 기한 근저당권 설정등기는 말소되어야 한다."고 주장하였다.

※ 아래 각 설문은 독립적이며 상호 무관함.

3. 甲이 주장하는 사실관계가 모두 인정되었다고 가정할 때, 甲의 주장의 타당성을 검토하라. (10점)

해설

1. 결론

甲의 주장은 모두 타당하지 않다.

2. 이유

가. 전세권등기가 통정허위표시로서 무효이므로 전세권저당권등기는 말소되어야 한다는 주장의 타당성

- [전세권등기 통정허위표시성]
  - [判] 실제 전세권설정계약을 체결하지 아니하였으면서도 임대차계약에 기한 임차보증금반환채권을 담보할 목적 또는 금융기관으로부터 자금을 융통할 목적으로 임차인과 임대인 사이의 합의에 따라 임차인 명의로 전세권설정등기를 경료한 경우에, 위 전세권설정계약은 통정허위표시에 해당하여 무효이다(대판 2008.3.13. 2006다29372 등).

- **[전세권저당권자 지위]** 통정허위표시의 무효는 선의의 제3자에게 대항하지 못함(민법 제108조 제2항)
  → **[제3자]** 당사자와 그 포괄승계인 이외의 자로서 허위표시에 의하여 외형상 형성된 법률관계를 토대로 실질적으로 새로운 법률상 이해관계를 맺은 자(대판 2000.7.6. 99다51258 등)
  ⇒ 허위의 전세권설정계약에 의해 형성된 법률관계에 기초하여 저당권을 설정한 전세권저당권자 乙도 포함 (대판 2008.3.13. 2006다29372) & 乙은 전세권 설정경위에 대해 선의 ∴ 乙에게 무효 주장×

나. C의 연체임차료 등을 전세금에서 공제하여 남는 것이 없기 때문에 전세권저당권등기는 말소되어야 한다는 주장의 타당성

전세목적물이 전세권자의 귀책에 의해 멸실될 경우 전세권설정자는 전세권자에 대해 갖게 되는 손해배상채권액을 전세금에서 충당할 수 있음(같은법 제315조 제2항) → 전세금의 보증금적 성격은 위 경우 이외에는 인정×(대판 2008.3.13. 2006다29372)
⇒ C가 연체한 임차료, 관리비 등은 전세금에서 보증될 수 있는 채무가 아니어서, 연체임차료 등을 공제하면 전세금이 남아 있지 않아서 전세권 및 전세권저당권등기는 무효라는 甲의 주장 부당

4. 甲의 소 제기에 의하여 소송이 진행되는 도중에 위 전세권이 기간 만료로 종료되었다. 이 상태에서 C가 乙에게 대출원리금을 전혀 변제하지 않아 乙이 근저당권을 실행하고자 할 때 乙이 취하여야 할 조치는 무엇인가? (10점)

해설

1. 결론

㉠ 전세금이 C에게 지급되기 전에 전세금반환채권을 압류하여 추심·전부명령을 받거나, ㉡ 이미 다른 일반채권자가 위 전세금반환채권에 대해서 경매절차를 신청했다면 배당요구를 하는 방식으로 권리 실행 가능

2. 이유

가. 전세권 존속기간 만료시 전세권저당권의 효력(전세권 자체에 대한 저당권 실행 가능성 여부)

전세권에 저당권 설정시 전세권의 존속기간이 만료되면 전세권의 본래적 모습인 용익물권적 권능은 당연소멸
∴ 전세권 자체에 대하여 저당권 실행×(대결 1995.9.18. 95마684)

나. 전세권저당권자의 물상대위권

- **[물상대위권]** 담보물권 목적물 멸실·훼손 또는 공용징수시 그 가치변형물이 존재하면 담보물권이 그 대표물에 미치도록 하는 제도(민법 제342조, 제370조, 제342조) → 전세권 존속기간 만료로 인해 전세권의 용익물권적 권능이 소멸하면 전세권에 갈음하여 존속하는 것으로 볼 수 있는 '전세금반환채권'에 대하여 물상대위권을 행사하는 방법으로 저당권의 만족을 구할 수 있음(대결 1995.9.18. 95마684)
- **[구체적인 권리실행 방법]** ㉠ 전세금을 전세권자에게 지급하기 전에 압류·추심 혹은 압류·전부명령을 받거나, ㉡ 이미 다른 일반채권자가 경매절차를 신청했다면 배당요구를 하는 방식으로(물상대위자의 중첩적인 압류·추심(전부) 신청도 배당요구와 같이 취급) 권리실행

5. 위 전세기간이 만료한 이후인 2005. 2. 1.에 C가 D와 사이에 전세권양도계약을 체결하고 같은 날 전세권 이전의 부기등기를 하여 주었으나 그 이외에 별다른 조치는 취하지 않았다. 한편 E는 2005. 2. 9.에 이 사건 전세금반환채권을 압류하고 이를 E에게 전부하는 내용의 채권압류 및 전부명령을 받았는데, 위 명령은 그 무렵 甲에게 송달되어, 2005. 2. 28. 확정되었다. 甲이 D에게 전세금을 반환한 경우 E는 甲에게 전세금반환을 구할 수 있는가? (10점)

해설

1. 결론

전세금반환채권 전부권자 E가 양수인 D보다 우선하므로, 甲은 E에게 재차 전세금(전부금)을 지급하고, D로부터 부당이득으로 반환받아야. 다만 甲이 D에게 전세금(양수금)을 지급한 일자가 압류·전부명령 송달 전이라면 압류·전부명령이 무효가 되므로 甲은 E에게 재차 전세금(전부금)을 지급할 필요 없음

2. 이유

가. C와 D 사이에 체결된 전세권양도계약의 의미

- [판] 전세기간이 만료된 경우 전세권설정자는 전세권자에게 전세금을 반환해야 하고, 그 경우 전세권은 용익물권적 권능은 당연소멸된 채 단지 위 전세금반환채권을 담보하는 담보물권적 권능만 남게 된다. 이러한 권능의 범위 내에서 전세금의 반환시까지 전세권설정등기의 효력이 계속 존속한다(대판 2005.3.25. 2003다35659).
- ⇒ 전세기간 만료 후에 이루어진 C와 D 사이의 전세권양도계약은 '<u>전세금반환채권 양도</u>'에 해당 → 피담보채권인 전세금반환채권이 양도된 이상 담보물권적 권능으로서의 전세권도 D에게 이전(부종성) & 법률행위에 의한 이전이어서 '<u>전세권이전의 부기등기</u>'가 있어야

나. 전세금반환채권 양수인 D의 지위와 전세금반환채권 전부권자 E의 지위의 우열

- [개관] 동일한 채권에 대해서 양수인과 전부권자 경합시 우열관계는 ㉠ 채권양도가 확정일자 있는 증서로 통지 등이 이루어졌는지, ㉡ 확정일자 있는 증서에 의한 통지 등이 있었다면 압류·전부명령과의 선후관계(도달시 기준으로 판단)는 어떻게 되는지 검토 후 결정 → 위 '㉠'과 관련하여 <u>채권양도가 먼저 이루어졌다 하더라도 확정일자 있는 증서에 의한 대항요건이 갖추어지지 않으면 나중에 이루어진 전부명령에 뒤쳐짐</u>(민법 제450조 제2항 및 대판 1972.1.31. 71다2697 참조)
- [전세권이전의 부기등기가 확정일자 있는 증서에 의한 통지 혹은 승낙으로 볼 수 있는지]
- [판] 전세기간 만료 후 전세권양도계약 및 전세권이전의 부기등기가 이루어진 것만으로는 전세금반환채권의 양도에 관하여 확정일자 있는 통지나 승낙이 있었다고 볼 수 없다(대판 2005.3.25. 2003다35659).
- ⇒ 원칙적으로 전부권자 E가 채권양수인 D에 우선
- [**甲이 D에게 전세금을 반환한 시기와 관련된 논점**] 甲이 D에게 전세금을 반환하였지만 구체적인 반환일자 × → <u>전세금반환채권에 대한 압류·전부명령 송달 전에 변제가 있었다면 압류·전부명령은 이미 소멸된 채권에 대해 이루어진 것이어서 무효</u>(대판 2003.10.24. 2003다37426 참조)

> **추가된 사실관계 2 - 추가된 사실관계 1과는 별개의 것임**
> ○ 甲은 2003. 9. 4. F에게 자기 소유의 Y건물을 매도하는 매매계약을 체결하였다.
> ○ F는 매매계약에 따라 계약금과 중도금을 지급하였으며, 잔대금은 2004. 3. 5. 위 건물에 관한 소유권등기를 이전받음과 동시에 지급하기로 하였다.
> ○ 그런데 甲의 다른 채권자들이 Y건물을 가압류할 태세를 보이자 甲은 Y건물의 소유권을 G에게 명의신탁하여 2003. 12. 10. G명의로 소유권이전등기를 마쳤다.
> ○ 한편 H는 Y건물이 실제로는 甲의 소유임을 알면서도 G 명의로 되어 있는 것을 기화로 G에게 Y건물을 자기에게 싼 값에 매도하고 소유권을 이전해 달라고 적극적으로 요구하였다.
> ○ 과도한 빚에 시달리던 G는 H의 요구를 이기지 못하고 Y건물을 H에게 매도하고 소유권이전등기를 이전해주었다.
> ○ H는 이와 같은 사정을 모르는 J에게 Y건물을 매도하고 소유권등기를 이전해주었다.

6. F는 甲을 대위하여 H와 J를 상대로 각 소유권이전등기의 말소를 청구하였다. 이 청구의 타당성을 검토하라. (25점)

해설

1. 결론

F의 채권자대위권 행사는 타당

2. 이유

가. 채권자대위권 행사요건

채권자대위권 행사요건(민법 제404조) 관련하여 ㉠ F는 甲에 대해 소유권이전등기청구권 보유(피보전권리 존재; 변제기 도래 전제), ㉡ F가 자신 명의로 소유권이전등기를 해 오기 위해서는 甲 명의로 등기명의를 회복시킬 필요○(채권보전 필요성), ㉢ 채무자 甲의 권리행사 사정×(채무자의 권리불행사). 단 ㉣ 피대위권리, 즉 甲이 H, J에 대해 말소등기청구권 갖는지 검토

나. 피대위권리의 존재 여부

- [개관] ㉠ 甲-G 사이 명의신탁 효력, ㉡ H의 소유권 취득 여부, ㉢ J의 소유권 취득 여부
- [甲-G 사이의 명의신탁의 효력] 甲-G 사이 명의신탁약정 무효(부동산실명법 제4조 제1항), 그 약정에 기한 물권변동 무효(같은조 제2항 본문) ∴ G가 Y건물에 관해 소유권이전등기 경료했더라도 소유권 취득×
- [H의 소유권 취득 여부(H가 부동산실명법 제4조 제3항의 '제3자'에 해당하는지 여부)] G는 Y건물 소유권자× & 기타 처분권한자× ∴ 물권변동 법리에 따르면 G로부터 위 건물을 매수한 자는 소유권 취득× → 단 부동산실명법 제4조 제3항에서 특칙을 두어 명의수탁자와 거래한 제3자 보호 ☞ [제3자] '<u>명의수탁자가 물권자임을 기초로 그와 사이에 새로운 이해관계를 맺은 자</u>'(대판 2005.11.10. 2005다34667) / <u>반드시 선의일 필요×</u>(대판 2009.3.12. 2008다36022)
    ⇒ H는 등기부상 소유권자로 되어 있는 명의수탁자 G를 상대로 그 자가 물권자(소유권자)임을 기초로 그와 사이에 새로운 이해관계를 맺은 자이므로 일단 부동산실명법 제4조 제3항에서 말하는 '제3자'에 해당

→ but 대법원은 <u>제3자가 수탁자의 처분행위에 적극 가담으로써 사회질서에 반한다고 판단되는 등의 특별한 사정</u>이 있으면 제3자 명의의 등기는 무효라는 입장(대판 2004.8.30. 2002다48771) ∴ H는 Y건물 소유권 취득×
- **[J의 소유권 취득 여부]** H는 Y건물의 소유권자가 아니므로 물권변동 법리상 J는 선의여부 불문하고 Y건물 소유권 취득× → J가 부동산실명법 제4조 제3항에서 보호받는 '제3자'에 해당하는지와 관련하여 대법원은 명의수탁자로부터 등기명의를 넘겨받은 자의 등기를 기초로 다시 이해관계를 맺은 자는 제3자에 해당하지 않는다고 함(대판 2005.11.10. 2005다34667)
- **[소결론]** H와 J는 Y건물 소유권자× ∴ 甲은 Y건물 소유권자로서 H와 J 명의 소유권이전등기 말소청구권○(민법 제214조) → 채권자대위요건 중 '피대위권리' 요건 충족

추가된 사실관계 3 – 추가된 사실관계 1, 2와는 별개의 것임

○ 甲은 X토지와 그 지상의 Y건물을 소유하던 중 Y건물을 K에게 증여하고 소유권이전등기를 해주었다. K는 위 건물에 근저당권을 설정하여 대출받은 돈으로 커피전문점을 경영하였다.
○ 그런데 K가 대출금 채무를 변제하지 못하게 되자, Y건물의 근저당권자는 Y건물의 경매를 청구하였고, 경매절차에서 L이 이를 매수한 후 자신의 명의로 소유권이전등기를 하였다.
○ 그 후 L은 M에게 위 건물을 매도하고 소유권이전등기를 해 주었다.
○ 丙은 M으로부터 다시 위 건물을 매수하고 대금을 모두 지급하였으나 아직 소유권이전등기는 하지 않은 채 사용·수익하고 있다. 이에 甲은 丙이 자신의 토지를 무단이용하고 있다고 주장하면서 丙에게 건물의 철거와 토지의 인도 및 토지의 사용·수익으로 얻은 이익의 반환을 구한다.

7. 丙은 건물을 철거, 토지를 인도하고 토지의 사용·수익으로 얻은 이익을 반환하여야 하는가? (20점)

해설

1. 결론

丙은 건물을 철거하고 토지를 인도할 의무는 없으나, 토지의 사용·수익으로 얻은 이익을 반환할 의무는 있음

2. 이유

가. 논점정리

甲은 X토지의 소유권자로서, 토지를 점유하고 있는 건물의 실질적인 처분권자인 丙을 상대로 Y건물철거, 토지인도 등 구할 수 있음(민법 제213조 본문, 제214조; 대판 1986.12.23. 86다카1751 등) → 丙에게 '점유할 권리(같은법 제213조 단서)'로서 '관습법상 법정지상권' 검토

나. 丙에게 '점유할 권리'가 존재하는지 여부(관습법상 법정지상권 존부)

  (1) 관습법상 법정지상권 요건(K의 관습법상 법정지상권 취득 여부)

   ㉠ 甲이 Y건물을 K에게 증여할 당시 위 건물과 X토지는 모두 甲의 소유, ㉡ 증여로 건물과 토지의 소유권자가 달라짐, ㉢ 당사자간 건물철거 특약 없음 ∴ K는 관습법상 법정지상권 취득

  (2) L, M 및 丙이 관습법상 법정지상권을 승계취득하였는지 여부

   ● [L의 경우] L은 경매절차를 통해 Y건물 소유권 취득 → 건물소유를 위하여 법정지상권을 취득한 자로부터 경매에 의하여 그 건물소유권을 이전받은 매수인은, 매각 후 건물을 철거한다는 등의 매각조건하에서 경매되는 경우 등 특별한 사정이 없는 한, 건물취득과 함께 위 지상권도 민법 제187조에 따라 '등기 없이' 당연 취득(대판 2013.9.12. 2013다43345 등)

   ● [M 및 丙의 경우]
   ✦ [判] 법정지상권을 취득한 자가 그 건물을 제3자에게 양도시 민법 제100조 제2항을 유추적용하여 종된 권리인 법정지상권도 함께 양도한 것으로 본다(대판 1996.4.26. 95다52864). 다만 그 건물에 대한 이전등기로써 당연히 법정지상권도 제3자에게 이전되는 것이 아니라, 별도의 이전등기(부기등기)가 있어야 한다(대판(손습) 1985.4.9. 84다카1131).
   ⇒ M 및 丙은 관습법상 법정지상권에 관한 별도 이전등기X ∴ 위 법정지상권 취득X but 丙은 M, L, K를 순차대위하여 X토지 소유권자인 甲에게 법정지상권의 설정 및 이전등기를 구할 권리 보유

다. 丙을 상대로 한 건물철거 및 토지인도 청구의 타당성

  ✦ [判] 건물양도인을 대위하여 토지소유자(법정지상권 성립 당시의 소유자뿐만 아니라 그 후의 토지양수인도 포함)를 상대로 지상권설정등기의 이행을 구하고 건물양도인에 대하여는 그 지상권의 이전등기를 구할 수 있는 지위에 있는 건물양수인을 상대로 건물의 철거를 구함은 지상권의 부담을 용인하고 또한 그 설정등기 절차를 이행할 의무 있는 자가 그 권리자를 상대로 한 청구라 할 것이어서 신의성실의 원칙상 허용될 수 없다(대판(손습) 1985.4.9. 84다카1131).
  ⇒ 丙이 갖는 이러한 법적 지위도 민법 제213조 단서상 '점유할 권리'에 포섭

라. 丙을 상대로 한 토지의 사용·수익으로 얻은 이익 반환청구의 타당성

  ① 토지소유자가 건물양수인을 상대로 「지료상당의 부당이득반환청구」를 하는 것까지 신의칙에 반한 것 아님(대판 1988.10.24. 87다카1604) ∴ 법정지상권자도 대지소유자에게 지료지급 의무 부담하므로 법정지상권을 취득할 지위에 있는 자 역시 지료 상당의 이익을 대지소유자에게 반환해야
  ② 丙의 X토지 점유 불법X ∴ 손해배상X

2014년 10월 모의고사

제1문

제1문의 1

甲은 자신 소유의 A 건물을 대금 1억 원에 乙, 丙, 丁에게 매도하는 계약을 체결하였다. 매수인들은 자신들이 각자 1/3의 지분을 가진 공유자라고 甲에게 이야기 하였다. 甲은 매수인들과 매매계약을 체결한 후 계약금 1천만 원을 수령하였다. 아울러 잔대금 9천만 원을 지급받음과 동시에 이전등기서류를 매수인들에게 교부해 주기로 하였다. 그러나 약속된 날이 지나도 3인 중 어느 누구로부터도 아무런 연락을 받지 못한 甲은 乙, 丙, 丁을 상대로 각 피고에게 3천만 원씩 매매대금의 지급을 구하는 소를 제기하였다. 이 때 甲은 소장에 계약서상의 매수인들의 주소지를 송달장소로 기재하였다.

이후 피고 乙이 제출한 최초 답변서에 따르면 자신은 계약체결 후 자신의 매수인으로서의 지위를 이 사건 소 제기 전에 이미 戊에게 양도하였으므로 더 이상 자신에게 이전등기를 구할 이유가 없다고 주장하고 있다. 한편 피고 丙의 주소로 발송된 소장에 대해서는 폐문부재를 이유로 송달불능 되었다는 송달보고서가 법원에 도달하였고, 피고 丁에게는 소장이 정상적으로 송달되었다는 송달보고서가 법원에 도달하였다.

1. 원고 甲은 피고 乙의 답변 내용에 따라 피고 乙을 戊로 경정하기 위해 법원에 피고경정신청서를 접수하였다. 이러한 피고경정신청은 적법한가? (15점)

해설

1. 결론

甲의 피고경정신청은 부적법

2. 이유

가. 피고경정신청 요건

㉠ 원고가 피고를 잘못 지정한 것이 분명할 것 ㉡ 교체 전후를 통하여 소송물이 동일할 것 ㉢ 피고가 본안에 대해 변론시 그 자의 동의가 있을 것 ㉣ 제1심 변론종결 전일 것 (민소법 제260조 제1항)

나. 민소법 제260조 제1항의 '원고가 피고를 잘못 지정한 것이 분명할 것'의 의미

✦ 判 청구취지나 청구원인의 기재 내용 자체로 보아 원고가 법률적 평가를 그르치는 등의 이유로 피고의 지정이 잘못된 것이 명백하거나 법인격의 유무에 관하여 착오를 일으킨 것이 명백한 경우 등을 말하고, 피고로 되어야 할 자가 누구인지를 증거조사를 거쳐 사실을 인정하고 그 인정 사실에 터잡아 법률 판단을 해야 인정할 수 있는 경우는 이에 해당하지 않는다(대결 1997.10.17. 97마1632).

다. 사안검토

매매계약 체결 후 乙이 자신의 매수인으로서의 지위를 이 사건 소 제기 이전에 이미 戊에게 양도한 사실이 있는지는, 추가적인 증거조사를 거쳐 사실유무를 인정한 후 인정 사실에 터 잡아 그 양도가 적법한지 등에 관하여 별도의 법률적 판단도 해야 ∴ '원고가 피고를 잘못 지정한 것이 분명한 경우'에 해당✕

---

2. 원고 甲은 피고 乙의 답변 내용을 신뢰하지 않는다. 다만, 피고 乙 또는 戊 어느 한 측이 계약당사자의 지위를 갖는 것은 분명하다고 생각하고 있다. 이러한 원고의 생각을 소송상 어떻게 반영할 수 있는가? (15점)

해설

1. 결론

甲은 소의 주관적 예비적·선택적 병합(추가적 병합)의 방법으로 戊를 소송에 끌어올 수 있음

2. 이유

가. 논점정리

원고 甲은 乙 또는 戊 중 한 명이 매수인 지위를 갖고 있다고 판단 ∴ 피고로 삼은 乙 이외에 戊를 피고로 추가할 수 있는 방법 검토 → ㉠ 필수적 공동소송인 추가, ㉡ 소의 주관적 예비적·선택적 병합, ㉢ 인수승계 검토

나. 필수적 공동소송인 추가

乙과 戊는 실체법상 관리·처분권을 공동으로 갖고 있는 자✕ & 판결효력이 상호간 미치는 관계✕ 통상공동소송 ∴ 필수적 공동소송에 적용되는 '필수적 공동소송인 추가'(같은법 제68조) 적용✕

다. 소의 주관적 예비적·선택적 병합

- [요건] ㉠ 법률상 양립할 수 없을 것 ㉡ 공동소송의 주관적·객관적 요건을 갖출 것 ㉢ 1심 변론종결 전일 것
- ✦ [判] '법률상 양립불가'하다는 것은 '동일한 사실관계에 대한 법률적 평가 혹은 사실관계 인정 여부에 따라 어느 일방에 대한 법률효과가 인정되면 다른 쪽에 대한 법률효과가 부정됨으로써 양 청구가 모두 인용될 수 없는 경우로서 한 쪽 청구에 대한 판단이유가 다른 쪽 청구에 대한 판단이유에 영향을 주어 각 청구에 대한 판단과정이 필연적으로 상호결합되어 있는 관계'를 의미한다(대결 2007.6.26. 2007마515 등).
- [사안검토] ㉠ 乙이 매수인 지위를 戊에게 적법하게 양도시 乙에 대한 청구 기각, 戊에 대한 청구 인용. 그러한 사실이 없다면 그 반대의 결과 & 각 청구 판단과정이 상호결합 관계 ㉡ 권리나 의무가 사실상 또는 법률상 같은 원인으로 말미암아 생긴 경우에 해당(같은법 제65조 전문 후단) & 같은 절차에서 심리〇 (같은법 제253조) ∴ 공동소송의 주관적·객관적 요건 구비, ㉢ 1심 변론종결 전〇

라. 인수승계

소제기 이전에 매수인의 지위가 양도된 사안 ∴ 소송계속 중 특정승계에만 적용되는 '인수승계'(같은법 제82조) 적용✕

3. 피고 丙에 대해 위의 사유로 송달이 불가능하게 되자 법원은 더 이상의 조치를 취하지 않고 바로 직권으로 공시송달을 명하였다. 이 명령이 있은 날부터 2주가 지난 뒤에 열린 변론기일에 원고 甲은 물론 피고 丙도 불출석하였다. 그러자 법원은 민소법 제268조 제1항에 따라 다음 변론기일을 정하여 양쪽 당사자에게 통지하였다. 법원의 이러한 행위는 적법한가? (20점)

해설

1. 결론

피고 丙에 대한 공시송달은 요건을 결하였지만, 재판장의 명에 의해 이루어진 것이어서 효력은 인정. 한편 甲과 丙이 기일에 불출석하더라도 변론기일 송달절차가 적법하게 이루어진 것이 아니어서 기일 해태로 볼 수 없음. 법원이 민소법 제268조 제1항에 따라 차회 변론기일을 정하여 통지한 것은 부적법

2. 이유

가. 논점정리

㉠ 피고의 폐문부재를 이유로 공시송달이 가능한지, ㉡ 변론기일의 송달절차가 적법하지 않은 경우에도 변론기일에 당사자 쌍방이 불출석하면 민소법 제268조 제1항에 따른 조치를 취할 수 있는지

나. 피고 丙에 대한 공시송달의 적법성

공시송달은 '당사자의 주소 등 또는 근무장소를 알 수 없는 경우'에 하는 것(민소법 제194조 제1항) → 법원이 송달장소 자체는 알고 있으나 단순히 폐문부재로 송달되지 아니하는 경우에는 '우편송달'로 해야(같은법 제187조) but 재판장 명에 의해 공시송달이 이루어진 경우 공시송달 유효(대판(속심) 1984.3.15. 84마20) & 공시송달 허가명령에 대해 불복X(대판 1992.10.9. 92다12131)

다. 민소법 제268조 제1항에 따른 차회 변론기일 통지의 적법성

✦ [判] 민소법 제268조 제1, 2항에서 '변론의 기일에 당사자 쌍방이 출석하지 아니한 때'란 당사자 쌍방이 적법한 절차에 의한 송달을 받고도 변론기일에 출석하지 않는 것을 가리키는 것이다. 그런데 공시송달 요건을 결하였음에도 불구하고 재판장의 명에 의해 공시송달이 이루어진 경우, 비록 공시송달 자체의 유효성은 인정되더라도, 변론기일의 송달절차가 원래 적법하지 아니한 이상 그 변론기일에 당사자 쌍방이 출석하지 아니하였다고 하더라도 쌍방 불출석의 효과는 발생하지 않는다(대판 1997.7.11. 96므1380).

⇒ 재판장이 민소법 제268조 제1항에 따른 차회 변론기일 통지를 한 것은 적절X

4. 소송 진행 도중 丁의 매수인의 지위를 승계하였다고 주장하는 X가 참가승계신청을 해오자 丁은 이에 대해 다투지 않고 아예 소송탈퇴를 하고자 하였다. 그러나 원고 甲은 동의할 수 없다며 버티고 있다. 이 경우 법원은 어떠한 판단을 하여야 하는가? (10점)

해설

1. 결론

소송탈퇴에 대해 원고 甲이 동의를 하지 않은 이상 법원은 乙과 X에 대한 청구 모두에 대해 통일적으로 심리를 진행하고 본안재판을 선고해야

2. 이유

가. X의 참가승계신청의 적법성

- [참가승계] 소송이 법원에 계속되어 있는 동안에 제3자가 소송목적인 권리 또는 의무의 전부나 일부를 승계하였다고 주장하며 민소법 제79조의 규정에 따라 소송에 참가한 경우(민소법 제81조). 특정승계의 원인이 되는 '소송의 목적물인 권리관계의 승계'란 '소송물인 권리관계의 양도'뿐만 아니라 '당사자적격 이전의 원인이 되는 실체법상의 권리 이전'을 널리 포함(대판 2003.2.26. 2000다42786) → 후자의 경우 '계쟁물승계인'이 대표적인 예. '계쟁물의 양수인'이 참가승계하거나 그 자를 인수승계시키기 위해서는 당해 소송이 '물권적 청구권'에 기초해야(대판 1972.7.25. 72다935 등)

⇒ X는 소송진행 도중에 '丁의 매수인의 지위' 즉, 소송물인 실체법상의 의무 그 자체를 인수하였다고 주장하면서 참가승계신청 ∴ 신청 자체는 적법

나. 종전 피고 丁의 탈퇴신청에 대해 원고 甲이 부동의한 경우 법원의 조치

소송승계의 경우 종전 당사자 중 당사자적격을 상실하여 더 이상 소송에 남아 있을 실익이 없는 자는 '상대방의 동의'를 얻어 소송에서 탈퇴 가능(같은법 제82조 제3항, 제80조) → 본건처럼 상대방이 동의를 하지 않아 전주(前主)와 참가인이 공동소송인으로 남게 될 경우 양자의 관계가 어떻게 되는지?

- ✦ [判] 대법원은 종전에는 '통상공동소송' 관계에 있다는 입장이었으나(대판 2004.7.9. 2002다16729), 최근 입장을 바꿔 '필수적 공동소송' 관계에 있다는 입장을 취하고 있다(대판(全合) 2019.10.23. 2012다46170).
  - ☞ [논거] 전주와 승계참가인의 권리는 서로 중첩되는 관계로 어느 당사자의 청구가 인용되면 다른 당사자의 청구는 기각될 수밖에 없는 바, 이러한 청구를 상호 모순 없이 합일적으로 확정할 필요성이 있다는 점

⇒ 민소법 제67조가 적용되므로 법원은 통일적으로 소송진행을 한 후 본안재판을 선고해야

제1문의 2

甲은 乙소유의 A대지를 2011. 3. 11. 대금 1억 원에 매수하는 매매계약을 체결하였다. 甲은 계약금 및 중도금 4천만 원을 지급하고 나머지 잔금은 2011. 6. 11. 지급하기로 약정하였다. 그런데 잔금을 지급하기 전에 甲에 대해 1억 원의 물품대금채권을 가진 채권자 X가 甲의 乙에 대한 소유권이전등기청구권을 가압류하였다. 그 후 甲에 대해 1억 원의 대여금 채권을 가진 다른 채권자 Y는 甲을 대위하여 소유자 乙을 상대로 소유권이전등기청구의 소를 제기하였다. 원고 Y는 위 소장의 청구원인에 피고 乙에 대한 다른 채권자 X가 이미 甲의 乙에 대한 소유권이전등기청구권을 가압류하였다는 사실을 기재하였다.

1. 원고 Y가 제기한 대위소송의 소장부본이 피고 乙에게 송달되었으나 피고 乙은 법원이 정한 기한 내에 아무런 답변서를 제출하지 않았다. 법원은 무변론판결을 선고할 수 있는지 여부와 아울러 이 상태에서 어떠한 판결을 선고하여야 하는지 논하시오. (20점)

해설

1. 결론
법원은 무변론판결을 선고할 수 있으며, 판결의 형태는 '전부승소판결(단순이행판결)'

2. 이유

가. 무변론판결 선고 가능성

- **[무변론판결]** 법원은 피고가 민소법 제256조 제1항의 답변서를 제출하지 아니한 때에는 청구의 원인이 된 사실을 자백한 것으로 보고 변론 없이 판결할 수 있음(민소법 제257조 제1항 본문) ☞ **[무변론판결을 할 수 없는 경우]** ㉠ 공시송달사건(같은법 제256조 제1항 단서), ㉡ 직권조사사항이 있는 사건(같은법 제257조 제1항 단서), ㉢ 무변론판결 선고기일 전까지 피고가 원고의 청구를 다투는 취지의 답변서를 제출한 경우(같은법 제257조 제1항 단서)
- ⇒ ㉠ 공시송달사건X, ㉡ 소유권이전등기청구권에 가압류가 된 사정은 피고의 '항변사항'으로서 직권조사사항X (대판 1999.6.11. 98다22963), ㉢ 피고가 추가로 원고의 청구를 다투는 취지의 답변서 제출X ∴ 무변론판결 선고○

나. 법원의 판결

- **[무변론판결의 형태]** 무변론판결은 피고가 '<u>청구의 원인이 된 사실을 자백한 것으로 보고</u>' 판결(같은법 제257조 제1항 본문)
- **[소장에 소구채권인 소유권이전등기청구권이 가압류되어 있다는 내용이 기재된 사정에 대한 판단]** 원고가 소유권이전등기청구권을 소구할 경우 그 이전등기청구권에 가압류가 되어 있다는 사정은 성격상 '<u>피고의 항변사유</u>'. 피고항변 있으면 법원은 '<u>가압류 해제를 조건으로 하는</u>' 이행판결을 선고해야(대판 2006.6.16. 2005다39211) → 무변론판결은 실제 당사자의 변론이 없는 상황에서 '<u>청구의 원인이 된 사실(= 요건사실)</u>'을 자백한 것으로 간주하고 판결을 선고하는 것 ∴ 의제자백 대상은 '채무자 甲에게 소유권이전등기청구권이 있다'는 것에 한정 → 소장에 가압류 사실이 기재되더라도 법원 고려X '<u>전부승소판결</u>' 선고(대판 1999.6.11. 98다22963)

2. 원고 Y가 제기한 대위소송이 진행되던 중 피고 乙은 이 사건 부동산을 丙에게 매각하고 이전등기까지 경료해 주었다. 원고 Y는 위 소송절차에 丙을 승계인으로 끌어들이고자 인수승계신청을 하였다. 이러한 인수승계신청은 적법한가? (20점)

해설

1. 결론
원고 Y의 인수승계신청은 부적법

2. 이유

가. 인수승계

소송계속 중 목적인 권리·의무의 전부나 일부의 승계가 있는 때에 종전 당사자의 인수신청에 의하여 승계인인 제3자를 새로운 당사자로 소송에 강제로 끌어들여 잇게 하는 것(민소법 제82조)

나. 丙의 지위와 인수승계 적법성

- [소송물양수인] 특정승계의 원인이 되는 '소송의 목적물인 권리관계의 승계'란 '소송물인 권리관계의 양도'뿐만 아니라 '당사자적격 이전의 원인이 되는 실체법상의 권리 이전'을 널리 포함(대판 2003.2.26. 2000다42786) → 후자의 경우 '계쟁물승계인'이 대표적인 예
  ⇒ Y가 채권자대위권을 행사하여 乙을 상대로 소유권이전등기를 소구하는 도중에 乙이 A대지를 丙에게 양도하여 소유권이전등기 경료 ∴ 丙은 소송물인 실체법상의 의무(이전등기이행채무) 자체를 승계한 것이 아니라 '계쟁물승계인' → 특히 '교환적 형태'의 계쟁물승계인에 해당하여 소송승계가 가능하다는 점에 다툼X(추가적 인수 허용 여부에 대해서는 학설상 다툼 있음)
- [전소 소송물 성격과의 관련성] 계쟁물승계인의 경우 대법원은 채권적 청구권에 기한 소송 중 계쟁물을 취득한 자는 포함되지 않고(대결 1983.3.22. 80마283), 물권적 청구권에 기한 소송 중 계쟁물을 취득한 자만 포함된다는 입장 ☞ [가점] 원고의 권리가 채권적 청구권인 이상 피고로부터 계쟁물을 양수한 자에게는 권리를 관철시킬 수 없기 때문에 굳이 그 자를 소송으로 끌어와 봐야 실익이 없다는 점을 고려하면 처음부터 인수승계신청 자체를 불허하는 쪽으로 정리하는 것이 합리적

다. 소결론

丙은 '계쟁물승계인'에 해당 but 원고 Y가 제기하는 소송이 '채권적 청구권에 기한 소송'인 관계로 丙을 상대로 한 인수승계신청은 부적법

제1문의 3

甲은 자신이 소유하는 완구제조 공장건물과 부지 및 그 공장 내 기계들을 일괄 매도하고자 하였다. 마침 식기류 유통업을 하다가 새로운 사업가능성을 모색하던 乙이 이 정보를 입수하고 甲과 계약교섭 끝에 다음과 같은 내용의 계약을 체결하였다. "매매대금은 5억 5천만 원으로 하되, 계약금 5천만 원을 계약 당일 지급하고, 중도금 1억 원은 계약체결 20일 후 지급하며, 잔금 4억 원은 계약체결 40일 후 건물, 부지의 소유권이전등기 및 기계들의 인도와 상환으로 지급한다."

※ 아래 각 설문은 독립적이며 상호 무관함.

1. 乙은 甲에게 계약금 5천만 원을 지급하였으나 그 이후 주변에서 완구제조업의 전망이 좋지 않다는 이야기를 듣고 중도금 지급을 미루어 오다가 잔금 지급기일에 이르게 되었다. 甲이 乙을 상대로 계약을 해제하려면 구체적으로 어떤 조치를 취하여야 하는가? (10점)

해설

1. 결론

甲은 이행지체를 이유로 계약을 해제할 수 있고 이를 위해 ㉠ 乙에게 자신의 채무를 이행하거나 이행제공해야 하며, ㉡ 상당한 기간을 정해서 이행을 최고하고, ㉢ 상당한 기간이 지나도록 乙이 돈을 안 갚으면 乙을 상대로 계약해제 의사표시를 해야

2. 이유

가. 논점정리

乙은 금전채무를 지고 있으므로 '이행지체를 원인으로 한 계약해제' 검토(민법 제544조)

나. 甲이 이행지체를 이유로 계약을 해제하기 위해 필요한 구체적인 조치

- **[이행지체 발생과 관련된 조치]** 乙이 중도금 등 합산액을 지급해야 할 일자 도과 & 금전채무 이행지체 시 乙의 귀책유무 따지지 않음(같은법 제397조 제2항) → 중도금지급채무는 乙의 일방적 채무로서 중도금 지급기일 다음날부터 이행지체 발생 but 잔금 지급기일이 되면 '乙의 중도금 및 그 다음날부터 잔금 지급기일까지의 이자와 잔금 합산액 지급의무'와 '甲의 건물, 부지의 소유권이전등기 및 기계들 인도의무'는 동시이행관계(대판 1989.10.27. 88다카33442 등) ∴ 乙이 잔금 지급기일 이후 중도금 등 합산액을 지급하지 않은 것 위법 X → 甲은 乙이 갖는 동시이행항변권을 깨야 so 甲은 자신의 채무를 이행하거나 이행제공해야 / 일회의 이행제공으로 충분 but 甲은 乙이 급부제공시 이를 수령하고 자신의 채무도 이행할 수 있는 준비는 해야 (대판 1996.11.26. 96다35590 등)
- **[상당한 기간을 정한 이행최고]** 甲은 상당한 기간을 정하여 乙에게 중도금 등 합산액을 갚도록 최고해야
- **[계약해제 의사표시]** 상당한 기간이 지나도록 乙이 돈을 갚지 않으면 乙에게 해제 의사표시를 해야

2. 계약상 채무가 정상적으로 이행되어 甲은 乙에게 건물과 부지, 기계의 소유권을 이전하였고 乙은 甲에게 대금을 모두 지급하였다. 기계대금은 3천만 원 상당으로 계산하였다. 그런데 기계의 하자로 인하여 기계 인도일로부터 불과 3개월 만에 기계들이 가동할 수 없는 상태가 되었다. 乙은 이로 인해 5천만 원을 들여 새로 만들어진 기계들을 제3자로부터 구입, 설치하여 재가동하게 되었는데 공장 가동정지일로부터 재가동일까지 4개월이 소요되었다. 그 4개월 동안 乙은 적어도 2천만 원의 수입을 올릴 것으로 예상되었다. 한편 위와 같은 가동정지 문제 때문에 乙은 丙 회사와 체결한 완구공급계약을 이행하지 못하여 계약을 해제당함으로써 丙 회사에게 1천만 원의 위약금을 몰취당하였다. 또한 乙은 판로개척을 위해 丁회사 관계자들도 만나 5백만 원 상당의 비용을 들여 사업설명도 하고 식사도 대접하여 거의 공급계약 체결 직전에 이르렀는데 공장의 가동이 일시 중단됨에 따라 결국 공급계약을 체결하지 못하게 되었다.
(1) 乙이 甲에게 손해배상청구를 할 수 있는 법적 근거를 찾아 그 당부를 검토하시오. (10점)

해설

1. 결론

    乙이 甲에게 손해배상청구를 할 수 있는 법적 근거로는 '매도인의 하자담보책임(민법 제580조)', '채무불이행책임(같은법 제390조)', '불법행위책임(같은법 제750조)'을 들 수 있음

2. 이유

    가. 하자담보책임

    매도목적물은 중고기계(특정물) & 기계에 매매계약 당시부터 하자 존재 ∴ 하자담보책임성립(민법 제580조) → '무과실책임'으로서 甲 귀책 필요 X & 매수인(乙)은 선의·무과실이어야 / 권리행사기간은 '매수인이 하자 있음을 안 날로부터 6월 내'(같은법 제582조) & 甲, 乙 상인 ∴ 乙은 목적물을 수령한 때 지체없이 하자 유무를 조사하여 발견시 매도인에게 즉시 혹은 즉시 발견할 수 없는 하자인 경우에는 6월 내에 통지하는 등의 사전적인 조치 취해야(상법 제69조)

    나. 채무불이행책임

    목적물의 하자에 매도인의 귀책이 인정되면 매수인은 하자담보책임 이외에 채무불이행책임(불완전이행; 같은법 제390조)도 경합하여 물을 수 있음 / 상법 제69조 적용X(대판 2015.6.24. 2013다522)
    - 判 ㉠ 타인권리매매 사안(대판 1993.11.23. 93다37328), ㉡ 토지에 다량의 폐기물이 은밀하게 매립된 사안(대판 2004.7.22. 2002다51586), ㉢ 액젓저장고에 균열이 발생하여 저장된 액젓이 상한 사안(대판 2004.8.20. 2001다70337) 등에서 담보책임과 채무불이행책임 간 경합 인정

    다. 불법행위책임

    甲이 기계하자를 알면서도 이를 은닉하였다는 등의 사정까지 있다면 乙은 불법행위책임도 물을 수 있음(같은법 제750조)

(2) 손해배상청구권이 인정되는 경우 그 손해배상의 범위를 검토하시오. (30점)

해설

1. 결론

① 하자담보책임만 성립시 기계구입대금 3,000만 원의 배상만 구할 수 있음
② 채무불이행책임 등 경합시 ㉠ 기계구입대금 3,000만 원 및 일실수입 2,000만 원은 통상손해로서 바로 청구가능, ㉡ 위약금 1,000만 원 및 판로개척 비용 500만 원은 甲에게 예견가능성이 있어야 청구가능

2. 이유

가. 각 손해들의 성격 및 청구권의 법적 근거에 따른 손해배상 대상

- **[각 손해들의 성격]** ㉠ 기계에 하자가 없을 것이라고 신뢰하고 지급된 기계구매비용은 '신뢰이익 손해', ㉡ 나머지 손해들은 하자 없는 기계였다면 정상적인 생산활동을 통해 얻었을 이익을 얻지 못함으로 인해 발생한 손해이거나 면할 수 있었던 손실을 부담함으로 인해 발생한 손해로서 '이행이익 손해'
- **[청구권의 법적 근거에 따른 손해배상 대상]** 담보책임은 무과실책임이므로 매도인에게 그의 귀책사유를 요건으로 하지 않고서 그 책임을 물어도 부당한 결과가 되지 않는 손해 즉 신뢰이익 배상에 한정(통설) ☞ 대법원은 책임 유형별로 개별적 판단 → ㉠ 민법 제570조, 제572조, 제581조에 대해 '이행이익배상설', ㉡ 제576조에 대해 '신뢰이익배상설' 취한 선례 有
- ⇒ 기계 하자 자체에 의한 손해는 하자담보책임으로서 청구가능 but 나머지 손해들은 채무불이행 혹은 불법행위 요건이 충족되어야만 청구가능

나. 손해배상의 범위

- **[통상손해와 특별손해의 구별]** '채무불이행으로 인한 손해배상'은 통상의 손해를 그 한도로 하며(민법 제393조 제1항), 특별한 사정으로 인한 손해는 채무자가 그 사정을 알았거나 알 수 있었을 때에 한하여 배상책임(같은조 제2항)
- **[기타 손해배상책임에의 준용 내지 유추적용]** ㉠ '불법행위에 기한 손해배상'에 민법 제393조 준용(같은법 제763조), ㉡ '계약해제에 따른 신뢰이익 배상'에도 민법 제393조 적용 ∴「특별손해」는 상대방이 그러한 지출을 알았거나 알 수 있어야만 배상청구(대판 2002.6.11. 2002다2539) → '담보책임에 기한 신뢰이익 배상'도 동일

다. 사안검토

(1) 하자담보책임만 성립하는 경우

목적물 하자시 수능가능하면 '수리비' & 불가능하면 '수리불능 당시의 교환가치 감소액'이 손해로서 통상손해(대판 1994.10.14. 94다3964) → 수리불가하여 5,000만 원을 들여 새 기계로 교체 but 교환가치 감소액에 해당하는 것은 기계구입비 3,000만 원. 2,000만 원은 새로운 기계 형태로 잔존 ∴ 손해×

(2) 채무불이행책임·불법행위책임이 경합하는 경우

- **[기계 하자 자체에 의한 손해]** 확대손해가 문제되어 불완전이행책임을 물을 경우 '하자 자체에 의한 손해'는 '민법 제580조'뿐만 아니라 '제390조'에 의해서도 청구. 후자방식이 다른 손해와 통합 처리가능하고 권리행사기간이라는 측면에서도 채권자에게 유리(제580조에 의하면 제척기간과 소멸시효기간이 중첩적용됨에 비해 제390조에 의하면 소멸시효기간만 적용되므로 권리행사라는 측면에서 채권자에게 유리).
  - ✤ [판①] 수출면제품에 이를 세탁하면 심하게 줄어드는 등의 하자가 있었던 사안에서 "원심이 원고의 주장과 같이 피고의 채무불이행을 원인으로 한 손해배상책임을 인정하고 있는 이상 피고의 하자담보책임의 성립 여부를 따져볼 필요는 없다"고 판시(대판 1992.4.28. 91다29972).
  - ✤ [판②] 도급계약에 따라 완성된 목적물에 하자가 있는 경우, 수급인의 하자담보책임과 채무불이행책임은 별개의 권원에 의하여 경합적으로 인정된다. '목적물의 하자를 보수하기 위한 비용'은 수급인의 하자담보책임과 채무불이행책임에서 말하는 손해에 해당한다. 따라서 도급인은 하자보수비용을 민법 제667조 제2항에 따라 하자담보책임으로 인한 손해배상으로 청구할 수도 있고, 민법 제390조에 따라 채무불이행으로 인한 손해배상으로 청구할 수도 있다. 하자보수를 갈음하는 손해배상에 관해서는 민법 제667조 제2항에 따른 하자담보책임만이 성립하고 민법 제390조에 따른 채무불이행책임이 성립하지 않는다고 볼 이유가 없다(대판 2020.6.11. 2020다201156).
- **[4개월간의 일실수입 상당 손해]** 휴업손해도 통상손해 but '대체물을 마련하기 위하여 필요한 합리적인 기간'에 한정(대판(全合) 2004.3.18. 2001다82507) → 새로운 기계를 구입·설치하여 재가동할 때까지 4개월이 걸렸고 그로 인한 손해는 2,000만 원 ∴ 통상손해
- **[丙 회사와 체결한 완구공급계약이 해제됨으로 인한 위약금 손해]** 乙이 위약금 1,000만 원을 몰취당한 손해 성격에 대해서는 다툼이 있을 수 있으나 특별손해로 봄이 상당 ∴ 甲에게 예측가능성이 있어야 청구가능
- **[판로개척을 위해 지출한 비용 상당의 손해]** 乙이 완구의 정상적인 생산을 전제로 丁회사 관계자들과 만나 판로 개척차 지출한 비용은 특별손해 ∴ 甲에게 예견가능성이 있어야 청구 가능

제2문

제2문의 1

공통된 사실관계

A는 2013. 10. 1. 자신이 소유하는 X주택을 B에게 1억 원에 팔기로 계약을 체결하고, 계약 당시 B로부터 계약금 1,000만 원을 받았다. 그리고 2013. 11. 1. X주택을 B에게 인도하기로 하고, 2013. 12. 1. X주택의 소유권이전등기에 필요한 서류를 B에게 교부함과 동시에 잔금 9,000만 원을 받기로 하였다.

추가된 사실관계 1

B는 2013. 10. 15. X주택을 C에게 1억 3,000만 원에 팔기로 계약을 체결하였다. 계약 당시 B는 C로부터 계약금 1,300만 원을 받았다. 또한 B는 2013. 11. 1. X주택을 C에게 인도하기로 하고, 잔금 1억 1,700만 원은 2013. 12. 1. X주택의 소유권이전등기에 필요한 서류를 교부함과 동시에 받기로 하였다. B는 X주택이 현재 A의 소유인데 자신이 A로부터 이를 샀으므로 곧 소유자가 될 것이라는 점을 설명하였고, C는 잔금지급기일에 원만히 소유권을 넘겨주기만 하면 충분하다고 하였다. B는 2013. 11. 1. A로부터 X주택을 인도받아 이를 C에게 인도하여 주었다. C는 잔금지급기일에 B에게 잔금을 지급하지 못하였는데, B에게 잔금지급기일을 2014. 1. 31.까지 연장하여 줄 것을 요청하여 승낙을 받았다. 한편 B 역시 A에게 잔금을 지급하지 못하였다. A는 2013. 12. 15. B에게 소유권이전등기에 필요한 서류를 제공하면서 같은 해 12. 31.까지 잔금을 지급할 것을 최고하였다.

1. B는 A에게 잔금지급기일을 연장하여 줄 것을 요청하였으나 A는 이를 거절하고, 2014. 1. 10. 위 최고기간 내에 잔금을 지급하지 않았으므로 B와의 매매계약을 해제한다고 통지하였다. A는 2014. 1. 20. D에게 X주택을 매도하고 다음날 소유권이전등기를 마쳐주었다. C는 B에 대하여 어떠한 권리를 행사할 수 있는가? (20점)

해설

1. 결론

C는 ㉠ 계약해제권 행사 가능(민법 제570조 본문). 단 손해배상청구권은 행사 불가. ㉡ 이행불능에 따른 권한(계약해제, 전보배상청구; 민법 제546조, 제390조)도 행사 가능

2. 이유

가. 타인권리 매매로 인한 담보책임

- **[타인권리 매매 해당성]** B가 A로부터 X주택 매수 후 이전등기 함이 없이 C에게 전매 → '미등기부동산 전매행위'를 타인권리 매매로 볼 것인지에 대해서 대법원 입장 일관X(긍정사례로 대판 1979.6.26. 79다564, 대판 1982.1.26. 81다528; 부정사례로 대판 1972.11.28. 72다982, 대판 1996.4.12. 95다55245) but 원매도인 A가 B를 상대로 원매매계약을 적법하게 해제함에 따라 B는 결과적으로 X주택에 관한 사실상·법률상 처분권한 없이 C에게 X주택 전매 ∴ 타인권리 매매○
- **[책임 내용]** 매수인 C는 B를 상대로 계약해제○(민법 제570조 본문) but C는 매매계약 당시 X주택이 B의 소유가 아니라는 점을 알고 있었으므로 손해배상청구권 행사X(같은 조 단서)

나. 이행불능에 따른 채무불이행책임

(1) 담보책임과 채무불이행책임의 경합

- ✦ [判] 원고가 목적소유권이 타인의 권리임을 알고 있어 민법 제570조 단서에 따라 피고에게 그로 인한 손해배상을 청구할 수 없는 경우에도 매도인의 귀책사유로 인하여 매도인의 채무이행이 불능이 된 때에는 매수인은 이행불능을 이유로 하는 손해배상을 청구할 수 있다(대판 1993.11.23. 93다37328). 매도인의 귀책사유에 관한 증명책임은 '채권자인 매수인'에게 있다(대판 1970.12.29. 70다2449).

(2) 이행불능 요건 및 책임

- [이행불능 요건] ㉠ B의 C에 대한 X주택 소유권이전의무는 매매계약 성립 후 A의 계약해제 및 D에의 양도로 인해 사회통념상 불능상태, ㉡ A가 B와의 계약을 해제하고 D에게 X주택의 소유권을 넘긴 것은 B가 약속된 잔금지급기일에 잔대금을 지급하지 못한 귀책에 말미암은 것 ∴ 이행불능 요건 충족○
- [이행불능 책임] 계약해제권(같은법 제546조) & 전보배상청구권(같은법 제390조) → 전보배상청구권 행사시 '이행불능 당시 목적물의 시가 상당액'이 손해배상액 ∴ A가 D로부터 받은 매매대금이 기준

---

2. B는 A에게 잔금지급기일을 연장하여 줄 것을 요청하였고, 이에 따라 A는 잔금지급기일을 2014. 8. 1.까지 연기하여 주었는데 그 사이에 X주택이 수용되어 그 보상금은 1억 5,000만 원으로 정해졌다. A와 B 사이의 법률관계를 설명하라. (20점)

해설

1. 결론

㉠ B는 매매계약 전체가 실효되었음을 이유로 A에게 계약금을 부당이득으로 반환할 것을 청구할 수도 있고, ㉡ 매매잔대금을 A에게 교부하면서 A가 취득한 수용보상금에 대해서 대상청구권을 행사할 수도 있음

2. 이유

가. 논점정리

㉠ 매매목적물인 X주택이 수용됨에 따른 A-B간 매매계약의 효력, ㉡ 위 매매계약 실효시 매수인이 매도인에 대해 갖는 권리

나. 매매목적물의 급부불능 발생시 물건(급부)의 위험부담 및 반대급부 위험부담

A의 X주택 소유권이전등기의무 이행기가 A-B 합의에 의해 2014. 8. 1.로 연장. A는 위 기간까지 선량한 관리자로서 보관할 의무 부담(민법 제374조) → X주택이 수용되어 X주택의 소유권이전의무는 A의 귀책없이 최종적·확정적 소멸 → 쌍무계약에서 일방 당사자의 급부의무가 그 자의 귀책사유 없이 최종적으로 소멸한 경우 반대급부의무의 존속에 관한 위험을 누가 부담하는지(반대급부 위험부담) → X주택이 수용되어 소유권을 넘길 수 없게 된 것에 B에게 책임이 있다고 할 수 없음(같은법 제538조 제1항 제1문 적용 X) & B의 변제기 연장요청을 A가 받아들여 변제기가 연장되었기 때문에 A가 2013. 12. 5. B에게 제공한 소유권이전등기 서류를 B가 수령하지 않은 것은 채권자지체로 평가할 수도 없음(같은항 제2문 적용 X) → '채무자 위험부담주의 원칙' 적용되어 B대금지급채무 함께 소멸

다. 매수인의 부당이득반환청구권

주된 계약인 매매계약이 실효되면 종된 계약인 '계약금 약정'도 실효 → A는 B에게 계약금을 부당이득으로 반환 / A는 선의의 수익자 but 반환대상이 금전으로 이익 현존성 추정(대판 1987.8.18. 87다카768) → A는 B에게 1,000만 원 반환해야

라. 매수인의 대상청구권
- [요건] 급부의 후발적 불능으로 인하여 채무자가 이행의 목적물에 갈음하는 이익을 취득하는 경우에 채권자가 채무자에 대하여 그 이익의 상환을 청구하는 권리(대판 1995.12.22. 95다38080)
- ⇒ ㉠ X주택 이전을 구할 수 있는 채권 존재, ㉡ 수용으로 인해 이전의무가 후발적 불능, ㉢ 수용으로 인해 X주택의 대상물인 보상금청구권 취득, ㉣ X주택과 보상금청구권 동일성 인정, ㉤ B의 반대채무는 금전지급의무로서 이행가능 ∴ 대상청구권 요건 충족
- [범위] X주택 매매대금 1억 원 < 주택수용 보상금 1.5억 원
- ✦ [學] 대상물 가치가 원급부 가치보다 큰 경우 채권자가 모두 청구할 수 있다는 견해(무제한설) vs. 이행불능으로 채권자에게 발생한 손해의 범위 내에서만 청구가능하다는 견해(제한설) 대립
- ✦ [判] 매매목적물에 대하여 지급되는 보상금 혹은 화재보험금 전부에 대하여 대상청구권이 미치고, 이행불능 당시 채권자가 그 목적물의 소유권을 취득하기 위하여 지출한 매수대금 상당액 등의 한도 내로 그 범위가 제한된다고 볼 수 없다(대판 2008.6.12. 2005두5956, 대판 2016.10.27. 2013다7769).
- ⇒ 판례에 따르면 1.5억 원 전부 대상청구 가능

추가된 사실관계 2 – 추가된 사실관계 1과는 별개임

B는 A와의 약정에 따라 X주택을 인도받고 잔금을 지급하면서 소유권이전등기를 마쳤다. 그 후 B는 2013. 12. 15. E와 사이에 X주택에 관하여 임대기간 2년, 보증금 7,000만 원으로 하는 임대차계약을 체결하였다. E는 2013. 12. 22. X주택을 인도받고 주민등록을 마쳤으며, 2013. 12. 27.에는 그 임대차계약서에 확정일자를 받았다. 한편 B는 2013. 12. 23. F로부터 5,000만 원을 빌리면서 그 담보로 X주택에 관하여 채권최고액 7,000만 원으로 하는 근저당권설정계약을 체결하고 같은 해 12. 26. F에 대하여 1번 근저당권설정등기를 마쳐주었다. B가 F에 대하여 5,000만 원을 변제하지 않자 F는 X주택에 관한 근저당권 실행을 위해 경매를 신청하였고, 그 경매절차에서 G가 X주택을 매수하여 매각대금을 납입하고 소유권이전등기도 마쳤다.

---

3. 경매절차에서 X주택이 8,000만 원으로 매각되었고, E는 그 보증금 전액에 대하여 배당요구를 하였다. 이때 E와 F는 위 매각대금으로부터 각각 얼마를 배당받을 수 있는가? (10점)

※ E는 주택임대차법상 소액임차인이 아니라고 가정하고, 경매비용이나 이자, 지연손해금의 문제는 고려하지 않는다.

해설

1. 결론

F는 선순위저당권자로서 매각대금 8,000만 원 중에서 피담보채무액 5,000만 원을 우선배당받고, E는 후순위 권리자로서 남은 3,000만 원을 배당받음

2. 이유

가. 대항력 있는 주택임차권자의 경매절차에서의 우선변제권

- [법리] 대항력과 임대차계약증서상의 확정일자를 갖춘 임차인은 민사집행법에 따른 경매를 할 때에 임차주택(대지 포함)의 환가대금에서 후순위권리자나 그 밖의 채권자보다 우선하여 보증금을 변제받을 권리 있음(주택임대차법 제3조의2 제2항) but 배당요구 해야(민사집행법 제148조)
- ⇒ E는 2013. 12. 15. X주택 소유권자인 B와 사이에 임대차계약 체결 후, 2013. 12. 22. 주택인도 및 주민등록 마침으로써 2013. 12. 23. 0시 대항력 있는 임차권 취득(주택임대차법 제3조 제1항) + 2013. 12. 27. 임대차계약서 확정일자 + 배당요구 → E는 X주택의 경매절차에서 보증금 반환과 관련하여 우선변제권○

나. 저당권자와의 배당순위 결정기준

- [법리] '저당권설정등기일자'와 '확정일자' 기준 → 단 <u>대항력을 갖춘 시기가 확정일자와 같은 날이거나 그 이후</u>인 경우 '<u>대항력을 갖춘 다음날 00시</u>'가 기준 (대판 1999.3.23. 98다46938)
- ⇒ E는 대항력 요건을 갖춘 후 확정일자를 받았으므로 2013. 12. 27.이 기준일자 → F의 저당권등기가 설정된 일자는 2013. 12. 26.로서 그 보다 하루 앞섬. ∴ F가 배당순위에서 앞섬

---

4. E가 위 경매절차에서 보증금을 일부만 변제받았다면, G가 E에게 소유권에 기하여 X주택의 인도청구를 할 수 있는가? (5점)

해설

1. 결론

G는 X건물의 새로운 소유권자로서 E에게 X주택의 반환을 청구할 수는 있지만, E는 잔여 임차보증금을 반환받을 때까지 임차권을 주장하여 그 반환을 거부할 수 있음

2. 이유

E는 2013. 12. 23. 00시 대항력 있는 임차권 취득 & 저당권자 F의 저당권설정등기일(2013. 12. 26.)보다 앞섬 but E는 확정일자를 늦게 받는 바람에 저당권자보다 후순위로 임차보증금 일부에 대해서만 배당 → 주택임대차법상의 최우선순위의 대항력과 우선변제권의 두 권리를 겸유하고 있는 임차인이 먼저 우선변제권을 행사하였는데 보증금 전액을 배당받지 못한 경우 임차권은 소멸되지 않음(주택임대차법 제3조의5 단서) → 임차권자는 새로운 매수인에게 임차보증금을 반환받을 때까지 임대차관계의 존속을 주장할 수 있음(대판 2006.2.10. 2005다21166)

추가된 사실관계 3 - 추가된 사실관계 1, 2와는 별개임

B는 A와의 약정에 따라 X주택을 인도받고 소유권이전등기를 마쳤다. 그 후 B는 2014. 2. 1. H에게 X주택을 1억 5,000만 원에 팔기로 계약을 체결하고, 계약금 1,500만 원을 지급받았다. 또한 중도금 3,500만 원은 2014. 3. 1.에, 잔금 중 5,000만 원은 2014. 8. 1.에 X주택의 인도 및 그 소유권이전등기에 필요한 서류를 넘겨주면서 지급받기로 하였다. 그리고 나머지 5,000만 원은 H가 그 지급에 갈음하여 X주택에 관한 근저당권의 피담보채무인 B의 I은행에 대한 대출금채무의 이행을 인수하기로 하였다. H는 위 약정에 따라 중도금 3,500만 원은 지급하였으나, 대출 원리금을 전혀 지급하지 못하였다. 결국 I은행이 2014. 6. 1. 근저당권 실행을 위한 경매를 신청하였고, 그 경매절차에서 2014. 9. 1. J가 X주택을 8,000만 원에 매수하여 매각대금을 납입하였다. H는 2014. 10. 1. B를 상대로 계약금과 중도금의 반환을 구하는 소를 제기하였다. 이에 대하여 B는 계약금과 중도금의 반환을 거절하며 오히려 H에 대하여 1억 원의 지급을 구하는 반소를 제기하였다. 위 소송 과정에서 H는 설사 자신에게 1억 원의 지급의무가 있다고 하더라도 위 경매에서의 매각대금은 그로부터 공제되어야 한다고 주장하였다.

5. H와 B의 청구에 대한 결론을 그 논거와 함께 서술하시오. (10점)
※ 경매비용이나 이자, 지연손해금의 문제는 고려하지 않는다.

해설

1. 결론
H의 본소는 기각. B의 반소는 2,000만 원만 일부인용

2. 이유

가. H의 본소청구의 타당성

- **[매매대금 일부지급에 갈음하여 H가 I은행에 대해 5,000만 원을 대신 갚기로 한 약정의 성격]**
  - 判 부동산 매수인이 매매부동산에 설정된 근저당권의 피담보채무액을 대신 갚기로 하고 당해 채무액만큼을 매매대금에서 공제하기로 약정한 경우, 특별한 사정이 없는 한 「이행인수」로 보아야 하고, 「면책적 채무인수」로 보기 위해서는 이에 대한 '채권자의 승낙'이 있어야 한다(대판 1993.2.12. 92다23193, 대판 2004.7.9. 2004다13083). 한편 당사자 약정의 해석결과 인수의 대상으로 된 채무의 책임을 구성하는 권리관계도 함께 양도한 경우이거나 채무인수인이 그 채무부담에 상응하는 대가를 얻을 때에는 특별한 사정이 없는 한 원칙적으로 이행인수가 아닌 「병존적 채무인수」로 보아야 한다(대판 2008.3.13. 2007다54627).
  - ⇒ H가 매매잔대금 지급에 갈음하여 5,000만 원을 I은행에게 B 대신 갚기로 한 점에 관하여 I은행 승낙사실× & B-H 사이에 인수대상으로 된 채무의 책임을 구성하는 권리관계도 양도한 사실× ∴ 이행인수

- **[X주택 급부불능에 대한 B의 귀책 유무 및 반대급부위험 부담]**
  - 判 부동산 매수인이 매매목적물에 설정된 근저당권의 피담보채무에 관하여 그 이행을 인수한 경우, 채권자에 대한 관계에서는 매도인이 여전히 채무를 부담한다고 하더라도, 매도인과 매수인 사이에서는 매수인에게 위 피담보채무를 변제할 책임이 있으므로, 매수인이 그 변제를 게을리 하여 근저당권이 실행됨으로써 매도인이 매매목적물에 관한 소유권을 상실하였다면, 특별한 사정이 없는 한, 이는 매수인에게 책임 있는 사유로 인하여 소유권이전등기의무가 이행불능으로 된 경우에 해당하고, 거기에 매도인의 과실이 있다고 할 수는 없다(대판 2008.8.21. 2007다8464).

⇒ B의 급부불능에 B 귀책X ∴ B채무 최종 소멸 & 급부불능에 채권자 H 귀책○ ∴ B는 민법 제538조 제1항 제1문에 따라 반대급부인 매매잔대금 지급청구권 보유
- [소결론] B-H 사이 매매계약 실효X ∴ 위 계약실효를 전제로 한 H 본소 기각

나. B의 반소청구의 타당성

채권자귀책사유로 인한 이행불능의 경우 채무자는 자기의 채무를 면함으로써 이익을 얻은 때에는 이를 채권자에게 상환하여야(민법 제538조 제2항)
- ⇒ X주택이 경매되고 이로 인해 B의 소유권이전의무가 최종소멸되는 과정에서 B는 ㉠ 매각대금 8,000만 원 중 5,000만 원은 저당권부 채권자 I은행에게 우선배당됨에 따라 채무소멸 이익 취득, ㉡ 잔여 매각대금 3,000만 원은 X주택 소유자였던 B에게 배분 ∴ 매각대금 8,000만 원 상당은 H에게 반환해야 → B의 반소는 2,000만 원만 일부인용

제2문의 2

사실관계

비법인사단인 K종중의 대표자인 L은 대대로 내려오던 낡은 제실(祭室)을 허물고 새로운 제실을 건축할 계획을 하고서는 자신과 가까운 소수 몇 명의 종원들로 구성된 모임에서 이를 승인받았다. 그 후 L은 위 모임에 참석하였던 종원이자 건축학 교수인 M에게 설계관련 일을 맡기기로 하고 그에게 대리권을 수여하는 취지의 위임장을 등기우편으로 발송하였다. 그러나 그 등기우편이 M에게 도달하기 전에, L이 과거에 K종중 소유의 Y토지를 종중총회의 결의 없이 무단 처분한 것이 드러나, 종중총회에서 해임되었다. 그러나 이 사실을 몰랐던 M은 위임장을 수령한 후 K종중을 위해 자신의 제자가 운영하고 있는 N건축회사와 설계용역계약을 체결하였다. N건축회사의 대표이사도 M이 가지고 있는 위임장을 믿었으며 K종중 내의 사정에 대해서는 전혀 알지 못하였고 알 수도 없었다.

1. 위 계약에 따라 설계를 마친 N건축회사가 K종중에게 설계용역비를 청구한 경우, 그 청구의 타당성을 검토하라. (20점)

해설

1. 결론

M이 K종중을 대리하여 N회사와 사이에 체결한 제실 설계용역계약은 민법 제129조 표현대리가 성립할 수 있으므로 N회사가 K종중에 대해 설계용역비를 청구하는 것은 정당

2. 이유

가. 논점정리

① K종중을 대리하여 M이 N회사와 체결한 설계용역계약이 유효한지 검토 → M에게 관련 대리권을 수여한 자는 K종중의 대표자인 L로서, ㉠ 종중 대표자가 타인에게 대리권을 수여하는 방식으로 대표권 행사를

할 수 있는지, ⓒ 제실 설계용역계약은 L이 종중회의의 결의 등을 거치지 않더라도 유효하게 행할 수 있는 권한 범위 내에 속하는 것인지, ⓒ 대리권 수여의 위임장이 M에게 도달하기 전에 L이 대표자로서의 지위를 상실한 것은 어떠한 영향이 있는지

② 위 설계용역계약이 유효하지 않을 경우에는 표현대리 성립 여부를 검토해야

나. M이 N회사와 체결한 설계용역계약의 유효성(적법한 유권대리행위 해당성)

- **[L이 M에게 제실 설계용역과 관련된 대리권을 수여한 행위 적법성]** 종중은 비법인사단의 일종으로서, 성질에 반하지 않는 한, 민법상 법인에 관한 규정 특히 제62조 유추적용(대판 2011.4.28. 2008다15438)
  ⇒ K종중 대표자 L이 '제실 설계용역계약'이라는 특정사항에 대하여 M에게 대리권 수여 & 제실 건축 업무의 성격상 정관 또는 총회 결의로 금지될 만한 사항X → L이 M에게 대리권 수여한 것 자체는 문제X
- **[제실 설계용역계약의 법적 성격(총유물 자체의 관리·처분에 해당하는지 여부)]** M이 부여받은 대리권은 자권(子權)으로서 모권(母權)인 L의 대표권 권한 범위 넘을 수 없음 → '제실 설계용역계약'이 '총유물의 관리·처분행위'에 해당하는지 검토 → 해당된다면 본건의 경우 민법 제275조 제2항, 제276조 제1항 절차를 지키지 않아 무효(대판 1989.3.14. 87다카1574) & 표현대리 성립X(대판 2002.2.8. 2001다57679) → 비법인사단인 재건축조합의 조합장이 행한 '재건축아파트 신축공사의 설계용역 업무에 관한 도급계약'은 단순한 채무부담행위(대판 2003.7.22. 2002다64780). ∴ 본건도 동일 취급
- **[위임장이 M에게 도달되기 전 L이 종중 대표자 지위를 상실한 부분에 대한 평가]** 대리권 수여는 '상대방 있는 단독행위'로서(통설) 그 의사표시가 상대방에게 도달해야 효력 발생(민법 제111조 제1항) → L이 M에게 대리권을 수여하는 취지의 위임장이 M에게 도달하기 전에 L이 K종중 대표자 지위 상실 ∴ L의 M에 대한 대리권수여는 권한 없는 자에 의한 대리권 수여에 해당(무권대리)

다. 표현대리 성립 여부

- **[적용법조 선택 문제]** M 자체는 외관상 수여된 권한의 범위에 맞게 대리행위 but 대리권을 수여한 L이 중간에 대표권한 상실 → 대표권은 본질상 대리권과 유사하므로 대리인이 대리권 소멸 후 복대리인을 선임하여 복대리인으로 하여금 상대방과 사이에 대리행위를 한 경우와 같이 취급
- ✦ 判 상대방이 대리권 소멸 사실을 알지 못하여 복대리인에게 적법한 대리권이 있는 것으로 믿었고, 그와 같이 믿은 데 과실이 없다면 민법 제129조의 표현대리가 성립한다(대판 1998.5.29. 97다55317).
- **[소결론]** N회사는 L이 M에게 위임장을 발송한 후 K종중 대표자 자리에서 해임되었음을 알지 못했고 알 수도 없었음 → M의 대리행위는 민법 제129조 유추적용에 의해 유효

제2문의 3

甲은 2000. 5. 21. 사망하였고, 유족으로는 처(妻) 乙과 자녀 丙, 丁이 있다. 丁은 상속재산 분할협의서를 위조한 후, 2002. 3. 5. 상속재산인 X부동산에 대하여 협의분할에 의한 상속을 원인으로 丁 단독 명의의 소유권이전등기를 마쳤다. 그 후 2005. 12. 16. 丁은 X부동산에 저당권을 설정하고 K은행으로부터 1억 원을 대출받았다. 2011. 12. 3. 이러한 사실을 알게 된 丙은 2012. 1. 5. 丁을 상대로 X부동산 중 자신의 상속분에 상당한 지분에 대하여 소유권이전등기말소의 소를 제기하였다. 또한 丙은 2012. 5. 9. K은행을 상대로 자신의 상속분에 상당한 지분에 대하여 저당권등기말소의 소를 제기하였다.

1. 丙의 丁과 K에 대한 청구의 결론을 그 논거와 함께 서술하시오. (15점)

해설

1. 결론

피고 丁에 대한 청구 인용. 피고 K에 대한 청구 각하

2. 이유

가. 丙이 행사가능한 청구권의 결정

- [개관] 상속인은 피상속인의 재산에 관한 포괄적 권리·의무 승계(민법 제1005조 본문) ∴ 상속인은 참칭상속인에 대해 소유권에 기한 방해배제 청구권(같은법 제214조)을 행사 가능 → 이와 별도로 상속회복청구권에 관한 민법 제999조를 둔 이유?
- [상속회복청구권 법적 성격]
  - [學] ㉠ 상속회복청구권은 개별적 청구권과는 청구권경합 관계에 있다는 견해(독립권리설) vs. ㉡ 상속회복청구권은 상속재산을 구성하는 개개의 재산에 관하여 생기는 개별적 청구권의 집합으로서, 개별적 청구권과의 경합은 인정할 수 없다는 견해(집합권리설) 대립
  - [判] 대법원은 '집합권리설'(대판(全) 1981.1.27. 79다854, 대판(全) 1991.12.24. 90다5740)
  ⇒ 판례에 따르면 丙은 상속회복청구권만 행사 가능. 제척기간 도과시 권리행사×

나. 상속회복청구권의 상대방(참칭상속인) 및 권리행사기간

(1) 상대방(참칭상속인)

- [공동상속인 丁] [참칭상속인] 정당한 상속권이 없음에도 재산상속인임을 신뢰케 하는 외관을 갖추고 있는 자나 상속인이라고 참칭하여 상속재산의 일부 또는 전부를 점유하고 있는 자(대판 1997.1.21. 96다4688) → '상속분을 침해한 공동상속인'도 참칭상속인(대판 1997.1.21. 96다4688; 상속재산인 부동산에 관하여 공동상속인 중 1인 명의로 소유권이전등기가 경료된 경우 그 등기가 상속을 원인으로 경료된 것이라면 그 등기명의인은 재산상속인임을 신뢰케 하는 외관을 갖추고 있는 자로서 참칭상속인에 해당한다는 사례)
- [丁으로부터 저당권을 설정받은 K] '참칭상속인으로부터 상속재산을 전득한 제3자'도 상속회복청구의 상대방 ○(대판(全合) 1981.1.27. 79다854) ☞ [논거] ㉠ 상속회복청구권의 단기제척기간이 참칭상속인으로부터 양수한 제3자에게 미치지 않는다면 거래의 조기안정을 의도하는 단기의 제척기간제도 무의미, ㉡ 양수한 제3자에 대한 피고적격 부인시 참칭상속인은 제척기간의 경과로 상속재산상의 정당한 권원을 취득하였음에도 불구하고 양수한 제3자에 대해서는 물권적 청구권을 행사할 수 있다는 이론적 모순

(2) 권리행사기간

상속회복청구권은 '그 침해를 안 날로부터 3년, 상속권의 침해행위가 있는 날로부터 10년' 경과시 소멸(민법 제999조 제2항) / 제척기간으로서 '출소기간'(대판 1993.2.26. 92다3083) / 권리행사기간 도과 여부는 '참칭상속인 별로' 검토(대판 2009.10.15. 2009다42321)

다. 소결론

① 丁은 참칭상속인 & 丙은 침해사실을 안 날(2011. 12. 3.)로부터 3년 이내이면서 침해행위가 있는 날(2002. 3. 5.)로부터 10년 이내인 2012. 1. 5. 자신의 상속분상당지분에 대해 소유권이전등기말소 소구 ∴ 특별한 사정이 없는 한 청구인용
② K 명의 저당권등기에 대해 말소청구의 소제기 일자(2012. 5. 9.)는 침해행위가 있는 날부터 10년 경과한 이후 ∴ 소각하 ☞ [注] 참칭상속인으로부터 상속재산을 전득한 제3자를 상대로 한 상속회복청구권 제척기간 기산일도 '최초 침해행위일'(대판 2006.9.8. 2006다26694)

2013년
6월 모의고사

본서 p.1108

제1문
제1문의 1

甲은 주택건설사업 등을 영위하는 건설회사이고, 乙은 연립주택을 철거하고 새로이 아파트를 건축하려고 조직된 재건축조합이다. 甲과 乙은 공동사업주체로서 기존의 연립주택을 철거하고 그 지상에 아파트를 건설하기로 하며, 乙의 조합원들에 의한 사업부지 제공의 대가로 아파트의 일부 세대를 乙의 조합원들에게 분양하고 乙의 조합원들이 일정한 분담금을 납부하는 한편, 나머지 일반분양세대를 분양하여 그 대금을 甲과 乙에게 귀속시키기로 하는 내용의 이 사건 시행·시공계약을 체결하였다. 이 사건 계약에 의하면 甲과 乙은 이 사건 아파트를 공동으로 분양하고 수익과 손실을 공동으로 분담하는 것으로 되어 있었다. 이에 따라 甲과 乙이 공동으로 매도인이 되어 2010. 10. 20. 丙에게 일반분양세대인 이 사건 아파트를 분양하는 내용의 분양계약서를 작성하여 이 사건 분양계약을 체결하였다.

1. 이 사건 아파트 완성 후 丙은 이 사건 분양계약에 정해진 분양대금을 지급하지 않고 있다. 이에 따라 甲과 乙은 丙을 상대로 분양대금의 지급을 청구하는 소('이 사건 소송'이라 한다)를 제기하였다. 이 소송 도중에 乙은 丙과 소송 외에서 원만히 합의하자는 제안에 따라 소를 취하하였다. 이러한 소의 취하는 유효한가? (20점)

해설

1. 결론
乙이 단독으로 한 소취하 무효

2. 이유

가. 甲과 乙의 관계
㉠ 甲은 기존연립주택 철거·아파트 건설 & 乙은 사업부지 제공·일부 분담금 납부 약정(상호출자약정),
㉡ 일반분양분 공동분양 수익·손실 공동부담(이익분배약정) ∴ 민법상 조합(민법 제703조)

나. 조합재산에 관한 소송의 형태
甲과 乙은 조합재산인 아파트 분양대금청구권을 행사하는 소 제기 → 민법상 조합의 소유형태는 (준)합유 / 합유물 처분·변경시합유자 전원동의 필요(같은법 제272조, 제273조) → 공동소유 재산에 관한 실체법상 관리·처분권이 수인에게 공동으로 귀속○ ∴ 고유필수적 공동소송(대판 2012.11.29. 2012다44471)

다. 고유필수적공동소송과 소송수행

고유필수적공동소송에서 합일확정의 판결만 허용 / 공동소송인 1인의 소송행위는 '전원의 이익을 위해서만' 효력이 있음(민소법 제67조 제1항) ∴ 유리한 소송행위는 1인이 해도 효력○ but 불리한 소송행위는 '공동소송인 전원'이 해야 효력○

라. 사안검토(고유필수적공동소송인 1인이 단독으로 한 소취하의 법적 효력)

소취하는 기존에 있었던 모든 소송행위를 무위로 돌리는 행위로서 불리한 소송행위이므로 반드시 甲과 乙이 공동으로 해야만 유효(대판 2007.8.24. 2006다40980) ∴ 乙 단독 소취하 무효

---

2. 그런데 丙은 이 사건 소송에 앞서 甲과 乙을 상대로 이 사건 아파트에 관하여 소유권이전등기청구의 소('전소'라 한다)를 제기하자 법원은 甲과 乙은 丙으로부터 2억 원을 지급받음과 동시에 소유권이전등기절차를 이행하라는 판결을 하였고 이 판결은 확정되었다. 이 사건 소송에서 전소판결의 주문이 인정한 2억 원의 반대급부를 이행하라는 판단에는 기판력이 발생하는가? (20점)

해설

1. 결론

전소판결의 주문이 인정한 2억 원의 반대급부를 이행하라는 판단에는 기판력 발생×

2. 이유

가. 기판력의 객관적 범위

기판력은 원칙적으로 '주문에 포함된 것에 한하여' 발생(민소법 제216조 제1항) → 판결이유상 ㉠ 사실관계, ㉡ 선결적 법률관계, ㉢ 항변(상계항변 예외; 같은조 제2항), ㉣ 법규해석 적용 기판력×

나. 전소에서 선고된 상환이행판결의 '반대채권의 존부 및 수액'에 기판력이 미치는지

✦ [판] 상환이행판결 기판력은 '이행을 명한 급부에 반대급부 이행이 조건으로 붙어 있다는 점'에만 미치고(대판 1975.5.27. 74다2074), 상환이행을 명한 '반대채권의 존부 및 수액'에는 기판력이 미치지 않는다(대판 1996.7.12. 96다19017).

다. 사안검토

전소판결 주문 중 '소유권이전등기절차 이행에 반대급부 이행(2억 원 지급)이 조건으로 붙어 있다'는 점에만 기판력○ ∴ 2억 원의 반대급부의 존재 및 수액에는 기판력×

3. 한편 이 사건 소송의 항소심에서 甲, 乙은 丁에게 자신이 丙에 대하여 가지는 분양대금채권을 양도하였다. 丁이 이 사건 항소심에 참가할 수 있는 방법은 무엇인가? (25점)

해설

1. 결론

   丁은 ㉠ 참가승계, ㉡ 독립당사자참가(권리주장참가), ㉢ 단순보조참가 가능

2. 이유

   가. 「당사자」로 참가하는 방법
   - [공동소송참가] 소송목적이 한 쪽 당사자와 제3자에게 합일적으로 확정되어야 할 경우 그 제3자가 당사자로 참가하는 경우(민소법 제83조) → 甲, 乙과 丁은 실체법상 관리처분권 공동귀속× & 상호 판결효력이 미치는 관계× ∴ 공동소송참가×
   - [참가승계] 소송계속 중 소송목적인 권리·의무의 전부 또는 일부의 승계인이 「독립당사자참가신청」의 방식으로 스스로 참가하여 새로운 당사자가 되고 소송을 잇는 것(민소법 제81조) → 특정승계의 원인이 되는 '소송의 목적물인 권리관계의 승계'라 함은 '소송물인 권리관계의 양도'뿐만 아니라 '당사자적격 이전의 원인이 되는 실체법상의 권리 이전'을 널리 포함(대판 2003.2.26. 2000다42786). 후자의 경우 '계쟁물승계인'이 대표적인 예로서, '물권적 청구권에 기한 소송' 중 계쟁물을 취득한 자에 한정된다는 것이 대법원의 입장(대판 1972.7.25. 72다935)
   ⇒ 丁은 甲, 乙로부터 사실심 계속 중 분양대금채권을 양수한 자로서 '소송물인 실체법상 권리승계인' ∴ 참가승계○
   - [독립당사자참가(권리주장참가)] 소송목적의 전부 또는 일부가 자기 권리임을 주장하면서 참가하는 경우(같은법 제79조 제1항 전단) → 원고의 본소청구와 참가인의 청구가 '그 주장 자체에서 양립할 수 없는 관계'에 있을 경우 허용(대결 2005.10.17. 2005마814 등) & '항소심 변론종결시'까지만 가능
   ⇒ 채권은 양립가능하여 원칙적으로 권리주장참가 허용× but 채권귀속 자체가 다투어지는 경우 주장 자체로 양립불가하여 허용 → 본건에서 분양대금지급청구권 귀속주체 자체가 다투어지는 경우 丁 권리주장참가○

   나. 「보조참가인」으로서 참가하는 방법
   - [공동소송적 보조참가] 재판의 효력(기판력·집행력)이 제3자에게 미치는 경우 그 제3자가 보조참가하는 것(같은법 제78조)
   ⇒ 丁은 '변론종결 전에' 분양대금채권 양수 ∴ 甲·乙-丙 소송의 확정판결 기판력 효력을 받는 자×
   - [단순보조참가] 타인의 소송계속 중 소송결과에 이해관계가 있는 제3자가 한쪽 당사자의 승소를 돕기 위하여 소송에 참가하여 주장·증명을 하는 것(같은법 제71조)
   ✦ [판] 「소송결과에 대한 이해관계」란 '당해 소송의 판결을 전제로 하여 보조참가를 하려는 자의 법률상의 지위가 결정되는 관계에 있는 경우'를 말한다(대판 2007.4.26. 2005다19156).
   ⇒ 丁 입장에서 보면 ㉠ 원고들 승소시 나중에 채권양도요건을 갖추어 丙을 상대로 권리행사를 하는데 용이, ㉡ 원고들 패소시 추후 丙을 상대로 양수금 소구하면 전소 인정 사실관계의 영향으로 변론상 어려움 있고, 甲 등과 지명채권 양도대가 반환과 관련하여 분쟁 가능성 ∴ 당해소송결과에 이해관계 ○ 보조참가 허용

제1문의 2

甲은 1991. 1. 15. A로부터 그 소유의 X토지(300㎡)를 매수하였다. 그런데, 甲은 X토지에 연접한 乙소유의 Y토지(20㎡)가 X토지에 포함되었다고 착각하고 1991. 1. 15.부터 X, Y토지 모두를 텃밭으로 계속하여 점유·사용해 오고 있다. 乙은 2012. 1. 3. Y토지를 丙에게 매도하였고, 매매대금은 2천만 원으로 정하였다. 이후 丙은 2012. 1. 10. Y토지에 대하여 소유권이전등기를 경료하였다.

1. 丙은 2013. 1. 29. 甲을 상대로 하여 Y토지를 인도하라는 내용의 소를 제기하였다. 甲은 자신이 1992. 1. 15.부터 20년 이상 점유하여 취득시효로 X토지의 소유권을 취득하였다고 주장하였다. 이에 대하여 丙은 처음에는 甲이 1992. 1. 15.부터 Y토지를 점유한 점을 인정하였다가 이후 이를 번복하여 甲이 1991. 1. 15.부터 점유하였으므로 자신은 시효취득자에게 대항할 수 있는 제3자라고 주장한다. 증인 丁은 甲이 1991. 1. 15.부터 점유하였다고 증언하였고, 법원은 丁의 증언이 신빙성이 있다고 판단하였다. 丙의 청구에 대하여 법원은 어떻게 판단할 것인가? (30점)

해설

1. 결론

법원은 丙의 청구를 인용해야

2. 이유

가. 甲이 Y토지를 점유시효취득하였는지 여부

- [요건] 20년 간 소유의 의사로 평온, 공연하게 부동산을 점유하는 자는 등기함으로써 소유권 취득(민법 제245조 제1항) & 점유의 평온·공연성 및 자주점유성 추정(같은법 제197조 제1항) ∴ 시효취득 주장하는 자는 20년간의 점유사실만 주장·입증하면 됨. 전후양시에 점유한 사실이 있을 때 그 점유는 계속한 것으로 추정(같은법 제198조)
- [사안검토] ㉠ 甲은 1991. 1. 15.부터 Y토지를 텃밭으로 계속 사용 ∴ 丙이 소제기한 2013. 1. 29. 이전인 2011. 1. 15. 24:00 점유취득시효 완성, ㉡ 甲이 X토지를 매수하면서 Y토지도 포함된 것으로 오인하고 텃밭으로 사용 / 자주점유성 부정? → ㉠ 甲이 자주점유가 아니라는 점은 丙의 주장·입증사항 but 丙은 문제 삼고 있지 않다는 점, ㉡ 甲의 점유는 '오상권원(誤想權原)에 의한 점유'로서, 매매대상 토지의 면적이 등기부상의 면적을 상당히 초과하지 않는 이상, 자주점유성 인정(대판 1997.1.24. 96다41335) & Y토지 면적 20㎡로서 매매대상 X토지 등기부상 면적 300㎡와 비교시 상당히 초과한 것은 아니라는 점 ∴ 문제X

나. Y토지의 제3취득자(丙)와 점유취득시효 완성자(甲)와의 우열관계

- [일반론]
- ✦ [判①] 시효완성 전 제3자가 소유권을 취득한 경우, 등기명의인은 물권변동의 당사자로 볼 수 있으므로(대판 1964.6.16. 63다898), 시효완성자는 그 취득시효기간 완성 당시의 등기명의자에 대하여 그 소유권취득을 주장할 수 있다(대판 1977.8.23. 77다785).

- ✦ 판② 시효완성 후 제3자가 소유권을 취득한 경우 제3자에게 시효완성 효과를 주장할 수 없음이 원칙이다. 취득시효기간이 만료되어 소유권이전등기청구권을 취득한 시효완성자와 시효완성 이후에 원소유자로부터 당해 부동산을 양도받은 제3자는, 부동산 이중양도가 있는 것과 같이 취급해야 하기 때문이다(대판 1977.3.22. 76다242).
- ● [점유취득시효 기산일의 법적 성격(재판상 자백 성립 여부)]
- ✦ 판 부동산 취득시효 기산일인 점유개시의 시기는 취득시효의 요건사실인 점유기간을 판단하는 데 간접적이고 수단적인 구실을 하는 간접사실에 불과하므로 이에 대한 자백은 법원이나 당사자를 구속하지 않는다 (대판 2007.2.8. 2006다28065).
- ⇒ 丙은 '1992. 1. 15.부터 Y토지를 점유하였다'는 甲의 주장을 인정한다고 진술 but 구속력✕. 법원은 증인 丁의 증언을 근거로 甲의 점유기산일을 독자적으로 판단○ ∴ 甲은 시효완성일 이후 Y토지의 소유권을 취득한 丙에 대해서는 이전등기청구권 행사✕ → Y토지를 丙에게 인도하라고 판결 ○

다. 소결론

법원은 丙의 종전 진술에 구애됨이 없이 별도증거에 의해 독자적으로 판단○ ∴ 증인 丁의 증언에 따라 丙은 점유취득시효 완성일 이후 Y토지를 취득한 자로 보아 Y토지 인도를 구하는 丙의 청구 인용○

---

2. 만약 甲과 丙의 소송에서 甲이 패소하였다면, 甲은 乙에 대하여 어떠한 주장을 할 수 있는가? (20점)

해설

1. 결론

㉠ 甲이 乙에게 취득시효를 주장하거나 이로 인한 소유권이전등기청구를 한 사실이 있는 경우에 한하여 불법행위책임을 물을 수 있고, ㉡ 乙이 Y토지를 丙에게 이전하기 전에 甲이 乙을 상대로 점유취득시효로 인한 권리를 주장하거나 행사한 경우에 한하여 대상청구권을 행사할 수 있음. ㉢ 채무불이행에 기한 손해배상청구권은 인정되지 않음

2. 이유

가. 불법행위에 기한 손해배상청구권

- ✦ 판① 소유명의자가 취득시효완성사실을 알면서도 제3자에게 소유명의를 넘겼다면 불법행위책임을 진다 (대판 1989.4.11. 88다카8217).
- ✦ 판② 취득시효가 완성된 후 시효완성자가 그 취득시효를 주장하거나 이로 인한 소유권이전등기청구를 하기 이전에는, 특별한 사정이 없는 한 그 등기명의인 부동산 소유자로서는 그 시효취득사실을 알 수 없는 것이므로 이를 제3자에게 처분하였다고 하더라도 불법행위가 성립하는 것은 아니다(대판 1994.4.12. 93다60779).
- ⇒ 甲이 乙에게 취득시효를 주장하거나 이로 인한 소유권이전등기청구를 한 사실이 있는 경우에 한하여 불법행위책임 추궁○

나. 채무불이행에 기한 손해배상청구권

- 判 부동산 시효완성자에게 시효취득으로 인한 소유권이전등기청구권이 있다고 하더라도 이로 인하여 <u>부동산소유자와 시효완성자 사이에 '계약상의' 채권·채무관계가 성립하는 것은 아니므로</u>, 그 부동산을 처분한 소유자에게 채무불이행책임을 물을 수 없다(대판 1995.7.11. 94다4509).
- ⇒ 甲은 乙을 상대로 채무불이행에 기한 손해배상청구권 행사×

다. 대상청구권

- 判 점유로 인한 부동산소유권취득기간만료를 원인으로 한 등기청구권이 이행불능으로 된 경우 시효완성자는 <u>'그 등기명의자에 대하여 이행불능 전에 그 권리를 주장하거나 행사하였어야'</u> 하고 그렇지 않았다면 대상청구권을 행사할 수 없다(대판 1996.12.10. 94다43825).
- ⇒ 乙이 Y토지를 丙에게 이전하기 전에 甲이 乙을 상대로 점유취득시효로 인한 권리를 주장하거나 행사한 경우에 한하여 대상청구권 행사○

---

3. 위 사안과 달리, 乙이 2011. 1. 3. Y토지를 丙에게 매도하였고, 丙은 그 소유권이전등기청구권을 이전하기 위하여 Y토지에 2011. 1. 10. 자신 명의로 가등기를 경료하였으며, 2012. 1. 10. 가등기에 기한 본등기를 경료하였다고 가정한다. 이러한 상황에서 丙이 甲을 상대로 Y토지를 인도하라는 내용의 소를 제기한 경우, 이에 대한 결론과 그러한 결론에 이르게 된 논거를 서술하시오. (20점)

해설

1. 결론

법원은 丙의 청구를 인용해야

2. 이유

가. 논점정리

시효완성자와 제3취득자 우열은 제3취득자 소유권 취득시점이 시효완성 이전 or 이후인지에 따라 결정 → 丙은 乙에 대한 '매매계약에 기한 소유권이전등기청구권' 보전 위하여 2011. 1. 10. 가등기 & 2012. 1. 10. 본등기 → 가등기에 기한 본등기시 물권변동 소급효?

나. 청구권보전의 가등기에 기한 본등기의 효력(소급효 여부)

- 判 가등기는 본등기 순위보전의 효력만이 있고, 후일 본등기가 마쳐진 때에는 본등기의 순위가 가등기한 때로 소급함으로써 가등기 후 본등기 전에 이루어진 중간처분이 본등기보다 후 순위로 되어 실효될 뿐이고, <u>본등기에 의한 물권변동의 효력이 가등기한 때로 소급하여 발생하는 것은 아니다</u>(대판 1981.5.26. 80다3117).

다. 소결론

丙 Y토지 소유권 취득시기 = 본등기 경료시 ∴ 丙은 시효완성 이후 토지 소유권취득자로서 시효완성 주장×

4. 위 사안과 달리, 乙은 자신이 丙에게 Y토지를 매도한 것이 아니라 자기와 일면식이 없는 소외 戊가 등기서류를 위조하여 자신의 대리인 행세를 하여 丙에게 매도하고 이 사건 토지의 등기를 경료한 것이라고 하며 丙을 상대로 소유권이전등기말소청구의 소를 제기하였다고 가정한다. 이 소송에서 이 사건 등기가 원인무효라는 사실은 누가 증명하여야 하는가? (15점)

해설

1. 결론

Y토지에 관하여 丙명의로 이전등기가 된 상태이므로 원고 乙이 '戊가 乙로부터 적법한 대리권을 수여받음이 없이 등기소요서류를 위조하여 丙에게 소유권이전등기를 하였다는 점'을 주장·입증해야

2. 이유

가. 논점정리

종전 등기명의인이 등기부상 소유명의자를 상대로 등기말소를 소구하는 것은 민법 제214조에 기한 방해배제청구권을 행사하는 것 ∴ 원고는 소유명의자의 등기가 원인무효라는 점을 입증해야 → 원고 乙이 부담하는 '소유명의자 등기 원인무효' 증명책임과 관련하여, Y토지 매매계약이 제3자(戊)에 의해 이루어졌다는 점만 주장·입증하면 족한 것인지 아니면 더 나아가 제3자(戊)에게 대리권이 없었다는 점 등까지도 주장·입증해야 하는지

나. 매매행위가 계약당사자 아닌 제3자에 의해 이루어졌을 경우 대리권 존부 등에 관한 주장·입증책임 부담주체

- [원칙] 계약의 일방당사자가 타방 당사자와 직접 계약을 체결하지 않고 그 자의 대리인임을 자처하는 자와 계약을 체결한 경우 '계약의 유효성을 주장하는 일방당사자'가 '제3자에게 적법한 대리권 있음'을 주장·입증해야 하는 것이 원칙이다(대판 1994.2.22. 93다42047).
- [등기추정력과의 관계] 등기가 소유자의 직접적인 설정행위에 의한 것이 아니라 제3자가 그 설정행위에 개입한 경우, 등기명의인이 그 제3자를 소유자의 대리인이라고 주장하더라도 당해 등기는 적법하게 이루어진 것으로 추정되므로 그 등기가 원인무효임을 이유로 말소를 청구하는 소유자로서는 그 반대사실, 즉 그 제3자에게 소유자를 대리할 권한이 없었다거나 또는 그 제3자가 등기에 필요한 서류를 위조하였다는 등의 무효사실에 대한 증명책임을 지게 된다(대판 1999.2.26. 98다56072 등).

제2문

甲은 2010. 1. 1. 乙로부터 그의 유일한 재산인 X토지를 1억 원에 매수하기로 약정하고 대금을 전액 지급하였으나, 乙이 소유권이전등기를 해주지 아니하자 채무불이행을 이유로 같은 해 6. 1. 위 매매계약을 적법하게 해제하였다. 이에 乙은 甲에 대한 매매대금반환채무를 면탈할 의도로 처남인 丙과 통정하여 허위로 2010. 7. 1. 丙에게 위 토지를 1억2천만 원에 매도하는 내용의 매매계약을 체결하고 같은 날 丙 명의로 소유권이전등기를 경료하였다(서울중앙지방법원 2010. 7. 1. 접수 제5678호). 그 후 丙은 같은 해 10. 1. 친구인 丁에게 위 토지를 매도하고 같은 날 丁 명의로 소유권이전등기를 경료하여 주었다(동 법원 2010. 10. 1. 접수 제6789호).

한편 甲은 해제 직후인 2010. 6. 7. 위 매매대금반환채권을 피보전권리로 하여 X토지를 가압류하였으나, 같은 해 7. 15. 乙이 丙에게 위 와 같이 토지를 양도한 사실을 알게 되었고, 이에 乙의 재산을 조사한 결과 같은 해 11. 10. 경 乙에게 위 토지 외에는 다른 재산이 없음을 알게 되었다.

소송의 경과

이에 2011. 10. 10. 甲은 乙과 丙 사이의 매매행위가 사해행위라고 주장하면서, 1) 乙을 상대로 매매대금 1억 원의 반환을, 2) 乙, 丙를 상대로 피고 乙과 피고 丙이 체결한 2010. 7. 1. 자 매매계약의 취소를, 3) 丙, 丁을 상대로 피고 丙과 피고 丁이 체결한 2010. 10. 1. 자 매매계약의 취소를 구하고, 4) 피고 丙, 丁은 피고 乙에게 위 토지에 관하여 경료된 소유권이전등기의 말소등기절차를 이행하라는 소를 제기하였다. 위 사건 심리 결과 위 사실관계 및 丙, 丁이 모두 악의임이 인정되었다.

1. 사실관계와 소송의 경과에서 기술된 내용을 토대로, 乙, 丙, 丁에 대한 청구에 대한 각 결론 [소 각하, 청구인용, 청구기각]을 그 논거와 함께 서술하시오. (65점)

해설

1. 결론

① 피고 乙에 대한 청구들 중 ㉠ 매매대금 1억 원 반환청구 부분은 '전부인용', ㉡ 乙-丙 사이에 체결된 2010. 7. 1. 자 매매계약 취소청구 부분은 '소각하', ② 피고 丙에 대한 청구들 중 ㉠ 乙-丙 사이에 체결된 2010. 7. 1. 자 매매계약 취소청구 부분은 '전부인용', ㉡ 丙-丁 사이에 체결된 2010. 10. 1. 자 매매계약 취소청구 부분은 '소각하', ㉢ X토지 소유권이전등기 말소등기청구 부분은 '전부인용', ③ 피고 丁에 대한 청구들 중 ㉠ 丙-丁 사이에 체결된 2010. 10. 1. 자 매매계약 취소청구 부분은 '소각하', ㉡ X토지 소유권이전등기 말소등기청구 부분은 '청구기각' 판결 각 선고

2. 이유

가. 피고 乙을 상대로 한 청구

- **[매매대금 1억 원 반환청구 부분]** 甲은 乙의 채무불이행을 이유로 적법하게 계약해제 → 매매대금 1억 원 및 乙이 위 돈을 받은 날로부터 법정이율에 의하여 계산된 이자 청구가능(민법 제548조 제1항 본문, 제2항) → 甲은 원금 1억 원의 반환을 소구 ∴ 전부 인용
- **[乙-丙 사이에 체결된 2010. 7. 1. 자 매매계약 취소청구 부분]** 채권자취소권은 '수익자'나 '전득자'를 상대로 해야. 채무자 피고적격×(대판 1991.8.13. 91다13717) ∴ 乙을 상대로 乙-丙 사이에 체결된 2010. 7. 1. 자 매매계약의 취소를 구하는 부분 소각하

나. 피고 丙을 상대로 한 청구

(1) 乙-丙 사이에 체결된 2010. 7. 1. 자 매매계약 취소청구 부분
- [적법요건 검토]
  - [피고적격] 피고 수익자 丙 ∴ 피고적격○
  - [제척기간 준수] 채권자가 취소원인 안 날로부터 1년, 법률행위 있은 날로부터 5년(같은법 제406조 제2항)
    - ✦ |判| '취소원인을 안다'고 하기 위해서는 채무자의 법률행위가 있었다는 사실을 아는 것만으로는 부족하고, ㉠ 법률행위가 채권자를 해하는 행위라는 것 즉 그에 의하여 채권의 공동담보에 부족이 생기거나 이미 부족상태에 있는 공동담보가 한층 더 부족하게 되어 채권을 완전하게 만족시킬 수 없게 된다는 점 및 ㉡ 채무자에게 사해의 의사가 있었다는 점까지 알 것을 요한다(대판 2005.3.25. 2004다66490 등).
  - ⇒ 甲이 '乙이 X토지를 丙에게 양도하고 乙에게 다른 재산이 없다는 것'을 안 시기는 2010. 11. 10. & 사해행위취소 소제기 일자는 2011. 10. 10. ∴ 제소기간 준수
- [본안요건 검토] ㉠ 피보전채권이 존재할 것 ㉡ 채무자의 채권자를 해하는 행위가 있을 것 ㉢ 채무자 및 수익자(전득자)가 악의일 것(같은법 제406조 제1항)
  - [피보전채권의 존재] 甲은 乙에 대해 매매계약 해제에 따른 원상회복청구권으로서 금전채권 보유 & 사해행위 이전 발생 ∴ 피보전권 요건 충족
  - [채무자의 사해행위] 채무자 乙은 피고 丙과 가장매매행위 & 가장매도 사해행위취소 대상○ (대판 1998.2.27. 97다50985 등)
  - [채무자 등의 악의] ㉠ 채무자의 악의(사해의사)는 '채권의 공동담보에 부족이 생기는 것을 인식하는 것'을 의미(대판 1997.5.9. 96다2606), 채권자가 입증해야 → 乙이 甲에 대한 매매대금반환채무를 면탈할 목적으로 X토지를 丙에게 가장매도한 사실 입증 ∴ 乙 사해의사 입증, ㉡ 채무자 악의 입증시 수익자(전득자) 악의 추정(대판 1988.4.25. 87다카1380) & 丙, 丁의 악의 전제

(2) 丙-丁 사이에 체결된 2010. 10. 1. 자 매매계약 취소청구 부분
사해행위는 '채무자-수익자 간 법률행위'에 국한 but '수익자-전득자 간 법률행위' 사해행위 X(대판 2004.8.30. 2004다21923) → 수익자-전득자 간 법률행위 취소 부분 소각하

(3) X토지 소유권이전등기 말소등기청구 부분
① 사해행위취소에 따른 원상회복의 원칙적인 형태는 '원물반환' ∴ 원고 甲의 피고 丙에 대한 소유권이전등기말소 청구는 인용(말소등기청구의 상대방은 채무자 乙)
② 최종명의인인 피고 丁을 상대로 한 소유권이전등기 말소등기청구는, 사해행위취소 없이 원상회복만을 구하는 경우이어서, 청구기각(후술) → 부동산등기법 절차상 채무자 乙 명의로 회복시킬 수 없다는 사정(집행불능) 고려X(대판 1983.3.8. 80다3198)

다. 피고 丁을 상대로 한 청구

(1) 丙-丁 사이에 체결된 2010. 10. 1. 자 매매계약 취소청구 부분
수익자-전득자 간 법률행위 사해행위 X(대판 2004.8.30. 2004다21923) ∴ 소각하

(2) X토지 소유권이전등기 말소등기청구 부분
- [전득자를 상대로 사해행위취소에 따른 원상회복을 구하기 위해서 별도로 사해행위취소를 구해야 하는지 여부]
  - 判 채권자가 전득자를 상대로 채권자취소권을 행사하기 위해서는 <u>제소기간 내에 채무자와 수익자 사이의 사해행위취소를 소송상 공격방법의 주장이 아닌 법원에 소를 제기하는 방법으로 청구하여야 한다</u>(대판 2005.6.9. 2004다17535).
  - ⇒ 甲이 피고 丙을 상대로 사해행위취소를 구하더라도 이로써 피고 丁에 대해서도 동일한 청구가 있었다고 볼 수 없음
- [사해행위취소를 함이 없이 원상회복을 구하는 경우 처리방법] 제척기간 내에 소제기가 되었다고 하더라도 사해행위취소를 구하지 않고 원상회복만 소구시 <u>기각판결</u>(대판 2008.12.11. 2007다69162)

2. 위 사안에서 甲이 위 매매계약을 해제하지 않고 자신의 소유권이전등기청구권을 보전하기 위하여 피고 乙과 피고 丙 사이의 같은 해 7. 1. 자 매매계약을 취소할 수 있는가? (10점)

해설

1. 결론
甲은 자신의 소유권이전등기청구권을 보전하기 위하여 乙과 丙 사이의 매매계약을 취소할 수 없음

2. 이유
채권자취소권은 일반채권자에게 공여될 책임재산의 회복을 목적으로 하는 권리이고, 그 효과는 모든 채권자의 이익을 위하여 있음(민법 제407조) → 매매계약에 기한 소유권이전등기청구권이라는 특정물채권을 피보전채권으로 하여 채권자취소권을 행사하는 것은 제도의 취지에도 맞지 않을 뿐만 아니라, 설령 채권자취소권을 인정하여 당해 부동산이 채무자 명의로 회복되더라도 채권자취소권 행사자가 자신에게 양도하라고 청구할 수도 없다는 점을 고려하면 위와 같은 채권을 피보전채권으로 한 채권자취소권 허용×
- 判 <u>부동산의 제1양수인은 자신의 소유권이전등기청구권을 보전하기 위하여 양도인과 제3자(제2양수인) 사이에 체결된 부동산이중매매계약에 대해 채권자취소권을 행사하는 것은 허용되지 않는다</u>(대판 1999.4.27. 98다56690).

추가된 사실관계

위 사건 심리결과 위 매매계약이 적법하게 해제되지 않았음이 밝혀지자 원고는 이 사건 심리 도중인 2011. 12. 1. 자 준비서면에서 피보전채권을 '매매대금반환채권 1억 원'에서 '2010. 7. 5. 자 대여금채권 1억 원'으로 바꾸어 주장하면서 위 준비서면을 변론기일에 진술하였다.

(1) 위와 같은 피보전채권의 교환적 변경은 제척기간과 관련하여 문제가 없는가? (15점)

해설

1. 결론
피보전채권을 교환적으로 변경한 것은 제척기간과 관련하여 문제가 되지 않음

2. 이유

가. 피보전채권의 추가·변경의 법적 성격

✦ [判] 채권자가 사해행위의 취소를 청구하면서 보전하고자 하는 채권을 추가하거나 교환하는 것은 그 사해행위취소권을 이유 있게 하는 공격방법에 관한 주장을 변경하는 것일 뿐이지 소송물 또는 청구 자체를 변경하는 것이 아니므로 소의 변경이라고 할 수 없다. 따라서 소장에서 주장하였던 피보전권리가 소송계속 중 변제로 인하여 소멸한 후 원고가 새로운 피보전권리를 주장할 때 1년의 제척기간이 경과하였다 하더라도 그 소가 부적법하게 되는 것은 아니다(대판 2003.5.27. 2001다13532).

나. 사안검토

甲이 처음 매매계약 해제에 따른 매매대금반환채권을 피보전채권으로 하여 피고 丙을 상대로 사해행위취소소송제기한 시기는, 취소의 원인이 있은 날(2010. 11. 20.)로부터 1년 내인 2011. 10. 10.로서 제척기간 준수 → 甲이 소송도중 피보전채권을 대여금채권으로 교환 but 단순한 공격방법에 관한 주장 변경○ ∴ 교환변경 시기가 제척기간이 경과한 후인 2011. 12. 1.경이라도 제척기간 관련 문제×

---

(2) 제척기간의 제한을 받지 않는다고 가정한다면 원고의 청구는 인용될 수 있는가? (10점)

해설

1. 결론
법원은 청구기각판결을 선고해야

2. 이유

가. 피보전채권의 성립시기

① 채권자취소권의 피보전채권은 원칙적으로 '사해행위 이전에' 발생해야 → [예외] ㉠ 사해행위 당시에 이미 채권 성립의 기초가 되는 법률관계 발생, ㉡ 가까운 장래에 그 법률관계에 기하여 채권이 성립하리라는 점에 대하여 고도의 개연성, ㉢ 실제 가까운 장래에 그 개연성이 현실화되어 채권 성립시 '사해행위 이후에 성립된 채권'도 피보전채권○(대판 2004다53173)
② 변경된 피보전채권인 대여금채권은 사해행위 성립일(2010. 7. 1.) 이후인 2010. 7. 5. 발생 & 위 예외적인 요건 충족×

나. 피보전채권의 부존재한 경우 처리방법

피보전채권은 채권자취소권을 이유있게 하는 공격방법으로서(대판 2003.5.27. 2001다13532) 결여시 '청구기각'(대판 1993.2.12. 92다25151)

2013년 8월 모의고사

제1문의 1

공통된 기초사실

대형유통업체인 주식회사 A(이하 A회사라 한다)에서 수주 및 발주 업무를 담당하고 있는 특판 과장 甲은 2010. 2.경 거래처인 주식회사 B(이하 B회사라 한다)의 대표이사이자 친한 친구인 乙로부터 회전다리미판이라는 아이디어상품 개발사업과 관련된 투자자 물색을 요청받고 업무상 알고 지내던 丙을 乙에게 소개시켜 주었으나 丙은 투자를 선뜻 결정하지 못한 채 망설였다. 그러자 甲과 乙은 丙을 기망하여 투자를 받기로 공모하고서 2010. 3.경 甲이 업무상 보관하고 있던 A회사 대표이사의 인감을 이용해 'A회사는 B회사로부터 회전다리미판을 독점적으로 공급받아 이를 홈쇼핑이나 대형마트에서 판매한다'는 내용의 독점판매계약서를 위조한 후 2010. 3. 15. 다시 丙을 만나서 그에게 위 독점판매계약서를 보여주며 'B회사가 이미 물건개발을 끝냈지만 아쉽게도 자금이 부족하여 양산을 못하고 있는 사정인데 만약 丙이 2억 원을 투자해준다면 즉시 생산이 가능해진다. 그렇게 되면 B회사가 회전다리미판을 독점적으로 납품함에 따른 영업이익으로부터 丙은 이익을 얻을 수 있을 것이다'라고 거짓말을 하였다.

이에 속은 丙이 투자에 긍정적 반응을 보이자 다음 날인 2010. 3. 16. 甲과 乙은 수신인이 B회사로 되어 있는 A회사 명의의 허위의 발주서(회전다리미판 9,000개를 개당 30,000원의 가격으로 6개월 뒤인 2010. 9. 16. A회사에 납품하라는 내용)를 작성하여 다시 A회사 대표이사의 인감을 날인한 후 이를 팩스로 丙에게 송부하였으며, 이를 본 丙은 더욱 甲과 乙의 말을 신뢰하게 되어 위 독점판매계약서 및 발주서의 진위 여부, B회사의 제품생산능력 및 자금사정 등을 제대로 확인해 보지 않은 채 같은 날 甲과 乙을 만나서 투자약정을 하였다. 그 내용은 丙이 B회사에 2억 원을 대여해주고 위 발주서의 납품일인 2010. 9. 16.로부터 1개월 내에 2억 원의 원금과 함께 회전다리미판 개당 3,000원의 판매수익을 지급받는다는 것이었다. 이 약정 후 丙은 즉시 B회사의 은행계좌로 2억 원을 송금해 주었다.

2억 원을 송금받은 B회사는 그제야 회전다리미판 개발을 시작하였지만 그 개발에 실패하였고, 2010. 7.경 결국 부도가 나고 말았다. 그 와중에도 乙은 丙으로부터 받은 2억 원을 온전히 회전다리미판 개발에 사용하지 않고 그 상당 부분을 甲과 함께 유흥비로 탕진하거나 甲의 주식투자손실을 보전해 주는 용도로 소비해 버렸다.

위 발주서에 적힌 납품기일이 지났음에도 B회사로부터 아무런 연락이 없자 丙은 甲과 乙에게 연락하였으나 모두 조금 더 기다려 달라는 말만 되풀이 하였다. 이에 의심을 품은 丙은 이리저리 수소문한 끝에 그간의 모든 사정과 자신이 甲과 乙에게 속았다는 사실을 알게 되었다. 이에 丙은 2010. 12. 11. 甲, 乙과 그리고 A회사를 상대로 소를 제기하였다. 그리고 그 소송에서 변론에 현출된 제반사정을 고려한 결과 丙의 손해에 대한 甲과 乙의 기여도는 동일한 것(5:5)으로 인정되었으며 피해자 丙의 과실 또한 40%로 인정되었다.

[아래 각 문제에 대해 답을 할 때에 편의상 지연손해금은 고려에서 제외하시오]

1. 위 소송에서 丙이 甲, 乙, A회사에 대하여 종국적으로 행사가능한 손해배상청구권의 구체적 범위와 서로간의 관계는 어떠한지 각 피고에 대한 청구권의 근거와 함께 검토해 보시오. (25점)

> 해설

1. 결론

㉠ 甲과 乙은 협의의 공동불법행위자로서 丙이 투자한 2억 원에 대해서 부진정연대채무 부담, ㉡ A회사는 甲의 사용자로서 사용자책임 부담. 2억 원 중 일부인 1.2억 원에 대해 甲, 乙과 부진정연대채무관계

2. 이유

가. 甲, 乙의 협의의 공동불법행위 책임

- [요건] ㉠ 각자 행위는 독립하여 불법행위 성립, ㉡ 피해자에게 손해 발생. 공동불법행위자 전체의 행위가 손해발생의 원인이면 족함(대판 1957.3.28. 4289민상551), ㉢ 가해자 및 가해행위 상호간에 「관련공동성」(민법 제760조 제1항) ☞ [관련공동성] 가해자들 사이에 공모(공동의 인식)는 불필요하고 가해행위가 객관적으로 공동하여 위법하게 피해자에게 손해를 가한 것으로 인정되면 충분(객관적 공동설; 대판 1998.6.12. 96다55631)
- ⇒ ㉠ 甲, 乙이 丙을 적극적으로 기망하여 돈을 투자케 하여 각자 불법행위 성립, ㉡ 丙은 B회사 부도로 인해 투자금 2억 원을 회수할 수 없는 손해 발생 & 이는 甲, 乙의 기망행위로 인함, ㉢ 甲, 乙은 독점판매계약서 및 발주서 위조하여 丙에게 제시하는 방법으로 丙 기망 ∴ 관련공동성 인정
- [甲, 乙의 책임 성격] 甲, 乙 연대하여 손해배상 책임(같은법 제760조 제1항) → 부진정연대채무
- [손해배상책임 범위]
- ✦ [判] 공동불법행위로 인한 손해배상책임의 범위는 피해자에 대한 관계에서 '가해자들 전원의 행위를 전체적으로 함께 평가하여' 정하는데, 그렇게 산정된 손해에 대해서는 가해자 각자가 '전액 책임'을 지는 것이고 불법행위에 가담한 정도에 따른 책임제한은 허용되지 않는다(대판 1998.6.12. 96다55631).
- ⇒ 甲, 乙은 丙에게 발생한 손해 전체에 대해 각자 책임 부담 / 각자의 기여도(5:5)에 따른 책임제한 주장X
- [과실상계] '공동불법행위자 전원의 귀책사유를 전체로서 평가하여' 이것과 피해자의 과실을 비교형량 함으로써 피해자의 부담비율을 우선 결정하여 그 부담부분만큼을 손해에서 공제
- ⇒ 甲, 乙은 모두 '고의의 불법행위자'로서 피해자인 丙의 부주의(40%)를 이유로 자신의 책임을 감해 달라고 주장하는 것은 신의칙상 허용X(대판 1987.7.21. 87다카637)
- [소결론] 甲, 乙은 협의의 공동불법행위자로서 丙이 입은 투자금 2억 원에 대해 배상책임 but 투자약정상 수익금은 계약이행에 따른 이행이익 ∴ 불법행위에 따른 손해배상 범위 포함X

나. A회사의 사용자책임

- [요건] ㉠ 타인을 사용하여 사무에 종사하게 할 것 ㉡ 피용자가 사무집행과 관련하여 제3자에게 손해를 입혔을 것 ㉢ 피용자 개인의 불법행위 요건이 충족될 것(고의·과실, 책임능력), ㉣ 사용자가 면책사유를 입증하지 못할 것(같은법 제756조 제1항)
- ✦ [判 - 사무집행 관련성] 피용자의 불법행위가 외형상 객관적으로 사용자의 사업활동 내지 사무집행행위 또는 그와 관련된 것이라고 보일 때에는 행위자의 주관적 사정을 고려함이 없이 이를 사무집행에 관하여 한 행위로 봐야 한다(대판 2000.2.11. 99다47297). 피용자의 행위가 사용자의 사무집행행위에 해당하지 않음을 '피해자 자신이 알았거나 중대한 과실로 알지 못하는 경우'에는 사용자책임이 부정된다(대판 2005.3.25. 2005다558).
- [사안검토] ㉠ 甲은 A회사 특판 과장으로서, 회전다리미판을 정상 납품받아 유통·판매하기 위한 차원에서 丙으로 하여금 B회사에게 투자하도록 권유하는 듯한 외관 창출 & 丙이 독점판매서 등의 진위나 B회사의 생산능력 및 자금사정에 대해서 제대로 확인하지 않은 과실은 중대한 과실X, ㉡ 甲은 일반불법행위 요건 충족, ㉢ A회사 면책X ∴ A회사 사용자책임 부담

- **[손해배상책임 범위 및 과실상계]**
  - ✦ [판] 피용자가 고의로 불법행위를 저지른 경우 피용자는 피해자의 부주의를 이유로 자신의 책임을 감하여 달라고 주장할 수 없지만(대판 1995.11.14. 95다30352), <u>사용자는 피해자의 과실을 이유로 과실상계를 주장하는 것이 허용된다</u>(대판 2008.6.12. 2008다22276).
  - **[소결론]** A회사는 丙이 입은 손해 2억 원 중 丙의 과실부분(40%)을 공제한 1.2억 원에 대해서 손해배상책임 부담

다. 甲, 乙 및 A회사 책임 상호간의 관계

사용자책임 성립시 피용자-사용자 '부진정연대채무' 부담(대판 2000.3.14. 99다67376) & 피용자와 제3자가 공동불법행위 책임 부담시, 사용자의 손해배상책임은 '피용자의 배상책임에 대한 대체적 책임'이어서 사용자도 제3자와 '부진정연대채무관계'(대판(全合) 1992.6.23. 91다33070)

⇒ 甲과 乙은 2억 원에 대해서 부진정연대채무 부담 & A회사는 1.2억 원에 대해서 甲, 乙과 부진정연대채무 부담

---

2. 만약 A회사가 丙에 대해 이미 변제기가 도래한 1억 원의 대여금채권을 가지고 있다면 A회사는 이를 자동채권으로 하여 丙이 자신에 대해 가진 손해배상채권과 상계함을 주장할 수 있는지 검토해 보시오. (10점)

해설

1. 결론
A회사의 상계 불허

2. 이유

가. 고의의 불법행위에 기한 손해배상채권을 수동채권으로 하는 상계의 금지
<u>채무가 고의의 불법행위로 인한 것인 때</u>에는 그 채무자는 상계로 채권자에게 대항하지 못함(민법 제496조)
→ 불법행위 피해자로 하여금 현실적으로 그 손해배상을 받도록 하려는 고려와 함께 자기 채권의 만족을 얻지 못한 채권자가 채무자에게 고의의 불법행위를 가하는 것을 막으려는 취지(대판 1994.8.12. 93다52808)

나. 피용자의 고의불법행위로 인하여 사용자책임이 성립한 경우 민법 제496조 유추적용 문제
✦ [판] <u>피용자의 고의의 불법행위로 인하여</u> 사용자책임이 성립하는 경우 민법 제496조가 유추적용되고, <u>사용자는 자신의 고의의 불법행위가 아니라는 이유로</u> 민법 제496조의 적용을 면할 수는 없다(대판 2006.10.26. 2004다63019). ☞ [논거] 민법 제756조에 의한 사용자의 손해배상책임은 '피용자의 배상책임에 대한 대체적 책임'이라는 점

3. 위 제2문에 대한 답변과 상관없이 만약 A회사의 위 상계주장이 허용되는 것이라고 가정한다면 A회사는 甲과 乙에게 이를 이유로 하여 구상할 수 있는지, 또 이것이 가능하다면 그 범위는 어떻게 되는지 검토해 보시오. (15점)

해설

1. 결론

A회사는 ㉠ 甲에 대해 1억 원을 비롯하여 상계한 날 이후의 법정이자 및 피할 수 없는 비용 기타 손해배상도 구상할 수 있으나, ㉡ 乙에 대해서는 구상권 행사할 수 없음

2. 이유

가. 논점정리

㉠ A회사의 상계 효력이 甲, 乙에게도 미치는지, ㉡ 甲, 乙에 대한 구상권 행사 가능성 및 범위

나. 부진정연대채무에서 '상계'의 절대적 효력 유무

부진정연대채무자 중 1인이 한 상계는 다른 부진정연대채무자에게도 미침(대판(全) 2010.9.16. 2008다97218)
☞ [논거] 상계의 경우도 채권은 변제, 대물변제 또는 공탁이 행하여진 경우와 동일하게 현실적으로 만족을 얻어 그 목적을 달성한다는 점

다. 甲, 乙에 대한 구상권 인정 여부 및 구상권 행사범위

- **[甲에 대한 구상권]**
  + [判] 사업의 성격과 규모, 시설의 현황 피용자의 업무내용과 근로조건 및 근무태도, 가해행위의 발생원인과 성격 가해행위의 예방이나 손실의 분산에 관한 사용자의 배려의 정도, 기타 제반 사정에 비추어 손해의 공평한 분담이라는 견지에서 신의칙상 상당하다고 인정되는 한도 내에서만 구상권이 허용된다(대판 1994.12.13. 94다17246 등). 다만 사용자의 감독이 소홀한 틈을 이용하여 고의로 불법행위를 저지른 피용자가 바로 그 사용자의 부주의를 이유로 자신의 책임의 감액을 주장하는 것은 신의칙상 허용될 수 없다(대판 2009.11.26. 2009다59350).
  ⇒ 甲은 특판과장으로서 A회사 대표이사의 인감을 무단사용하여 독점판매계약서, 발주서 등을 허위로 만들어 丙이 B회사에 투자하게끔 결정적인 역할 ∴ A회사에 대해 자신의 책임감액을 주장하는 것은 신의칙상 허용X & 구상권 범위 민법 제425조 제2항 유추적용○(대판 1997.4.8. 96다54232)

- **[乙에 대한 구상권]**
  + [判] 피용자와 제3자는 공동불법행위자로서 서로 부진정연대관계에 있고, 한편 사용자의 손해배상책임은 피용자의 배상책임에 대한 대체적 책임이어서 사용자도 제3자와 부진정연대관계에 있다고 보아야 할 것이므로, 사용자가 '피용자와 제3자의 책임비율에 의하여 정해진 피용자의 부담부분'을 초과하여 피해자에게 손해를 배상한 경우에는 사용자는 제3자에 대하여도 구상권을 행사할 수 있으며, 그 구상의 범위는 '제3자의 부담부분'에 국한된다(대판(全) 1992.6.23. 91다33070).
  ⇒ 甲과 乙 기여도는 5:5 ∴ A회사가 1억 원을 초과하여 배상한 경우에 한하여 乙에게 구상권 행사 가능 but 1억 원을 상계한 본건 乙에 대한 구상권 인정X

4. 위 소송의 1차 변론기일인 2011. 1. 25. 피고들은, A회사가 원고에 대해 가지고 있던 이미 변제기가 도래한 1억 원의 대여금채권을 자동채권으로 하여 상계하였다는 항변을 하였다. 그런데 위 소송이 계속 지연되자 2011. 8. 23. A회사는 원고를 상대로 위 대여금의 지급을 구하는 별소를 제기하였다. 위 별소는 적법한가? (15점)

해설

1. 결론

A회사가 계속 중인 소송에서 상계항변을 한 후 이와 별개로 원고를 상대로 자동채권의 지급을 구하는 별소를 제기한 것은 중복제소에 해당하지 않기 때문에 소제기는 적법

2. 이유

가. 논점정리

전소에서 피고가 선결적 법률관계나 항변으로 주장한 권리를 별도 소로 제기시 후소는 중복소송 X(가령 甲이 乙을 상대로 매매계약에 기한 소유권이전등기를 구하는 소를 제기하였고 이에 乙이 잔대금이 미지급되었음을 이유로 동시이행항변을 하면서 甲을 상대로 위 잔대금의 지급을 구하는 별소를 제기한 경우) → 전소에서 상계항변을 한 채권(자동채권)을 가지고 별소를 제기하여 그 이행을 구하거나(상계선행형), 별소로 이행을 청구한 채권을 가지고 현재 소송에서 자동채권으로 상계항변을 하는 것(별소선행형)이 허용되는지?

나. 판례

✦ 判 대법원은 종전 「별소선행형」과 관련하여 "상계항변을 제출할 당시 이미 자동채권과 동일한 채권에 기한 소송을 별도로 제기하여 계속 중인 경우, 사실심의 담당재판부로서는 전소와 후소를 같은 기회에 심리·판단하기 위하여 이부, 이송 또는 변론병합 등을 시도함으로써 기판력의 저촉·모순을 방지함과 아울러 소송경제를 도모함이 바람직하나, 그렇다고 하여 특별한 사정이 없는 한 별소로 계속 중인 채권을 자동채권으로 하는 소송상 상계 주장이 허용되지 않는다고 볼 수는 없다"는 입장이었고(대판 2001.4.27. 2000다4050), ㉡ 최근 「상계선행형」과 관련해서도 "먼저 제기된 소송에서 상계항변을 제출한 다음 그 소송계속 중에 자동채권과 동일한 채권에 기한 소송을 별도의 소나 반소로 제기하는 것도 가능하다"고 판시하였다 (대판 2022.2.17. 2021다275741).

5. 위 소를 제기하기 전인 2010. 10. 1. 丙은 甲을 만나 자신을 기망하였다고 화를 내며 甲과 乙을 사기죄로 고소하겠다고 하였다. 그러자 甲은 자신의 비행이 A회사에 발각될 것이 두려워 丙의 고소를 막고자 일단 丙에게 5,000만 원을 건네주면서 조금만 더 기다려주면 자신이 乙과 상의하여 丙에게 아무런 손해가 없도록 처리해 주겠다고 말하였다. 그러나 두 달 이상 기다려도 아무런 후속조치가 취해지지 않자 丙은 위 소를 제기하였던 것이다. 위 소송에서 甲은 丙에게 이미 5,000만 원을 일부 변제한 사실을 주장하고 이에 대한 증거자료도 제출하였다. 그러나 乙과 A회사는 5,000만 원의 일부변제사실에 대해 전혀 주장하지 않았다. 법원의 심리 결과 원고의 청구원인 사실이 전부 인정되고 5,000만 원 변제 사실도 인정되어 1심 법원은 甲에 대하여는 원고 청구 금액 중 5,000만 원을 공제한 나머지 금원을 지급하고, 乙과 A회사에 대하여는 원고 청구금액 전액을 지급하라고 판결하였다. 이 판결은 정당한가? (20점)

해설

1. 결론

법원의 판결은 정당

2. 이유

가. 부진정연대채무자들을 상대로 한 공동소송의 형태

甲, 乙, A회사는 부진정연대채무자들로서 실체법상 관리처분권이 공동귀속된 경우가 아닐 뿐만 아니라(고유필수적 공동소송X) 판결의 효력이 상호간 미치는 관계도 아님(유사필수적 공동소송X) ∴ 통상공동소송

나. 통상공동소송과 공동소송인독립의 원칙

공동소송인 가운데 한 사람의 소송행위 또는 이에 대한 상대방의 소송행위와 공동소송인 가운데 한 사람에 관한 사항은 다른 공동소송인에게 영향을 미치지 아니함(공동소송인독립의 원칙; 민소법 제66조) ⇒ 甲과 乙이 각자 행한 변론행위는 서로에게 영향X(소송자료의 불통일)

다. 사안검토

원고가 손해배상 소구시 피고측에서 일부변제 주장을 하는 것은 '항변(권리소멸항변)'으로서, 피고측에서 보면 주요사실 → 변론주의 원칙상 법원은 당사자들이 주요사실을 주장하지 않으면 그 사실을 전제로 하여 판결할 수 없음 → 甲이 일부변제 but 乙과 A회사는 주장X & 공동소송인독립의 원칙상 甲의 일부변제 주장 및 증거제출행위를 乙과 A회사의 것으로 볼 수 없음 ∴ 법원은 피고 甲에 대해서는 원고 청구 금액 중 5,000만 원을 공제한 나머지 금원의 지급을, 피고 乙과 A회사에 대해서는 원고 청구 금액 전액의 지급을 명해야

6. 위 소송 계속 중 소송이 지연되자 丙은 甲과 乙을 사기죄로 형사고소하였다. 그러자 乙은 자신의 처 명의의 부동산을 담보로 제공하겠으니 합의를 하자고 하여 丙과 甲, 乙, A회사는 다음과 같이 합의하였다.

> **합의서**
> 1. 乙은 乙의 처 소유의 부동산에 근저당권자 丙, 채권최고액 3억으로 하는 근저당권을 2011. 7. 5.까지 설정한다.
> 2. 위 근저당권을 설정받음과 동시에 丙은 진행 중인 손해배상청구의 소와 형사고소를 취하한다.

그 후 합의서에 따른 근저당권이 2011. 7. 5. 설정되어 丙은 형사고소를 취하하였으나 위 손해배상청구의 소는 취하하지 않았다. 이에 甲, 乙, A회사는 위 소송에서 위 합의서를 증거로 제출하면서 소 취하합의가 되었으니 소송종료가 되었다고 주장하고 丙은 합의한 사실은 인정하나 위 부동산이 담보가치가 없어 위 합의는 무효라고 주장하고 있다. 그 후에도 소송은 계속 진행되다 변론이 종결되었다. 법원이 심리한 결과 원고의 청구원인 사실이 전부 인정되고 위 합의서대로 합의한 사실이 인정되었다. 법원은 어떤 판결을 하여야 하는가? (25점)

해설

1. 결론

법원은 권리보호이익 흠결을 이유로 '소각하 판결'을 선고해야

2. 이유

가. 논점정리

㉠ 법률에서 명문으로 정하고 있는 소송합의(민소법 제29조, 제390조 제1항 단서 등) 이외에도 소송합의가 허용되는지, ㉡ 법적 성질과 미준수시 구제방안

나. 명문의 규정이 없는 소송합의의 허용성(한계)

법원에 주도권이 인정되는 소송심리의 방식이나 진행, 절차 등 형식에 관한 합의는 부적법 & 처분권주의·변론주의가 지배하는 사항에 관한 합의 적법
⇒ 소취하합의 후자에 속함 ∴ 허용

다. 소취하합의의 법적 성질 및 미준수시 구제방안

● [학설]

통설	● 소송상의 사항에 관하여 약정대로 작위·부작위 의무를 발생케 하는 사법(私法)상 계약으로 파악 ● 소송계약상 의무 불이행시 상대방에게 '항변권' 발생 → 소취하합의가 있었음에도 원고가 소취하를 하지 않으면 피고는 위 사유를 들어 항변할 수 있고 법원은 권리보호 이익이 없다는 이유로 소각하 해야
소수설	● 소송합의는 소송상의 효과에 관한 것인 만큼 직접적으로 소송법상의 효과를 발생하는 소송계약으로 파악 ● 법원이 소취하합의의 존재를 알게 되면 소송종료선언을 해야

● [판례] 대법원은 '사법계약설'을 취하여, 소취하합의시 원고에게 권리보호이익이 없으므로 소각하해야 하며 (대판 1982.3.9. 81다1312), 의무위배자를 상대로 하여 직접 소송으로서 그 의무이행을 구하는 것은 허용되지 않는다고 함(대판 1966.5.31. 66다564)

제1문의 2

甲이 乙, 丙, 丁, 戊, 己를 상대로 2012. 4. 1. 소를 제기하였다. 甲은 소장에서 (1) 자신이 乙에게 2010. 5. 4. 丙, 丁, 戊, 己의 연대보증 하에 1억 원을 대여하였고, (2) 乙이 2010. 12. 3. 자신에게 아파트 1채(별지 목록 1)를 매매대금 2억 원에 매도하였고, (3) 자신이 2010. 5. 1. 乙에게 자기소유의 점포 1동(별지 목록 2)을 임대차보증금 5천만 원, 월차임 200만 원, 임대차기간을 2년으로 정하여 임대하였다고 주장하였다. 戊는 변호사 A를, 己는 변호사 B를 선임하여 소송을 수행하였는데, A에게는 상소제기의 수권이 있었지만 B에게는 상소제기의 수권이 없었다. 1심 법원은 2012. 10. 5. 변론을 종결하고 다음과 같은 주문의 판결을 선고하였다.

1. 피고 乙, 丙, 丁, 戊, 己는 연대하여 원고에게 금 1억 원을 지급하라.
2. 피고 乙은 원고에게,
    가. 별지 목록 (1) 기재 부동산에 관하여 2010. 12. 3. 매매를 원인으로 한 소유권이전등기절차를 이행하고,
    나. 원고로부터 5천만 원을 지급받음과 상환으로 별지 목록 (2) 기재 부동산을 인도하라.
3. 원고의 나머지 청구를 기각한다.
4. 소송비용 중 원고와 피고 乙 사이에서 생긴 부분은 이를 5분하여 그 1은 원고의, 나머지는 위 피고의, 원고와 피고 丙, 丁, 戊, 己 사이에서 생긴 부분은 위 각 피고들의 부담으로 한다.

1심 판결에 대하여 乙만이 항소하였는데, 대여금 청구는 다투지 아니하고, 건물인도청구와 소유권이전등기청구 부분만 다투었다. 항소심 법원은 乙의 항소를 기각하였다. 乙이 상고하면서 건물인도청구 부분만 다투었다. 대법원은 乙의 상고를 기각하였다. 재판절차가 모두 끝났다고 판단한 甲이 강제집행에 착수하기 위하여 조사를 해 본 결과, 乙, 丙은 현재도 생존해 있으나, 丁은 2012. 3. 31. 사망하여 丁-1이 단독으로 상속하였고, 戊는 2012. 10. 3. 사망하여 戊-1이 단독으로 상속하였으며, 己는 2012. 10. 2. 사망하여 己-1이 단독으로 상속한 사실을 알게 되었다.

1. 乙, 丙에 대한 판결은 언제 확정되는가? (20점)

해설

1. 결론

① 乙에 대한 판결 중에서 ㉠ 대여금 청구 인용판결은 '항소심판결 선고시', ㉡ 소유권이전 청구 및 건물명도 인용판결은 '상고심판결 선고시'에 각각 확정

② 丙에 대한 판결은 '항소기간 도과시' 확정

2. 이유

가. 乙에 대한 판결확정시기

- **[단순병합과 상소불가분의 원칙]** 상소제기가 있으면 확정차단효와 이심의 효력은 상소인의 불복신청의 범위에 관계없이 원판결의 전부에 대하여 불가분으로 발생(상소불가분의 원칙)
    ⇒ 乙에 대한 대여금청구, 소유권이전청구, 건물명도청구는 성격상 '단순병합' → 단순병합에도 상소불가분의 원칙 적용 ∴ ㉠ 乙이 항소하면서 대여금청구 인용부분을 안 다투더라도 그 부분도 항소심 이심, ㉡ 乙이 상고하면서 소유권이전청구 인용부분을 안 다투더라도 그 부분도 상고심 이심

- **[단순병합에서 불복하지 않은 패소 부분의 판결확정시기]** 대법원은 ㉠ 항소심의 경우 '<u>항소심 판결선고시</u>' (대판 2011.7.28. 2009다35842), ㉡ 상고심의 경우 '<u>상고심 판결선고시</u>'(대판 2001.12.24. 2001다62213) 확정 된다는 입장
- **[사안검토]** ㉠ 대여금 청구 인용판결은 '항소심판결 선고시'에, ㉡ 소유권이전 청구 및 건물명도 인용판 결은 '상고심판결 선고시'에 각각 확정

나. 丙에 대한 판결확정시기

- **[통상공동소송과 상소불가분의 원칙]** 乙과 丙은 실체법상 관리처분권이 공동귀속된 경우가 아니며, 판결 의 효력이 상호 미치는 관계에 있지도 않아 통상공동소송 관계 → 통상공동소송의 경우 '공동소송인독립의 원칙' 적용(민소법 제66조) / 1인의 또는 1인에 대한 상소는 다른 공동소송인에 관한 청구에 상소효력 미 치지 않음(대판 2012.9.27. 2011다76747) ∴ 상소불가분의 원칙 적용X
- **[사안검토]** 乙의 항소제기는 丙에게는 효력X ∴ '항소기간 도과시' 丙에 대한 판결 확정

---

2. 丁-1, 戊-1, 己-1은 각 부친들의 채무를 인정하지 않음은 물론 위 재판에 관하여 전혀 아는 바가 없 고 책임질 의사도 없다고 하고 있다. 위 1심 판결의 효력은 丁-1, 戊-1, 己-1에게 미치는가? 미친다면 언제 확정되는가? (20점)

해설

1. 결론

① 丁-1에 대해서는 판결효력 미치지 않음. ② 戊-1에 대해서는 판결효력 미침. 변호사 A가 판결정본 수령 후 항소기간 내에 적법한 항소를 제기하지 않으면 판결확정. ③ 己-1에 대해서도 판결효력 미침. 변호사 B에 게 판결정본 송달된 때 소송절차 중단되므로 己-1은 제1심법원에 소송수계신청 후 항소기간 내 항소제기 없 으면 판결 확정

2. 이유

가. 丁-1의 경우

- ✦ 判 소제기 당시 이미 사망한 자를 피고로 한 소에 대해 <u>당사자표시정정</u>이 이루어지지 않은 경우 법원은 소 를 각하해야 한다. 그럼에도 불구하고 <u>이를 간과하여 본안판결이 선고</u>되었다면 그 판결은 '<u>당연무효</u>'이다(대판 2000.10.27. 2000다33775).

나. 戊-1의 경우

- **[당사자의 사망과 당연승계]**
- ✦ 判 소송도중 어느 일방의 당사자가 사망함으로 인해서 당사자로서의 자격을 상실하게 된 때에는 대립당 사자구조가 없어져 버린 것이 아니고, 그때부터 소송은 <u>그의 지위를 당연히 이어 받게 되는 상속인들과의 관계에서 대립당사자구조를 형성</u>하여 존재한다(대판(全合) 1995.5.23. 94다28444).

- [판결확정시기] 戊에게는 변호사 A가 있으므로 戊가 소송 도중 사망하더라도 제1심 소송절차 중단×(민소법 제238조) & 상속인 戊-1 위해 소송수행○ → 「변호사 심급대리 원칙」상 당해심급에서 소송대리권 소멸 ∴ ㉠ 상소제기 수권 없을 경우 '판결정본이 송달된 때' 소송대리권 소멸 & 소송절차 중단(대결 2000.1.31. 99마6205), ㉡ 상소제기 수권 있을 경우 적법한 상소제기가 있으면 '상소제기일'에 소송대리권 소멸 & 소송절차 중단(대판 2010.12.23. 2007다22859), 상소제기 없이 상소기간이 도과하면 '상소기간 도과시' 소송대리권 소멸 & 판결확정 ∴ 변호사 A는 상소제기 권한이 있으므로 A가 판결정본 수령 후 항소기간 내에 적법한 항소를 제기하지 않으면 판결 확정

다. 己-1의 경우

- [개관] 己에게 변호사 B가 있으므로 己 사망에도 제1심 소송절차 중단 × & B는 己-1을 위해 소송수행 ○ → B에게는 상소제기 권한× ∴ 판결정본이 B에게 송달된 때 B 소송대리권 소멸 & 소송절차 중단
- [판결확정시기] 소송절차 중단에 따라 己-1은 원칙적으로 제1심법원에 소송수계신청을 한 후 상소 제기해야. 단 대법원은 상속인들이 먼저 상소를 한 후 상소심에서 소송수계신청을 하는 것도 허용된다는 입장 (대판(全合) 1995.5.23. 94다28444) ∴ 己-1이 수계신청 후 항소기간 내 항소하지 않으면 판결확정

제2문

제2문의 1

甲은 대형 서점을 운영하고 있다. 甲은 인근의 乙 은행을 주거래은행으로 하여 예금 및 어음·수표거래를 해오고 있었다. 甲의 서점의 직원들은 매장을 담당하는 직원과 사무를 담당하는 직원으로 나뉘어 있었는데(모두 3명), 甲은 특히 직원 丙에게 은행업무에 관한 포괄적인 위임장을 교부하여 은행거래를 전담하여 맡기고 있었다. 丙은 하루에 한 번씩 오전에 乙 은행에 가서 돈을 입금하거나 출금하고, 경우에 따라서는 어음이나 수표를 할인하기도 하였는데, 처음에는 위임장 및 甲의 인장을 소지하고 다녔으나 은행 직원과 얼굴을 익힌 다음에는 인장만 가지고 필요한 사무를 처리하였다. 그런데 5개월 전부터 丙은 고민에 빠져 있었다. 丙의 동생 丁이 최근 채무의 부담으로 고생하고 있었던 것이다. 丙은 애처로운 丁의 상태를 보다 못해 임시로 甲의 은행 계좌에서 돈을 일부 인출하여 丁을 돕기로 결심하였고, 마침내 2010년 6월 중순경 은행 업무를 처리하는 동시에 1백만 원-5백만 원에 해당하는 금액을 甲의 계좌에서 10여 차례 인출하여 3천만 원의 금액을 조성했다. 丙은 이 금액을 丁에게 주었다. 이러한 사실은 얼마 동안은 발견되지 않았다. 그러나 2010년 8월 잔고를 정리하던 甲은 드디어 丙의 소행을 적발하였다.

1. 甲은 乙에 대하여 丙이 3천만 원을 인출한 행위의 효력을 다투면서 그 금액 상당의 예금채권의 존재를 주장한다. 정당한가? (30점)

해설

1. 결론
甲의 주장은 부당

2. 이유

가. 논점정리
丙은 甲으로부터 은행업무에 관한 포괄적인 대리권을 수여받은 자 ∴ 그 자의 예금인출 행위는 甲을 대리한 행위로서 유효 → but 丙은 자신이 동생인 丁을 도와 줄 목적으로 출금 / 대리권남용 → 대리권남용시 일정한 요건을 갖추면 대리인의 법률행위계약은 무효

나. 대리권남용
- **[판]** 대리인의 진의가 본인의 이익이나 의사에 반하여 자기 또는 제3자의 이익을 위한 배임적인 것임을 상대방이 알았거나 알 수 있었을 경우에는 민법 제107조 제1항 단서의 유추해석상 본인은 대리인의 행위에 대하여 아무런 책임을 부담하지 않는다(대판 1987.11.10. 86다카371 등).
- [가점-다른 견해] ⓐ 대리인의 권한남용에 따른 법률행위의 효과귀속은 권한남용에 따른 위험을 본인과 상대방 가운데 누구에게 분배하는가의 문제로 보고, 원칙적으로 본인이 위험을 부담하되 상대방이 남용사실에 대해 악의 또는 중과실인 경우 신의칙상 상대방이 위험을 부담하는 것이 타당하다는 견해(권리남용설), ⓑ 대리제도는 대리인의 행위를 본인에게 귀속시킴으로써 본인의 사적 자치를 용이하게 실현하고자 하는 것이므로 대리인의 행위는 본인이 대리권을 수여한 목적에 부합해야 한다는 내재적 한계가 있는 바, 대리인의 배임행위를 상대방이 알았거나 정당한 이유 없이 알지 못했을 경우에는 대리권이 부정되어 무권대리가 된다는 견해(대리권부인설 혹은 무권대리설) 있음

다. 사안검토
ⓐ 丙이 위임장 없이 乙은행에서 10여 차례에 걸쳐 총 3,000만 원의 예금인출 but 丙은 처음 거래할 당시 甲으로부터 받은 포괄적인 위임장을 제시하여 그 대리권이 은행업무 전반에 걸쳐 존재한다는 것을 乙측에 인지시킨 상태라는 점, ⓑ 丙이 한꺼번에 3,000만 원을 인출한 것이 아니라 100만 원 내지 500만 원씩을 10여 차례에 걸쳐 나누어 인출하였다는 점, ⓒ 甲으로부터 丙의 대리권 행사와 관련하여 의심할 만한 어떠한 통지도 받은 사실이 없다는 점 등 제반사정에 비추어 보면 丙의 무단 예금인출행위에 대해 乙은행의 악의 혹은 경과실은 없다고 봄이 상당 ∴ 丙의 인출행위로 인해 위 금원에 관한 예금계약 소멸. 이와 상반되는 甲의 주장 부당

---

2. 문제 1의 결과에 의할 때, 甲과 乙은 丙에게 어떠한 책임을 물을 수 있는가? (20점)

해설

1. 결론
ⓐ 甲은 丙에게 채무불이행 혹은 불법행위에 기한 손해배상책임을 물을 수 있음. ⓑ 乙은 丙에게 책임 물을 수 없음

2. 이유

가. 甲이 丙에 대해 물을 수 있는 책임

- **[채무불이행에 기한 손해배상책임]** 丙은 甲의 직원으로서 甲으로부터 은행업무에 관하여 포괄적인 사무처리에 관한 권한 위임 ∴ 甲－丙 간 위임계약 존재(민법 제680조) → 丙의 무단 예금인출행위로써 甲은 당해 금원 상당의 예금을 상실하는 손해 ∴ 甲은 丙에게 선량한 관리자로서의 주의의무(같은법 제681조) 위반을 이유로 손해배상책임 추궁
- **[불법행위에 기한 손해배상책임]** ㉠ 가해행위가 있을 것 ㉡ 가해자에게 고의 또는 과실이 있을 것 ㉢ 가해자에게 책임능력이 있을 것 ㉣ 가해행위로 인해 피해자에게 손해가 발생하고, 양자 간에 인과관계가 있을 것 ㉤ 가해행위에 위법성 조각사유가 없을 것
  ⇒ 丙의 무단 예금인출행위로 인해 예금주 甲은 乙은행에 대해 갖고 있던 예금인출청구권을 상실하는 손해 & 丙의 책임능력을 부정하거나 위 예금인출행위의 위법성이 조각될 만한 사유× ∴ 甲은 丙에게 불법행위에 따른 손해배상책임 추궁
- **[양자의 관계]** 양자는 별개의 소송물로서 채권자의 선택에 따라 청구권 행사(청구권경합설, 대판(全合) 1983.3.22. 82다카15333)

나. 乙이 丙에 대해 물을 수 있는 책임

丙의 무단 예금인출행위는 乙에 대한 관계에서는 유효 → 乙은 丙의 행위로써 어떠한 손해를 입은 바 없음 ∴ 乙은 丙에 대해 책임을 물을 수 없음

제2문의 2

> 甲이 소유하는 X토지(시가 6억 원) 및 Y건물(시가 4억 원)에 대하여, 甲의 채권자 乙, 丙, 丁을 위하여 다음과 같은 내용의 저당권이 설정되어 있다. 乙은 5억 원의 채권을 담보하기 위하여 X, Y 양 부동산 위에 1번 저당권을 가지고 있고, 丙은 X토지 위에 6억 원의 2번 저당권을, 丁은 Y건물 위에 4억 원의 채권을 담보하는 2번 저당권을 각각 가지고 있다. (1, 2번에서 지연이자 및 경매비용은 고려하지 않음)

1. 乙이 X토지의 저당권을 실행한 후에 Y건물에 대하여 丁이 저당권을 실행한 경우의 법률관계를 논하시오. (15점)

해설

1. 결론

① X토지 매각대금 6억 원은 ㉠ 乙에게 5억 원을 우선 배당하고, ㉡ 나머지 1억 원은 丙에게 배당
② Y건물 매각대금 4억 원은 ㉠ 丙에게 2억 원을 우선 배당하고, ㉡ 나머지 2억 원은 丁에게 배당

2. 이유

가. X토지 매각대금의 배당

- **[공동저당목적물 이시배당]** 공동저당목적물이 모두 채무자 소유인 경우 저당부동산 중 일부의 경매대가를 먼저 배당하는 경우 선순위저당권자는 그 대가에서 채권전부를 받을 수 있음(민법 제368조 제2항 본문) → 우선 배당되고 남는 매각대금은 당해 부동산 후순위저당권자에게 배당
- **[사안검토]** X토지 1번 저당권자 乙은 X토지 매각대금 6억 원에서 자신의 피담보채권 5억 원 우선 배당 → 2번 저당권자 丙은 남은 1억 원 배당

나. Y건물 매각대금의 배당

- **[후순위저당권대위]** 먼저 경매된 부동산의 차순위저당권자는 선순위저당권자가 민법 제368조 제1항의 규정에 의하여 다른 부동산의 경매대가에서 변제를 받을 수 있는 금액의 한도에서 선순위자를 대위하여 저당권 행사(같은법 제368조 제2항 단서) → 후순위저당권대위에 의해 우선변제되고 남은 돈이 있으면 당해 부동산의 후순위저당권자에게 배당
- **[사안검토]** ㉠ X토지와 Y건물 동시배당시 乙은 X토지에서는 3억 원(= 5억 원 × 6/10), Y건물에서는 2억 원(= 5억 원 × 4/10)을 각각 배당받을 수 있었음 → X토지 후순위저당권자 丙은 X토지에서 배당받은 1억 원을 제외한 나머지 채권(5억 원) 중에서 2억 원에 대해서 Y건물 배당금액에서 우선 변제, ㉡ 丙에게 배당되고 남은 2억 원은 Y건물의 2번 저당권자인 丁에게 배당

---

2. X토지가 물상보증인 戊의 소유인 경우를 상정하여, (1) Y건물의 저당권이 실행된 후에 X토지의 저당권이 실행된 경우, (2) X토지의 저당권이 실행된 후에 Y건물의 저당권이 실행된 경우로 나누어 법률관계를 논하되, 판례의 법리를 중심으로, 각각의 경우 배당액을 산출하기 위한 논리를 구체적으로 적시하시오. (35점)

해설

1. 결론

① Y건물 저당권이 선실행되고 X토지 저당권이 후실행된 경우 ㉠ Y건물 매각대금 4억 원은 전액 1순위 저당권자 乙에게 배당. ㉡ X토지 매각대금 6억 중에서 1억 원은 乙에게 배당, 나머지 5억 원은 丙에게 배당
② X토지 저당권이 선실행되고 Y건물 저당권이 후실행된 경우 ㉠ X토지 매각대금 6억 원 중 5억 원에 대해서는 1순위 저당권자 乙에게 배당, 1억 원은 2순위 저당권자 丙에게 배당. ㉡ Y건물 매각대금 4억 원은 물상보증인 戊에게 배당될 것이지만, X토지의 2순위 저당권자 丙은 戊의 변제자대위권에 대해 물상대위권을 행사하여 우선 배당

2. 이유

가. Y건물의 저당권이 실행된 후에 X토지의 저당권이 실행된 경우

- **[판]** 채무자소유의 부동산에 대하여 먼저 경매가 이루어져 그 경매대금의 교부에 의하여 1번 공동저당권자가 변제를 받더라도 '채무자소유의 부동산에 대한 후순위저당권자'는 1번 공동저당권자를 대위하여 물상보증인 소유의 부동산에 대하여 저당권을 행사할 수 없다(대결 1995.6.13. 95마500).

⇒ [Y건물 매각대금 배당] Y건물 매각대금 4억 원은 전액 1순위 저당권자 乙에게 배당, [X토지 매각대금 배당] X토지 매각대금 6억 중에서 1억 원은 1순위 저당권자 乙에게 배당 → 나머지 5억 원은 ㉠ Y건물 2순위 저당권자 丁 배당 참여 X, ㉡ X토지 2순위 저당권자 丙에게 배당

나. X토지의 저당권이 실행된 후에 Y건물의 저당권이 실행된 경우

(1) 개관

공동저당의 목적물인 수개의 부동산 중 일부가 물상보증인에 의해 제공되고 그 각 부동산에 후순위저당권자가 존재하는데 '타인 부동산'에 대해 먼저 배당이 이루어져 선순위저당권자가 자신의 채권을 우선변제받게 될 경우, '물상보증인의 변제자대위권을 규정한 민법 제481조'와 '물상보증인 소유 부동산의 후순위저당권자의 대위권을 규정한 민법 제368조 제2항'이 충돌 → 「변제자대위 우선설」과 「후순위저당권자 대위 우선설」대립

(2) 대법원의 입장(변제자대위 우선설)

- [변제자대위 우선]
  + 判 물상보증인 소유의 부동산에 대하여 먼저 경매가 이루어져 그 경매대금의 교부에 의하여 1번 저당권자가 변제를 받은 때는 물상보증인은 채무자에 대하여 구상권을 취득함과 동시에 민법 제481조, 제482조의 규정에 의한 변제자대위에 의하여 채무자 소유의 부동산에 대한 1번 저당권을 취득한다. 물상보증인이 대위취득한 선순위저당권설정등기에 대하여는 말소등기가 경료될 것이 아니라 물상보증인 앞으로 대위에 의한 저당권이전의 부기등기가 경료되어야 할 성질의 것이며, 따라서 아직 경매되지 아니한 공동저당물의 소유자로서는 1번 저당권자에 대한 피담보채무가 소멸하였다는 사정만으로는 말소등기를 청구할 수 없다(대판 1994.5.10. 93다25417).
- [물상보증인 소유 부동산의 후순위저당권자의 권리보호] 대법원은 '물상보증인 소유 부동산의 후순위저당권자'는 저당권자의 물상대위권에 기하여 결과적으로 물상보증인에게 이전된 1번 저당권으로부터 우선하여 변제를 받을 수 있다는 입장(대판 1994.5.10. 93다25417, 대결 2009.5.28. 2008마109). 물상보증인에게 이전한 1번 저당권은 위 후순위저당권자의 피담보채권을 담보하는 것으로 되어, 위 후순위저당권자는 위 1번 저당권상에 민법 제370조, 제342조에 의하여 물상대위를 하는 것과 같이 그 순위에 따라 물상보증인이 취득한 1번 저당권으로부터 우선변제

(3) 사안검토

- [X토지 매각대금 배당] X토지 매각대금 6억 원 중 5억 원 1순위 저당권자 乙 배당 → 나머지 1억 원은 2순위 저당권자 丙 배당
- [Y건물 매각대금 배당] 물상보증인의 변제자대위가 우선 ∴ Y건물 매각대금 4억 원은 일응 물상보증인 戊에게 배당 but Y건물의 2순위 저당권자 丙은 戊의 변제자대위권에 대해 물상대위권 행사하여 잔존채권액(5억 원) 중에서 4억 원 우선 배당

2013년 10월 모의고사

제1문

공통된 기초사실

甲과 A, B는 전매차익을 얻을 목적으로 공동으로 상인인 乙로부터 X토지를 매수하기로 하고, 乙과 매매계약을 체결하기 전에 "甲과 A, B는 각자 자금을 출연하여 乙로부터 X토지를 매수하고 출연자금의 비율에 따라 甲은 1/2, A와 B는 각 1/4지분으로 소유권이전등기를 한다. 甲과 A, B는 각 공유지분을 인정하고 그 지분권을 개별적으로 행사할 수 있다."는 합의를 하였다. 그 후 甲과 A, B는 2005. 3. 1. 공동으로 매수인이 되어 乙로부터 乙 소유인 X토지를 금 5억 원에 매수하기로 하는 계약을 체결하고 중도금까지 총 4억 원을 지급하였는데, 그 후 乙은 丙으로부터 금 2억 원을 차용하면서 X토지에 관하여 丙에게 저당권설정등기를 마쳐주었고, 다시 丁과의 사이에 X토지를 금 6억 원에 매도하기로 하는 계약을 체결하였다. 甲과 A, B(이하 '甲 등'이라고 한다)가 잔금 지급기일인 2008. 8. 1. 그 이행을 제공하였으나 乙이 소유권이전등기를 회피함에 따라 甲 등은 2009. 5. 1. 乙을 상대로 X토지에 관하여 위 매매를 원인으로 하는 소유권이전등기청구 소송(이하 '전소'라고 한다)을 제기하였다.
[아래 각 문항의 기재사실은 별도의 제시가 없는 한 상호 무관함]

1. 전소에서 甲 등이 소장에 증거방법으로 2005. 3. 1. 자 매매계약서(갑제1호증)를 첨부, 제출하자 乙은 "甲 등과 乙이 위 매매계약서를 작성한 사실은 있지만 계약이 무효이므로 甲 등의 청구는 기각되어야 한다"는 내용이 기재된 답변서를 제출하고 변론준비기일에 출석하지 아니하였다. 그런데 乙이 제1회 변론기일에 출석하여 "甲 등이 제출한 매매계약서(갑제1호증)는 위조된 것이다"고 진술하였다면 법원은 매매계약서(갑제1호증)를 甲 등의 청구를 뒷받침할 증거로 쓸 수 있겠는가? (10점)

해설

1. 결론

乙의 진술에 의해 매매계약서의 진정성립이 인정되므로 법원은 위 매매계약서를 甲 등의 청구를 뒷받침할 증거로 쓸 수 있음

2. 이유

가. 일방 당사자의 기일 불출석 효과 및 문서의 진정성립에 관한 진술의 법적 성격

乙은 변론준비기일에 불출석했지만 그가 제출한 답변서 내용은 진술간주(민소법 제148조 제1항) → 진술간주된 "甲 등과 매매계약서를 작성한 사실이 있다"는 내용은 '처분문서의 진정성립'에 관한 진술, 즉 '보조사실에 대한 진술'

나. 문서의 진정성립에 관한 진술에 재판상 자백이 성립하는지 여부

재판상 자백은 '주요사실'에 대해서 성립(같은법 제288조) & 간접사실 혹은 보조사실 대상 X(대판 1994.11.4. 94다37868) → but 대법원은 문서성립에 관한 자백은 보조사실에 관한 자백이기는 하나 그 취소에 관하여는 다른 간접사실에 관한 자백취소와는 달리 주요사실의 자백취소와 동일하게 처리하여야 할 것이므로 문서의 진정성립을 인정한 당사자는 자유롭게 이를 철회할 수 없다는 입장(대판 1988.12.20. 88다카3083)
⇒ 甲 등이 제출한 매매계약서 진정성립과 관련하여 재판상 자백 성립

다. 재판상 자백의 임의철회가 가능한지 여부

- [법리] 재판상 자백은 '여효적 소송행위'. 자백이 있으면 바로 효력 발생(구속적 소송행위) → 재판상 자백은 원칙적으로 철회 불가(대판 1997.6.27. 97다6124) but ㉠ 상대방 동의시(대판 1967.8.29. 67다116), ㉡ 자백이 진실에 반하고 착오에 의한 것임을 증명한 경우(같은법 제288조 단서), ㉢ 민소법 제451조 제1항 제5호의 재심사유가 있는 경우 철회·취소○
- ⇒ 乙의 종전 진술 철회와 관련 甲 등 동의X & 기타 위에서 언급한 예외사유 존재X ∴ 乙의 재판상 자백 임의철회 무효

---

2. 전소에서 아래와 같은 신청이 있는 경우 법원은 그 신청에 대하여 어떻게 심리 판단하여야 할 것인가?
가. 丙과 丁이 乙의 승소를 돕기 위하여 보조참가신청을 한 경우 (12점)

해설

1. 결론

丙의 보조참가신청은 부적법하고, 丁의 보조참가신청은 적법. 다만 '당사자의 이의신청' 혹은 '법원 직권에 의한 참가이유 소명 명령'이 있는 경우에 한하여 참가인은 참가이유를 소명할 의무가 있고, 법원은 소명을 받은 후 丙, 丁의 보조참가신청에 대해 불허(丙) 혹은 허가(丁) 결정을 하면 됨

2. 이유

가. 보조참가

다른 사람의 소송계속 중 소송결과에 이해관계가 있는 제3자가 한쪽 당사자의 승소를 돕기 위하여 그 소송에 참가하여 주장·증명을 하는 것(민소법 제71조 참조)
- ✚ [판] 「소송결과에 대한 이해관계」란 '당해 소송의 판결을 전제로 하여 보조참가를 하려는 자의 법률상의 지위가 결정되는 관계에 있는 경우'를 말한다(대판 2007.4.26. 2005다19156 등) ☞ [통설] 본소송의 판결주문에서 판단되는 소송물의 존부에 의하여 직접 영향을 받는 경우에 한정

나. 丙, 丁 보조참가신청의 적법성

- [丙 보조참가신청] 丙은 X토지의 저당권자로서 토지의 소유권이 乙에서 甲 등으로 이전된다고 하더라도 저당권을 유효하게 보유 ∴ 丙은 甲 등과 乙 사이의 소송결과에 직접적으로 영향을 받지 않아 보조참가신청 부적법

- **[丁 보조참가신청]**
  - **[긍정설]** 丁은 乙에 대해 X토지에 관한 소유권이전등기청구권을 가진 자로서, 甲 등이 乙을 상대로 승소판결을 받아 X토지 소유권을 양수하게 되면 丁의 乙에 대한 이전등기청구권은 이행불능이 되어 버리므로 甲 등과 乙 사이의 소송결과에 법률상 이해관계가 있음
  - **[부정설]** 丁이 乙에 대해 X토지에 관한 소유권이전등기청구권을 갖고 있다는 점 자체는 甲 등과 乙 사이의 소송결과에 상관없고, 乙이 승소시 丁이 X토지 소유권을 취득할 수 있다는 가능성 자체는 사실상의 이익에 불과
  - **[검토]** 제2매수인 丁의 입장에서 볼 때 X토지 소유권을 취득할 수 있는지 아니면 이행불능에 따른 전보배상만을 청구할 수 있는지는 중대한 법률상 이해관계 ∴ 긍정설 타당

다. 법원의 심판

① '당사자의 이의신청' 혹은 '법원 직권에 의한 참가이유 소명 명령' 있으면, 참가인은 참가이유 소명해야 & 법원은 참가인 소명을 보고 허가 여부 결정으로 재판(같은법 제73조 제1항, 제2항) / 즉시항고 인정(같은조 제3항)

② 당사자가 참가에 대하여 이의를 신청하지 아니한 채 변론하거나 변론준비기일에서 진술 한 경우 이의 신청권 상실(같은법 제74조). 별도로 법원 직권에 의한 참가이유 소명 명령 없으면 참가인은 보조참가 가능

나. 丁이 乙의 승계인임을 주장하면서 참가승계신청을 한 경우 (8점)

해설

1. 결론

丁의 참가승계신청은 부적법. 법원은 신청을 각하해야

2. 이유

가. 참가승계

① 참가승계를 하기 위해서는 '소송목적인 권리 또는 의무의 전부나 일부를 승계한 자'이어야(민소법 제81조) → '소송의 목적물인 권리관계의 승계'라 함은 '소송물인 권리관계의 양도'뿐만 아니라 '당사자적격 이전의 원인이 되는 실체법상의 권리 이전'을 널리 포함(대판 2003.2.26. 2000다42786). 후자의 경우 '계쟁물승계인'이 대표적인 예

② 대법원은 '참가승계가 허용되는 계쟁물승계인' 범위와 관련 ㉠ 「채권적 청구권에 기한 소송」중 계쟁물을 취득한 자는 해당×(대결 1983.3.22. 80마283), ㉡ 「물권적 청구권에 기한 소송」중 계쟁물을 취득한 자는 해당○(대판 1972.7.25. 72다935)

나. 사안검토

丁은 乙로부터 X토지를 매수하였을 뿐 소유권이전등기 경료× ∴ 丁은 실체법상 권리의무 승계인× & 계쟁물승계인× → 법원은 丁의 참가승계신청 각하

3. 전소에서 2012. 10. 1. 변론이 종결되고 같은 해 11. 5. 甲 등의 승소 판결이 선고되어 그 판결이 11. 25. 확정되었다. 그런데 丁이 같은 해 9. 25. 乙로부터 X토지를 매수하기로 계약하고 같은 해 10. 5. X토지에 관하여 자신의 명의로 위 매매를 원인으로 하는 소유권이전등기를 마쳤다면 甲 등은 위 확정판결을 집행권원으로 하여 丁을 상대로 X토지에 관한 소유권이전등기를 할 수 있겠는가? (10점)

해설

1. 결론

丁은 변론종결 후 승계인(계쟁물승계인)에 해당하지 않으므로, 甲이 乙을 상대로 한 승소확정판결의 기판력은 丁에게 미치지 않음. 甲은 위 확정판결을 집행권원으로 하여 丁을 상대로 X토지에 관한 소유권이전등기를 할 수 없음

2. 이유

가. 논점정리

X토지 소유권자 丁이 '변론종결 후 승계인'(민소법 제218조 제1항)에 해당하는지

나. 변론종결 후 승계인

(1) 개관

변론종결 후 승계인은 크게 ㉠ 소송물인 실체법상의 권리의무를 승계한 자, ㉡ 계쟁물승계인으로 구분 → 甲-乙사이의 소송물은 'X토지에 관한 소유권이전등기청구권'이고 丁은 X토지를 양수한 것 ∴ 소송물 자체 승계X '계쟁물승계인' 해당성 검토 → 기판력의 문제는 위 승계가 '변론종결 후'에 일어나야 논의될 수 있으므로 이 점부터 검토

(2) 승계가 「변론종결 후」에 있었는지

변론종결 후 승계인지 여부와 관련 목적물이 부동산인 경우 '부동산물권 변동시' 기준으로 판단(대판 2005.11.10. 2005다34667)

⇒ 丁이 乙과 X토지에 관한 매매계약을 체결한 일자는 변론종결 전인 2012. 9. 25.이지만 소유권이전등기를 한 일자는 변론종결 후인 2012. 10. 5. ∴ 변론종결 후 승계가 이루어졌음

(3) 「계쟁물승계인」 해당성

● [기판력이 미치는 계쟁물승계인의 범위] 기판력이 미치는 계쟁물승계인의 범위와 관련하여 통설은 '적격승계설' → '당사자적격의 이전원인이 되는 계쟁물의 권리를 이전받은 자', 즉 '동일 사건에 이제 다시 소송을 한다면 당사자가 될 사람'에 대해서만 기판력이 미침

⇒ 丁은 소유권이전등기청구의 대상인 X토지의 소유자인 乙로부터 위 토지의 소유권을 양수한 자로서 이전등기청구의 상대방이 될 수 자격 자체를 이전받은 것 ∴ 기판력 범위가 미치는 계쟁물승계인○

● [전소의 소송물이 「물권적 청구권」인 경우에 한정되는지 여부] 대법원은 '전소의 소송물이 물권적 청구권'인 경우에 한하여 변론종결 후 승계인에 해당한다고 봄 → 甲이 乙을 상대로 한 청구는 '매매계약에 기한 채권적 청구권'을 토대로 한 것 ∴ 丁은 변론종결 후 승계인(계쟁물승계인)X

4. 甲 등이 전소에서 乙의 실제 주거지를 알고 있음에도 불구하고 소장에 허위의 주소를 주민등록지로 기재하고, 乙이 그 주민등록지에 거주하고 있지 않다는 내용의 주민등록말소자 등본을 위조하여 소장에 첨부 제출하면서 공시송달신청을 하였고, 이에 따라 재판장이 공시송달 명령을 하여 소송절차를 진행한 결과 법원은 甲 등에 대하여 승소판결을 선고하였다. 乙이 취할 수 있는 소송법상 구제방법은 무엇인가? (15점)

해설

1. 결론

乙은 '추후보완상소'를 하거나, '재심'을 제기하여 구제받을 수 있음

2. 이유

가. 개관

- **[판결편취]** 법원을 속여 부당한 내용의 판결을 받아 상대방이 피해를 받은 경우
- **[공시송달에 의한 판결편취의 효력 및 구제수단]**
    - **[공시송달에 의한 판결편취의 효력]** 피고의 주소지를 허위로 하여 소가 제기된 경우라 하더라도 공시송달의 방법에 의하여 판결정본이 송달된 이상 송달은 유효하고 그때부터 상소제기기간이 도과되면 그 판결은 확정(통설 및 판례)
    - **[피고의 구제수단]** 피고는 「재심의 소」를 제기하거나(민소법 제451조 제1항 제5호 및 제11호 병용; 대판 1997.5.28. 96다41649), 「추후보완항소」를 제기하여(같은법 제173조 및 제424조 제1항 제4호 유추적용; 대판 2011.12.22. 2011다73540) 그 취소변경을 구하여야(대판 1980.7.8. 79다1528)
- **[비교판례(자백간주에 의한 판결편취)]**
    - [判] 공시송달의 방법에 의하여 송달된 것이 아니고 허위로 표시한 주소로 송달하여 상대방 아닌 다른 사람이 그 소송서류를 받아 의제자백의 형식으로 판결이 선고되고 다른 사람이 판결정본을 수령하였을 때에는 상대방은 아직도 판결정본을 받지 않은 상태에 있는 것으로서 위 사위판결(詐僞判決)은 확정판결이 아니어서 항소를 제기하여 다툴 수 있다(대판(全合) 1978.5.9. 75다634).

나. 사안검토

甲 등의 승소판결은 일단 유효하고 공시송달로 인해 상소기간이 진행되므로 그 기간이 도과하면 위 판결은 확정. 乙은 추후보완상소 or 재심 제기 가능

---

5. 甲 등이 전소에서 승소 확정판결을 받아 이를 집행권원으로 하여 소유권이전등기를 마치자, 乙이 甲 등을 상대로 주위적으로는 "2005. 3. 1.자 매매계약이 사회질서에 위반된 법률행위(민법 제103조)에 해당하므로 甲 등의 소유권이전등기는 원인무효이다"라고 주장하면서 소유권이전등기말소를 구하고, 예비적으로는 위 매매계약이 유효인 경우 매매잔대금 1억 원의 지급을 구하는 후소를 제기하였다. 이에 대하여 甲 등이 "乙의 청구는 모두 기판력에 저촉된다"고 주장하였다면 법원은 위와 같은 甲 등의 주장에 관하여 어떻게 판단하여야 할 것인가? (20점)

해설

1. 결론

㉠ 주위적 청구는 전소 확정판결의 기판력에 위배되므로 법원은 청구기각판결 선고, ㉡ 예비적 청구는 기판력에 위배되지 않으므로 후소법원은 독자적으로 심리·판단

2. 이유

가. 주위적 청구가 전소 확정판결의 기판력에 저촉되는지 여부

- **[기판력이 문제되는 경우]** ㉠ 양소의 소송물이 동일한 경우, ㉡ 양소의 소송물이 모순관계에 있는 경우, ㉢ 전소 소송물이 후소 소송물의 선결관계에 있는 경우
- ⇒ 본건에서 전소 소송물은 '甲 등이 乙에게 X토지에 관한 소유권이전등기청구권이 있다'는 것이고, 후소의 소송물은 '甲 등 명의의 소유권이전등기가 원인무효라는 것 즉 甲 등에게 소유권이전등기청구권이 없다'는 것 → 양소 소송물은 '모순관계' & 당사자 동일 ∴ 기판력이 문제되는 경우에 해당(대판 1996.2.9. 94다61649)
- **[기판력의 시적범위(차단효 혹은 실권효 문제)]**
- ✦ <u>判</u> 후소에서 <u>전소 변론종결 이전에 존재하고 있던 공격방어방법</u>을 주장하여 전소 확정판결에서 판단된 법률관계의 존부와 모순되는 판단을 구하는 것은 전소 확정판결의 기판력에 반한다. 전소에서 당사자가 그 공격방어방법을 알지 못하여 주장하지 못하였는지 나아가 그와 같이 알지 못한 데 과실이 있는지는 묻지 아니한다(대판 2014.3.27. 2011다49981).
- ⇒ 乙의 주위적 주장은 <u>2005. 3. 1. 자 매매계약이 반사회적 행위로서 무효라는 것</u> but <u>전소 사실심변론종결 당시에 이미 발생하여 전소에서 주장할 수 있었던 것</u> ∴ 乙이 후소에서 위 주장을 하는 것은 전소 확정판결 기판력(차단효)에 위배
- **[법원의 조치]** 전소에서 패소한 피고가 후소에서 원고가 되어 전소 소송물과 모순된 주장을 하는 경우 '<u>청구기각판결</u>' 선고(모순금지설)

나. 예비적 청구가 전소 확정판결의 기판력에 저촉되는지 여부

- **[乙의 예비적 청구에 대한 甲 등의 항변 취지]** 乙이 1억 원의 잔대금 채권이 있었음에도 甲 등이 전소에서 받은 승소확정판결로써 소유권이전등기 경료 ∴ 乙이 전소에서 동시이행변을 하였음에도 입증 불충분 등으로 단순이행판결 선고된 것으로 보임 → 甲 등의 항변은 <u>전소 판결이유 중에서 2005. 3. 1. 자 매매계약에 관한 사실관계를 인정하면서 설시된 '잔대금 채권이 없다는 이유로 동시이행항변 배척한 내용'</u>과 서로 어긋난다는 취지
- **[기판력 저촉여부]** 확정판결은 원칙적으로 '<u>주문에 포함된 것</u>'에 한하여 기판력○(민소법 제216조 제1항) ∴ 전소 판결이유에서 '2005. 3. 1. 자 매매계약에 기한 잔대금 채권이 존재하지 않는다'고 판시했더라도 기판력✕ & 예비적 청구의 소송물은 '<u>乙의 甲 등에 대한 1억 원의 매매잔대금 채권 존부</u>'이고 전소 확정판결의 소송물로서 기판력이 미치는 것은 '<u>甲 등의 乙에 대한 X토지 소유권이전등기청구권 존부</u>' ∴ 기판력이 문제되는 3가지 경우 해당✕
- ⇒ 후소법원이 매매잔대금채권 존부·범위와 관련하여 전소법원과 달리 판단하더라도 기판력 저촉✕ but 판결 상호간 모순·저촉을 방지한다는 측면에서, <u>전소판결에서 확정된 사실관계 등은 후소에서도 유력한 증거로서 존중되어야</u> (대판 2003.8.19. 2001다47467)

6. 甲 등이 2013. 5. 1. 별소로 "乙과 丙이 통모하여 乙의 유일한 책임재산인 X토지를 허위로 처분한 것으로 사해행위에 해당한다"고 주장하면서, 乙과 丙을 상대로 乙과 丙 사이의 근저당권설정계약취소를 구하면서 이에 병합하여 乙과 丙을 상대로 원상회복으로서 저당권설정등기의 말소를 구하였다. 법원은 이 소에 대하여 어떻게 심리 판단하여야 할 것인가? (25점)

해설

1. 결론

㉠ 피고 乙을 상대로 한 근저당권설정계약 취소 청구부분은 '소각하', ㉡ 피고 丙을 상대로 한 근저당권설정계약 취소 청구부분은 '청구기각', ㉢ 피고 乙을 상대로 한 사해행위취소에 따른 근저당권등기 말소 청구부분은 '소각하', ㉣ 피고 乙을 상대로 한 사해행위취소에 따른 근저당권등기 말소 청구부분은 '청구기각' 판결 선고

2. 이유

가. 공동소송의 적법요건

㉠ 원고 주장은 '乙과 丙은 통모로 허위저당권 설정하였으므로 그 취소 및 말소를 구한다는 것' ∴ 소송목적이 되는 권리나 의무가 공통된 경우로서 공동소송 주관적 요건(민소법 제65조 전문) 충족, ㉡ 같은 절차에서 심판될 수 있어야 한다는 청구병합 요건(같은법 제253조) 충족

나. 사해행위(근저당권설정계약) 취소 청구 부분

- [피고 乙을 상대로 한 청구] 채권자취소권은 「수익자」 또는 「전득자」를 상대로 제기해야 but 채무자는 피고적격×(대판 2004.8.30. 2004다21923) ∴ 피고 乙을 상대로 한 근저당권설정계약 취소 청구부분은 피고적격 흠결 이유로 소각하
  - [피고 丙을 상대로 한 청구] 피고 丙은 수익자로서 피고적격 ○ → 본안판단과 관련하여 두 가지 체크
    - [통정허위표시를 사해행위취소의 대상으로 삼은 점] 원고 주장은 '乙과 丙은 통모하여 허위의 근저당권설정계약을 하였다'는 것 → 대법원은 가장매도 사해행위취소의 대상이 될 수 있다는 입장(대판 1998.2.27. 97다50985) ∵ 가장행위는 사해행위의 전형적 방법으로 쓰이고 있다는 현실적인 측면 & 가장행위시 제3자 보호법리(민법 제108조 제2항 참조)에 의해 채무자의 재산이 일탈될 가능성이 있어 채권자가 사해행위취소권을 행사하여 사전에 그 취소를 구할 실익이 있다는 점
    - [원고의 피보전채권이 소유권이전등기청구권인 점]
    - ✦ [判] '특정물채권'을 피보전채권으로 한 채권자취소권은 허용되지 않는다(대판 1988.2.23. 87다카1586 등). → 채권자취소권은 일반채권자에게 공여된 책임재산이 회복을 목적으로 하는 제도 & 채무자 명의로 회복된 책임재산은 모든 채권자 이익을 위해서 효력이 있다는 점(같은법 제407조)에서 합리적 ∴ 피보전채권 흠결을 이유로 '청구기각'(대판 1993.2.12. 92다25151)
  - [소결론] 피고 丙을 상대로 한 사해행위취소 청구 부분 청구기각

다. 사해행위취소에 따른 원상회복(근저당권등기 말소) 청구 부분

- [피고 乙을 상대로 한 청구] 말소등기청구는 등기부상 명의자를 상대로 제기해야. 그 이외의 자를 상대로 소 구시 피고적격 흠결 이유로 소각하(대판 1992.7.28. 92다10173) → 피고 乙은 등기부상 명의인이 아님 ∴ 소각하
- [피고 丙을 상대로 한 청구] 피고 丙을 상대로 사해행위취소 청구는 기각 ∴ 결과적으로 사해행위취소함이 없이 그에 따른 원상회복만을 구하는 것 → 원상회복 청구는 사해행위취소를 전제로 인정되는 권리 / 사해행위취소가 인정되지 않을 경우 '청구기각'(대판 2008.12.11. 2007다69162)

7. 甲이 2013. 5. 1. 별소로 "丙 명의의 위 저당권설정등기의 피담보채무가 변제에 의해 모두 소멸하였다"고 주장하면서 乙을 대위하여 丙을 상대로 丙명의의 저당권설정등기의 말소를 구하는 소를 제기하였다. 이 소에 대하여 丙은 "이 사건 소는 甲 등이 공동으로만 제기할 수 있는데 甲이 단독으로 제기하였으므로 부적법하다. 乙에게 충분한 자력이 있는데도 乙의 권리를 대위행사하는 것은 부적법하다. 甲의 乙에 대한 소유권이전등기청구권은 소멸시효의 완성으로 소멸하였다. 위 저당권의 피담보채권은 아직 변제되지 않았으므로 잔액을 지급받기 전까지는 甲의 청구에 응할 수 없다."고 주장하였다. 증거조사 결과 乙은 丙으로부터 2008. 5. 1. 금 2억 원을 이자 월 1%, 변제기 1년으로 정하여 차용하고 그 원리금채무를 담보하기 위해 위 저당권설정등기를 마쳐주었는데, 그 후 乙은 위 차용금의 이자를 전혀 지급하지 못하고 있다가 2009. 4. 30. 원금 1억 원과 그 때까지 발생한 이자를 모두 갚았고, 2009. 10. 31. 금 4,600만 원을 변제하고, 2010. 4. 30. 금 6,400만 원을 지급하려 하였으나 丙이 그 수령을 거절하자 법원에 6,400만 원을 변제공탁한 사실이 인정된다. 丙은 이 공탁금을 수령하지 않은 사실을 자인하고 있다. 법원은 이 소에 대하여 어떻게 심리판단하여야 할 것인가? (50점)

해설

1. 결론
① 甲이 단독으로 채권자대위소송을 제기한 것은 준공유자의 준공유물에 대한 보존행위로서 문제없음
② 피고 丙은 甲의 피보전채권이 시효소멸하였다는 항변 불가
③ 甲이 갖고 있는 피보전채권은 'X토지에 관한 소유권이전등기청구권'으로서, 이를 보전하기 위하여 채권자대위소송을 제기시 채무자의 무자력 요건 불필요
④ 丙의 피담보채권은 변제 및 공탁으로 모두 소멸하여 그 자 명의 저당권등기 말소(청구인용)

2. 이유

가. 甲이 단독으로 소송을 제기한 점 관련

- [甲 등의 X토지에 관한 소유권이전등기청구권 소유형태]
  - [판] 공동매수의 목적이 전매차익의 획득에 있을 경우 그것이 공동사업을 위해 동업체에서 매수한 것이 되려면, 적어도 공동매수인들 사이에서 '그 매수한 토지를 공유가 아닌 동업체의 재산으로 귀속시키고 공동매수인 전원의 의사에 기해 전원의 계산으로 처분한 후 그 이익을 분배하기로 하는 명시적 또는 묵시적 의사의 합치'가 있어야만 할 것이고, 이와 달리 공동매수 후 매수인별로 토지에 관하여 공유에 기한 지분권을 가지고 각자 자유롭게 그 지분권을 처분하여 대가를 취득할 수 있도록 한 것이라면 이를 동업체에서 매수한 것으로 볼 수는 없다(대판 2007.6.14. 2005다5140).
  - ⇒ 甲 등은 전매차익을 얻을 목적으로 X토지를 매수하면서 각자 출연자금의 비율에 따라 지분이전등기를 하기로 약정 ∴ 공동사업 경영 목적X(대판 2012.8.30. 2010다39918 참조) → 甲 등은 X토지소유권이전등기청구권 '준공유'
- [(준)공유자가 단독 소제기한 부분] 토지매수자 중 1인이 그 토지에 설정된 저당권 말소를 구하는 것은 (준)공유물의 보존행위(민법 제265조)로서 단독행사 가능 → 지분권자인 甲이 단독으로 乙을 대위하여 丙 명의 저당권등기의 전부 말소소구한 것은 문제X

나. 채권자대위소송의 적법성 관련
- [채권자대위권 요건] ㉠ 피보전채권 존재 및 변제기 도래, ㉡ 채권보전 필요성, ㉢ 채무자 권리불행사, ㉣ 피대위권리 존재(같은법 제404조)
- [甲의 피보전채권이 시효소멸되었다는 丙의 항변]
- ✦ [判] 피고인 '제3채무자'는 시효완성의 원용권자가 아니므로 원고인 채권자의 채권이 소멸시효기간의 경과로써 소멸되었다는 항변을 할 수 없다(대판 2009.9.10. 2009다34160).
- [채무자 乙이 무자력 상태가 아니라는 항변]
- ✦ [判] '채권보전의 필요성 요건'과 관련하여 피보전채권이 '금전채권'인 경우 원칙적으로 채무자의 무자력이 필요하지만, 피보전채권이 '특정채권'인 경우 채권자가 보전하려는 권리와 대위하여 행사하려는 채무자의 권리가 밀접하게 관련되어 있고 채권자가 채무자의 권리를 대위하여 행사하지 않으면 자기 채권의 완전한 만족을 얻을 수 없게 될 위험이 있어 채무자의 권리를 대위하여 행사하는 것이 자기 채권의 현실적 이행을 유효·적절하게 확보하기 위하여 필요한 경우에는, 채권자대위권의 행사가 채무자의 자유로운 재산관리행위에 대한 부당한 간섭이 된다는 등의 특별한 사정이 없는 한, 채권자는 채무자의 권리를 대위하여 행사할 수 있고(대판 2001.5.8. 99다38699 등), '채무자의 무자력 요건'은 필요 없다(대판 1992.10.27. 91다483).
- ⇒ 甲이 X토지에 관한 소유권이전등기청구권을 보전하기 위하여 乙의 말소등기청구권을 대위행사할 때 乙 무자력 요건 불필요 ∴ 이와 상반된 丙 항변 이유×

다. 채권자대위소송 인용 여부 관련
- [개관] 丙 명의의 저당권 피담보채권 소멸되어야
- [피담보채권의 일부변제와 변제충당] ㉠ 乙은 丙으로부터 2008. 5. 1. 2억 원을 이자 월 1%, 변제기 1년으로 차용 → 乙은 ㉠ 2009. 4. 30. 원금 1억 원, 그때까지 발생한 이자 모두 변제, ㉡ 2009. 10. 31. 4,600만 원 변제, ㉠ 1차 변제로 丙 금전채권은 원금 1억 원만 남음 → 2차 변제일 당시 지연손해금 600만 원 발생 ∴ 2차 변제금 4,600만 원은 이자 600만 원 우선충당 후 원금 4,000만 원 충당(민법 제479조 제1항) ∴ 2차 변제로 丙의 금전채권은 원금 6,000만 원 남음
- [변제공탁의 유효성] 2010. 4. 30. 당시 발생한 지연손해금은 360만 원(丙 금전채권 총 6,360만 원) → 乙이 당일 6,400만 원 변제제공했으나 丙 수령거부로 변제공탁 → ㉠ 乙이 제공한 변제금액이 잔존채권액을 초과하여 채무내용에 좇은 공탁이라는 점, ㉡ 丙이 수령거절을 하였다는 점 ∴ 乙 변제공탁 유효(민법 제487조) → 乙의 변제공탁으로 丙의 피담보채권은 전부 소멸하여 그 자 명의의 저당권등기 무효

제2문

공통된 기초사실

1. 甲은 그 소유의 X토지 위에 상가건물을 건축하여 분양하기로 하고, 2009. 7. 30. 乙건설 주식회사(이하 '乙'이라 한다)와 丙건설 주식회사(이하 '丙'이라 한다) 사이에 甲이 乙과 丙에게 공동으로 상가건물 건축공사를 발주하고 공사대금은 20억 원, 준공일은 2010. 9. 30.로 정하여 도급하는 내용의 건축공사도급계약을 체결하였다.
2. 乙과 丙은 공동으로 공사를 수급하여 이행하는 조합을 결성하되(이하 '이사건 조합' 이라 함) 乙이 공사의 시행을 비롯한 조합의 모든 업무를 관장하기로 하였다. 丙은 자기 소유의 중기를 출자하고 실제 공사에는 관여하지 않았다.
3. 甲은 위 공사대금 가운데 2009. 8. 30. 공사 착수에 따라 8억 원을, 2010. 1. 31. 기초공사 완료에 따라 8억 원을 지급하였다.
4. 乙은 공사기간 동안 乙 명의로 자재업체인 丁과 자재공급계약을 맺고(이하 '이 사건 자재공급계약'이라 함) 공사에 필요한 자재의 납품을 받았다. 丁은 약정된 대로 자재를 2010. 2. 28. 모두 乙에게 인도하였고, 위 자재는 이 사건 신축공사에 모두 이용되어 건물에 부합되었다. 丁은 자재대금 가운데 4억 원을 아직 지급받지 못하였다.
5. 乙은 2010. 9. 30. 상가건물을 완성하여 甲에게 인도하였고, 甲은 같은 날 위 상가건물에 대하여 본인 명의로 소유권보존등기를 경료하였다.
6. 乙은 그 무렵 국내 건설경기 악화로 도산하였다.

[아래 각 설문은 독립적이며 상호 무관함]

1. 丁은 丙에 대하여 미지급 자재대금 4억 원을 지급할 것을 청구하였다. 丙은 이 사건 자재공급계약이 乙의 단독 명의로 체결된 것이므로, 丙은 자재대금채무에 대하여 아무런 책임이 없다고 주장하였다. 이에 대해 丁은 乙 명의로 체결한 자재공급계약의 효력이 丙에게 미친다고 주장하였다. 각 주장의 타당성과 丁이 丙에게 4억 원의 지급을 청구할 수 있는지 검토하시오. (35점)

해설

1. 결론

乙 명의로 체결한 자재공급계약의 효력은 丙에게 미치고, 丙은 자재대금에 대해 乙과 함께 연대채무를 부담하므로 丁에게 4억 원 지급해야

2. 이유

가. 논점정리

㉠ 이 사건 조합의 법적 성질 및 乙의 법적 지위, ㉡ 자재공급계약의 丙에 대한 효력

나. 이 사건 조합의 법적 성질 및 乙의 법적 지위

① 공동으로 상가건물 도급공사를 수급하여 이행하는 사업 목적 + 乙은 공사시행에 필요한 모든 업무 관장, 丙은 자기 소유 중기 출자 → 공동사업경영 목적으로 각자 출자의무를 이행한 것으로서 민법상 조합관계(민법 제703조)

② 乙은 공사의 시행을 비롯한 조합의 모든 업무 관장 ∴ 업무집행조합원

다. 이 사건 자재공급계약

- **[乙 계약체결 행위의 효과]** 乙은 업무집행조합원으로서 조합의 업무집행과 관련하여 대리권 보유 추정(민법 제709조). 업무집행조합원이 대리행위시 '조합원 전원을 위한 것임'을 현명해야(같은법 제114조, 제115조) → but 乙은 주식회사로서 '의제상인'(상법 제5조 제1항) & 상인이 영업을 위하여 하는 행위는 '상행위'로 간주(같은법 제47조 제1항) → 상행위시 현명 필요✕(같은법 제48조) ∴ 乙이 단독명의로 丁과 이 사건 자재공급계약을 체결한 것은 조합원 전체에게 효력○
- **[자재대금채무의 법적 성격]**
  - **[조합채무의 이중성]** 이 사건 자재공급계약에 기하여 발생한 자재대금채무는 조합채무로서 조합은 법인격이 없기 때문에 실제로는 '조합원 전체'가 채무자 → 조합 채권자는 ㉠ 채권의 전액에 관하여 조합원 전원에게 지급청구 및 그 자들에 대한 집행권원을 가지고 조합재산에 강제집행 가능 & ㉡ '조합원 개인'에게도 권리 주장 가능 → 조합채무는 조합원 전원이 준합유하는 한편 조합원 개인도 채무부담하는 이중적 성격
  - **[조합원 개인책임의 범위]** ㉠ [원칙] 각 조합원이 조합채무에 대해 지게 되는 책임에 대해서 민법은 「분담주의」입장(제408조) → 각 조합원은 조합계약에서 미리 정하여진 손실부담의 비율로 책임을 지게 되며, 손실부담의 비율에 관한 특약이 없으면 평등한 비율로 책임 부담, ㉡ [예외] ㉠ 조합채무가 불가분채무 or 연대특약(대판 1985.11.12. 85다카1499), ㉡ 조합채무가 상행위로 인하여 발생(대판 1991.11.22. 91다30705) 조합원은 '불가분채무(조합채무가 불가분채무인 경우)' 혹은 '연대채무' 부담

라. 사안검토

乙, 丙은 민법상 조합 & 乙 명의로 체결된 이 사건 자재공급계약은 丙에게도 효력○. 위 계약은 상행위로서 자재대금채무와 관련하여 丙은 乙과 함께 연대채무부담 ∴ 丁은 丙에게 자재대금 중 받지 못한 4억 원 전액 청구 가능

---

2. 만약 이 사건 자재공급계약에 "자재공급대금을 모두 지급받을 때까지 인도한 자재의 소유권은 丁에게 있다. 丁은 乙에게 자재의 처분 권한을 부여하지 아니한다."는 특약이 포함되어 있었고, 甲은 이러한 특약 내용을 알고 있었다고 가정한다면, 丁이 甲에 대한 미지급 자재대금 4억 원 상당액을 부당이득으로 반환청구할 수 있을지 검토하시오. (20점)

해설

1. 결론

丁은 甲에게 4억 원 지급을 구할 수 있음

2. 이유

가. 소유권 유보된 건축자재의 소유권자

- ✦ [判] 동산매매에서 소유권유보약정이 있는 경우 매수인 앞으로의 소유권 이전에 관한 당사자 사이의 물권적 합의는 대금이 모두 지급되는 것을 정지조건으로 하여 행하여 진다고 해석된다. 그 대금이 모두 지급되지 않고 있는 동안에는 매수인이 목적물을 인도받았어도 목적물 소유권은 위 약정대로 매도인이 이를 가지고, 대금이 모두 지급됨으로써 그 정지조건이 완성되어 별도 의사표시 없이 바로 목적물 소유권이 매수인에게 이전된다(대판 2010.2.11. 2009다93671).
  - ⇒ 건축자재 乙에게 인도 but 소유권자는 丁

나. 동산의 부동산에의 부합과 소유권 상실자에 대한 권리보호책

- **[동산의 부동산에의 부합]** 부동산 소유자는 피부합물 소유권 취득(민법 제256조 본문) ∴ 이 사건 건물에 부합된 건축자재 소유권은 건물소유권자인 甲에게 있음
- **[동산 소유권 상실자에 대한 보호책]**
  - ✦ 判① - 관련규정 부동산에의 부합으로 인해 손해를 입은 동산의 소유권자는 부당이득에 관한 규정에 의하여 보상을 청구할 수 있다(같은법 제261조). 다만 민법 제261조는 '부당이득요건'이 충족될 것을 전제로 하는 규정으로서, 부합물의 소유권귀속에 '법률상 원인'이 있는 경우 물건의 종전 소유권자의 부당이득반환청구권이 인정되지 않는다(대판 2009.9.24. 2009다15602).
  - ✦ 判② - 법률상 원인 매도인에게 소유권이 유보된 자재가 제3자와 매수인 사이에 이루어진 도급계약의 이행으로 제3자 소유 건물의 건축에 사용되어 부합된 경우 보상청구를 거부할 법률상 원인이 있다고 할 수 없지만, 제3자가 도급계약에 의하여 제공된 자재의 소유권이 유보된 사실에 관하여 과실 없이 알지 못한 경우라면 선의취득의 경우와 마찬가지로 제3자가 그 자재의 귀속으로 인한 이익을 보유할 수 있는 법률상 원인이 있다고 봄이 상당하므로, 매도인으로서는 그에 관한 보상청구를 할 수 없다(대판 2009.9.24. 2009다15602).
  - ⇒ 선의취득 인정되려면 취득자 '선의' 필요(같은법 제249조) but 甲은 소유권유보특약 존재 인지하여 선의취득× → 甲의 건축자재 취득은 법률상 원인× 丁에게 부당이득반환(가액배상) 해야

추가된 사실관계

1. 丙은 2010. 10. 1. 이 사건 조합에서 탈퇴하였다.
2. 丁은 그 미지급 자재대금을 피보전채권으로, 乙을 채무자로, 甲을 제3채무자로 하여 乙의 甲에 대한 공사 잔대금채권 4억 원에 대하여 2010. 11. 1. 가압류결정을 받았고, 가압류결정은 2010. 11. 10. 제3채무자인 甲에게 송달되었다.
3. 甲은 乙로부터 위 건물을 인도받은 이후 그 골조공사에 중요한 하자가 있어 乙에게 하자의 보수를 청구하였으나, 乙은 이미 도산하여 보수 공사를 하지 못하였다. 甲은 2010. 12. 1. 1억 원을 지출하여 그 하자를 보수하였다.
4. 丁은 위 가압류에 기한 압류 및 전부명령을 받았고 그 명령이 2010. 12. 15. 乙과 甲에게 송달되었다.
5. 丁은 2011. 1. 1. 甲에 대하여 전부금 청구소송을 제기하였다.

---

3. 위 전부금 청구소송에서 甲은 위 건물의 하자보수를 위해 1억 원을 지출하였으므로 乙에게 동액 상당의 손해배상청구권을 가진다고 주장하였다. 그리고 그 손해배상청구권과 공사 잔대금채권을 상계한다고 주장하였다. 甲 주장의 타당성을 검토하시오. (30점)

1. 결론

甲의 상계항변은 적법

2. 이유

가. 전부금 청구에 대해 제3채무자가 채무자에 대해 갖고 있던 반대채권(자동채권)으로 하여 상계할 수 있기 위한 요건

- **[일반론]** 일반적인 상계요건(동종채권일 것, 상계금지 채권이 아닐 것 등) 이외에, '<u>가압류 송달일(가압류 선행시) 혹은 압류·전부명령 송달일</u>'을 기준으로 ㉠ 제3채무자의 채무자에 대한 채권(자동채권)이 존재해야 하고, ㉡ 적어도 '자동채권의 변제기'가 도래해야
- **[사안검토]**
  - **[丁이 乙만을 집행채무자로 하여 공사잔대금채권 전부에 대해 압류·전부한 점]** 丁이 압류·전부한 공사잔대금채권은 조합채권으로서, 조합채권자가 조합원 중 1인을 집행채무자로 하여 '조합채권'에 강제집행을 하는 것은 허용×(대판 2001.2.23. 2000다68924) → 丙이 조합 탈퇴하여 乙만 조합원으로 남았고, 조합재산은 乙의 단독소유(대판 1996.9.6. 96다19208) → 조합채권자는 잔존 조합원에게 '조합채무 전부' 이행청구○(대판 1999.5.11. 99다1284) ∴ 丁이 '乙을 채무자로 하여' 공사잔대금채권을 압류·전부한 것 문제×
  - **[가압류 송달일 당시 자동채권이 존재하지 않는 점]** 甲에 대한 가압류결정정본 송달일 '2010. 11. 10.' but 甲이 주장하는 자동채권 2010. 12. 1. 무렵 발생 ∴ 위 일자에 자동채권이 존재해야 한다는 요건 충족× → 대법원은 위 일자에 자동채권이 존재하지 않더라도 상계를 할 수 있는 예외적인 경우를 인정

나. 가압류 혹은 압류·전부명령 송달일 당시 자동채권이 미존재하는 경우 상계가 허용되기 위한 요건

- ✦ **[판]** 금전채권에 대한 압류·전부명령이 있는 때에는 압류된 채권은 동일성을 유지한 채로 압류채무자로부터 압류채권자에게 이전되고, 제3채무자는 '채권이 압류되기 전에 압류채무자에게 대항할 수 있는 사유'로써 압류채권자에게 대항할 수 있는 것이므로 제3채무자의 압류채무자에 대한 <u>자동채권이 수동채권인 피압류채권과 '동시이행의 관계에 있는 경우'</u>에는, 압류명령이 제3채무자에게 송달되어 <u>압류의 효력이 생긴 후에 자동채권이 발생하였다고 하더라도</u> 제3채무자는 동시이행의 항변권을 주장할 수 있고 따라서 그 채권에 의한 상계로 압류채권자에게 대항할 수 있는 것으로서 이 경우에 '자동채권이 발생한 기초가 되는 원인은 수동채권이 압류되기 전에 이미 성립하여 존재하고 있었던 것이므로' 그 자동채권은 민법 제498조 소정의 '지급을 금지하는 명령을 받은 제3채무자가 그 후에 취득한 채권'에 해당하지 않는다(대판 2010.3.25. 2007다35152 등).

- ⇒ 도급인(甲)은 수급인(乙)에 대하여 하자보수에 갈음하여 또는 하자보수와 함께 손해배상 청구○(민법 제667조 제1항, 제2항) & 위 손해배상채권과 수급인의 공사대금채권 동시이행관계(같은조 제3항, 제536조 준용) → 甲은 乙에게 골조공사 하자보수청구 but 乙의 도산으로 자신이 직접 1억 원을 지출하여 보수 ∴ 甲은 乙에게 위 1억 원 상당 손해배상채권 보유. '<u>수급인의 하자보수의무의 변형물</u>'로서 공사대금채권과 동시이행관계 → 丁이 甲을 상대로 전부금(공사잔대금) 지급을 소구할 경우, 甲이 취득한 손해배상채권이 가압류 송달일 이후에 생긴 것이더라도, 甲은 위 손해배상채권을 자동채권으로, 위 전부금채권을 수동채권으로 하여 상계○ & 전부채권자에게 대항○

추가된 사실관계

1. 丙은 2010. 10. 1. 이 사건 조합에서 탈퇴하였다.
2. 乙은 다른 하도급업체인 戊에게 공사 잔대금 중 2억 원의 채권을 양도하였고 그 양도통지가 2010. 10. 15. 甲에게 송달되었다. 위 양도통지는 확정일자 있는 증서에 의한 것이 아니었지만 甲은 2010. 10. 30. 戊에게 2억 원을 지급하였다.
3. 丁은 미지급 자재대금채권을 집행채권으로, 乙을 채무자로, 甲을 제3채무자로 하여 乙의 甲에 대한 공사 잔대금채권 4억 원에 대하여 압류 및 전부명령을 받았고 그 명령이 2010. 12. 15. 乙과 甲에게 송달되었다.
4. 丁은 2011. 1. 1. 甲에 대하여 전부금 청구소송을 제기하였다.

---

4. 甲은 공사 잔대금채권 중 2억 원은 戊에게 이미 변제함으로써 소멸하였다고 주장하였다. 甲 주장의 타당성을 검토하시오. (15점)

해설

1. 결론
甲의 주장은 타당

2. 이유

가. 확정일자 있는 증서에 의하지 않은 채권양도와 압류·전부명령 경합시 채권귀속자의 결정

지명채권 양도의 통지나 승낙은 확정일자 있는 증서에 의하지 아니하면 채무자 이외의 제3자에게 대항하지 못함(민법 제450조) → 제1양도는 단순통지(승낙), 제2양도는 확정일자 있는 증서에 의한 통지 등인 경우 제2양도가 우선(대판 1972.1.31. 71다2697)

나. 압류·전부명령 송달 이전에 제3채무자가 채권양수인에게 변제행위를 한 경우의 효과

✦ [판] 제1양도가 있고 그 채권이 변제·면제 등으로 소멸한 후에 이중양도행위가 행하여진 경우에는 설령 그 양도가 확정일자 있는 증서에 의하여 통지되었다 하더라도 제2의 양도행위는 무효이다(대판 2003.10.24. 2003다37426). ☞ [가점] 대항관계는 채권이 존재하고 그 채권 위에 양립할 수 없는 권리관계가 생긴 경우에만 발생 but 위 경우 채무자의 제1양수인에 대한 변제는 유효하여 이미 채권은 소멸하였기 때문에 대항관계가 발생할 여지가 없고, 제2양수인(압류채권자 포함)은 가령 확정일자를 갖추었다고 하더라도 채권을 취득할 수 없는 것

다. 소결론

乙이 戊에게 공사잔대금채권 중 2억 원을 양도한 후 甲에게 행한 통지는 확정일자 있는 증서에 의해 이루어지지 않았기 때문에 丁의 압류·전부명령이 우선하는 것이 원칙 → but 丁이 공사잔대금채권을 압류·전부하고 그 결정정본이 甲에게 송달된 2010. 12. 15. 이전인 2010. 10. 30. 甲이 戊에게 2억 원을 이미 변제한 상태 ∴ 丁의 압류·전부명령은 2억 원에 대해서는 무효, 나머지 2억 원만 유효 → 甲은 丁의 전부금 4억 원 지급청구에 대해 戊에게 변제된 2억 원 해당 부분은 무효라는 항변 가능

2012년
8월 모의고사

본서 p.1176

제1문

공통된 기초사실

甲, 乙, 丙은 2011. 10. 10. 의류 수입·판매를 목적으로 하는 X조합을 만들기로 하였다. 이를 위하여 乙과 丙은 3억 원씩을 현금으로 출자하고, 甲은 시가 3억 원 상당의 평택시 청북면 어연리 A토지 220㎡ 및 그 지상의 창고건물(이하 'A토지' 및 '창고건물'이라 한다)을 출자하면서 甲, 乙, 丙 명의로 합유등기를 마친 후, 의류회사 근무 경험이 있는 甲을 업무집행조합원으로 선임하였다.

한편 A토지상의 기존 창고건물이 낡아 의류창고 용도로 사용하기에 부적합하였기 때문에 甲, 乙, 丙은 A토지와 인접한 B토지를 매수하여 A, B토지상에 새로이 창고건물을 지어 사용하기로 하고, 甲이 B토지 소유자인 Y종중의 대표 己를 찾아가 그 토지를 자신들에게 팔 것을 제의하였다. 그 무렵 채무변제 독촉에 시달리던 己는 종중총회를 개최하지도 아니한 채 임의로 B부동산을 매도한다는 내용의 종중총회 회의록을 만들어 甲에게 제시하면서 Y종중을 대표하여 2011. 12. 20. 甲과 B토지를 대금 1억 원에 매도하기로 하는 매매계약을 체결하고 甲, 乙, 丙 명의로 소유권이전등기를 넘겨주었다. 그리고 己는 그 매매대금을 자신의 채무변제에 사용하였다.

한편 甲이 현물 출자한 A토지와 창고건물은 甲이 父(父) 丁으로부터 2004. 6. 1. 상속을 받은 것인데, 丁이 1985. 8. 1. 창고건물을 신축할 당시 A토지와 인접한 戊 소유의 C토지의 경계를 70㎡ 가량 침범하여(이하 경계를 침범한 위 70㎡부분을 '◎부분 토지'라 한다) A토지와 ◎부분 토지상에 창고건물을 지어 사용해 왔고, 이를 모르는 甲은 丁의 사망 후 이를 상속받아 같은 형태로 계속 점유해온 것이었다. 새로이 창고건물을 지으려는 과정에서 甲과 戊가 기존 창고건물의 부지 중 70㎡가 戊 소유 ◎부분 토지 위에 있어 문제가 있음을 확인하였다.

1. 조합 소유 창고건물 일부분이 ◎토지 부분 위에 있음을 알게 된 戊가 '◎부분 토지'의 인도를 청구하는 소를 제기하려고 한다. 戊는 누구를 당사자로 하여 소를 제기할 수 있는지 모두 검토하고, 공동소송이 되는 경우 그 소송의 종류에 대하여 논하시오. (30점)

해설

1. **결론**
   ① 戊는 甲, 乙, 丙 모두를 피고로 삼아 소를 제기하거나, 업무집행조합원 甲만을 상대로 소를 제기할 수도 있음(선정당사자, 임의적 소송담당, 법률상 대리인 자격). X 조합 자체는 당사자능력이 없으므로 조합을 상대로 소제기시 소각하
   ② 戊가 甲, 乙, 丙 모두를 피고로 삼아 소를 제기할 경우 '고유필수적 공동소송'임

2. 이유

가. 戊가 소를 제기할 때 피고로 삼을 수 있는 자

- **[X 조합]** X 조합은 의류 수입·판매라는 공동사업 경영목적에서 조직 & 비법인사단으로서의 단체성×
  ∴ 민법상 조합 → 민법상 조합 소송상 당사자능력×(대판 1999.4.23. 99다4504 등) ∴ 戊가 X 조합을 피고로 삼으면 '당사자능력' 흠결로 소각하
- **[조합원 전원]** 조합재산관계는 합유 → 합유재산에 대해 상대방이 소제기시 원칙적으로 '조합원 전원'을 피고로 삼아야
  - **[업무집행조합원(甲)]**
    - **[선정당사자]** ⓐ 조합원이 甲 등 3인 ⓑ 조합원들 상호간 공동소송인 요건 + 주요한 공격·방어방법 공통 ∴ 공동이해관계 존재, ⓒ 업무집행조합원 甲은 공동이해관계 있는 사람들 중 1인 → 선정당사자 요건(민소법 제53조) 충족 ∴ X 조합은 甲을 선정당사자로 선임하여 관련소송 수행케 할 수 있음
    - **[임의적 소송담당]**
    - ✦ [判] 민법상 조합의 업무집행조합원은 조합재산에 관한 소송에 관하여 <u>조합원으로부터 임의적 소송신탁을 받아 자기 이름으로 소송을 수행할 수 있다</u>(대판 1997.11.28. 95다35302).
    - **[임의대리인(법률상 대리인)]** 조합원들이 업무집행조합원에게 소송대리권 수여하여 조합재산에 관한 소송 대리인으로서 관여케 할 수 있음 → '법률상 대리인'(通)

나. 공동소송이 되는 경우 소송의 종류

① 합유물 처분·변경에는 조합원 전원 동의 필요 → 실체법상 관리처분권이 조합원들 전원에 귀속 ∴ 그들에 의한 소송 혹은 그들에 대한 소송은 원칙적으로 '고유필수적 공동소송' ☞ [예외-단독청구] ⓐ 조합원 중 1인이 '합유물 보존행위'로서 소제기(대판 2013.11.28. 2011다80449), ⓑ 상대방이 '합유물을 현실적으로 점유하고 있는 합유자' 상대로 명도청구(대판 1969.12.23. 69다1053)
② 戊가 甲 등을 공동피고로 하여 소제기시 '고유필수적 공동소송'

> 2. 戊가 제기한 ⓒ부분 토지 인도청구소송에서 상대방인 甲측이 자신들에게 소유권이전등기청구권이 있음을 주장하면서 내세울 수 있는 항변사항으로 주장할 수 있는 요건사실에 대하여 논하고, 甲의 주장에 대하여 당신이 戊의 변호사라면 어떠한 반론을 제기하여 甲의 청구를 저지할 수 있는지 논하시오. (20점)

해설

1. 결론

甲측은 점유취득시효 완성을 근거로 ⓒ부분 토지에 관한 소유권이전등기청구권 주장 가능. 戊는 甲의 피상속인 丁이 위 토지 점유 당시 무단점유였음을 근거로 점유취득시효 주장 배척 가능

2. 이유

가. 甲측이 소유권이전등기청구권의 존재를 주장하면서 내세울 수 있는 항변사항

- **[점유취득시효와 주요사실]** 甲측은 '점유취득시효'를 주장하여 소유권이전등기청구권 주장(민법 제245조 제1항) → 요건사실은 '20년간의 점유사실' / 전후양시에 점유한 사실이 있으면 그 점유는 계속한 것으로

추정(같은법 제198조) → 점유자의 자주점유 및 점유의 평온·공연성 추정(같은법 제197조 제1항) ∴ 점유취득시효를 부정하는 쪽에서 점유자의 악의점유 등을 주장·입증해야
- **[점유승계 문제]** 甲은 2004. 6. 1. 부친인 丁으로부터 A토지 및 창고건물 상속 ∴ 점유권은 상속에 의해 당연이전(같은법 제193조) → 丁의 ⓒ부분 토지 점유일 1985. 8. 1.로부터 20년 경과한 2005. 8. 1.경 점유취득시효 완성

나. 戊측이 내세울 수 있는 반론사항
- **[무단점유와 자주점유 번복]** 甲의 부친인 丁은 1985. 8. 1. 창고건물을 신축하면서 A토지와 인접한 戊 소유의 ⓒ부분 토지 침범 → 丁의 무단점유가 자주점유를 번복하는 사유가 되는지? → **무단점유 사실이 밝혀지면 자주점유 추정 번복**(대판(全合) 1997.8.21. 95다28625)
- **[관련논점－甲측의 '상속으로 인한 점유성격 전환(타주점유 → 자주점유) 주장'과 관련하여]** 피상속인이 타주점유인 상황에서 상속인의 점유가 자주점유가 되려면 '점유자가 점유를 시킨 자에게 소유의 의사가 있음을 표시'하거나 또는 '새로운 권원에 의하여 다시 소유의 의사로써 점유를 시작'하여야 (대판 1995.1.12. 94다19884) → '상속' 자체가 타주점유를 자주점유로 바꾸는 새로운 권원이 될 수 있는지? → 대법원은 부정적 입장. 점유의 시초부터 타주점유였다면 특별한 사정이 없는 한 그 타주점유의 의사는 상속인의 상속 후에도 계속되었다고 추정(대판 1995.1.12. 94다19884)
- **[소결론]** 戊는 丁이 타주점유(무단점유)였음을 이유로 甲측의 점유취득시효 주장 배척

3. Y종중의 종중원들은 己가 종중 소유 B토지를 임의로 매도한 사실을 알고, 己를 대표에서 해임한 후 새로이 대표자를 선임하여 B토지의 매수자인 甲측을 상대로 매매계약이 무효임을 주장하면서 그 소유권이전등기말소청구의 소를 제기한다면, 누가 원고가 되어 어떠한 법리상의 근거를 들어 무효를 주장할 수 있는지 논하시오. 이에 대하여 甲측이 적법한 종중 대표자인 己로부터 종중총회 회의록까지 확인하고 B토지를 매수하였음을 이유로 위 계약이 유효함을 주장할 경우 그 주장의 당부에 관하여 논하시오. (30점)

해설

1. 결론
① B토지 소유권이전등기말소청구의 소는 Y종중 혹은 종중원 전원이 원고가 되어 제기할 수 있고, 법적 근거는 민법 제275조 제2항 및 제276조 제1항
② 甲측이 민법 제126조의 표현대리에 관한 규정을 준용해야 한다고 주장해 볼 수 있으나, 대법원은 부정

2. 이유

가. Y종중에서 소유권이전등기말소청구의 소를 제기할 경우 원고 및 관련법리 문제
- **[원고의 결정]**
  - **[Y종중이 원고가 될 수 있는지]** Y종중은 비법인사단 & 대표자 있음 ∴ 당사자능력○(민소법 제52조)

- **[종중원들 전원이 원고가 될 수 있는지]**
  + [判] 종중재산은 종중원의 총유에 속하는 것으로서, 총유물의 관리·처분권을 종중원들이 공동으로 갖고 있으므로 공동소송의 형태는 '고유필수적 공동소송'이 된다(대판(全合) 2005.9.15. 2004다44971).
- **[소유권이전등기말소청구를 구할 수 있는 법적 근거]** 총유물 관리 및 처분에 관하여 정관(종중규약)에 규정이 있으면 이에 따르고(민법 제275조 제2항), 정관에 별도 규정이 없으면 사원총회(종중총회) 결의에 따름(같은법 제276조 제1항) → 위반된 총유물 관리·처분행위 절대무효(대판 1989.3.14. 87다카1574)
⇒ Y종중 대표자였던 己가 종중 소유 B토지 임의처분 ∴ 토지 매매계약 무효로서 甲 등의 명의로 경료된 소유권이전등기는 말소대상

나. 甲측 표현대표(표현대리) 주장의 타당성

+ [判] 비법인사단의 대표자가 정관 혹은 사원총회 결의 없이 무단으로 총유물을 처분했을 경우 민법 제126조의 표현대리에 관한 규정이 준용될 수 없다(대판 2002.2.8. 2001다57679 등).

---

4. 위 사안에서 결국 B토지에 관한 매매계약이 무효로 되어 이로 인해 甲측이 손해를 입었다면, 甲측은 누구를 상대로 어떠한 손해배상책임을 물을 수 있는지 논하시오. (20점)

해설

1. 결론

甲측은 대표자 己뿐만 아니라 Y종중에 대해서도 불법행위에 기한 손해배상책임을 물을 수 있고, 양자는 부진정연대채무관계

2. 이유

가. 대표자 己를 상대로 한 손해배상청구

己는 Y종중의 대표자로서 총유재산인 B토지를 처분함에 있어서 규약에서 정한 절차 혹은 종중총회 결의를 거쳐야 함에도 불구하고, 개인적으로 부담하는 채무를 변제할 요량으로, 위 관련절차를 거치지 않고 임의처분 함으로써 매수인 甲측이 위 토지의 소유권을 취득할 수 없게 되는 손해를 입힘 → 己를 상대로 민법 제750조에 따른 손해배상책임 추궁

나. Y종중을 상대로 한 손해배상청구

- **[민법 제35조 제1항 유추적용]** 법인의 대표자가 그 직무에 관하여 타인에게 손해를 가한 경우 법인은 손해배상책임을 부담하고(민법 제35조 제1항), 이는 비법인사단에 유추적용(대판 1994.4.12. 92다49300 등)
- **[사안검토]** ㉠ 종중대표자였던 己의 무단처분행위, ㉡ 己가 종중회의록을 위조하여 제시함으로써 그 자의 처분행위는 외형상 Y종중의 대표자로서의 직무행위라고 인정될 수 있어 '직무관련성' 인정(대판 2004.2.27. 2003다15280) / 단 己가 개인채무를 변제할 요량으로 B토지를 처분했다는 사정을 알았거나 중대한 과실로 알지 못한 경우에는 직무관련성 부정되나(대판 2003.7.25. 2002다27088) 본건에는 인정× ㉢ 대표자 己의 불법행위성 인정 → Y종중은 甲측에 별도 손해배상책임 부담

다. 양자의 관계

己와 Y종중은 공동책임(민법 제35조 제1항 제2문) / 양자는 '부진정연대채무' 관계

> **추가된 사실관계**
>
> 甲, 乙, 丙은 위 X조합을 X주식회사(이하 'X회사'라 한다)로 전환하기로 하고 자신들이 운영하던 조합재산 일체를 현물출자 하기로 약정하고, 정관을 작성하면서 모두 발기인이 되었다. 발기인 대표 甲은 먼저 창립사무소로 사용할 사무실을 Z회사로부터 월 200만 원에 임차하였다. 丙은 3억 원으로 평가되는 자기 소유의 D토지를 추가로 현물출자 하되, 현물출자에 따른 번잡함을 피하기 위하여 X회사가 성립된 후 X회사와 丙 사이의 매매계약에 의한 부동산소유권이전등기의 방법으로 현물출자를 완성하기로 약정하였다. X회사의 정관에는 변태설립사항에 관한 내용이 기재되어 있지 않았다. X회사는 적법하게 설립등기를 경료하였으나, 그 이후에 丙이 갑작스레 사망하였고, D토지의 가격은 1.5배 이상 폭등하였다.[13]

5. X회사는 아직 임차료를 지급하고 있지 않다. Z회사는 X회사에게 임차료를 청구할 수 있는가? (15점)

해설

1. 결론

① 甲이 발기인조합 대표로서 임차행위한 경우 Z회사가 X회사에 대해 임차료를 청구할 수 있기 위해서는, X회사가 발기인조합으로부터 채무를 인수하는 절차가 있어야. 이러한 절차가 없으면 Z회사는 발기인조합에 대해서만 임차료 지급청구 가능

② 甲이 설립중의 회사 기관으로서 임차행위한 경우 그 효력은 X회사에 당연귀속되며, Z회사는 X회사에게 임차료 지급청구 가능

2. 이유

가. 논점정리

발기인 대표 甲이 현물출자 약정 및 정관작성 이후 창립사무소를 Z회사로부터 임차하는 과정에서 '발기인조합의 대표'로서 한 경우와 '설립중의 회사의 기관'으로서 한 경우 나누어 검토

나. 발기인조합의 대표로서 임차한 경우

甲이 민법상 조합에 해당하는 '발기인조합'의 대표로서 임차한 경우 조합 자체(조합원 전원)에 귀속. 이를 설립후 회사로 귀속시키려면 <u>별도의 권리·의무 이전절차</u> 필요(대판 1990.12.26. 90누2536) ∴ Z회사가 X회사에게 임차료를 청구하려면 X회사가 발기인조합으로부터 임차료채무를 인수하는 별도절차 필요

다. 설립중의 회사의 기관으로서 임차한 경우

- [설립중의 회사] 정관작성 및 발기인에 의한 1주 이상의 주식인수가 있게 되면 '설립중의 회사' 성립(대판 1994.1.28. 93다50215) → 비법인사단(대판 1992.2.25. 91누6108)
- [설립중의 회사 부담채무의 설립후 회사에 대한 당연귀속 여부 및 범위]
  - [당연귀속 여부] 설립중의 회사가 부담한 채무는 회사 성립 후 별도의 권리·의무 이전절차없이 설립후 회사에 귀속(대결 1994.3.28. 93마1916)

---

[13] **COMMENT** 이하 설문5, 설문6, 설문7은 상법에서 출제될 문제로서 풀어볼 필요 없다.

- [당연귀속되는 채무의 범위]
  + [學] ㉠ 회사설립 자체를 직접적인 목적으로 하는 행위(정관작성, 주식인수, 설립등기업무 등)에 국한(제1설), ㉡ 회사설립을 위해 법률상·경제상 필요한 행위가 포함됨(제2설), ㉢ 회사성립 후의 개업을 위한 준비행위도 포함(제3설)
  + [判] 발기인이 설립후 회사의 영업을 위하여 제3자와 맺은 자동차조립계약을 발기인의 권한 내의 행위로 보고 설립후 회사의 책임을 인정한 선례가 있다(대판 1970.8.31. 70다1357; 제3설 입장).
- [소결론] 甲의 임차행위를 '설립중의 회사의 기관'의 행위로 볼 경우 사무실 임차행위는 '회사설립을 위해 법률상·경제상 필요한 행위'에 해당 ∴ 제1설에 따르면 Z회사는 X회사에게 임차료를 청구할 수 없으나, 판례를 포함한 그 밖의 견해에 따르면 청구가능

6. X회사는 丙의 상속인인 庚(경)에게 X회사와 丙과의 약정을 원인으로 하는 부동산소유권이전등기를 요구하였으나, 庚은 위 부동산매매계약은 정관에 기재되지 아니한 재산인수로서 무효라고 주장한다. 庚의 주장의 타당성을 검토하시오. (15점)

해설

1. 결론

X회사와 丙 사이의 약정은 '재산인수'에 해당(상법 제290조 제3호). 정관에 기재되어 있지 않아 무효이므로 庚의 주장은 타당

2. 이유

가. X회사와 丙 사이의 약정의 법적 성격(재산인수)

丙은 자기 소유 토지를 현물출자하기로 하였으나, 현물출자에 따른 번잡함을 피하기 위하여 X회사가 성립된 후 X회사와 丙 사이의 매매계약에 의한 부동산소유권이전등기의 방법으로 현물출자를 완성하기로 약정 → 재산인수 ○
  + [判] 현물출자에 따른 번잡함을 피하기 위하여 회사의 성립 후 회사와 현물출자자 사이에 매매계약에 의한 방법에 의하여 현물출자를 완성하기로 약정하고 그 후 회사설립을 위한 소정의 절차를 거쳐 위 약정에 따른 현물출자가 이루어진 것이라면 위 현물출자를 위한 약정은 상법 제290조 제3호가 규정하는 재산인수에 해당한다(대판 1994.5.13. 94다323).

나. 정관에 미기재된 재산인수의 법적 효력
- [법리] 상법은 발기인의 불공정한 재산인수를 막는 한편 재산인수가 현물출자에 가해지는 제약(법원의 검사인에 의한 조사·감정인의 감정)을 피하는 편법으로 활용되는 것을 막기 위하여, 현물출자와 같이 변태설립사항으로 하고, 또 검사인의 조사절차 또는 공인된 감정인의 감정을 거치도록 규정(상법 제298조 제4항, 제299조의2, 제310조)
⇒ X회사 정관에는 변태설립사항에 관한 내용 기재X → 현물출자약정이 실질적으로 재산인수에 해당할 경우 정관에 해당사항이 미기재시 무효(대판 1994.5.13. 94다323) ∴ 이를 지적하는 庚의 주장 타당

7. X회사가 설립 이후 주주총회를 열어 위 부동산의 매입을 추인할 수 있는지 여부와 사후설립으로 인정될 수 있는 가능성에 대하여 설명하시오. (20점)

해설

1. 결론

정관에 기재되어 있지 않은 재산인수는 무효이고, 원칙적으로 사후추인은 불가. 단 재산인수가 동시에 사후설립에 해당할 경우 상법 제375조에 따라 주주총회 특별결의가 있으면 유효

2. 이유

가. 성립 후 회사의 추인이 가능한지

정관에 기재되어 있지 않아 무효인 재산인수를 성립후의 회사가 사후적으로 추인할 수 있는지?
- **[긍정설]** 이러한 재산인수는 무권대리에 해당하므로 무권대리에 관한 규정에 의하여 추인 가능
- **[부정설]** 회사의 자본충실을 위하여 마련된 상법 제290조 제3호의 취지를 제대로 살리기 위해서 사후추인 부정
- **[검토]** 재산인수는 주식회사의 자본충실을 위해 마련된 규정 ∴ 그 취지를 제대로 살리기 위해서는 적법요건을 갖추지 못한 재산인수는 사후적으로도 추인할 수 없다고 해야

나. 사후설립으로 인정될 가능성이 있는지

- **[사후설립]** 회사가 성립 후 2년 내에 성립 전부터 존재하는 재산으로서 영업을 위하여 계속하여 사용하여야 할 것을 자본금의 5/100 이상에 해당하는 대가로 취득하는 계약을 하는 것(상법 제375조) / '주주총회의 특별결의' 필요(같은법 제375조, 제374조)
- **[재산인수가 동시에 사후설립에 해당하는 경우의 유효성 문제]**
- ✦ [판] 甲과 乙이 공동으로 축산업 등을 목적으로 하는 회사를 설립하기로 합의하고 甲은 부동산을 현물로 출자하고 乙은 현금을 출자하되 현물출자에 따른 번잡함을 피하기 위하여 회사의 성립 후 회사와 甲 간의 매매계약에 의한 소유권이전등기의 방법에 의하여 위 현물출자를 완성하기로 약정하고 그 후 회사설립을 위한 소정의 절차를 거쳐 위 약정에 따른 현물출자가 이루어진 것이라면 위 현물출자를 위한 약정은 그대로 상법 제290조 제3호가 규정하는 재산인수에 해당한다고 할 것이어서 정관에 기재되지 아니하는 한 무효라고 할 것이나, <u>위와 같은 방법에 의한 현물출자가 동시에 상법 제375조가 규정하는 사후설립에 해당하고 이에 대하여 주주총회의 특별결의에 의한 추인이 있었다면 회사는 유효하게 위 현물출자로 인한 부동산의 소유권을 취득한다</u>(대판 1992.9.14. 91다33087).

제2문

공통된 기초사실

甲은 다세대주택을 건축하여 분양할 목적으로 2010. 3. 15. 乙은행으로부터 상환일을 2011. 3. 14.로 하여 주택건축자금 4억 원을 대출받으면서, 자신의 유일한 재산인 시가 2억 원 상당의 X토지에 근저당권을 설정하였다. 이와 동시에 乙은행은 甲의 사업동료인 A와의 사이에 A가 甲의 대출금채무를 연대보증하기로 하는 계약을 체결하였다. 위 건축공사 개시 후 甲에게 건축자재를 공급하던 丙은 자재가격의 상승으로 사업에 어려움을 겪게 되자 2010. 7. 15. 乙은행으로부터 2011. 7. 14.을 상환일로 하여 3억 원을 대출받았다. 甲은 위 공사가 진척되면서 다세대주택의 분양을 진행한 결과 2011. 3. 5. 준공검사를 완료할 때까지 8세대 중 6세대가 분양되었는바, 그 분양대금 12억 원으로 자신의 채무변제 및 인부들의 급여와 자재대금을 지불하였으나 여전히 丙에 대한 자재대금 2억 원은 지급하지 못하였다. 甲은 미분양된 2세대 중 하나인 Y 주택에 대하여는 2011. 9. 20. 자신의 친구인 丁에게 당시의 시가인 2억 원에 매각하기로 하는 계약을 체결하면서, 계약 당일 1,500만 원을 계약금으로 수령하였고, 2011. 10. 25. 잔금의 지급과 동시에 소유권이전등기서류를 교부하기로 약정하였다.
[아래의 각 문항은 독립된 사항임]

1. 甲이 2011. 10. 25. Y주택의 소유권이전등기에 필요한 서류를 丁에게 제공하였으나, 丁이 중과세 회피를 빌미로 그 수령을 거절하고 있다면, 甲은 이를 이유로 위 매매계약을 해제할 수 있는가? (15점)

해설

1. 결론

본건의 경우 채권자지체가 성립. 매매계약 해제 가능성 여부는 채권자지체의 법적 성격에 따라 달라짐('법정책임설'에 따르면 부정, '채무불이행책임설'에 따르면 인정). 더 나아가 甲은 丁이 잔대금채무를 이행하지 않았음을 이유로 계약해제를 할 수 있고, 丁의 등기 관련서류 수령 거절행위가 이행거절로까지 평가된다면 바로 계약해제할 수도 있음

2. 이유

가. 「채권자지체」를 이유로 한 매매계약 해제 가능성

- **[채권자지체 성립요건(민법 제400조)]** ㉠ 채무이행에 관하여 채무성질상 채권자의 수령 또는 협력을 요할 것 ㉡ 채무자의 채무내용에 채무이행 제공이 있을 것 ㉢ 채권자의 수령거절 또는 수령불능이 있을 것 / '㉢' 요건 관련 채권자 귀책이 필요하다는 '채무불이행책임설'과 필요없다는 '법정책임설' 대립 → 채권자지체에 따른 법정책임(민법 제401조 내지 제403조) 이외에 '계약해제권' 및 '손해배상청구권'이 인정되는지와 관련하여 법정책임설은 부정, 채무불이행책임설은 인정 / 대법원은 원칙적으로 '법정책임설'의 입장(대판 2021.10.28. 2019다293036)
- ⇒ ㉠ 매수인 丁의 '소유권이전등기 관련 서류 수령행위'가 필요하고, ㉡ 매도인 甲이 위 관련 서류를 제공한 사실도 있으며, ㉢ 丁이 중과세 회피를 빌미로 위 관련 서류의 수령을 거절한 행위는 丁의 귀책으로 볼 수 있음 ∴ 채무불이행책임설에 따르더라도 채권자지체 성립 / 丁의 위 관련 서류 수령거절을 이유로 甲이 매매계약을 해제할 수 있는지는 위 학설에 따라 달라짐

나. 「이행지체」 혹은 「이행거절」을 이유로 한 매매계약 해제 가능성

- **[이행지체]** 丁이 등기 관련서류 수령을 거절하였다면, 특단의 사정이 없는 한, 甲에게 대한 잔금지급의무도 이행하지 않았을 것 → 甲은 丁에게 등기 관련서류 이행제공을 한 후(일회의 이행제공으로 충분; 대판 96다35590) 상당한 기간을 정하여 잔대금지급을 최고하고 그 기간 내에 丁이 잔대금을 지급하지 않으면 '이행지체'를 이유로 위 매매계약 해제(같은법 제544조)

- **[이행거절]** 丁이 등기 관련서류 수령을 거절한 행위가 자신의 채무를 더 이상 이행할 의사가 없음을 甲에 대하여 진지하고 종국적으로 표시하여 객관적으로 보아 甲으로 하여금 丁의 임의 이행을 더 이상 기대할 수 없게 되는 정도에 이르면 '이행거절'로 평가(대판 1991.11.26. 91다23103) → ㉠ 채무자가 이행기가 도래하기 이전에 이행거절의 의사를 밝히는 경우 이행기의 도래 여부와 관계없이 계약해제할 수 있으며(대판 2005.8.19. 2004다53173), ㉡ 당사자 쌍방의 채무가 그 이행기를 도과한 후 일방의 이행거절이 있으면 "자기의 채무의 이행제공이나 최고없이" 계약을 해제할 수 있음(대판 2011.2.10. 2010다77385) → 丁의 행위가 이행거절로까지 평가된다면 甲은 바로 매매계약 해제 가능

---

2. 甲과 丙이 2011. 7. 25. 미분양된 나머지 1세대인 시가 2억 원 상당의 Z 주택을 甲의 丙에 대한 위 자재대금채무의 변제에 갈음하여 丙에게 그 소유권을 이전해 주기로 합의하고 그 합의에 따라 丙 명의로 Z 주택에 관하여 소유권이전등기를 마쳐주었다. 이에 대하여 乙이 甲에 대한 대여금채권을 보전하기 위하여 Z 주택의 소유명의를 甲에게 회복시키기 위한 소송을 제기하고자 한다면 乙은 누구를 상대로 소를 제기하여야 하는가? 이 소가 인용되기 위하여 乙의 甲에 대한 대여금채권 및 甲이 丙의 자재대금채권에 갈음하여 Z 주택의 소유권을 이전한 행위에 관하여 乙이 주장하여야 하는 사실은 무엇인가? (25점)

해설

1. 결론

① 乙은 수익자 丙을 피고로 삼아 제소해야. ② 乙은 ㉠ 乙의 甲에 대한 대여금채권과 관련하여, '대물변제 당시' 저당목적물의 시가가 대출금채권에 미달함을 주장하여야, ㉡ 甲이 丙의 자재대금채권에 갈음하여 Z 주택의 소유권을 이전한 행위와 관련하여, 甲이 이미 채무초과 상태에 있었다는 점 혹은 丁과 통모했다는 점을 주장해야.

2. 이유

가. 乙이 피고로 삼아야 하는 자

사해행위취소소송의 피고적격자는 '수익자' or '전득자'. 채무자는 피고적격×(대판 1991.8.13. 91다13717) → 乙은 <u>수익자 丙</u>을 피고로 삼아야

나. 乙이 주장해야 할 사실

(1) 乙의 甲에 대한 대여금채권(피보전채권)과 관련하여 주장해야 할 사실

- **[개관]** 乙의 채권은 금전채권으로서 사해행위 이전에 존재 but 담보권자로서 피담보채권에 대해서 우선변제권 확보 → 일반책임재산의 회복이라는 채권자취소권의 취지상 권리행사가 부정되거나 권리행사 범위가 제한되는지?

- [피보전채권이 담보부 채권인 경우 사해행위취소권을 행사하기 위한 요건]
  - [물적 담보부 채권의 경우]
    - 判 채권자의 채권에 대해 근저당권 등이 설정되어 있고 '채권전액'에 대해 우선변제권이 확보되어 있다면 그 채권은 채권자취소권의 피보전채권에 해당하지 않으며(대판 2000.12.8. 2000다21017), 채권자취소권자의 피보전채권액이 저당권 등으로 담보되는 금액을 초과할 경우에는 그 '초과한 채권액'에 대해서만 채권자취소권이 인정된다(대판 2002.4.12. 2000다63912).
  - [인적 담보부 채권의 경우] 채권자의 채권에 인적 담보가 있다는 사실 고려X
- [소결론] 乙의 甲에 대한 대출금채권 4억 원 & 甲 소유 X토지에 저당권 설정 → 乙은 '대물변제 당시' 저당목적물 시가가 대출금채권(4억 원)에 미달함을 주장·입증해야(대판 2001.4.27. 2000다69026) → X토지 시가는 2011. 3. 14. 2억 원으로서 대물변제시인 2011. 7. 25. 당시에도 그대로 유지 ∴ 사해행위취소권 행사○

(2) 甲이 丙의 자재대금채권에 갈음하여 Z 주택의 소유권을 이전한 행위에 관하여 乙이 주장하여야 하는 사실
- [대물변제와 사해행위성]
  - 判 '채무초과의 상태에 있는 채무자'가 적극재산을 채권자 중 일부에게 대물변제조로 양도하는 행위는 원칙적으로 다른 채권자들에 대한 관계에서 사해행위가 된다(대판 1990.11.23. 90다카27198). 이 경우 대물변제 목적물이 채무자의 유일한 재산일 필요가 없으며, 그 가치가 채권액에 미달한 경우에도 사해행위가 성립될 수 있다(대판 2007.7.12. 2007다18218). 또한 특정채권자와 '통모'가 있는 경우(대판 1966.10.18. 66다1447) 혹은 '현저하게 부당한 가격'으로 하는 대물변제(대판 1977.6.28. 77다105)도 특별한 사정이 없는 한 사해행위로 본다.
- [소결론] 乙은 甲이 丁에게 Z주택을 양도할 당시 ㉠ 이미 채무초과 상태에 있었다는 점 or ㉡ 丁과 통모했다는 점 주장해야 → 甲이 丁에게 2억 원 상당의 건축자재대금 채무를 지고 있는 상황에서 2억 원 상당의 Z주택을 대물변제로 제공한 것 ∴ 현저하게 부당한 가격이라는 주장은 불가

3. 丁이 2011. 10. 25. 잔금을 지급하고 甲으로부터 Y 주택에 대한 소유권이전등기를 경료한 경우, 乙과 丙이 甲에 대한 위 각 채권을 보전하기 위하여 Y 주택의 소유명의를 甲에게 회복시키기 위한 소를 제기하면서, 甲과 丁 사이의 Y 주택에 대한 매매계약과 관련하여 어떠한 법리를 주장하는 것이 유리한가? 만일 丙이 무자력 상태에 빠져 있음에도 Y 주택의 소유명의를 회복하기 위한 위 소송을 제기하지 않고 있는 경우, 乙이 대신하여 이 소를 제기할 수 있는가? (20점)

해설

1. 결론

① 乙과 丙의 채권자취소권 행사시 Y주택에 대한 매매계약과 관련 ㉠ 甲과 丁이 통모하였다는 사실 혹은 ㉡ 甲의 유일한 부동산을 소비하기 쉬운 금전으로 바꿨다는 사실을 주장하면 유리. ② 乙은 丙의 채권자취소권 대위행사할 수 있음

2. 이유

가. 乙과 丙의 채권자취소권 행사시 Y주택에 대한 매매계약과 관련하여 주장할 수 있는 법리

- **[개관]** 乙과 丙이 甲에 대한 위 각 채권을 보전하기 위하여 Y주택의 소유명의를 甲에게 회복시키기 위해서는 사해행위취소의 소를 제기해야
- **[乙과 丙이 주장할 수 있는 법리]** ㉠ 무상·염가 매각한 경우 사해행위(대판 1998.5.12. 97다57320), ㉡ 특정채권자와 통모한 경우 사해행위(대판 1994.6.14. 94다2961), ㉢ 채무자가 유일한 재산을 소비하기 쉬운 금전으로 바꾸는 행위는, 그 매각이 일부 채권자에 대한 정당한 변제에 충당하기 위해 상당한 가격으로 이루어졌다는 특별한 사정이 없는 한, 사해행위가 되고 사해의사 추정(대판 2001.4.24. 2000다41875)

나. 乙이 丙의 채권자취소권을 대위행사할 수 있는지 여부

- **[채권자대위권 요건]** ㉠ 피보전채권의 존재 및 변제기 도래, ㉡ 채권보전 필요성, ㉢ 채무자 권리불행사, ㉣ 피대위권리 존재(민법 제404조)
- ⇒ 乙은 丙에 대해 대여금채권을 갖고 있고, 문제가 되는 시점(2011. 10. 25.)에 변제기(2011. 7. 14.) 도래하였으며, 丙은 무자력 상태에서 권리행사를 하지 않고 있으므로 채권보전의 필요성 및 채무자의 권리불행사 요건 충족 & 채권자취소권은 채권자대위권의 목적(피대위권리)이 될 수 있으며, 제소기간 준수 여부는 '채무자'를 중심으로 판단해야(대판 2001.12.27. 2000다73049)

4. 丁이 甲에게 2011. 10. 25. 매수자금을 마련하지 못하였으니 먼저 Y 주택에 대한 소유권이전 등기를 넘겨주면 이를 담보로 대출을 받아 1주일 내에 잔금을 모두 지급하겠다고 하였다. 그런데 丁이 甲으로부터 등기서류를 교부받아 자신의 명의로 소유권이전등기를 경료하였고, 甲이 2주일 내에 잔금 1억 8,500만 원을 지급할 것을 최고하였음에도 丁이 지급하지 않고 있다면, 甲은 丁의 채무불이행을 원인으로 위 매매계약을 해제하고 丁 명의의 소유권이전등기말소를 청구할 수 있는가? 甲이 2011. 11. 15. 위 매매계약을 해제하였음에도 丁이 등기부상의 소유권이 자신에게 있다는 이유로 2011. 11. 17. Y 주택을 戊에게 매각하고 소유권이전등기를 경료하였다면, 甲은 위 매매계약의 해제에 근거하여 戊를 상대로 소유권이전등기말소를 청구할 수 있는가? (20점)

해설

1. 결론
   ① 甲은 丁의 잔대금 지급채무 이행지체를 이유로 Y주택에 관한 매매계약을 해제할 수 있고, 丁 명의의 소유권이전등기 말소를 청구할 수 있음
   ② 戊가 계약해제 사실을 알고 있었다면 甲은 戊 명의의 소유권이전등기 말소등기 청구를 할 수 있고, 몰랐다면 말소등기 청구할 수 없음

2. 이유

   가. 甲의 해제권 행사
   - [이행지체를 이유로 한 계약해제] ㉠ 상대방이 이행지체에 있을 것 ㉡ 상당한 기간을 정하여 이행을 최고하였을 것 ㉢ 최고기간이 경과하도록 채무자의 이행(제공)이 없을 것
   ⇒ ㉠ 丁은 잔대금 1.85억 원을 약정한날에 지급하지 못하였고, ㉡ 甲이 사전에 Y주택의 소유권을 넘겨준 상태이므로 丁의 잔대금 지급채무는 동시이행관계에 있지 않아 잔대금을 지급하지 않은 것은 이행지체로 평가되며, ㉢ 甲은 상당한 기간(2주일 내)을 정하여 잔대금을 갚도록 최고하였고, ㉢ 위 최고기간 내 丁이 잔대금을 갚지 않았음 → 甲의 해제권 행사 적법
   - [丁 명의의 소유권이전등기 말소청구 가능성] 계약해제로 인해 기존 계약관계는 소급적으로 소멸하며(직접효과설), 계약관계에 기하여 상대방에게 넘어갔던 물권은 당연히 원래 권리자에게 복귀(대판 1977.5.24. 75다1394; 물권적 효과설) ∴ 甲은 丁 명의의 소유권이전등기 말소등기청구○

   나. 戊를 상대로 한 말소등기청구
   - [판] '계약해제 후 원상회복등기가 이루어지기 이전에 해약당사자와 양립되지 아니하는 법률관계를 가지게 되었고, 계약해제 사실에 대해 선의인 제3자'에 대해서는 계약해제를 주장할 수 없다(대판 1996.11.15. 94다35343).
   ⇒ 戊가 선의이면 甲은 戊 명의의 소유권이전등기에 관하여 말소등기 청구를 할 수 없고, 악의이면 말소등기 청구를 할 수 있음

5. 甲이 丁에 대하여 Y 주택의 매매대금 중 잔금 1억 8,500만 원의 지급을 최고하였으나 丁이 그 대금을 지급하지 않고 있는데도 甲이 丁을 상대로 하여 더 이상의 조치를 취하지 않았다. 이에 乙이 甲을 대위하여 丁을 상대로 2012. 4. 2. 위 중도금 및 잔금 1억 8,500만 원의 지급을 구하는 소를 제기하였다. 그런데, 그후 甲이 丁을 상대로 하여 2012. 5. 1. 위 중도금 및 잔금 1억 8,500만 원의 지급을 구하는 소를 제기하였다면 법원은 甲이 제기한 위 소에 대하여 어떻게 판단하여야 하는지 그 논거를 들어 설명하시오. (20점)

해설

1. 결론

甲의 소는 중복제소에 해당하므로 법원은 소각하 판결 선고

2. 이유

가. 甲이 제기한 후소의 법적 성격

- **[논점정리]** 甲의 금전채권자 乙이 甲을 대위하여 丁을 상대로 중도금 및 잔금의 지급을 구하는 소를 제기한 상태에서 채무자 甲이 동일한 소를 제기할 경우 후소가 중복제소에 해당하는지 검토
- **[중복제소 요건]** ㉠ 당사자가 동일할 것 ㉡ 소송물이 동일할 것 ㉢ 전소의 계속 중에 후소가 제기될 것(민소법 제259조)
- ✦ [判] 전소와 후소의 구별기준은 '소송계속의 발생시기(소장부본 송달일)'이며, 소제기에 앞서 (가)압류, 가처분 등의 보전절차가 경료되어 있다고 하여도 이를 기준으로 전소·후소를 결정해서는 안 된다(대판 1989.4.11. 88다카25274). ③ 본 사안의 경우 각 소송의 당사자가 동일하지 않아 중복제소에 해당하는지 의문
- **[채권자대위소송 중 채무자가 별소를 제기한 경우 중복제소 해당여부(당사자 동일성 문제)]** 기판력의 확장으로 인해 전소판결의 효력이 후소의 당사자에게도 미치는 경우에도 '당사자 동일성 요건' 충족
  ⇒ 채권자대위소송에서 채권자는 '제3자 소송담당(법정소송담당)' 중 '병행형'. 채무자가 채권자대위소송이 제기된 사실을 안 경우, 그 확정판결의 기판력은 채무자에게도 미침(대판(全) 1975.5.13. 74다1664)
  ∴ 채권자가 채권자대위소송을 제기한 후 채무자가 제3채무자를 상대로 동일한 소를 제기하고, 전소의 소장부본 송달일이 후소의 그것보다 앞선 경우, 후소는 중복제소(대판 1992.5.22. 91다41187) ☞ **[주의]** '채무자가 전소의 계속 중인 사실을 알고 있어야 한다'는 요건(기판력에서 요구되는 요건) 필요X

나. 중복제소의 효과

중복제소 금지는 '소극적 소송요건'에 해당하므로, 甲의 후소는 부적법

2012년
10월 모의고사

본서 p.1198

제1문

공통된 기초사실

甲은 2008. 5. 10. 乙에게 그 소유의 토지 및 그 지상 상가건물(이하 '이 사건 대지 및 건물'이라 한다)을 매매대금 5억 원(계약금 5,000만 원 중도금 2억 원, 잔금 2억 5,000만 원)에 매도하고, 그 무렵 乙로부터 계약금 5,000만 원을 지급받았다. 乙은 2008. 10. 20. 丙에게 이 사건 대지 및 건물을 매매대금 6억 원(계약금 6,000만 원, 중도금 2억 4,000만 원, 잔금 3억 원)에 매도하고, 계약금 및 중도금 합계 3억 원을 지급받았다. 이후 乙은 丙으로부터 잔금지급과 상환으로 소유권이전등기를 해달라는 요청을 받고, 丙에게 잔금 중 2억 5,000만 원은 甲의 계좌로 송금하고, 나머지 5,000만 원은 자기에게 직접 교부하면 소유권이전등기를 해주겠다고 답하였고, 이에 따라 丙이 2009. 2. 15. 甲의 계좌로 2억 5,000만 원을 송금한 후 이체확인증과 수표 5,000만 원 상당을 가져오자 이 사건 대지 및 건물에 관하여 甲으로부터 직접 丙 앞으로 소유권이전등기를 마쳐주었다.

이후 丙이 2009. 9. 1. 丁에게 이 사건 대지 및 건물 전부를 월차임 1,200만 원, 차임지급시기 매월 말, 임대기간 3년으로 정하여 임대하였다. 丁은 같은 날 이를 인도받고 사업자등록까지 마쳤다. 이를 알게 된 甲이 2011. 5. 10. 丙을 상대로 이 사건 대지 및 건물의 소유권이전등기의 말소등기를, 丁을 상대로 이 사건 대지 및 건물의 인도를, 丙, 丁을 상대로 연대하여 2009. 9. 1.부터 이 사건 대지 및 건물의 인도시까지 월 1,200만 원의 비율에 의한 부당이득금의 반환을 구하는 소를 병합하여 제기하여, 그 무렵 소장이 丙, 丁에게 송달되었다(이하 'A소송'이라 한다). A소송의 제1심 계속 중 乙이 丙을 위하여 보조참가를 하였다. [아래 각 설문은 독립적이며 상호 무관함]

1. 제1심에서 甲은, ① 丙 앞으로 된 소유권이전등기는 乙이 소요서류를 위조 내지 편취하여 마친 것으로 무효일 뿐 아니라, ② 甲과 乙 사이에 아직 잔금이 변제되지 않아 甲이 잔금지급기일 이후 잔금지급을 최고하였으나 乙이 이에 응하지 아니하여 乙과 사이의 매매계약을 해제하였으므로, 어느 모로 보아도 丙, 丁의 등기 및 점유는 위법하다고 주장하였다.

   이에 대하여 丙은, ① 乙과 사이의 매매계약상 매매대금을 모두 지급한 후 소유권이전등기를 받았고, 甲과 乙 사이의 내부사정에 관하여는 아는 바 없으며, 어차피 乙을 거쳐 자신에게 이전되어야 할 등기인 이상 甲이 대금을 받았는지 여부는 등기의 효력에 영향을 주지 아니하고, ② 자신은 이 사건 대지 및 건물을 직접 점유·사용하고 있지 아니할 뿐 아니라, 가사 乙이 소요서류를 위조 내지 편취하여 등기하였다 하더라도 그와 같은 사정을 알지도 못하였다고 주장하였다.

   또한 丁은, ① 등기부를 신뢰하여 丙으로부터 이 사건 대지 및 건물을 임차한 후 이를 인도받고 사업자등록까지 마쳐 대항력을 취득하였고, ② 甲과 乙 사이의 내부사정은 알지도 못하였을 뿐 아니라, 丙에게 차임도 지급하고 있으므로, 甲의 청구에 응할 수 없다고 주장하였다.

   제1심 법원이 甲, 丙, 丁의 주장사실이 모두 인정되고 이 사건 대지 및 건물의 월차임은 1,200만 원 상당이라고 판단하였다면, 어떠한 판결을 하여야 하는가? (각하, 인용, 기각을 명시하고, 일부인용인 경우 인용되는 부분을 특정할 것) (30점)

해설

1. 결론

㉠ 丙을 상대로 한 대지 및 건물 소유권이전등기 말소 청구 부분은 전부인용 판결, ㉡ 丁을 상대로 한 대지 및 건물 인도 청구 부분은 전부인용 판결, ㉢ 丙, 丁을 상대로 한 부당이득반환 청구 부분은 일부인용 판결(소장부본 송달일부터 목적물 인도일까지 월 1,200만 원의 비율에 의한 돈을 지급하고, 나머지 청구는 기각)을 각 선고

2. 이유

가. 丙을 상대로 한 대지 및 건물 소유권이전등기 말소 청구 부분

- **[개관]** 丙 명의 등기는 乙이 소요서류를 위조 내지 편취하여 경료 & 甲이 매수인 乙의 잔대금 미지급을 이유로 당해 매매계약 해제 ∴ 원칙적으로 무효인 등기로서 말소 대상(민법 제214조)
- **[丙 명의의 등기는 실체관계에 부합하는 등기라는 항변의 타당성]**
- ✦ **[判]** 등기가 실체적 권리관계에 부합한다 함은 그 등기절차에 문서의 위조 등 어떤 하자가 있다 하더라도 진실한 권리관계와 합치되는 것을 말하는 것으로, <u>약정매매대금 전액이 지급되었다거나 또는 매매대금 완불 이전이라고 하더라도 그 소유권이전등기를 하기로 하는 약정이 있었다고 할 수 없다면</u> 소요서류 위조 등의 방법으로 한 매수인 명의의 소유권이전등기는 매도인의 의사에 반하는 것임이 분명하여 실체적 권리관계에 부합한다고 할 이유나 근거가 없다(대판 1994.6.28. 93다55777 등).
- ⇒ 丙은 자신의 매도인인 乙에 대해 매매대금 전액 지급 but 甲은 乙로부터 중도금 및 잔금 합계액(4.5억 원) 중 2억 원을 받지 못한 상황 & 甲과 乙 사이에 매매대금 완불 이전에 먼저 소유권이전등기를 해주기로 특약한 사실이 없음 ∴ 丙 명의의 소유권이전등기는 甲의 의사에 반하는 것으로서 실체적 권리관계에 부합X

나. 丁을 상대로 한 대지 및 건물 인도 청구 부분

- **[개관]** 甲은 대지와 건물 소유권자로서, 대지 및 건물을 직접점유하는 임차인 丁을 상대로 그 인도 구할 권리○(민법 제213조 본문) → 丁이 갖는 건물임차권에 대항력이 있는지 검토 / 대항력 있으면 당해 건물뿐만 아니라 건물의 사용·수익에 필수적인 대지에 대해서도 인도 거부○
- **[丁의 임차권이 대항력을 갖추고 있는지 여부]** '상가건물에 대해 처분권한을 가진 자'와 사이에 임대차계약 체결(대판 2014.2.27. 2012다93794) + 상가건물의 인도 및 사업자등록(같은법 제3조)
- ⇒ 임대인 乙은 건물에 관하여 처분권한X ∴ 丁의 임차권 대항력X

다. 丙, 丁을 상대로 한 부당이득반환 청구 부분

- **[청구 가능성]**
  - **[개관]** 법률상 원인이 없이 이득을 얻고 그로 인하여 타인에게 손실을 입힌 자는 부당이득반환의무 부담(민법 제741조)
  - **[대지와 건물을 직접 사용·수익하고 있지 않으므로 부당이득반환 의무를 부담하지 않는다는 丙 주장의 타당성]** 丙은 이 사건 대지 및 건물을 丁에게 임차하여 임대차관계를 통해 간접점유 → <u>간접점유자 역시 직접점유자와 함께 부당이득반환의무 부담</u>(대판 2012.9.27. 2011다76747) ∴ 丙 주장 부당
  - **[丙에게 차임을 지급하고 있으므로 부당이득반환 청구에 응할 수 없다는 丁 주장의 타당성]** 丁이 丙에게 임차료를 지급하였다고 하더라도, ㉠ 丁은 목적물의 점유·사용 그 자체를 통해 이득을 얻는 것이어서, 그 대가를 지불했다고 하여 이득성이 부정되어서는 안 되고, ㉡ 丙에 대한 임대료 지급을 甲에 대한 지급으로 볼 수 없는 이상 甲이 손실을 입고 있다는 사실 역시 변하지 않음 ∴ 丁 주장 부당

- [부당이득반환의 범위]
  - [적용법조] 권리자가 원인 없이 상대방에게 인도된 목적물을 소유권에 기하여 반환청구할 경우 '선의의 점유자'에게는 민법 제201조 적용(대판 1976.7.27. 76다661), '악의의 점유자'에게는 민법 제748조 제2항 적용(대판 2003.11.14. 2001다61869)
  - [사안검토] ㉠ 丙은 '乙이 소요서류를 위조 내지 편취하여 등기한 사정을 알지 못했다', 丁은 '甲-乙 사이의 내부사정을 알지 못하였다'고 주장(모두 사실) → 丙과 丁은 이 사건 대지 및 건물 점유와 관련하여 선의의 점유자(=목적물의 과실수취권을 포함하는 본권을 가지고 있다고 오신하는 점유자 + 오신에 근거가 있어야 함) 해당 ∴ '점유개시일'을 부당이득반환 기산일로 삼을 수 없음, ㉡ 단 <u>선의의 점유자라도 본권에 관한 소에서 패소한 때에는 그 '소제기일'부터 악의 점유자로 간주</u>(같은법 제197조 제2항) & '소제기일' = '소장부본송달일'(대판 2016.7.29. 2016다220044, 대판 2016.12.29. 2016다242273) → 甲의 丙, 丁에 대한 본권에 관한 소(등기말소 및 인도청구)에서 청구들 모두 인용될 것 ∴ <u>丙, 丁은 소장부본 송달일부터는 악의의 점유자로 간주되어 목적물 인도시까지 월 1,200만 원의 비율에 의한 부당이득금 반환의무 부담</u>
- [공동피고 관계] 양자는 '부진정연대채무' 관계로서 통상공동소송(대판 2012.9.27. 2011다76747)

2. 丁이 임대차계약을 체결한 후 사업을 보다 효율적으로 수행하기 위하여 2009. 9. 15.부터 2개월간에 걸쳐 5,000만 원의 비용을 들여 출입구 강화유리문, 바닥타일, 내부기둥, 벽체, 배선, 배관 등의 내장공사를 마쳤고, 그 현존하는 가치증가액은 3,000만 원이었다. 丁은 위 사실에 기초하여 A소송에서 어떠한 주장을 할 수 있겠는가? (15점)

해설

1. 결론

丁은 甲에게 유익비 3,000만 원 직접 청구할 수 없음. 甲의 상가건물 인도청구에 대해 유치권 행사할 수 있음

2. 이유

가. 丁의 甲을 상대로 한 공사비용 반환청구

- [논점정리] ㉠ 丁 유익비(5,000만 원) 지출 + 현재 가치증가액 3,000만 원, ㉡ 유익비상환청구권 포기 × ∴ 丁에게 유익비상환청구권 발생(민법 제626조 제2항 제1문) → 丁이 임대인 丙이 아닌 건물 원소유자 甲에게 위 비용 상환 청구할 수 있는지?
- [유익비상환청구]
  - [민법 제626조 제2항에 따른 청구] 계약의 실효로 인해 주택소유권을 회복한 원권리자 역시 주택임대차법 제3조 제4항에서 말하는 '<u>임차주택의 양수인</u>'○ ∴ 주택의 대항력 있는 임차인은 원권리자를 상대로 대항력 행사○(대판 2003.8.22. 2003다12717 등) → 丁이 대항력 있는 상가건물 임차권자라면 甲에게 유익비상환청구○ → but 丁은 상가건물에 대해 처분권한이 없는 丙과 임대차계약 체결하여 대항력 취득× ∴ 甲을 상대로 민법 제626조 제2항에 따른 유익비상환 청구×(대판 2003.7.25. 2001다64752)

- [민법 제203조 제2항에 따른 청구]
  - ✦ [判] 민법 제203조 제2항에 의한 점유자의 회복자에 대한 유익비상환청구권은 점유자가 계약관계 등 적법하게 점유할 권리를 가지지 않아 소유자의 소유물반환청구에 응하여야 할 의무가 있는 경우에 성립되는 것으로서 점유자가 유익비를 지출할 당시 계약관계 등 적법한 점유의 권원을 가진 경우에 그 지출비용의 상환에 관하여는 '그 계약관계를 규율하는 법조항이나 법리 등'이 적용되어야 한다(대판 2003.7.25. 2001다64752).
- [부당이득반환청구(전용물소권)]
  - ✦ [判] ㉠ 제3자에 대하여 직접 부당이득반환청구를 할 수 있다고 보면, 「자기 책임 하에 체결된 계약에 따른 위험부담을 제3자에게 전가시키는 것이 되어 계약법의 기본원리에 반하는 결과」를 초래할 뿐만 아니라, ㉡ 「채권자인 계약당사자가 채무자인 계약 상대방의 일반채권자에 비하여 우대받는 결과」가 되어 일반채권자의 이익을 해치게 되고, ㉢ 「수익자인 제3자가 계약 상대방에 대하여 가지는 항변권 등을 침해」하게 되어 부당하다(대판 2002.8.23. 99다66564 등).

나. 丁의 유치권 행사

㉠ 丁은 유효한 임대차계약에 기하여 선의로 점유 시작, ㉡ 임차건물에 대한 유익비상환청구권은 유치권의 피담보채권○(대판 79다1170 등), ㉢ 甲의 건물인도 청구에 의해 위 임대차계약은 사실상 종료 ∴ 甲의 건물인도 청구에 대해 유치권 행사○(민법 제320조 참조)

---

3. A소송 제1심에서 丙, 丁에 대하여 패소 판결이 선고되자, 乙은 항소를 제기하였다. 항소법원이 심리한 결과 丙, 丁에 대한 원심판결이 모두 잘못되었다고 판단하였다면, 원심판결을 모두 취소할 수 있는가? (20점)

해설

1. 결론

항소법원은 피고 丙에 대한 판결만 취소 가능

2. 이유

가. 피고 丙의 보조참가인 乙이 제기한 항소의 유효성

보조참가인은 원칙적으로 소송에 관하여 공격·방어·이의·상소 그 밖의 모든 소송행위를 할 수 있음(민소법 제76조 제1항 본문) → 乙이 제기한 항소는 적법

나. 항소효력이 미치는 범위

- [피고 丙, 丁간 관계] 피고 丙, 丁은 실체법상 관리처분권 공동보유×(=고유필수적 공동소송×) & 판결의 합일확정이 필수적으로 요구×(=유사필수적 공동소송×) ∴ 피고 丙, 丁 통상공동소송
- [「상소불가분의 원칙」과 「공동소송인독립의 원칙」과의 관계] 상소제기가 있으면 확정차단효와 이심의 효력은 상소인의 불복신청의 범위에 관계없이 원판결의 전부에 대하여 불가분으로 발생(상소불가분의 원칙) → 단 통상공동소송의 경우 '공동소송인독립의 원칙'이 적용되어(같은법 제66조), 1인의 또는 1인에 대한 상소는 다른 공동소송인에 관한 청구에 상소의 효력이 미치지 않음(대판 2012.9.27. 2011다76747)
  ⇒ 피고 丙의 보조참가인 乙이 제기한 항소는 피고 丙에 대해서만 효력○ but 피고 丁에 대해서는 항소효력× ∴ 항소기간 도과시 바로 확정

다. 소결론

乙의 항소로 인해 피고 丙에 대한 부분만 항소심에 이심되었으므로 항소법원은 피고 丙에 대한 원심판결에 대해서만 판단 가능 ∴ 피고 丙에 대한 1심판결 취소○ but 피고 丁에 대한 1심판결 취소✕

4. 丙 명의의 소유권이전등기가 말소된 후 乙은 甲을 상대로 이 사건 대지 및 건물에 관하여 당초 체결한 매매계약을 원인으로 하는 소유권이전등기청구의 소를 제기하였다. 이에 대하여 甲은 매매계약이 해제된 사실은 이미 甲과 丙 사이의 A소송에서 확정된 사항이므로 A소송에서 보조참가인이었던 乙은 더 이상 다툴 수 없는 사실이라고 주장하였다. 그러나 법원이 심리한 결과 매매계약이 해제된 사실에 확신을 가질 수 없었다. 그러나 乙이 잔금을 지급하지 아니한 사실은 알 수 있었다. 법원은 乙 전부 승소판결을 할 수도 있는가? (35점)

해설

1. 결론

법원은 전부 승소판결 선고해야

2. 이유

가. 전소판결이 후소에 미치는 영향(전소에서 甲-乙간 매매계약이 해제된 것으로 판시한 점과 관련하여)

- [보조참가의 참가적 효력과의 관련성] 보조참가한 경우 판결의 효력은 참가인에게 미침(민소법 제77조) / 여기서 말하는 '판결의 효력'은 '참가적 효력'
  - ✦ [判] 「참가적 효력」이란 '피참가인이 패소하고 나서 참가인 상대의 소송을 하는 경우 피참가인에 대한 관계에서 참가인은 종전 판결의 내용이 부당하다고 주장할 수 없는 구속력'을 말한다(대판 1988.12.13. 86다카2289).
  - ⇒ 본 건은 피참가인이 참가인을 상대로 소제기✕ but 참가인(乙)이 피참가인의 상대방(甲) 상대로 소제기○ ∴ 참가적 효력✕ → 전소 판결이유에서 甲-乙 사이의 매매계약이 해제된 것으로 판시되더라도(참가적 효력은 판결이유에 대한 판단에도 미침) 후소 영향✕
- [전소확정판결의 기판력과의 관련성] 기판력이 제3자에게 적용되는 경우는 ㉠ 변론종결 후의 승계인(같은법 제218조 제1항), ㉡ 목적물 소지인(같은조 제1항), ㉢ 제3자의 소송담당에서의 권리귀속주체(같은조 제3항), ㉣ 소송탈퇴자(같은법 제80조 단서, 제82조 제3항)에 한정
  ⇒ 참가인은 피참가인이 소송주체가 된 확정판결의 효력을 받는 제3자✕ & 기판력은 원칙적으로 판결주문에만 미치므로(같은법 제216조 제1항) 전소확정판결의 기판력 후소에서 문제✕

나. 계약해제 사실이 불분명한 경우 증명책임 부담 문제

매매계약에 기하여 매수인이 매도인을 상대로 소유권이전등기를 청구해 올 경우 위 계약이 해제되었다는 사실은 피고 항변사유(권리장애 항변) → 이 부분에 대하여 법원이 확신을 얻지 못하면, 객관적 증명책임 원칙상, 법원은 위 매매계약이 유효하게 존속하는 것으로 전제하여 판단
⇒ 甲-乙 사이의 매매계약이 해제되었다는 피고 甲의 주장에 대해 법원이 확신이 없으므로 위 매매계약은 유효하게 존속하고 있는 것으로 전제

다. 법원의 전부 승소판결 선고 가능성

- **[변론주의]** 매도인 甲은 잔대금 중 2억 원 지급받지 못한 상태 ∴ 乙의 소유권이전등기 청구에 대해 동시이행항변 가능 → but 동시이행항변권은 소송상 '권리저지 항변'으로서, 피고 입장에서 보면 '주요사실' → 변론주의 원칙상 주요사실은 당사자가 변론으로 주장하지 않으면 법원 고려X
  ⇒ 피고가 소송절차에서 동시이행항변권을 행사하지 않으면 법원은, 관련증거에 비추어 피고와 원고의 각 채무가 동시이행관계에 있는 것으로 판단되더라도, 동시이행관계고려X (=증거자료와 소송자료 구별)
- **[사안검토]** 甲이 잔금의 일부를 받지 못했다는 사실변론 X ∴ 법원은 甲이 실체법상 갖는 동시이행항변권의 존재에 대해 고려X. 원고청구 전부 인용해야

추가된 사실관계

○ 乙은 A소송에서 甲이 주장하는 등기서류의 위조사실 및 매매계약의 해제사실을 적극적으로 다투었으나 받아들여지지 아니하였고, 丙, 丁은 제1심에서 패소판결을 선고받았다. 乙이 항소를 제기하였으나 丙이 즉각 항소를 취하하여 위 A소송에 대한 판결이 확정되었다. 이에 따라 丙 명의의 소유권이전등기도 말소되었다.

○ 그 후 丙이 乙을 상대로, 乙과의 매매계약의 해제를 원인으로 하여 6억 원을 반환하고, 전매차익 1억 원 상당의 손해배상을 구하는 소를 제기하였다(이하 'B소송'이라 한다). B소송에서 乙은, 계약이 해제되지 아니하였을 뿐 아니라, 가사 계약이 해제되었다 하더라도 丙으로부터 받은 돈은 3억 5,000만 원뿐이고, 손해배상청구에도 응할 수 없다고 다투었다. 심리한 결과 X토지의 당초 乙과의 매매계약상 이행기의 시가는 6억 원, A소송 패소확정시의 시가는 7억 원, B소송 사실심변론종결시의 시가는 6억 5,000만 원이었다.

5. B소송의 법원은 위 청구에 대하여 어떻게 판단하여야 하는가? (A소송의 법원이 인정한 사실을 전제로 판단하며, 각하, 인용, 기각을 명시하고, 일부인용인 경우 인용되는 부분을 특정할 것) (30점)

해설

1. 결론

법원은 전부인용판결을 선고해야

2. 이유

가. 계약해제 주장의 타당성

- **[타인권리매매를 이유로 한 계약해제]** 乙이 甲으로부터 이 사건 대지 및 건물을 매수한 후 이전등기를 함이 없이 재차 丙에게 전매 → '미등기부동산 전매행위'를 타인권리 매매로 볼 것인지에 대해 대법원은 일관되지 못함 but 본건에서 원매도인 甲이 乙을 상대로 원매매계약을 적법하게 해제함으로써 乙은 결과적으로 위 부동산들에 관한 사실상·법률상 처분권한 없이 丙에게 전매
  ⇒ 타인권리 매매○ ∴ 丙은 이를 이유로 乙과의 매매계약 해제○ (민법 제570조 본문)
- **[이행불능을 이유로 한 계약해제]** 매도인이 매매목적 부동산의 소유권을 매수인에게 넘겨주지 못한 점과 관련하여 귀책이 있으면 이행불능책임도 경합적으로 부담 (대판 1993.11.23. 93다37328)
  ⇒ 丙 명의의 소유권이전등기가 말소된 이유가 乙이 등기서류를 위조하는 한편 매매잔대금을 제때 지급하지 않았기 때문 ∴ 丙은 이행불능을 이유로 매매계약 해제○

나. 계약해제에 따른 원상회복·손해배상청구
- [원상회복] 계약해제시 각 당사자는 원상회복의무 부담(같은법 제548조 제1항)
⇒ 丙이 甲에게 2.5억 원을 송금한 것은 乙의 지시에 의한 것으로서, '丙의 乙에 대한 급부이행'인 동시에 '乙의 甲에 대한 급부이행'으로서의 성격(제3자가 이행) ∴ 丙은 乙과의 매매계약 해제를 이유로 甲에게 송금한 2.5억 원을 포함한 매매대금 전액(6억 원) 반환청구○(대판 2010.3.11. 2009다98706)
- [손해배상]
  - [타인권리매매로 인한 손해배상] 乙은 자신의 이름으로 이전등기를 하지 않은 채 바로 丙에게 부동산을 매각한 후 나중에 소유권이전등기를 해 줌 ∴ 丙은 악의의 매수인으로서, 타인권리매매를 이유로 한 손해배상청구 ×(같은법 제570조 단서)
  - [이행불능을 이유로 한 손해배상]
  ✦ [判] 매수인이 목적소유권이 타인의 권리임을 알고 있어 민법 제570조 단서에 따라 매도인에게 그로 인한 손해배상을 청구할 수 없는 경우에도 매수인은 이행불능을 이유로 한 손해배상을 청구할 수 있다 (대판 1993.11.23. 93다37328).
  ⇒ 이행불능에 따른 전보배상은 '이행불능 당시의 시가' 기준(대판 1993.5.27. 92다20163) → 본건에서는 'A소송 패소확정시'로서 부동산 시가는 7억 원 & 丙은 기지급한 매매대금 6억 원은 매매계약해제에 따른 원상회복으로 반환소구 ∴ 차액인 1억 원을 손해배상으로 청구○

다. 소결론
　丙은 乙을 상대로 이행불능에 따른 계약해제 주장 가능. 乙은 매매대금 6억 원을 원상회복 명목으로, 부동산시세차익 1억 원을 손해배상으로 지급해야. 따라서 丙의 청구는 전부 이유가 있어 전부인용판결 선고

6. B소송에서 乙이 등기소요서류가 위조된 바도 없고 매매계약이 해제된 바도 없다고 주장하였다. 법원이 심리한 결과 위 A소송의 법원과는 달리 등기소요서류의 위조나 매매계약의 해제의 사실을 인정할 수 없었다. 법원은 위 청구에 대하여 어떻게 판단하여야 하는가? (20점)

해설

1. 결론

법원은 청구기각판결을 선고해야

2. 이유

가. 참가적 효력과 배제사유

- **[참가적 효력]** 乙이 丙을 보조참가한 A소송에서 丙 패소판결 확정 ∴ 보조참가인 乙에게는 참가적 효력 미침(민소법 제77조) → 참가적 효력은 판결의 주문과 판결이유 중 패소이유가 되었던 법률상·사실상 판단에도 미침 ∴ A소송에서 '乙이 등기소요서류를 위조하였고, 甲이 乙과의 매매계약을 해제하였다'는 판단에 참가적 효력 미침
- **[배제사유]** 乙의 항소를 丙이 즉시 취하한 것은 '피참가인이 참가인의 소송행위를 방해한 때'(같은법 제77조 제2호)에 해당하여 참가적 효력×

나. 등기소요서류가 위조된 바도 없고 甲-乙간의 매매계약이 해제된 사실도 없다고 판단될 경우 법원의 조치(객관적 증명책임 부담 문제)

丙이 乙을 상대로 매매계약 해제를 주장함에 대하여 乙이 등기소요서류가 위조된 바 없고, 甲-乙간의 매매계약이 해제된 사실도 없다고 주장하는 것은 '부인' → 법원이 매매계약의 해제원인이 되는 사실을 인정할 수 없다면 그 불이익은 원고인 丙이 부담

다. 소결론

乙의 항소에 대하여 丙이 즉시 취하한 것은 '피참가인이 참가인의 소송행위를 방해한 때'에 해당하여 乙에게 A소송 패소확정판결의 참가적 효력 미치지 않음 ∴ B소송에서 법원은 등기소요서류 위조 등에 대해 A소송 판결과 달리 판단할 수 있음. B소송의 법원이 위 사실을 인정하지 않는 이상 丙의 청구는 이유가 없는 것이 되므로 丙의 청구는 기각되어야

제2문

공통된 기초사실

甲은 경기도 화성시에서 대규모 돼지사육 농장을 운영하는 축산 법인으로, A는 대표이사이고 B는 甲법인에 고용된 사업담당 부장이다. B는 甲법인이 사육한 돼지의 출하, 사료의 구입, 농장 운영자금의 조달 등 甲법인의 사업 전반을 총괄하며 甲법인의 법률행위에 관한 권한을 가지고 이를 행사하여 왔다.

2007. 1.경 주식투자실패로 많은 채무를 부담하게 된 B는 사채업자 D로부터 심한 채무변제의 독촉을 받자, 甲법인의 돼지 출하와 관련된 자신의 권한을 이용하여 자신의 채무 변제 자금을 마련하기로 작정하였다. B는 甲법인 관계자 몰래 축산도매업자 C와 접촉하여 甲법인을 대리하여 甲법인이 사육하여 출하 예정인 돼지 500마리를 대금 3억 원에 출하하기로 하는 매매계약을 체결하였다. 그 매매계약에 따르면, 甲법인은 C에게 6개월 후 80kg 이상 성돈(成豚) 500마리를 공급하기로 하며, C는 甲법인에게 매매대금 중 2억 원을 선급하고 나머지 대금 1억 원은 돼지의 인도와 동시에 지급하기로 약정하였다. C는 甲법인과는 종래 거래관계가 없었고 돼지 가격이 시세보다 매우 저렴하며 굳이 현금으로 지급해 달라고 하는 B의 요구에 대하여 甲법인의 돼지가 정상적으로 출하되는 것인지 다소 의문이 있기는 하였으나 염가로 돼지를 매수할 수 있는 좋은 기회라고 여기고 B에게 대금을 선급하였다. 위 계약에 따라 B는 C로부터 2억 원의 선급금을 지급받았고 이를 자신의 채무의 일부 변제로서 사채업자 D에게 지급하였다. 그런데 B의 변제 당시 사채업자 D는 B가 위와 같은 위법한 방법으로 채무변제의 자금을 마련하였다는 사실을 알고 있었다.

2007. 7.경 축산도매업자 C는 약정된 기한이 되었음에도 불구하고 甲법인의 돼지의 인도가 늦어지고 B도 연락을 피하자, 甲법인에 대하여 약정한 돼지의 인도를 최고하였고, 그로 인하여 甲법인의 대표이사 A는 사업담당 부장 B의 그 동안의 불법적 행위를 모두 알게 되었다.

그러나 대표이사 A는 이와 같은 불법적 사실이 모두 드러날 경우, 대표이사인 자신의 책임문제로 비화할 것으로 염려하여, 甲법인에 끼친 손해에 대하여 B가 이를 변상조치하고 B의 사표를 받는 것으로 이를 조용히 무마하고자 하였다. 한 달 후인 2007. 8.경 A는 B로부터 甲법인에 끼친 손실에 대한 변상으로 1억 원을 수수하였으나 이를 甲법인에 입금하는 대신에 개인적 용도로 소비하여 버렸다.

---

1. C는 甲법인에 대하여 2007. 1. 사업부장 B와 맺은 매매계약에 기하여 돼지의 인도를 구하는 소를 제기하였다. 위 청구에 대하여 甲법인은 B와 C 사이에 체결된 매매계약은 甲법인에 대하여는 효력이 없다고 주장하였다. 甲법인의 주장을 뒷받침하기 위한 논거들과 그에 따라 甲법인이 주장·입증하여야 하는 사실을 검토하시오. (20점)

해설

1. 결론

甲법인은 B의 대리권남용을 근거로 C와 체결된 매매계약이 무효임을 주장할 수 있는데, 이를 위해서는 C가 'B가 실은 자신 혹은 제3자의 이익을 위하여 매매계약을 체결하는 것임을 알았거나 알 수 있었다'는 점을 입증해야

2. 이유

가. 논점정리

B는 甲법인의 사업담당 부장으로서, 돼지의 출하에 관하여 법률상 권한을 가진 자 ∴ B가 甲법인을 매도인으로 하여 C와 사이에 체결한 돼지 매매계약은 원칙적으로 유효 → B는 사채업자 D에 대해 부담하고 있는 개인채무를 변제할 의사로 위 매매계약을 체결했다고 하므로 '대리권남용'에 해당 / 대리권남용시 일정한 요건을 갖추면 계약은 무효가 될 수 있으므로, 이 부분 검토

나. 대리권남용

✦ [判] 대리인의 진의가 본인의 이익이나 의사에 반하여 자기 또는 제3자의 이익을 위한 배임적인 것임을 상대방이 알았거나 알 수 있었을 경우에는 민법 제107조 제1항 단서의 유추해석상 본인은 대리인의 행위에 대하여 아무런 책임을 부담하지 않는다(대판 1987.11.10. 86다카371).

다. 사안검토

C는 甲법인과는 종래 거래관계가 없었고 돼지 가격이 시세보다 매우 저렴하며 굳이 현금으로 지급해 달라고 하는 B의 요구에 대하여 甲법인의 돼지가 정상적으로 출하되는 것인지 다소 의문이 있기는 하였으나 염가로 돼지를 매수할 수 있는 좋은 기회라고 여기고 B에게 대금을 선급 ∴ B의 대리권남용 사실을 알 수 있었을 경우에 해당 → 매매계약은 무효

---

2. 한편 甲법인은 C가 제기한 소송에서 패소할 경우에 대비하여, 무자력에 빠진 B대신에 사채업자 D를 상대로 B로부터 채무의 변제로 지급받은 금 2억 원의 반환을 청구하는 소를 제기하였다. 위 청구의 법적 근거와 그 타당성을 검토하시오. (15점)

해설

1. 결론

甲법인은 편취금원에 의한 변제임을 D가 알고 있었다는 점을 근거로 2억 원을 부당이득으로 반환청구 가능

2. 이유

가. 편취금원에 의한 변제와 부당이득

B는 甲법인의 이름으로 받은 선급금 2억 원을 개인채무 변제 용도로 D에게 지급 ∴ '편취금원에 의한 변제행위'에 해당 → 편취금원에 의해 변제가 이루어진 경우 피해자가 채권자를 상대로 부당이득반환 청구를 할 수 있는지?

✦ [判] 편취금원에 의한 변제시 채권자가 그 변제를 수령함에 있어서 '악의 또는 중과실'이 있다면 채권자의 금전 취득은 피해자에 대한 관계에 있어서 법률상 원인을 결한 것이다(대판 2003.6.13. 2003다8862).

나. 사안검토

사채업자 D는 B로부터 돈을 받을 당시 B가 위법한 방법으로 채무변제의 자금을 마련하였다는 사실 인지 ∴ 피해자 甲법인과의 관계에 있어서 법률상 원인을 결한 변제 → 甲법인은 D를 상대로 2억 원을 부당이득으로 반환청구○

3. 2011. 2.경 특별감사에서 B의 위법행위로 인한 甲법인의 손실과 대표이사 A의 비위사실이 드러나자 A는 대표이사직에서 해임되었고, 새로운 대표이사로 N이 선임되었다. N은 甲법인을 대표하여 감사 결과를 근거로 2011. 3.경 A를 상대로 불법행위로 인한 손해배상을 청구하였고, 이에 대해 A는 소멸시효 완성의 항변을 하였다. 위 소멸시효 항변의 타당성을 검토하시오. (15점)

해설

1. 결론

A의 소멸시효 항변은 부당

2. 이유

가. 논점정리

불법행위로 인한 손해배상청구권은 피해자나 그 법정대리인이 그 손해 및 가해자를 안 날로부터 3년간 행사하지 아니하면 시효로 인하여 소멸(민법 제766조 제1항) → A가 B로부터 손실변상금 명목으로 1억 원을 수수한 일자는 2007. 8.경. & 피해자가 법인인 경우 위 사실의 인식주체는 법인 대표기관 → 甲법인 대표이사 A의 인식일 기준으로 하면 이 사건 소 제기일인 2011. 3.경 소멸시효기간 경과 but 법인의 대표자가 불법행위 주체인 경우에도 그 자의 인식일자를 기준으로 소멸시효 경과 여부를 판단할 것인지?

나. 법인의 대표자가 불법행위 주체인 경우 소멸시효의 기산점인 '피해자 등이 그 손해 및 가해자를 안 날'의 의미 혹은 인식주체

✦ [判] 법인의 대표자가 가해자에 가담하여 법인에 대하여 공동불법행위가 성립하는 경우 법인과 그 대표자는 이익이 상반하게 되므로 현실로 그로 인한 손해배상청구권을 행사하리라고 기대하기 어려울 뿐만 아니라 일반적으로 그 대표권도 부인되기 때문에 단지 그 대표자가 손해 및 가해자를 아는 것만으로는 부족하고, 적어도 「법인의 이익을 정당하게 보전할 권한을 가진 다른 임원 또는 사원이나 직원 등이 손해배상청구권을 행사할 수 있을 정도로 이를 안 때」를 의미하며(대판 2002.6.14. 2002다11441), 임원 등이 법인 대표자와 공동불법행위를 한 경우에는 그 임원 등을 배제하고 단기소멸시효 기산점을 판단하여야 한다(대판 2015.1.15. 2013다50435).

다. 사안검토

본건 채권 소멸시효의 기산점인 '피해자 등이 그 손해 및 가해자를 안 날'은 새로운 대표이사 N이 인식한 일자를 기준으로 삼아야 → N은 2011. 2.경 A의 비리사실 인지 ∴ A에 대한 손해배상청구권 시효소멸×

> **추가된 사실관계**
>
> 甲법인은 E금융기관으로부터 5억 원을 차용하면서 담보를 위해 화성시 소재 甲의 농장 X동 축사에서 사육중인 돼지 1천 마리를 점유개정의 방식으로 양도하였다. 그 후 甲법인은 사료공급업자 F와 사료공급계약을 맺고 2012. 1. 1. F의 사료대금채권 1억 원의 담보로 위 돼지들을 F에게 역시 점유개정방식으로 양도하였다.

4. 이러한 경우에 F가 양도담보권을 취득할 수 있는지를 검토하시오. (30점)

해설

1. 결론

F는 양도담보권을 취득할 수 없음

2. 이유

가. 집합동산양도담보

- **[의의]** 여러 동산을 일괄하여 점유개정 방식으로 담보로 제공하여 금융을 융통하는 방법. 집합동산양도담보는 일물일권주의와 관련하여 유효성 여부 문제
- **[판례]** 대법원은 '집합물'이라는 개념을 받아들여 유효성 인정 / 일정한 점포 내의 상품과 같이 증감·변동하는 상품 일체도 '집합물에 대한 양도담보권'으로서 그 목적물을 종류, 장소, 수량지정 등의 방법에 의하여 특정할 수만 있다면 그 집합물 전체를 하나의 재산권으로 하는 담보의 설정도 가능하다(대판 1988.10.25. 85누941).
- **[법적 성질]** 동산양도담보 가등기담보법 적용대상× & 법적 성질 = '신탁적 소유권이전설(신탁적 양도설)' (대판 1994.8.26. 93다44739) → 동산양도담보권자는 대외적으로 소유권 취득하되, 채권담보라는 목적에 맞게 소유권행사를 할 채권적 부담

나. 이중으로 이루어진 집합동산양도담보의 효력 및 선의취득 여부

- **[이중으로 이루어진 집합동산양도담보의 효력]** 동산양도담보권자는 대외적으로 소유권을 취득하게 되므로, 채무자가 재차 점유개정 방식으로 타인에게 양도담보권 설정시 무권리자 처분행위로서 무효(대판 1988.12.27. 87누1043)
- **[집합동산양도담보권의 선의취득 여부]** 이중으로 이루어져 무효인 집합동산양도담보권에 선의취득이 인정× ∵ 집합동산양도담보는 '점유개정'의 방식으로 설정 but '점유개정에 의한 선의취득'은 인정되지 않는다는 점(대판 2004.10.28. 2003다30463)

다. 소결론

F의 집합동산양도담보권은 이중설정 무효 & 선의취득 인정× ∴ F는 동산양도담보권 취득×

> **추가된 사실관계**
>
> F의 甲법인에 대한 위 사료공급대금 1억 원의 변제기는 2012. 6. 30.로 정하였다. 한편 甲법인은 2012. 2. 1. F에게 사료제조설비구입을 위한 자금 5천만 원을 무이자로 대여해주고 그 변제기를 2012. 7. 31.로 하였다. 그런데 F의 채권자 G가 F를 채무자로, 甲법인을 제3채무자로 하여 2012. 4. 25. 위 사료공급대금에 대한 압류 및 전부명령을 받았고, 그 결정이 같은 달 4. 30. 甲법인에게 송달되었다.

5. G는 甲법인에게 2012. 8. 1. 위 전부채권을 청구하였는데 甲법인은 F에 대한 위 대여금 채권으로 상계한다고 주장하였다. 甲법인은 상계로써 G에게 대항할 수 있는가? (20점)

해설

1. 결론

甲법인은 상계로써 G에게 대항할 수 없음

2. 이유

가. 전부금 청구에 대해 제3채무자가 채무자에 대해 갖고 있던 반대채권(자동채권)으로 상계할 수 있기 위한 요건

- [일반론] 일반적인 상계요건(동종채권일 것, 상계금지 채권이 아닐 것 등) 이외에 '**압류·전부명령 결정정본 송달일**'을 기준으로 ㉠ 제3채무자가 채무자에 대해 채권(자동채권)을 갖고 있어야 하고(민법 제498조 반대해석), ㉡ 적어도 '자동채권의 변제기'가 도래해야(대법원에 의한 제한)
- [사안검토] 압류·전부명령 결정정본이 甲법인에 송달된 날짜는 '2012. 4. 30.' → 위 일자기준 ㉠ 자동채권(5,000만 원 대여금채권)의 성립일은 2012. 2. 1.경으로서 이미 존재, ㉡ 변제기(2012. 7. 31.) 미도래 → 대법원은 압류·전부명령 결정정본 도달일 당시 자동채권의 변제기가 미도래한 경우 아래와 같이 일정한 요건 하에서 상계가 인정될 수 있다는 입장

나. 압류·전부명령 결정정본 송달일 당시 자동채권의 변제기가 미도래한 경우 상계가 허용되기 위한 요건

- ✦ [判] 압류 당시에는 상계적상에 있지 않더라도 「자동채권의 변제기가 수동채권의 변제기와 동시에 또는 그보다 먼저 도래하는 경우」에는 나중에 상계적상에 도달한 후에 상계를 함으로써 압류채권자에게 대항할 수 있다(대판 1982.6.22. 82다카200, 대판(全) 2012.2.16. 2011다45521, 대판 2015.1.29. 2012다108764).
- ⇒ 자동채권 변제기는 '2012. 7. 31.' & 수동채권 변제기는 '2012. 6. 30.' → 예외요건 충족× ∴ 甲법인은 상계로써 G에게 대항×

2011년
7월 모의고사

본서 p.1220

제1문

공통된 사실관계

1. '영민산업'이라는 상호로 전자제품 총판점을 운영하는 상인인 甲은 2008. 1. 15. '서초상사'라는 상호로 복사기 전문매장을 운영하고 있는 乙과 사이에 다음과 같은 내용의 물품공급계약을 체결하였고, 乙의 친구인 丙이 물품대금채무에 대한 연대보증인이 되었다.
   ① 甲은 乙에게 복사기(모델명 : CR-1600A) 500대를 1억 원(대당 200,000원)에 공급한다.
   ② 甲은 복사기 500대 중 200대는 2008. 2. 15.까지, 나머지 300대는 2008. 4. 15.까지 '서초상사'로 직접 납품한다.
   ③ 乙은 甲에게 위 물품대금 1억 원 중 4천만 원(2008. 2. 15. 납품한 복사기 200대에 대한 물품대금, 이하 '1차 대금'이라 한다)은 2008. 3. 20.까지, 나머지 6천만 원(2008. 4. 15. 납품한 복사기 300대에 대한 물품대금, 이하 '2차 대금'이라 한다)은 2008. 5. 20.까지 甲의 신한은행 예금계좌(110-98-105287)로 송금하는 방식으로 지급한다.
   ④ 乙이 위 각 물품대금의 지급을 지체할 때에는 지급기일 다음날부터 월 2%의 지연손해금을 가산하여 지급한다.
2. 그 후 甲이 위 계약내용대로 乙이 운영하는 '서초상사'로 복사기를 모두 납품하였으나, 乙은 그 대금을 지급하지 않았다.

제1문의 1

소의 제기

甲은 2011. 4. 1. 乙과 丙을 상대로 "피고 乙, 丙은 연대하여 원고에게 물품대금 1억 원 및 그 중 4천만 원에 대하여는 2008. 3. 21.부터, 나머지 6천만 원에 대하여는 2008. 5. 21.부터 각 다 갚는 날까지 월 2%의 비율에 의한 지연손해금을 지급하라."라는 내용의 소(이하 '제1소송'이라 한다)를 제기하였다.

소송의 경과 등

1. 변론기일에서,
   ○ 乙과 丙은 위 사실관계를 모두 인정하면서도 먼저, 1차 대금의 주된 채권과 보증채권은 그 변제기인 2008. 3. 20.로부터 민법 제163조 제6호에 정해진 3년이 경과함으로써 시효소멸하였고(丙은 乙의 주된 채무가 시효로 소멸함에 따라 그 연대보증채무도 부종성에 따라 함께 소멸하였다고 주장하였다.), 2차 대금 채권은 甲의 채권자인 A가 2010. 4. 20. 채무자를 甲, 제3채무자를 乙과 丙으로 하여 그 원금 및 이미 발생한 지연손해금을 포함한 지연손해금채권 전부에 대하여 압류 및 추심명령을 받고, 위 명령이 乙에게 2010. 4. 23., 丙에게 2010. 4. 26. 각 송달되어 확정되었으므로 이 사건 청구에 응할 수 없다고 주장하였다.

○ 이에 대하여 甲은 민법 제163조 제6호는 상인이 소비자에게 상품을 판매한 경우에만 적용되는 것이지 이 사건과 같이 상인이 상인에게 판매한 상품의 대가에 대하여는 상법 제64조가 규정하는 5년의 소멸시효가 적용되고, 설령 3년의 소멸시효가 적용된다 하더라도 그 기간 만료 전인 2010. 6. 10. 丙에 대한 위 연대보증채권을 보전하기 위하여 丙 소유의 아파트에 관하여 가압류 집행을 마침으로써 乙, 丙에 대한 위 물품대금채권에 대한 소멸시효가 중단되었을 뿐만 아니라, 주채무자인 乙이 이 사건 소제기 이후인 2011. 5. 중순경 甲에게 '대금을 제때에 변제하지 못하여 미안하지만 자금사정이 좋아지는 2011. 연말까지는 반드시 변제할 터이니 이 사건 소를 취하하여 달라'고 말하는 등 채무를 승인하여 시효이익을 포기하였으므로 乙, 丙의 위 주장은 이유가 없다고 다투고 있다.

○ 그러자 乙은, 甲이 제1소송을 제기하기 이전에 甲의 채권자인 B가 甲을 채무자로, 乙을 제3채무자로 하여 1차 대금 중 1,000만 원에 대한 가압류신청을 하여 2010. 10. 12. 가압류결정을 받았고, 그 가압류결정이 같은 달 15. 乙에게 송달되었으므로 1차 대금 중 1,000만 원은 가압류집행이 해제되지 아니하는 한 甲의 청구에 응할 수 없다고 주장하였다.

2. 심리 결과, 甲, 乙, 丙의 위 주장사실은 모두 사실로 인정되었으며, 제1소송의 소장부본은 2011. 4. 15. 乙, 丙에게 모두 송달되었고, 변론종결일은 2011. 7. 13.이며, 판결선고일은 2011. 7. 27.이다.

甲의 청구 중 각하, 인용, 기각되는 부분이 있으면 그 순서대로 이를 구체적으로 특정하고, 그 각각의 논거를 서술하시오. (65점)

해설

1. 결론

    ㉠ 피고 乙, 丙에 대한 2차 대금 및 지연손해금에 대한 청구는 소각하, ㉡ 피고 乙에 대한 1차 대금 및 지연손해금에 대한 청구는 청구인용, ㉢ 피고 丙에 대한 1차 대금 및 지연손해금에 대한 청구는 청구기각

2. 이유

    가. 소각하 부분(피고 乙, 丙에 대한 2차 대금 및 지연손해금에 대한 청구)

    - [개관] 2차 대금 및 지연손해금 채권에 대해서는 제1소송 제기되기 전 甲의 채권자 A가 압류·추심명령 신청하여 결정정본이 乙에게 2010. 4. 23., 丙에게 2010. 4. 26. 각 송달 → 압류·추심명령이 내려진 집행대상채권(=피압류채권)에 대해서 채무자(甲)가 제3채무자 등을 상대로 지급소구시 처리방법?
    - [압류·추심명령 목적인 집행채권에 대해 채무자가 제기한 지급청구소송의 처리] 乙, 丙에 대한 압류·추심명령은 각 정본 송달일 효력발생 → 2차 대금 등 채권에 대해서는 A만 추심권한 보유 & 소제기권한도 추심권자만 보유(법정소송담당 중 '갈음형') → 채무자(甲)가 동일채권 소구시 '원고적격 흠결' 이유로 소각하 (대판 2004.3.26. 2001다51510)
    - [소결론] 피고 乙, 丙에 대한 2차 대금 및 지연손해금에 대한 청구는 소각하

나. 청구인용 부분(피고 乙에 대한 1차 대금 및 지연손해금에 대한 청구)

- **[피고 乙에 대한 1차 대금 및 지연손해금 채권의 소멸시효 경과 여부]** 상인이 판매한 상품대가에는 민법상 3년의 단기소멸시효 적용(민법 제163조 제6호) → 상사채권 시효기간 5년(상법 제64조 본문) but 다른 법령에 단기 시효규정 있으면 그 규정적용(같은조 단서) → 1차 대금채권 변제기 2008. 3. 20.부터('그 다음날'로 보는 견해도 유력) 3년 경과한 2011. 3. 19. 24:00 시효완성

- **[소멸시효중단 여부]** ㉠ 채권자 甲 상인이어서 연대보증 체결은 '보조적 상행위' ∴ 丙에 대한 채권 소멸시효 5년(상법 제64조) → 甲이 2010. 6. 10. 연대보증인 丙 소유 아파트에 가압류 집행 마침으로써, '가압류신청일'(대판 2017.4.7. 2016다35451) 연대보증채무에 대한 소멸시효 중단○(민법 제168조 제2호), ㉡ 시효중단은 당사자 및 그 승계인에만 효력 있음(민법 제169조) ∴ 연대보증인에 대한 가압류만으로는 주채무에 대해 시효중단 효력 X & 乙에게 통지 X(같은법 제176조 반대해석) → 주채무에 대해 소멸시효 중단 X

- **[乙의 시효이익포기 여부]** 乙은 1차 대금 등 채권 소멸시효기간 경과한 후인 2011. 5. 중순 경 甲에게 자신의 채무 인정하면서 변제기한유예 및 소취하 요청 ∴ 시효이익 포기(대판 1991.1.29. 89다카1114)

- **[甲의 채권자 B가 1차 대금채권 중 일부를 가압류한 사실이 재판에 영향을 미치는지 여부]** 甲의 채권자 B가 1차 대금채권 중 1,000만 원에 대해 '가압류를 한 사실'은 甲의 乙에 대한 청구에 영향 X 단 승소판결로써 강제집행실시하여 만족X(대판 2002.4.26. 2001다59033) ☞ [논거] ㉠ 채무자가 집행권원 취득할 필요성, ㉡ 시효중단 필요성, ㉢ 소송계속 중에 가압류가 행하여졌음을 이유로 청구배척시 가압류가 취소 후 다시 소제기하여야 하는 불편함, ㉣ 제3채무자로서는 이행을 명하는 판결이 있더라도 집행단계에서 이를 저지하면 될 것이라는 점

- **[소결론]** 피고 乙에 대한 1차 대금, 지연손해금 채권 소멸시효 경과 but 乙 시효이익포기 / 甲의 채권자 B가 위 채권일부를 가압류한 사실은 甲 청구 영향 X → 甲의 위 부분에 대한 청구 전부 인용

다. 청구기각 부분(피고 丙에 대한 1차 대금 및 지연손해금에 대한 청구)

- **[개관]** 甲의 연대보증인 丙 소유 아파트에 대한 가압류로 '가압류신청일'에 연대보증채무 소멸시효 중단 & 채무자 소유 부동산에 가압류 등기가 되어 있는 동안 소멸시효가 진행조차 되지 않음(대판 2000.4.25. 2000다11102) ∴ 연대보증채무는 가압류신청일 이후 소멸시효 계속 중단 → ㉠ 주채무가 시효소멸되었다는 사정이 연대보증채무에 미치는 영향, ㉡ 주채무자 乙이 한 시효이익 포기는 연대보증인 丙에게 효력 미치는지?

- **[주채무가 시효소멸된 경우 연대보증채무의 효력]** 주채무 시효소멸되면, 보증채무 부종성에 따라, 연대보증채무 당연소멸 ∴ 丙의 연대보증채무는 주채무 소멸시효기간 경과한 2011. 3. 19. 24:00 소멸

- **[주채무자 시효이익 포기의 인적 범위]** 시효이익 포기는 그 포기한 사람에 대한 관계에서만 유효하고, 독자적인 시효완성 원용권자에게는 효력X ∴ 주채무자 乙이 시효소멸 후 시효이익 포기하였더라도, 연대보증인 丙에게 영향X(대판 1991.1.29. 89다카1114)

- **[소결론]** 피고 丙에 대한 1차 대금 및 지연손해금 채권(연대보증채권)은, 주채무 시효소멸로 당연소멸 ∴ 이 부분에 대한 甲 청구 기각

제1문의 2

> 만약, 丙이 甲의 1차 대금 청구에 대하여 그 소송이 계속 중 1차 대금 채권이 시효로 소멸하였다고 주장하면서 甲을 상대로 1차 대금 채무에 대한 채무부존재확인의 반소를 제기하였다고 가정한다면, 丙의 반소에 대한 ① 결론(소 각하, 청구인용, 청구기각)과 ② 그 논거를 기재하시오. (20점)

해설

1. 결론
丙의 반소는 각하

2. 이유

가. 중복제소(민소법 제259조) 해당성

- [중복제소 요건] ㉠ 당사자가 동일할 것 ㉡ 전소 계속 중 후소가 제기되었을 것 ㉢ 양소의 소송물이 동일할 것 → 본 사안의 경우 '㉠' 요건 충족 / 후소 제기 형태가 '반소'인 경우에도 해당되므로 '㉡' 요건 충족 → '㉢' 요건 관련 '이행청구'와 '확인청구'는 소송물 자체는 다르지만 이행청구에 확인청구가 포함되어 있어 '大는 小를 포함한다'는 법리에 비추어 중복제소로 취급해야 하는 것은 아닌지? → 대법원은 중복제소가 아니라고 함
- ✦ 判 '채권자가 병존적 채무인수자를 상대로 제기한 채무이행청구소송'과 '채무인수자가 채권자를 상대로 제기한 원래 채무자의 채권자에 대한 채무부존재확인소송'은 청구취지와 청구원인이 서로 다르므로 중복제소에 해당되지 않는다(대판 2001.7.24. 2001다22246; 단 후소는 '확인이익' 없어 각하).

나. 반소요건을 충족하는지 여부

반소는 단순히 본소기각을 구하는 이상의 적극적인 내용이 포함되어 있어야 → 어떤 채권에 기한 이행의 소에 대하여 동일 채권에 관한 채무부존재확인의 반소를 구하는 것은 그 청구의 내용이 실질적으로 본소청구의 기각을 구하는 데 그치는 것이므로 부적법(대판 2007.4.13. 2005다40709)
⇒ 甲이 丙을 상대로 연대보증채무이행을 구하고 있는 상황에서 丙이 甲을 상대로 위 채무 부존재확인을 구하는 반소제기 ∴ 반소요건(특히 소이익 요건) 충족X

제1문의 3

추가된 사실관계

1. 乙은 甲에 대한 위 물품대금채무를 담보하기 위하여 2008. 1. 15. 乙 소유의 X토지에 관하여 2순위 근저당권설정등기(채권최고액 1억 5,000만 원)를 마쳤는데, 당시 X토지에 관하여 이미 2008. 1. 4. 다른 채권자 C은행 명의의 1순위 근저당권설정등기(채권최고액 5,000만 원)가 마쳐져 있었다.
2. 乙은 2010. 5. 20. 그 소유의 유일한 재산인 X토지를 동생인 丁에게 매도하고 같은 날 丁 명의로 X토지에 관한 소유권이전등기를 마쳐 주었다.
3. 丁은 2010. 7. 20. C은행에게 위 1순위 근저당권의 피담보채무 전액인 4,000만 원을 변제하고 그 근저당권설정등기를 말소하였다.
4. 甲은 X토지에 관하여 위와 같이 丁 명의로 소유권이전등기가 경료된 사정을 알고서는 2011. 1. 25. 乙에 대한 위 물품대금채권을 피보전권리로 하여 乙과 丁을 상대로, "피고 乙과 피고 丁 사이에 X토지에 관하여 2010. 5. 20. 체결된 매매계약을 취소하고, 피고 丁은 피고 乙에게 X토지에 관하여 경료된 피고 丁명의의 소유권이전등기의 말소등기절차를 이행하라."는 내용의 소(이하 '제2소송'이라 한다)를 제기하였다.
5. 변론기일에서, 丁은 X토지 매매 당시 乙이 채무초과 상태가 아니었으므로 乙과 체결한 위 매매계약이 사해행위가 아니기 때문에 甲의 청구는 이유 없고, 설령 위 매매계약이 사해행위라 하더라도 丁이 선순위 근저당권의 피담보채무를 변제하였으므로 丁으로서는 가액배상만이 가능하다고 주장하였다.
6. 법원의 심리 결과, X토지의 시가는 위 매매계약 당시 2억 1,000만 원이었으나(그 당시 甲의 물품대금채권 원리금은 합계 1억 4,960만 원임), 경기 침체로 변론종결 당시 그 가액이 하락하여 그 시가가 1억 6,000만 원으로 감정평가되었으며(변론종결당시 甲의 물품대금채권 원리금은 합계 1억 7,360만 원임), C은행의 피담보채권은 4,000만 원으로 설정 당시부터 변제시까지 변동이 없는 것으로 인정되었고, 제2소송의 변론종결일은 2011. 5. 20.이고, 판결선고일은 2011. 6. 3.이다.

위 사실관계에서, 甲의 제2소송에 대한 ① 결론(소 각하, 청구인용, 청구일부인용, 청구기각)과 ② 그 논거를 피고별로 나누어 기재하시오. (40점)

해설

1. 결론

㉠ 피고 乙에 대한 청구는 '소각하', ㉡ 피고 丁에 대한 청구는 '청구기각'

2. 이유

가. 피고 乙에 대한 청구 부분

사해행위취소 소송의 피고는 '수익자' 또는 '전득자'. 채무자는 피고적격×(대판 1991.8.13. 91다13717)
→ 피고 乙을 상대로 한 청구는 '피고적격이 없는 자'를 상대로 한 소송으로서 소각하

나. 피고 丁에 대한 청구 부분

- [소의 적법성 여부] ㉠ 피고를 수익자인 丁으로 한 점, ㉡ 제척기간(민법 제406조 참조) 준수한 점
∴ 소 적법○

- **[본안 타당성 여부]**
  - **[개관]** ㉠ 피보전채권 '금전채권', ㉡ 사해행위가 있기 이전 존재 but '물적 담보부 채권'이라는 점 추가검토 ∵ 채권자취소권은 일반채권의 책임재산 보전을 목적으로 하는 것 ∴ 피보전채권은 원칙적으로 '채무자의 공동담보의 감소로 인하여 해를 입을 수 있는 일반채권'이라야
  - **[채권자가 물적 담보채권자인 경우 담보목적물 처분행위의 사해행위성 판단]**
    - ✦ 判①-판단기준 채권자의 채권에 대해 근저당권 등이 설정되어 있고 '채권전액'에 대해 우선변제권이 확보되어 있다면, 당해 목적물 처분행위와 관련하여, 그 채권은 채권자취소권의 피보전채권에 해당되지 않는다(대판 2000.12.8. 2000다21017). 한편 '피보전채권액이 저당권 등으로 담보되는 금액을 초과할 경우'에는 그 초과한 채권액에 대해서만 채권자취소권이 인정된다(대판 2002.4.12. 2000다63912).
    - ✦ 判②-가액평가 시점 채권자의 채권에 관하여 우선변제권이 확보되어 있는지 판단함에 있어서 필요한 가액의 평가는 특별한 사정이 없는 한, 「사해성 여부가 문제되는 재산처분행위시」를 기준으로 한다(대판 2002.11.8. 2002다41589).
    - ✦ 判③-선순위근저당권이 있는 경우 공제범위 선순위 저당권이 설정되어 있는 경우에는 선순위 저당권의 피담보채무액을 공제해야 하는데, 공제금액은 채권최고액이 아닌 '실제 발생해 있는 채권금액'이다(대판 2001.10.9. 2000다42618).
- **[소결론]** 乙이 X토지를 丁에게 매도한 일자는 2010. 5. 20. → 당시 ㉠ X토지 시가는 2.1억 원 ㉡ 선순위 저당권자 C은행의 피담보채무액은 4,000만 원 ㉢ 甲의 물품대금채권 원리금은 1억 4,960만 원 → X토지 시가에서 C은행 피담보채무액을 공제한 1.7억 원을 기준으로 하면, 후순위 저당권이 설정된 甲의 채권 전액에 대해 우선변제권 확보 ∴ 甲의 입장에서 보면 乙의 X토지 매도행위는 사해행위X. 甲의 청구 기각

제1문의 4

만약, X토지에 관한 乙과 丁 사이의 위 매매계약 및 소유권이전등기가 통정허위표시에 의한 것이고, 丁의 채권자 戊가 丁에 대한 채권의 보전을 위하여 X토지에 관하여 가압류집행을 하였으며, 그 후 甲이 乙과 丁 사이에 X토지에 관하여 체결된 매매계약은 서로 통모하여 허위의 의사표시에 기한 것으로 무효라고 주장하면서 乙을 대위하여 丁과 戊를 상대로, "피고 丁은 乙에게 X토지에 관하여 경료된 丁 명의의 소유권이전등기의 말소등기절차를 이행하고, 피고 戊는 위 말소등기에 대하여 승낙의 의사표시를 하라."는 내용의 소를 제기하였고, 그 소송의 변론기일에서 戊는 자신이 민법 제108조 제2항에 정해진 선의의 제3자이므로 乙과 丁 사이의 매매계약이 통정허위표시에 해당하여 무효라 할지라도 자신에게 대항할 수 없다고 주장하였으며, 심리 결과 乙은 무자력이고, 戊가 가압류 당시 위 매매계약이 통정허위표시에 의한 것인 점을 알지는 못하였으나 조금만 주의를 기울였으면 그러한 사정을 쉽게 알 수 있었던 것으로 밝혀졌다면, 甲의 戊에 대한 청구에 관한 법원의 ① 결론(소 각하, 청구인용, 청구기각)과 ② 그 논거를 기재하시오. (25점)

해설

1. 결론
법원은 청구기각판결 선고

2. 이유

가. 논점정리

① 乙-丁 X토지 매매 가장매매 ∴ X토지소유권자는 乙 & 丁 명의 소유권이전등기 원인무효등기로서 말소대상(민법 제108조 제1항). ㉠ 甲은 금전채권자로서 채권변제기 도래, ㉡ 채무자 乙은 무자력 상태로서 채권보전 필요성○, ㉢ 乙이 말소등기청구권을 행사하고 있지 않은 상태 ∴ 甲은 말소등기청구권자인 乙을 대위하여 丁 상대로 말소등기청구권대위행사○

② 甲은 丁의 금전채권자로서 X토지에 대해 가압류를 한 戊에 대해 '말소등기에 대한 승낙의 의사표시를 구하는 소'를 함께 제기 → 청구의 적법성(타당성) 판단하기 위해 '가압류권자 戊의 법적 지위' 검토

나. 가압류권자 戊의 법적 지위

- **[말소등기청구에 있어서 등기상 이해관계 있는 제3자]**
  - **[등기상 이해관계 있는 제3자]** 丁 명의소유권이전등기에 대해 말소등기가 이루어지면 당해 X토지에 대해 가압류를 한 戊는 가압류 대상이 없어짐에 따라 가압류가 무효가 되는 손해를 입을 우려가 있고, 손해를 입을 우려가 있다는 것이 등기부 기재에 의하여 형식적으로 인정 ∴ 戊 '<u>등기상 이해관계 있는 제3자</u>'○
  - **[첨부정보]** 말소등기신청시 등기상 이해관계 있는 제3자가 있으면 '<u>첨부정보</u>' 하나로서 '그 자의 승낙이 있음을 증명하는 정보' or '제3자의 승낙에 대항할 수 있는 재판이 있음을 증명하는 정보' 제공해야(부동산등기법 제57조, 제59조)
- **[승낙의 의사표시를 할 의무가 있는지에 대한 판단기준]**
- ✦ [判] 등기상 이해관계 있는 제3자를 상대로 한 청구가 인용될 수 있는지 여부는 '<u>제3자가 그 승낙을 해야 할 실체법상 의무가 있는지</u>'에 따라 결정된다(대판 2004.2.27. 2003다35567).
- ⇒ 통정허위표시가 문제되는 경우 선의의 제3자에게는 그 무효로써 대항할 수 없음(민법 제108조 제2항) → **[제3자]** 당사자와 그 포괄승계인 이외의 자로서, 허위표시에 의하여 외형상 형성된 법률관계를 토대로 실질적으로 새로운 법률상 이해관계를 맺은 자(대판 2000.7.6. 99다51258) & **[선의]** 통정허위표시임을 알지 못한 것. '무과실'은 요건✕(대판 2004.5.28. 2003다70041) → 가장매매에 기하여 X토지가 丁 명의로 소유권이전등기된 후 위 토지를 가압류한 丁의 금전채권자 戊 제3자○ & 戊가 조금만 주의를 기울였으면 통정허위표시가 있었음을 쉽게 알 수 있었다는 사정 고려✕ ∴ 戊는 丁 명의 소유권이전등기 말소청구에 대해 <u>승낙의 의사표시를 할 실체법상 의무✕</u>

다. 소결론

戊는 丁 명의의 소유권이전등기 말소청구에 있어서 등기상 이해관계 있는 제3자 ○ & 민법 제108조 제2항의 선의 제3자○ ∴ 승낙의 의사표시 의무✕. 戊에 대한 청구 기각

제2문

원고는 다음과 같은 소장을 관할법원에 접수하였다.

소 장

건물철거청구 등의 소
원　　고　甲
　　　　　주소 ○○
피　　고　1. 乙
　　　　　주소 ○○
　　　　　2. 丙
　　　　　주소 ○○

청 구 취 지

1. 피고들은 원고에게
   가. 별지목록 제1항 기재 건물을 철거하고 같은 목록 제2항 기재 대지를 인도하라.
   나. 2010. 4. 16.부터 위 대지 인도 완료시까지 각자 월 300만 원의 비율에 의한 금원을 지급하라.
2. 소송비용은 피고들의 부담으로 한다.
3. 위 제1항은 가집행할 수 있다.
   라는 판결을 구합니다.

청 구 원 인

(1) 사실관계

원고는 별지목록 제2항 기재 대지(이하 이 사건 대지라 함)의 소유자로서 2005. 4. 15. 피고들에게 건물소유를 목적으로 이 사건 대지를 임대보증금 1억 원, 월 임료 300만 원, 임대기간 2005. 4. 15.부터 5년간으로 정하여 임대하였습니다. 피고들은 공동으로 이 사건 대지 위에 별지목록 제1항 기재 건물(이하 이 사건 건물이라 함)을 신축한 후(각 1/2 지분) 등기를 마치지 않은 채 점포로 사용해 오고 있었습니다.

피고들은 기한이 도래하면 즉시 건물을 철거하고 원상회복하겠다는 취지의 이행각서까지 작성하였습니다. 그런데 피고들은 임대기간이 도과하였음에도 이 사건 소제기 현재까지 원상회복을 하지 않은 채 이 사건 건물을 계속 사용하고 있습니다. 이에 원고는 이 사건 대지의 임대인의 지위에서 원상회복청구의 일환으로 이 사건 건물의 철거 및 대지인도 청구와 함께 2010. 4. 16.부터 피고들이 이 사건 건물을 철거하고 이 사건 대지를 인도할 때까지의 월 임료 300만 원 상당의 손해배상을 구하고자 이 사건 소를 제기하였습니다.

(이하 생략)

○○ 법원 귀중

1. 재판장은 원고 제출의 증거방법인 갑 제1호증(이행각서)에 대해 인부를 하도록 피고들에게 명하였다. 이에 피고들은 "이행각서상의 인영은 자신들의 것이 맞지만 이는 누군가 자신들의 인장을 절취하여 도용한 것이지 이러한 문서를 작성한 사실은 없다"고 진술하였다. 동 진술이 법적 의미와 효과를 설명하고 피고들이 자인한 부분을 나중에 번복할 수 있는지 여부에 대해서도 논하시오. (25점)

해설

1. 결론

① 피고들의 진술은 사문서의 형식적 증거력과 관련된 사실(보조사실)에 대한 진술로서, 피고들의 의사에 의하여 날인행위가 있었다고 사실상 추정되고, 이로써 문서 전체의 진정성립 사실상 추정. 이러한 추정을 번복하기 위해서는 피고들이 제3자에 의한 인장도용이 있었다는 사실을 증명해야(반증)

② 피고들이 자인한 부분에 대해서는 재판상 자백과 같이 취급되어 원칙적으로 번복 불가

2. 이유

가. 피고들 진술의 법적 의미와 효과

- **[사문서의 형식적 증거력]** 문서를 증거로 쓰려면 '형식적 증거력'이 인정되어야(대판 2002.8.23. 2000다66133) → **[형식적 증거력]** 문서가 거증자(擧證者)에 의하여 작성자로 주장된 자의 의사에 의하여 작성되었다는 점, 즉 진정성립(眞正成立)이 인정되는 상태
⇒ 이 사건 이행각서와 같은 사문서 진정성립 추정 ×(민소법 제357조) but 사문서의 날인이 본인 또는 대리인의 의사에 의해 이루어졌다는 점이 증명되면 문서전체의 진정성립이 추정(같은법 제358조)

- **[인영의 동일성만 인정될 경우 형식적 증거력 인정 문제]** [대법원 2단계의 사실상 추정법리] 인영의 동일성 인정 → 그 자의 의사에 의한 날인행위가 있었던 것으로 사실상 추정 → 문서 전체의 진정성립 사실상 추정

- **[인장도용 항변]** 문서 진정성립을 다투고자 하는 자는 '1단계의 사실상 추정사실'에 대해 양립하는 별개의 사실을 입증해야 → [대표례] ㉠ 인장도용·위조, ㉡ 작성명의인 아닌 제3자에 의한 날인, ㉢ 작성명의인의 의사에 반하여 날인이 이루어진 사실
⇒ 피고들은 인장도용 주장 → 당해 사실에 관한 증명책임 부담

나. 피고들이 자인한 부분을 나중에 번복할 수 있는지 여부

- **[보조사실에 대한 자백의 구속력]** 법원은 '재판상 자백'에 구속받음(변론주의) → 단 재판상 자백은 원칙적으로 '주요사실'에 관하여 성립 but 피고들이 한 진술은 사문서의 진정성립에 관련된 사실, 즉 '보조사실' → [대법원] 보조사실은 원칙적으로 재판상 자백의 대상이 될 수 없다고 하면서도, 문서 진정성립과 관련된 자백에 대해서는 재판상 자백과 같이 취급하여 원칙적으로 철회를 할 수 없다는 입장(대판 2001.4.24. 2001다5654)

- **[자인한 부분을 번복하기 위한 요건(재판상 자백의 철회)]** 재판상 자백은 '여효적 소송행위'. 자백이 있으면 바로 효력 발생(구속적 소송행위) → 재판상 자백은 원칙적으로 철회 불가 but ㉠ 상대방 동의시, ㉡ 자백이 진실에 반하고 착오에 의한 것임을 증명한 경우(민소법 제288조 단서), ㉢ 민소법 제451조 제1항 제5호의 재심사유가 있는 경우 철회·취소○

2. 소송 진행 도중 피고들은 별다른 주장 없이 이 사건 대지에 대한 임대기간이 아직 만료되지 않았으므로 원고청구는 기각되어야 한다는 점만을 줄곧 주장해 왔다. 이러한 상태에서 변론이 종결된 후 아래와 같은 1심 판결이 선고되었다.

판 결

사건번호 ○○
원　　고　甲
　　　　　주소 ○○
피　　고　1. 乙
　　　　　주소 ○○
　　　　　2. 丙
　　　　　주소 ○○
변론종결일 2011. 3. 22.
판결선고일 2011. 4. 19.

(청구취지 생략)

주 문

1. 피고들은 원고로부터 1억 원을 지급받음과 동시에 원고에게 별지목록 제1항 기재 건물을 철거하고 같은 목록 제2항 기재 대지를 인도하라.
2. 소송비용은 2분하여 그 1은 원고의, 나머지는 피고들의 부담으로 한다.
3. 위 제1항은 가집행할 수 있다.

(이하 생략)

원고는 위 판결 정본을 송달 받자마자 변호사를 찾아가 구제방안이 무엇인지 상담을 하였다. 귀하가 변호사 입장에서 원고에게 제시해 줄 수 있는 구제수단이 무엇인지 논하시오. (25점)

해설

1. 결론

㉠ 원고가 단순히 건물철거 및 대지인도를 구했고, 피고들은 임대차보증금 반환과 동시이행관계에 있다는 항변을 하지 않았음에도 불구하고, 임대차보증금 1억 원을 상환하는 조건으로 원고의 청구를 인용한 부분에 대해서는 항소를 제기하여 다툴 수 있고 ㉡ 원고가 구하는 손해배상청구에 대해서 법원이 아예 판단을 하지 않은 것은 '재판누락'에 해당하므로 1심 법원에 변론재개신청을 하여 '추가판결'을 요구할 수 있음

2. 이유

가. 논점정리

㉠ 원고는 단순히 건물철거 및 대지인도를 구했고, 피고들은 임대차보증금 반환과 동시이행관계에 있다는 항변을 하지 않았음에도, 임대차보증금 1억 원을 상환하는 조건으로 원고 청구 인용된 점, ㉡ 원고가 구하는 손해배상청구에 대해서는 판단하지 않은 점

나. 상환이행판결을 한 부분과 관련된 구제수단

- **[변론주의]**
  - **[일반론]** '변론주의'에 따르면 주요사실은 당사자가 변론에서 주장하여야만 법원이 판결의 기초(소송자료)로 삼을 수 있음. 당사자의 주장이 없으면 법원이 증거조사 과정에서 그 주요사실의 존재에 대해 인식하고 있더라도(증거자료), 이를 기초로 재판하는 것은 금지(소송자료와 증거자료의 구별; 대판 1962.11.29. 62다678) → 통설과 판례는 「법규기준설」에 따라 '권리의 발생·변경·소멸이라는 법률효과를 발생시키는 법규의 직접 요건사실'만 주요사실로 봄
  - **[사안검토]** 원고는 이 사건 대지의 임대인으로서 임대차계약 종료에 따른 원상회복 명목으로 건물철거 및 대지인도 소구 → 이 사건 소제기 당시 임대차계약 종료 ∴ 일응 원고 청구 이유 있음 → 임대차계약 종료시 임차인이 임차목적물을 반환할 의무와 임대인이 임대차보증금을 반환할 의무는 동시이행관계 → 동시이행관계는 원고 주장과 양립가능한 사실로서 성격상 '항변사유'(권리저지 항변). 피고 입장에서 보면 주요사실이므로 피고가 변론으로서 동시이행항변을 해야만 법원이 이를 기초로 판단 가능 → 피고가 변론으로 주장하지 않는 이상, 법원이 보기에 동시이행관계에 있다고 판단되더라도, 동시이행을 전제로 한 상환이행판결을 선고할 수 없음
  - **[변론주의에 위배된 판결에 대한 구제수단]** 건물철거 및 대지인도 부분에 대한 법원 판결에는 '변론주의'에 위배된 위법 → **[구제수단]** '항소' 제기 → 항소는 자기에게 불이익한 재판에 대해서만 제기 가능 → 재판이 항소인에게 불이익한 것인지 여부는 '재판의 주문' 표준으로 결정(형식적 불복설; 대판 982.10.12. 82다498) → 원고가 단순이행을 구하는데 법원이 변론주의에 위배하여 상환이행판결을 하였다면 원고에게 불이익한 경우에 해당 ∴ 원고는 항소 제기하여 다툴 수 있음

다. 손해배상청구에 대한 판단을 빠뜨린 점과 관련된 구제수단

- **[법원이 청구의 일부 판단을 빠뜨린 경우 당사자의 구제수단]** 법원이 청구의 일부 판단을 빠뜨린 경우 ㉠ 성격상 일부판결이 허용되는 경우(대표적으로 단순병합)에는 '재판누락(탈루)'에 해당하여 빠뜨린 부분에 대한 청구는 여전히 원심에 계속 중이므로 원심법원이 '추가판결'을 해야 하고(민소법 제212조 제1항), 그 부분에 대해서 상소를 하면 상소대상 자체가 없는 것이어서 부적법한 상소로 취급(대판 1989.11.28. 89다카11777), ㉡ 성격상 일부판결이 허용되지 않는 경우(대표적으로 선택적 병합, 예비적 병합, 필수적 공동소송, 독립당사자참가 등)에는 재판누락(탈루)이 있을 수 없으므로 일종의 '판단누락(유탈)'으로 취급하여 상소심에서 판단(대판 1998.7.24. 96다99, 대판(全合) 2000.11.16. 98다22253)
- **[사안검토]** 원고는 건물철거·대지인도 및 임대차종료 이후의 대지 무단점유·사용으로 인해 발생한 손해의 배상을 구하는 청구 ∴ '단순병합' → 단순병합 청구 중 법원이 빠뜨린 손해배상청구 부분은 여전히 1심 법원에 계속 중 → 원고는 1심 법원에 대해 '변론재개신청'을 하여 손해배상청구 부분에 대한 '추가판결'을 요구해야 → 원고가 위 부분에 대해서 항소를 하면 항소대상이 없는 부적법한 항소로서 항소각하

3. (문제 2에서 제시된 1심 판결에 대해 당사자들 모두 항소를 제기하지 않아 동 판결은 그 무렵 확정되었다고 가정한다)
원고 甲은 확정판결에 의하여 집행을 하고자 하였으나 피고들이 2011. 3. 31. 이 사건 건물의 일부를 丁에게 임대해 주었다는 사실을 뒤늦게 알게 되었다. 건물임차인 丁을 퇴거시키기 위해 甲이 취할 수 있는 구제수단이 무엇인지 논하시오. (25점)

해설

1. 결론

甲은 丁을 상대로 소유권에 기한 물권적 청구권(방해배제청구권)에 기하여 '건물로부터의 퇴거'를 구하는 별소를 제기해야

2. 이유

가. 승계집행문을 받아 집행을 하는 방법

- [개관] 丁이 '1심 판결 피고들과 동일시 할 수 있는 제3자'에 해당한다면 판결의 기판력이 그 자에게도 미치므로, 원고 甲은 확정판결을 집행권원으로 하여 승계집행문(민사집행법 제31조 제1항)을 받아 丁을 상대로 퇴거구할 수 있음 → 丁이 '변론종결후 승계인'혹은 '청구목적물의 소지인'에 해당하는지 검토(민소법 제218조 제1항)
- [「변론종결 후 승계인」해당 여부] 丁이 피고들로부터 건물의 일부를 임차한 날짜는 2011. 3. 31.로서, 이 사건 소송의 변론종결일(2011. 3. 22.) 이후 → '변론종결 후 승계인'에는 '소송물인 실체법상의 권리의 무를 승계한 자'뿐만 아니라 '계쟁물승계인'도 포함. 본 건에서는 丁이 계쟁물승계인지 검토 → 여기서 말하는 「계쟁물승계인」이란 '당사자적격의 이전원인이 되는 계쟁물의 권리를 이전받은 자' 혹은 '동일 사건에 이제 다시 소송을 한다면 당사자가 될 사람'을 의미(=적격승계설)
- ⇒ 본건의 경우 확정판결에서 인용된 것은 '건물철거 청구' → but 丁은 '목적건물 임차인'으로서 원고는 丁에게 '건물로부터의 퇴거'를 구할 수 있을 뿐이어서, 丁에게 당사자적격의 이전원인이 되는 계쟁물의 권리가 이전된 것으로 볼 수 없음 ∴ 적격승계설을 전제로 하면 丁은 '계쟁물승계인'에 포섭할 수 없고, 관련 추가논의(본소의 성격 등)는 더 이상 할 필요 없음
- [「목적물의 소지인」해당 여부] '목적물의 소지인'이란 '특정물인도청구의 대상이 되는 특정물을 소지한 자'를 말함 / 청구가 물권적이든 채권적 무관하고, 소지 시기도 변론종결 전후 불문
- ⇒ 본 건은 건물인도(명도)를 구하는 것이 아니라 철거를 구하는 소송 & 임차인은 자기 고유이익을 위하여 목적물 소지하는 자 ∴ 丁은 목적물 소지인X
- [소결론] 확정된 1심 판결의 기판력은 건물임차인 丁에게 미치지 않으므로, 승계집행문을 받아 丁을 상대로 건물로부터의 퇴거를 구할 수 없음

나. 새로이 퇴거청구를 소구하는 방법

토지소유자가 건물소유자를 상대로 건물철거를 구하는데, 그 건물에 임차인이 있을 경우 임차인을 상대로 건물로부터의 퇴거를 청구할 수 있음(민법 제214조) → 건물퇴거청구는 '소유권에 기한 방해배제청구권'의 일종이므로 甲은 丁을 상대로 '대지의 소유권자의 지위'에서 위 청구 해야 → 별소를 제기하는 번거로움을 피하려면 사전에 피고를 상대로 '건물점유이전금지 가처분'을 해두면 됨

4. (위 문제 2번, 3번과는 달리 1심에서 아래와 같은 판결이 선고되었음을 가정한다)

판 결

사건번호 ○○
원   고 甲
     주소 ○○
피   고 1. 乙
     주소 ○○
     2. 丙
     주소 ○○
변론종결일 2011. 3. 22.
판결선고일 2011. 4. 19.

(청구취지 생략)

주 문

1. 피고들은 원고로부터 3억 원을 지급받음과 동시에 원고에게 별지목록 제1항 기재 건물을 인도하라.
2. 소송비용은 2분하여 그 1은 원고의, 나머지는 피고들의 부담으로 한다.
3. 위 제1항은 가집행할 수 있다.

(이하 생략)

위 판결 중 주문 1번의 내용이 선고되기 위해서는 피고들이 소송절차에서 어떠한 주장을 펼쳐야 했는지 논하고 아울러 이러한 피고들 주장에 대해 법원과 원고는 각기 어떠한 소송행위를 하여야 했는지에 대해서도 논하라(변론종결 당시 이 사건 건물의 시가는 3억 원임이 법원의 시가감정을 통해 밝혀졌다). (25점)

해설

1. 결론

㉠ 피고들은 '건물매수청구권'을 행사해야 함, ㉡ 법원은 원고에게 건물매수대금 지급과 상환으로 건물명도를 구할 의사가 있는 석명을 해야 함, ㉢ 원고는 위 내용으로 종전 청구취지를 변경해야 함

2. 이유

가. 피고에게 요구되는 주장(지상물매수청구권 행사)

- **[개관]** 법원은 '건물 매수대금 지급의무'와 '건물인도의무'를 상환이행으로 하는 판결 선고 → 피고의 '지상물매수청구권'(민법 제643조) 행사가 있어야
- **[요건충족 여부]** ㉠ 건물의 소유를 목적으로 하는 토지임대차, ㉡ 임대차계약 기간 만료, ㉢ 임차지상에 임차인 소유 건물 존재, ㉣ 계약갱신이 없는 것으로 보아 임대인이 임차인의 갱신청구 거절
  ⇒ 지상물매수청구권 행사요건 충족 & 피고들은 건물의 공유자로서 건물매수청구권을 준공유하고 있으므로 공동으로 행사해야(대판 1985.5.28. 84다카2188)
- **[건물철거특약의 효력]** 피고들이 임대차계약 체결시 건물철거 특약 but 건물매수청구권에 관한 규정은 강행규정으로서 이에 위반하는 것으로서 임차인에게 불리한 것은 무효(같은법 제652조)

나. 법원 및 원고에게 요구되는 조치 혹은 소송행위

- **[법원에게 요구되는 조치]**
- ✦ [判] 피고의 건물매수청구권이 있는 경우 원고의 건물철거 및 대지인도청구 속에 건물매수대금과 동시에 건물인도를 구하는 청구는 포함되어 있지 않다. 이 경우 법원으로서는 임대인이 종전 청구를 계속 유지할 것인지 아니면 대금지급과 상환으로 지상물의 명도를 청구할 의사가 있는 것인지를 석명하여야 한다(대판(全合) 1995.7.11. 94다34265).
- **[원고에게 요구되는 소송행위]** 법원이 상환이행판결을 선고할 수 있으려면 '피고들은 원고로부터 매매대금 3억 원을 지급받음과 동시에 원고에게 건물인도를 하라'는 내용으로 원고의 청구취지 변경이 있어야
  ⇒ 본건의 경우 ㉠ 건물철거 등 청구와 건물매수대금 지급청구와 상환으로 건물을 명도하라는 청구 사이에 청구기초의 동일성 인정, ㉡ 사실심 변론종결 전 ㉢ 특별히 소송절차를 현저히 지연시키는 사정 ✕, ㉣ 소의 병합요건○ ∴ 청구취지 변경요건○ → but 청구취지 변경 없으면 법원은 '청구기각판결' 선고

본 페이지는 빈 페이지입니다.

INDEX

대법원 결정

1971. 7. 6. 71다726	104
1983. 3.22. 80마283	57, 104, 136, 177
1984. 3.15. 84마20(全合)	133
1992.11. 5. 91마342	10
1994. 3.28. 93마1916	193
1995. 6.13. 95마500	173
1995. 9.18. 95마684	126
1997.10.17. 97마1632	131
2000. 1.31. 99마6205	170
2002.11.27. 2002마3516	53
2005.10.17. 2005마814	88, 152
2007. 6.26. 2007마515	70, 132
2009. 5.28. 2008마109	174
2023. 3.23. 2020그42(全合)	34

대법원 판결

1957. 3.28. 4289민상551	162
1962.11.29. 62다678	225
1963.12.12. 63다689	99
1964. 6.16. 63다898	153
1966. 5.31. 66다564	67, 167
1967. 8.29. 67다116	101, 176
1969.12.23. 69다1053	190
1969.12.29. 68다2425	81
1970. 2.24. 69다2172	115
1970. 3.24. 70다133	52
1970. 8.31. 70다1357	194
1970. 9.29. 70다1454	13
1970.12.29. 70다2449	142
1972. 1.31. 71다2414	106
1972. 1.31. 71다2697	127, 188
1972. 7.25. 72다935	88, 134, 152, 177
1972.10.31. 72다1271	110
1972.11.28. 72다982	141
1975. 5.13. 74다1664(全合)	201
1975. 5.27. 74다2074	151
1975.10.21. 75다48	55
1976. 5.11. 75다1305	106
1976. 7.27. 76다661	108, 204
1977. 3.22. 76다242	154
1977. 5.24. 75다1394	121, 200
1977. 5.24. 76다2304(全合)	24
1977. 6.28. 77다105	198
1977. 8.23. 77다785	153
1977. 9.28. 77다1241(全合)	61, 106
1978. 5. 9. 75다634(全合)	89, 179
1978. 7.11. 78므7	87
1979. 6.26. 79다564	141
1979. 7.10. 79다644	2
1979. 8.28. 79누74	69
1979. 9.11. 79다1275	71
1979.10.10. 79다1508	42, 113
1980. 6.24. 80다756	102
1980. 7. 8. 79다1528	179
1980. 7. 8. 80다725	112
1980. 7.22. 80다982	99
1980.11.25. 80다1671	71
1981. 1.27. 79다854(全合)	148, 149
1981. 3.24. 80다2220	89, 90
1981. 5.26. 80다3117	26, 155
1981. 7.14. 81다64	99
1981. 8. 1. 81다298	4, 75
1982. 1.26. 81다528	141
1982. 3. 9. 81다1312	67, 167
1982. 6.22. 82다카200	33, 214
1982.10.12. 82다498	225
1982.10.26. 81다108	87
1982.12.14. 80다1872	60
1983. 3. 8. 80다3198	158
1983. 3.22. 82다카15333(全合)	172
1983. 5.10. 81다187	52
1983. 5.24. 83다카208	74
1983.10.25. 83다515	117
1984. 5.15. 84다카108	61
1984. 5.29. 82다카963	44
1984. 9.25. 84다카148	91
1985. 4. 9. 84다카1131(全合)	101, 130
1985. 5.28. 84다카2188	228
1985.11.12. 85다카1499	185
1986. 9.23. 85누953	114
1986.12.23. 86다카1751	13, 129
1987. 4.14. 84다카2250	3
1987. 6. 9. 87다68	28, 61
1987. 7. 7. 87다카634	14
1987. 7.21. 87다카637	162

1987. 8.18. 87다카768		143
1987.11.10. 86다카371		171, 211
1987.11.10. 87다카1405		115
1987.11.10. 87다카5		115
1988. 2.23. 87다카1586		181
1988. 4.25. 87다카1380		158
1988. 4.25. 87다카2509		78
1988.10.24. 87다카1604		130
1988.10.25. 85누941		213
1988.12.13. 86다카2289		206
1988.12.20. 88다카3083		176
1988.12.27. 87누1043		213
1988.12.27. 87다카1138		17
1989. 3.14. 87다카1574		147, 192
1989. 4.11. 87다카3155		63
1989. 4.11. 88다카25274		201
1989. 4.11. 88다카8217		154
1989. 5. 9. 87다카749		100
1989. 8. 8. 88다카24868		82
1989. 9.12. 88누9305		66
1989. 9.26. 88다카26574		123
1989.10.24. 88다카13172		62
1989.10.24. 88다카29269		71
1989.10.27. 88다카33442		86, 137
1989.11.28. 89다카11777		225
1990.11.23. 90다카27198		198
1990.12.26. 90누2536		193
1990.12.26. 90다카24816		29
1991. 1.15. 90다9964		58, 90, 91
1991. 1.25. 90다6491		116
1991. 1.29. 89다카1114		20, 217
1991. 4.12. 91다2601		121
1991. 4.23. 90다19695		95
1991. 8.13. 91다13717		157, 197, 219
1991.10. 8. 91다8029		106
1991.11.22. 91다30705		185
1991.11.26. 91다23103		112, 197
1991.12.10. 91다14420		87
1991.12.24. 90다5740(全合)		148
1992. 2.25. 91누6108		193
1992. 4.28. 91다29972		140
1992. 5.12. 91다40993		3
1992. 5.22. 91다41187		201
1992. 6.23. 91다33070(全合)		3, 163, 164
1992. 7.28. 92다10173		181
1992. 9.14. 91다33087		195
1992.10. 9. 92다12131		133
1992.10.27. 91다483		183
1992.10.27. 92다10883		26
1992.11.27. 92다7719		16
1992.12. 8. 91다43015		99
1992.12.24. 92다25120		16
1993. 2.12. 92다23193		145
1993. 2.12. 92다25151		160, 181
1993. 2.26. 92다3083		149
1993. 5.27. 92다20163		208
1993. 7.16. 92다41528		16
1993. 8.24. 93다4151(全合)		55
1993. 9.14. 92다24899		60
1993.10. 8. 93다25738		61
1993.11.23. 93다37328		138, 142, 207, 208
1993.12. 7. 93다27819		81
1993.12.10. 93다12947		15
1993.12.10. 93다42399		49
1993.12.21. 92다47861(全合)		20
1994. 1.25. 93다16338(全合)		20
1994. 1.28. 93다50215		193
1994. 2. 8. 93다39379		79
1994. 2.22. 93다42047		156
1994. 4.12. 92다49300		192
1994. 4.12. 93다60779		154
1994. 4.26. 93다24223(全合)		30, 39
1994. 5.10. 93다25417		174
1994. 5.13. 94다323		194
1994. 6.14. 94다2961		199
1994. 6.28. 93다55777		203
1994. 6.28. 94다3063		7
1994. 8.12. 93다52808		163
1994. 8.26. 93다44739		213
1994.10.14. 94다3964		139
1994.11. 4. 94다37868		6, 176
1994.11. 8. 94다23388		87
1994.11.22. 94다25728		29
1994.12.13. 94다17246		164
1994.12.22. 93다55234		110
1995. 1.12. 94다19884		123, 191
1995. 2.10. 94다28468		124
1995. 5.23. 94다28444(全合)		9, 83, 169, 170
1995. 7.11. 94다34265(全合)		95, 118, 228
1995. 7.11. 94다4509		155
1995. 7.28. 95다9075		48, 49, 50, 76, 101
1995. 9.15. 95다16202		105

1995. 9.26. 94다54160	9, 10	1998. 5.29. 97다55317	147
1995. 9.29. 94다4912	107	1998. 6.12. 96다55631	4, 162
1995.11.14. 95다30352	163	1998. 7.24. 96다99	225
1995.12. 5. 95다24241	124	1998. 9. 4. 98다26279	3
1995.12.22. 95다38080	143	1998. 9.22. 98다12812	30
1995.12.26. 94다44675	105	1998.10.13. 98다17046	110
1996. 1.26. 95다44290	108	1998.11.24. 98다32045	73
1996. 2. 9. 94다61649	9, 180	1998.11.27. 97다41103	60
1996. 2. 9. 95다17885	97	1999. 2. 5. 97다33997	29
1996. 3. 8. 95다22795	88	1999. 2.12. 98다49937	64
1996. 4.12. 95다49882	85, 121, 122	1999. 2.26. 98다56072	156
1996. 4.12. 95다55245	141	1999. 3.23. 98다46938	144
1996. 4.26. 95다52864	130	1999. 4.23. 99다4504	190
1996. 6.14. 96다5179	30	1999. 4.27. 98다56690	159
1996. 6.28. 96다18281	64	1999. 4.27. 98다61593	75
1996. 7.12. 96다19017	151	1999. 5.11. 99다1284	187
1996. 9. 6. 96다19208	187	1999. 5.14. 98다62688	30
1996.11.15. 94다35343	121, 200	1999. 5.25. 99다9981	122
1996.11.26. 96다35590	137	1999. 5.28. 98다48552	88
1996.12.10. 94다43825	155	1999. 6.11. 98다22963	135
1997. 1.21. 96다4688	149	1999. 7. 9. 98다9045	52
1997. 1.24. 96다41335	153	1999. 7. 9. 99다12796	69
1997. 2.14. 95다13951	60	1999. 8.20. 99다18039	65, 85, 86
1997. 4. 8. 96다54232	164	1999.11.23. 99다52602	49
1997. 4.11. 96다50520	37	2000. 2.11. 99다47297	3, 162
1997. 4.25. 96다32133	99	2000. 2.11. 99다56833	15
1997. 5. 9. 96다2606	158	2000. 3.14. 99다67376	3, 74, 163
1997. 5.28. 96다41649	179	2000. 4. 7. 99다68768	52
1997. 6.13. 96다56115	38	2000. 4.11. 99다12123	39
1997. 6.24. 97다1273	93	2000. 4.25. 2000다11102	217
1997. 6.24. 97다8809	35, 66	2000. 5.12. 2000다4272	31
1997. 6.27. 95다40977	64	2000. 6.23. 98다31899	30
1997. 6.27. 97다6124	43, 44, 101, 176	2000. 7. 6. 99다51258	28, 84, 126, 221
1997. 6.27. 97다8144	74	2000. 8.18. 2000재다87	38
1997. 7.11. 96므1380	133	2000. 8.22. 2000다22362	118
1997. 8.21. 95다28625(全合)	191	2000.10.27. 2000다33775	169
1997. 9.12. 95다42027	4	2000.11.16. 98다22253(全合)	225
1997. 9.26. 97다10314	48	2000.12. 8. 2000다21017	198, 220
1997.10.24. 96다12276	117	2001. 2. 9. 99다38613	110
1997.11.25. 97다29790	29	2001. 2.23. 2000다68924	187
1997.11.28. 95다35302	190	2001. 4.24. 2000다41875	199
1997.12.12. 97다22393	78	2001. 4.24. 2001다5654	223
1998. 2.27. 97다50985	158, 181	2001. 4.27. 2000다4050	165
1998. 3.13. 95다48599	100	2001. 4.27. 2000다69026	198
1998. 5. 8. 98다2389	94	2001. 5. 8. 99다38699	183
1998. 5.12. 97다57320	199	2001. 7.24. 2001다22246	218

2001. 9. 7. 99다70365	3, 73
2001. 9.14. 2000다66430	97
2001.10. 9. 2000다42618	220
2001.12.24. 2001다62213	169
2001.12.27. 2000다73049	199
2002. 2. 8. 2001다17633	8
2002. 2. 8. 2001다57679	147, 192
2002. 4.12. 2000다63912	198, 220
2002. 4.26. 2000다16350	17
2002. 4.26. 2000다8878	97
2002. 4.26. 2001다59033	24, 112, 217
2002. 4.26. 2001다8097	107
2002. 6.11. 2002다2539	139
2002. 6.14. 2002다11441	212
2002. 6.14. 99다61378	7, 117
2002. 6.20. 2002다9660(全合)	13, 101
2002. 8.23. 2000다66133	223
2002. 8.23. 2001다69122	29
2002. 8.23. 99다66564	53, 205
2002. 9. 4. 98다17145	8
2002. 9.10. 2002다21509	39
2002. 9.27. 2002다15917	5, 74
2002.10.25. 2002다23840	83
2002.11. 8. 2002다41589	220
2002.12. 6. 2001다2846	96
2002.12.26. 2002므852	103
2003. 1.24. 2000다22850	85
2003. 1.24. 2000다5336	64
2003. 2.26. 2000다42786	57, 104, 134, 136, 152, 177
2003. 3.28. 2002다13539	31
2003. 5.27. 2001다13532	160
2003. 6.13. 2003다8862	211
2003. 7.22. 2002다64780	147
2003. 7.25. 2001다64752	204, 205
2003. 7.25. 2002다27088	192
2003. 8.19. 2001다47467	22, 180
2003. 8.22. 2003다12717	122, 204
2003.10.24. 2003다37426	127, 188
2003.11.14. 2001다61869	108, 204
2003.12.12. 2003다44615	81
2003.12.26. 2003다49542	73
2004. 1.15. 2002다31537	84
2004. 2.13. 2003다43490	64
2004. 2.27. 2003다15280	192
2004. 2.27. 2003다35567	221
2004. 3.18. 2001다82507(全合)	140
2004. 3.26. 2001다51510	216
2004. 5.28. 2003다70041	221
2004. 7. 9. 2002다16729	134
2004. 7. 9. 2004다13083	145
2004. 7.22. 2002다51586	138
2004. 8.20. 2001다70337	138
2004. 8.30. 2002다48771	129
2004. 8.30. 2004다21923	158, 181
2004. 9.24. 2004다27273	123
2004.10.28. 2003다30463	213
2005. 3.25. 2003다35659	127
2005. 3.25. 2004다66490	158
2005. 3.25. 2005다558	3, 73, 162
2005. 6. 9. 2004다17535	159
2005. 6. 9. 2005다6341	121
2005. 7.22. 2004다17207	56
2005. 8.19. 2004다53173	197
2005. 9.15. 2004다44971(全合)	192
2005.10.13. 2003다24147	5
2005.11.10. 2005다34667	17, 128, 129, 178
2006. 2.10. 2005다21166	144
2006. 4.27. 2006다7587	8
2006. 6.16. 2005다39211	135
2006. 8.24. 2004다23110	50
2006. 8.24. 2006다32200	83
2006. 8.25. 2006다22050	46
2006. 9. 8. 2006다26694	149
2006.10.13. 2006다32446	7
2006.10.26. 2004다63019	163
2006.10.27. 2004다69581	68
2007. 2. 8. 2006다28065	154
2007. 4.13. 2005다40709	218
2007. 4.26. 2005다19156	152, 176
2007. 6.14. 2005다5140	182
2007. 6.15. 2007다2848	43
2007. 6.21. 2004다26133(全合)	12
2007. 7.12. 2007다18218	198
2007. 8.24. 2006다40980	151
2008. 2.28. 2006다10323	108
2008. 3.13. 2006다29372	28, 29, 32, 125, 126
2008. 3.13. 2006다58912	28
2008. 3.13. 2007다54627	93, 145
2008. 3.27. 2007다87061	100
2008. 4.10. 2007다38908	122
2008. 4.10. 2007다83694	98, 111
2008. 6.12. 2005두5956	143

2008. 6.12. 2008다22276	163
2008. 7.24. 2008다18376	99
2008. 8.21. 2007다8464	93, 145
2008. 9.25. 2007다60417	24
2008.12.11. 2007다69162	159, 181
2008.12.24. 2008다65396	30
2009. 1.15. 2008다70763	46
2009. 3.12. 2008다36022	128
2009. 9.10. 2009다34160	183
2009. 9.24. 2009다15602	186
2009. 9.24. 2009다40684	105
2009.10.15. 2009다42321	149
2009.10.29. 2008다51359	6
2009.11.26. 2009다59350	164
2010. 2.11. 2009다93671	185
2010. 3.11. 2009다100096	20
2010. 3.11. 2009다98706	208
2010. 3.25. 2007다35152	187
2010. 3.25. 2009다35743	28
2010. 5.13. 2010다8310	64
2010. 6.10. 2009다101275	78
2010. 6.24. 2010다9269	53
2010. 8.19. 2010다43801	12, 13, 47
2010. 9. 9. 2010다37905	80
2010. 9.16. 2008다97218(全合)	4, 75, 164
2010.12.23. 2007다22859	9, 10, 170
2010.12.23. 2008다57746	85
2011. 2.10. 2010다77385	197
2011. 4.28. 2008다15438	147
2011. 4.28. 2010다101394	105
2011. 6. 9. 2011다29307	35
2011. 7.28. 2009다35842	169
2011.10.13. 2011다55214	46
2011.12.13. 2009다5162	42
2011.12.22. 2011다73540	179
2012. 2.16. 2011다45521(全合)	214
2012. 3.15. 2011다52727	5
2012. 3.29. 2011다74932	82
2012. 4.13. 2011다104246	20
2012. 7.12. 2010다51192	40
2012. 7.26. 2012다45689	78
2012. 8.30. 2010다39918	182
2012. 9.27. 2011다76747	59, 169, 203, 204, 205
2012.10.18. 2010다52140(全合)	14, 48, 49, 50, 76
2012.11.29. 2012다44471	150
2013. 1.17. 2011다49523(全合)	62
2013. 1.24. 2011다99498	83
2013. 2.15. 2012다48855	96
2013. 2.15. 2012다49292	28
2013. 3.28. 2011다3329	23
2013. 4.11. 2009다62059	14, 48, 49, 50, 76
2013. 6.27. 2011다50165	46
2013. 9.12. 2013다43345	130
2013.11.28. 2011다80449	190
2013.12.12. 2013다14675	121
2013.12.18. 2013다202120(全合)	25
2014. 2.27. 2012다93794	203
2014. 3.27. 2011다49981	71, 119, 180
2014. 5.29. 2013다96868	8
2014.10.27. 2013다91762	32
2014.12.24. 2012다73158	50
2015. 1.15. 2013다50435	212
2015. 1.29. 2012다108764	214
2015. 4. 9. 2014다80945	65, 86
2015. 5.14. 2013다48852	34
2015. 6.11. 2014다232913	70
2015. 6.11. 2015다200227	20
2015. 6.24. 2013다522	138
2016. 6.28. 2014다31721	11
2016. 7.29. 2016다220044	108, 204
2016. 8.30. 2016다222149	72
2016.10.27. 2013다7769	143
2016.12.29. 2016다242273	108, 204
2017. 3.30. 2015다200784	65
2017. 4. 7. 2016다35451	217
2017. 4.26. 2014다72449	94
2017. 6.15. 2015다78123	65
2019.10.23. 2012다46170(全合)	134
2019.12.19. 2016다24284(全合)	64
2020. 6.11. 2020다201156	140
2021. 5. 7. 2020다292411	8
2021. 8.19. 2017다235791	97
2021.10.28. 2019다293036	196
2021.12.30. 2018다268538	28
2021.12.30. 2018다40235	28
2021.12.30. 2020다257999	28
2022. 2.17. 2021다275741	165
2022.12.29. 2021다253710	47